9e Année — 1919

ALMANACH

DE

L'ACTION FRANÇAISE

ILLUSTRÉ

de DOUZE GRAVURES SUR BOIS, par Paul BAUDIER ;
de TROIS GRAVURES SUR BOIS, par Victor DUTERTRE,
Paul BAUDIER, Léon BAZIN ; de ONZE DESSINS ORI-
GINAUX, par Jules JOETS, Albert POMMIER, Maurice
LEROY, SENNEP ; de DEUX PORTRAITS, par Maxime
REAL DEL SARTE et Paul RIQUET; de CINQ CARTES,
par L. BERGELIN et de VINGT-SEPT PHOTOGRAPHIES,
PORTRAITS, TABLEAUX, etc

14, RUE DE ROME

PARIS (VIIIᵉ)

RHUM VIERGE

Plantations du CARBET (Martinique)

L. JUSSELAIN, Propriétaire, Exportateur

Pur jus 1er jet de la canne à sucre avant l'extraction du sucre. Possède toutes les propriétés reconstituantes et nutritives du sucre de canne. Est aux produits de la distillation de mélasses de canne ou taflas, vendus sous le nom de rhum, ce que le lait complet est au lait écrémé. Prière de l'exiger de vos fournisseurs.

M. Auguste BLACHÈRE, Concessionnaire général

AVIGNON (Vaucluse)

Publicité Mutuelle Générale : Bernard Sornin, 7, rue Cassette, Paris.
Spécialement organisée pour des PUBLICITÉS D'ESSAI dans les journaux FAMILIAUX, de MODES et SCOLAIRES (23e année).

Pour devenir PARFAIT MUSICIEN

ENSEIGNEMENT DU PIANO, SOLFÈGE, CHANT, MANDOLINE, VIOLON par correspondance. Supprime les études mécaniques et les remplace par un travail intellectuel. 15 années de succès. Cours d'harmonie pour composer et improviser. — Renseignements et programme gratuits aux lecteurs de l'Almanach. Écrire P. Sinat, 1, rue Jean-Bologne, Paris.

CATALOGUE ILLUSTRÉ (S. 13) FRANCO SUR DEMANDE

LA REVUE DES CAUSES CÉLÈBRES
Politiques et Criminelles

In-4º BIMENSUELLE

ADMINISTRATION & RÉDACTION : 14, Rue Laferrière, PARIS (IXᵉ)

Téléphone : TRUDAINE 62-83

COMPTE RENDU DES DÉBATS JUDICIAIRES D'APRÈS LA STÉNOGRAPHIE avec CROQUIS PRIS AUX AUDIENCES

— ✛ —

M

Adresse

déclare s'abonner pour (¹) ——————— à la *Revue des Causes Célèbres Politiques et Criminelles*

aux prix de (²)

Ci-joint un mandat-poste de pareille somme (³).

SIGNATURE :

(1) Indiquer un an ou six mois.

(2) Indiquer en lettres pour les sommes souscrites et voir pour cela le *Tarif au verso.*

(3) Adresser ce Bulletin et le mandat à M. l'Administrateur.

L'ACTION FRANÇAISE

JOURNAL QUOTIDIEN

Télégr. ACTIOFRAN - PARIS

TÉLÉPHONE LOUVRE { 26-49
{ 26-50

14, RUE DE ROME

Paris, le 3 décembre 19[..]
(VIIIᵉ)

Mon cher ami,

Me permettrez-vous de vous présenter un artiste des plus distingués, graveur sur bois, auteur du calendrier de notre almanach pour 1919 dont je vous fais tenir un exemplaire.

M. Dauchot a passé deux ans en Allemagne au camp de [...]bonn comme prisonnier. Il en a rapporté des croquis excellents qu'un éditeur vous[...]

drais publier. Consentiriez-vous
à mettre en tête de ces épreuves
un mot d'introduction. C'est
une suite de 12 pièces dont
vous feriez à ce bon français
et à ce parfait artiste, l'amitié
d'une préface.

Si vous consentez à recevoir
Paul Baudice, pourrez-vous
me le faire savoir. Je ne
veux pas vous l'envoyer sans
votre aveu.

Veuillez agréer, mon cher
ami, l'expression de mes sentiments les plus dévoués et
les meilleurs,

L. Bonnier.

ALMANACH

DE

L'ACTION FRANÇAISE

ILLUSTRÉ

de DOUZE GRAVURES SUR BOIS, par Paul BAUDIER ;
de TROIS GRAVURES SUR BOIS, par Victor DUTERTRE,
Paul BAUDIER, Léon BAZIN ; de ONZE DESSINS ORI-
GINAUX, par Jules JOETS, Albert POMMIER, Maurice
LEROY, SENNEP ; de DEUX PORTRAITS, par Maxime
REAL DEL SARTE et Paul RIQUET ; de CINQ CARTES,
par L. BERGELIN et de VINGT-SEPT PHOTOGRAPHIES,
PORTRAITS, TABLEAUX, etc.

14, RUE DE ROME

PARIS (VIIIᵉ)

L'Almanach que l'*Action Française* donne au public a dû être rédigé avant le premier octobre. C'était la guerre, et voici la paix ! Par une suite d'évènements inouïs, d'embrasements, voudrait-on dire, qui se faisaient de proche en proche, en conséquence des soudaines victoires du front français et de la fulgurante offensive de Salonique, les capitulations ont succédé à la capitulation bulgare de septembre, et d'Orient en Occident, la victoire nous est venue. Cela change entièrement la face du monde. Mais l'ordre d'un almanach de l'*Action Française* ne peut pas en être changé : tout n'y était-il pas ordonné dans la vue et dans l'attente de la victoire ?

Néanmoins, en livrant au public ces feuillets conçus et rédigés dans une expectative pleine de gloire et de douleur, nous tenons à profiter du premier espace libre pour manifester à l'unisson de tous les Français notre joie de patriotes, notre fierté de royalistes au spectacle du glorieux armistice, qui va, nous l'espérons, terminer cette guerre. Montesquiou, Trouvé, Barral, Nanteuil, chers amis, héros magnifiques, vous n'êtes pas tombés en vain !

Par un sentiment qui témoigne de son accord profond avec les destinées du pays, l'*Action Française* avait consacré une partie de son almanach aux portraits de nos généraux, symboles et auteurs de cette victoire. On trouvera plus loin leurs notices et leurs portraits. L'issue triomphale de la guerre vient à propos les couronner. Nos lecteurs aimeront à saluer avec un orgueil attendri de gratitude profonde ces photographies exactes, ces fidèles biographies des maréchaux de France Joffre, Foch et Pétain, des généraux de Caste'nau, Maistre, Fayolle, Debeney, Hirschauer, Humbert, Gouraud, Berthelot, Degoutte, de Boissoudy, Gérard, de Mitry, Mangin, Guillaumat, Franchet d'Esperey...

Chacun sera heureux de leur redire à tous et à chacun, à peu près comme la frise du Panthéon : « A CES GRANDS HOMMES, A CES GRANDS CHEFS, PÈRES ET SAUVEURS DU PAYS ET DU MONDE, LA RECONNAISSANCE DE LA PATRIE ! »

SOMMAIRE DU CALENDRIER POUR 1919

Comput ecclésiastique

		Quatre-Temps
Nombre d'or	1	12, 14, 15 mars
Epacte	29	11, 13, 14 juin
Cycle solaire	24	17, 19, 20 septembre
Indiction romaine	2	17, 19, 20 décembre

Lettre Dominicale E

Fêtes mobiles

Septuagésime	16 février	Les Rogations	26 mai
Quinquagésime	2 mars	Ascension	29 »
Cendres	5 »	Pentecôte	8 juin
Rameaux	13 avril	Trinité	15 »
Pâques	20 »	Fête-Dieu	19 »

Avent : 30 novembre

Commencement des Saisons (en t. légal d'hiver)

Printemps	21 mars à 16 h. 19 m.	Automne	24 septembre à 2 h. 35 m.
Eté	22 juin à 11 h. 54 m.	Hiver	22 décembre à 21 h. 27 m.

Concordance des ères principales

Année 6632 de la période chronologique dite Julienne.
»   2695 des Olympiades ou 3e année de la 674e Olympiade.
»   1919 de la naissance de Jésus-Christ (calendrier Grégorien).
»   1919 »   » (calendrier Julien dit grec ou russe)
»   1337 de l'hégire ou des trèves, qui commence le lundi 7 octobre 1918.
»   127 de la République française.
L'année russe 1919 (calendrier Julien) commence le mardi 14 janvier 1919 grégorien.

Eclipses de Soleil et de Lune

Les éclipses de soleil ont toujours lieu à la nouvelle lune, et les éclipses de lune à la pleine lune.

I. mai 29.   Eclipse totale de soleil, invisible à Paris, visible comme totale dans l'Amérique du Sud et dans l'Afrique Equatoriale. Grandeur maxima : 1,036. A Paris, commencement à 13 h. 9 m. et fin à 15 h. 44 m.

II. novembre 7-8.   Eclipse partielle de lune, visible à Paris. Commencement le 7 à 21 h. 34 m. Maximum le 7 à 23 h. 44 m. Fin le 8 à 1 h. 54 m. Grandeur : 0,183.

III. novembre 22.   Eclipse annulaire de soleil, partiellement visible à Paris. Visible comme annulaire à travers l'Atlantique et en Afrique Equatoriale. Grandeur maxima : 0,960. A Paris, commencement à 12 h. 14 m. et fin à 18 h. 14 m.

LE BROCANTEUR. — Quai de Montebello
Gravure originale sur bois de Paul BAUDIER.

DATES	JOURS	FÊTES ET SAINTS	SOLEIL (Paris)			LUNE	
			lever	coucher	Jour de la lune	lever	coucher
			h. m.	h. m.		h. m.	h. m.
1	Mercredi.	Circoncision du Seigneur	7 46	16 2	30	6 53	15 27
2	Jeudi.	S. Odilon, Ab.	7 46	16 3	●	7 36	16 31
3	Vendredi.	Ste Geneviève, V.	7 46	16 4	2	8 13	17 41
4	Samedi.	S. Rigobert E.	7 46	16 5	3	8 44	18 54
5	Dimanche.	Vigile de l'Epiphanie	7 46	16 6	4	9 11	20 8
6	Lundi.	Epiphanie	7 46	16 7	5	9 36	21 23
7	Mardi.	Ste Vierge, V.	7 45	16 8	6	10 0	22 39
8	Mercredi.	S. Lucien, E. M.	7 45	16 10	7	10 24	23 55
9	Jeudi.	S. Julien l'hospitalier, C.	7 45	16 11	☽	10 50	
10	Vendredi.	S. Guillaume, E.	7 44	16 12	9	11 20	1 12
11	Samedi.	S. Hygin, Pp. M.	7 44	16 13	10	11 56	2 29
12	Dimanche.	Dans l'oct. de l'Epiphanie	7 43	16 15	11	12 40	3 44
13	Lundi.	S. Agrèce, E.	7 43	16 16	12	13 34	4 52
14	Mardi.	S. Hilaire, E. D.	7 42	16 17	13	14 37	5 51
15	Mercredi.	S. Maur, Ab.	7 41	16 19	14	15 46	6 39
16	Jeudi.	S. Marcel, Pp. M.	7 41	16 20	○	16 58	7 18
17	Vendredi.	S. Antoine, Ab.	7 40	16 21	16	18 10	7 50
18	Samedi.	Chaire de S. Pierre, à Rome	7 39	16 23	17	19 21	8 17
19	Dimanche.	2e après l'Epiphanie. *S. Wulstan, E.*	7 38	16 24	18	20 29	8 40
20	Lundi.	SS. Fabien et Sébastien, M. M.	7 38	16 26	19	21 35	9 1
21	Mardi.	Ste Agnès, V. M.	7 37	16 28	20	22 40	9 21
22	Mercredi.	SS. Vincent et Anastase, M. M.	7 36	16 29	21	23 44	9 42
23	Jeudi.	S. Raymond de Pennafort, C.	7 35	16 31	22		10 5
24	Vendredi.	S. Timothée, E. M.	7 34	16 32	◔	0 47	10 31
25	Samedi.	Conversion de S. Paul, Ap.	7 33	16 34	24	1 50	11 1
26	Dimanche.	3e après l'Epiphanie. S. Polycarpe, E. M.	7 31	16 35			
		Ste Paule, Vv. *S. Conon, E.*			25	2 51	11 37
27	Lundi.	S. Jean Chrysostôme, E. C. D.	7 30	16 37	26	3 49	12 20
28	Mardi.	S. Charlemagne, Emp. C.	7 29	16 39	27	4 42	13 13
28	Mercredi.	S. François-de-Sales, E. C. D.	7 28	16 40	28	5 29	14 14
30	Jeudi.	Ste Bathilde, R. Vv. *S. Marglainstain, E.*	7 27	16 42	29	6 10	15 22
31	Vendredi.	S. Pierre Nolasque, C.	7 25	16 43	●	6 44	16 35

21, Anniversaire de la mort du roi Louis XVI.

NOTA. — Nous suivons fidèlement dans ce calendrier le calendrier romain. Les noms de saints et de saintes ont été choisis de préférence parmi ceux de France et des Iles Britanniques. Ces derniers sont en italiques.

ABRÉVIATIONS. — Ab. abbé ; Abb. abesse ; Ap. apôtre ; C. confesseur ; D. docteur ; E. évêque ; Emp. empereur ; Er. ermite , Imp. impératrice ; M. martyr ; P. pénitent ; Pp. pape ; R. roi ou reine ; V. vierge ; Vv. veuve.

LE MENUISIER

Gravure originale sur bois de Paul BAUDIER.

P. Q. le 7, à 18 h. 52
P. L. le 14, à 23 h. 38

FÉVRIER

D. Q. le 23, à 1 h. 47

DATES	JOURS	FÊTES ET SAINTS	SOLEIL (Paris)		Jour de la lune	LUNE	
			lever	coucher		lever	coucher
			h. m.	h. m.		h. m.	h. m.
1	Samedi.	S. Ignace, E. M *Stes Dorluise et Kinnie, V. V.* S. Sigebert R.	7 24	16 45	2	7 14	17 51
2	Dimanche.	IVe après l'Epiphanie. *S. Laurent, E.*	7 23	16 47	3	7 40	19 8
3	Lundi.	Purification de N. D. *Ste Wérébruge, Abb.* S. Blaise, E. M	7 21	16 48	4	8 5	20 25
4	Mardi.	S. André Corsini, E. C. *S. S. Cuanne, Gilbert et Modan, AAbb.*	7 20	16 50	5	8 30	21 43
5	Mercredi.	Ste Agathe, V. M. *S. Sylvestre, E. S. Voel, E*	7 18	16 52	6	8 56	23 1
6	Jeudi.	S. Tite, E. Ste Dorothée, V. M	7 17	16 53	7	9 25	
7	Vendredi.	S. Romuald, Ab. *S. Augule, E. M. S. Meudan,*	7 15	16 55	☽	9 59	0 18
8	Samedi.	S. Jean de Matha, C. *S. Cuthman, C.*	7 14	16 57	9	10 39	1 33
9	Dimanche.	Ve après l'Epiphanie. *S. Télésu, E* S. Cyrille d'Alexandrie, E. C. D.	7 12	16 58	10	11 29	2 42
10	Lundi.	Ste Scholastique V. *Ste Gobnate, Abb* S. Tronvin, E.	7 11	17 0	11	12 27	3 43
11	Mardi.	SS. fondateurs des Servites, C. C.	7 9	17 2	12	13 32	4 34
12	Mercredi.	Ste Eulalie, V. *S. Ludans, C. S, Sédule, Ab.* S. Thelvold, E.	7 7	17 3	13	14 42	5 16
13	Jeudi.	S. Polyencte, M. *Ste Ermenilde, R*	7 6	17 5	14	15 53	5 50
14	Vendredi.	S. Valentin, M. *S. Conran, E.*	7 4	17 7	●	17 3	6 18
15	Samedi.	S. S. Faustin et Jovite, M. M. *S. Sifroy, E.*	7 2	17 8	16	18 11	6 43
16	Dimanche.	Septuagésime. S. Onésime, C.	7 1	17 10	17	19 18	7 5
17	Lundi.	S. Théodule, C. *S. Fintan, Ab. S. Lurech, E.* S. Ulfric, C.	6 59	17 12	18	20 24	7 26
18	Mardi.	S. Siméon, E. M. *Ste Bréaca, V. S. Mulibée, E*	6 57	17 13	19	21 29	7 47
19	Mercredi.	S. Gabin, M. *Ste Milguie, Abb*	6 55	17 15	20	22 33	8 9
20	Jeudi.	S. Eucher, E. *S. Bolcain, E. Ste Mildrède, Abb*	6 53	17 17	21	23 36	8 33
21	Vendredi.	B. Pépin de Landen, C.	6 52	17 18	22		9 1
22	Samedi.	Chaire de S. Pierre à Antioche. S. Paschase, E	6 50	17 20	23	0 37	9 34
23	Dimanche.	Sexagésime. *Ste Milbruge, Abb* S. Pierre Damien, E. C. D.	6 48	17 21	◗	1 36	10 14
24	Lundi.	S. Mathias, Ap. *S. Ethelbert, R.* S. Létard, E.	6 46	17 23	25	2 30	11 2
25	Mardi.	B. Isabelle de France, V. *Ste Walbruge, Abb.*	6 44	17 25	26	3 19	11 58
26	Mercredi.	S. Nestor, E. *S. Taraise, E.*	6 42	17 26	27	4 2	13 2
27	Jeudi.	Ste Honorine, V. S. Léandre, E.	6 40	17 28	28	4 39	14 12
28	Vendredi.	S. Romain, Ab. *S. Oswald, E.*	6 38	17 29	29	5 11	15 26

11. *Première appar l'on de Notre-Dame à Lourdes.*

LE MARCHAND DE CRESSON. — Rue Saint-Julien le Pauvre

Gravure originale sur bois de Paul BAUDIER.

N. L. le 2. à 11 h. 11
P. Q. le 9. à 3 h. 14
P. L. le 16. à 15 h. 41

D. Q. le 24. à 20 h. 34
N. L. le 31, à 21 h. 4

MARS

DATES	JOURS	FÊTES ET SAINTS	SOLEIL (Paris)		Jour de la lune	LUNE	
			lever	coucher		lever	coucher
			h. m.	h. m.		h. m.	h. m.
1	Samedi.	S. Léon, E.. S. Aubin, E. Ste Eudoxie, M...... *SS. David et Senan, E. E. S. Mongn, M........*	6 36	17 31	30	5 39	16 43
2	**Dimanche.**	**Quinquagésime** *SS. Chad et Marnan, E. E.*........	6 34	17 33	●	6 5	18 2
3	Lundi.	Ste Cunégonde. Imp. V. *Ste Faile,* V.............	6 32	17 34	2	6 31	19 22
4	Mardi.	S. Casimir, C. S. Lucius, Pp. M. S. Marin. M.	6 30	17 36	3	6 58	20 4
5	Mercredi.	**Cendres.** *S. Kieran,* E. S. Adrien. M............	6 28	17 37	4	7 27	22 22
6	Jeudi.	SStes Perpétue, Félicité & CC. M. M............. *Ste Colette, V. S. Fridolin,* Ab..............	6 26	17 39	5	8 0	23 20
7	Vendredi.	*S. Thomas-d'Aquin,* C. D. *S. Estretin,* Ab.......	6 24	17 41	6	8 40	
8	Samedi.	S. Jean de Dieu, C. SS. *Dulhrac et Félir,* E..	6 22	17 42	7	9 27	0 33
9	**Dimanche.**	**I° de Carême.** Ste Françoise Romaine, Vv...	6 20	17 44	☽	10 23	1 37
10	Lundi.	**XL Martyrs de Sébaste.** *S. Mackessage,* E..	6 18	17 45	9	11 26	2 31
11	Mardi.	S. Firmin, Ab. *S. Ainguis,* E. *S. Constantin,* R.	6 16	17 47	10	12 38	3 15
12	Mercredi.	S. Grégoire le Grand, Pp. D. *S. Muran,* Ab.... *S. Paul Aurélien,* E. *S. Elfège,* E..............	6 14	17 48	11	13 42	3 54
13	Jeudi.	Ste Euphrasie, V. S. Gérald. E.................	6 12	17 50	12	14 51	4 21
14	Vendredi.	Ste Mathilde, R. Vv.................	6 10	17 52	13	15 59	4 47
15	Samedi.	S. Zacharie, Pp.................	6 8	17 53	14	17 6	5 9
16	**Dimanche.**	**II° de Carême.** S. Cyriaque, M. S. Abraham. C.	6 6	17 55	⊕	18 11	5 30
17	Lundi.	*Ste Wilhburge,* V.. *S. Kyrstin,* E..............	6 4	17 56	16	19 16	5 51
18	Mardi.	S. Cyrille de Jérusalem, E. C. D..............	6 2	17 58	17	20 20	6 13
19	Mercredi.	S. Joseph, Epoux de la B. V. Marie.............	5 59	17 59	18	21 23	6 37
20	Jeudi.	S. Vulfran, E.. *S. Cuthbert,* E.............	5 57	18 1	19	22 25	7 4
21	Vendredi.	S. Benoît, Ab. *S. Endée,* Ab.............	5 55	18 2	20	23 25	7 35
22	Samedi.	Ste Léa, V.............	5 53	18 4	21		8 12
23	**Dimanche.**	**III° de Carême.** S. Victorien. M.............	5 51	18 5	22	0 20	8 56
24	Lundi.	S. Romule, M. *S. Guillaume de Norwich,* M...	5 49	18 7	☾	1 10	9 48
25	Mardi.	**Annonciation de N. D.** S. Hermalan, Ab........	5 47	18 8	24	1 55	10 47
26	Mercredi.	S. Catule, M. *S. Mokelloe,* C. S. Emmanuel. M.	5 45	18 10	25	2 34	11 52
27	Jeudi.	S. Jean Damascène, C. D. S. Rupert, E........	5 43	18 11	26	3 7	13 2
28	Vendredi.	S. Jean de Capistran, C. S. Gontran. R.........	5 40	18 13	27	3 36	14 16
29	Samedi.	S. Eustase, Ab. S. Jonas, M. *S. Gondèle,* R..	5 38	18 14	28	4 3	15 33
30	**Dimanche.**	**IV° de Carême.** S. Amédée, C.................	5 36	18 16	29	4 29	16 52
21	Lundi.	Ste Balbine, V.................	5 34	18 17	●	4 56	18 13

4, *Mardi gras.*

5, *Commencement du carême. Temps clos pour les noces (soldals exceptés) jusqu'au dimanche de Pâques.*

12. 14, 15, *Quatre Temps.*

LES PAVEURS. — Boulevard de Port-Royal
Gravure originale sur bois de Paul BAUDIER.

DATES	JOURS	FÊTES ET SAINTS	SOLEIL (Paris)		Jour de la lune	LUNE	
			lever	coucher		lever	coucher
			h. m.	h. m.		h. m.	h. m.
1	Mardi.	S. Hugues, E.. SS. *Callach et Gilbert*, E. E.......	5 32	18 19	2	5 25	19 35
2	Mercredi.	S. François de Paule, C. Ste Ebbe, Abb.......	5 30	18 20	3	5 57	29 57
3	Jeudi.	Ste Marie Egyptienne, P. S. *Richard*, E........	5 28	18 21	4	6 35	22 15
4	Vendredi.	S. Isidore, E. C. D. S. *Tigernake*, E...........	5 26	18 23	5	7 21	23 25
5	Samedi.	S. Vincent Ferrier, C. Ste Irène, V...........	5 24	18 24	6	8 16	
6	**Dimanche.**	**Passion.** S. Célestin, Pp. S. *Bercain*, E.........	5 22	18 26	7	9 10	0 25
7	Lundi.	S. Hégésippe, C.................................	5 20	18 27	☽	10 26	1 13
8	Mardi.	S. Gauthier, Ab...............................	5 18	18 29	9	11 35	1 52
9	Mercredi.	Ste Valtrude, V. S. *Dolton*, Ab. S. *Elphège*, E..	5 16	18 30	10	12 44	2 24
10	Jeudi.	S. Macaire, E. S. *Fulbert*, E....................	5 14	18 32	11	13 52	2 51
11	Vendredi.	**Compassion de N. D.** S. *Guthlac*, E...............	5 12	18 33	12	14 58	3 14
12	Samedi.	S. Jules Pp..	5 10	18 35	13	16 3	3 36
13	**Dimanche.**	**Rameaux** S. *Caradeu*, Ab......................	5 7	18 36	14	17 7	3 57
14	Lundi.	S. S. Justin, Tiburce, Valérien & Maxime, M. M.	5 5	18 38	15	18 11	4 18
15	Mardi.	Ste Anastasie, M. S. *Mond*, Ab..................	5 3	18 39	☺	19 14	4 41
16	Mercredi.	S. Paterne, E. *Ste Lasne*, V. S. *Mans*, E. M..	5 2	18 41	17	20 16	5 7
		S. Fructueux, E. S. Benoît J. Labre, C.........					
17	Jeudi.	**la Cène du Seigneur**.SS. *Jarloque et CC.* M. M.	5 0	18 42	18	21 16	5 37
18	Vendredi.	S. Parfait, M.. S. *Molasse*, E..............	4 58	18 44	19	22 13	6 12
19	Samedi.	S. Elphège, E. M. S. *Mochtée*, E..............	4 56	18 45	20	23 05	6 54
		S. Expédit, M..............................					
20	**Dimanche.**	**Pâques** . S. *Théodore*, C. S. Marcellin, E.......	4 54	18 47	21	23 51	7 43
		Ste Opportune, V.............................					
21	Lundi.	S. Anselme, E. C. D. S. *Beunon*, Ab............	4 52	18 48	22		8 38
22	Mardi.	S. S. Soter & Caïus, PPpp. M. M...............	4 50	18 50	23	0 31	9 39
23	Mercredi.	S. Georges, M. S. *Yvon* E...................	4 48	18 51	☾	2 5	10 46
24	Jeudi.	S. Fidèle de Sigmaringen, M. S. *Egbert*, C....	4 46	18 53	25	1 35	11 56
25	Vendredi.	S. Marc, Ev. SS. *Machaud et Macult*, E. E....	4 44	18 54	26	2 2	13 9
26	Samedi.	S. S. Clet & Marcellin, M. M..................	4 43	18 56	27	2 28	14 24
27	**Dimanche.**	**in Albis.** S. Anastase, Pp. S. *Frédéric*, E.....	4 41	18 57	28	2 54	15 42
28	Lundi.	S. Paul de la Croix, C. S. *Louthiers*, Ab......	4 39	18 59	29	3 21	17 03
29	Mardi.	S. Pierre de Vérone, M. *Ste Grimonie*, V. M.	4 37	19 0	30	3 51	18 26
30	Mercredi.	Ste Catherine de Sienne V.. *Ste Mathilde*, R...	4 35	19 1		4 26	19 47

6, Ouverture des Pâques.
Du 13 au 19, Semaine Sainte.
25, Procession des grandes litanies.
La célébration des mariages recommence le 2 avril.

LE TAILLEUR

Gravure originale sur bois de Paul BAUDIER.

DATES	JOURS	FÊTES ET SAINTS	SOLEIL (Paris) lever	coucher	Jour de la lune	LUNE lever	coucher
			h. m.	h. m.		h. m	h. m.
1	Jeudi.	S.S. Philippe & Jacques le Majeur, Ap..........	4 34	19 3	2	5 9	21 4
2	Vendredi.	S. Athanase, E. D. *S. Pirain*, C..................	4 32	19 4	3	6 2	22 11
3	Samedi.	**Invention de la Sainte Croix**.....................	4 30	19 6	4	7 3	23 6
		S.S. Alexandre & C. O. M. M....................					
4	Dimanche.	II° après Pâques. *S. Ethelred, S. Briand*, E.	4 29	19 7	5	8 11	23 50
5	Lundi.	S. Pie V, Pp. *S. Avertin*, C................	4 27	19 9	6	9 22	
6	Mardi.	**S. Jean Porte Latine.** *SS. Corbre et Edbert*, E.	4 25	19 10	D	10 33	0 25
7	Mercredi.	**Patronage de S. Joseph.** *S. Jean de Béverley*, E	4 24	19 11	8	11 43	0 54
8	Jeudi.	**Apparition de l'Arch. S. Michel.** *S. Wiron*, E...	4 22	19 13	9	12 50	1 19
9	Vendredi.	S. Grégoire de Nazianee, E. C. D..............	4 21	19 14	10	13 55	1 41
10	Samedi.	S. Antonin, E. C.*S. Mochuda, S. Congal* Ab	4 19	19 16	11	14 59	2 2
		S.S. Gordien & Epimaque, M. M....................					
11	Dimanche.	III° après Pâques. S. Mamert, E................	4 18	19 17	12	16 3	2 23
12	Lundi.	S.S. Nérée Aquilée & Pancrace, M. M.............	4 16	19 18	13	17 6	2 46
		Ste Flavie Domitille, V. M......................					
13	Mardi.	S. Servais, E......................................	4 15	19 20	14	18 9	3 11
14	Mercredi.	S. Boniface, M. *S. Pacôme*, Ab.................	4 13	19 21	15	19 10	3 39
15	Jeudi.	S. J.-B. de la Salle, C. *S. Brithun*, Ab.........	4 12	19 23	P	20 8	4 12
16	Vendredi.	S. Ubald, E. S. Honoré, E......................	4 11	19 24	17	21 1	4 52
17	Samedi.	S. Pascal Baylon, C...............................	4 9	19 25	18	21 49	5 39
18	Dimanche.	IV° après Pâques S. Venant, M................	4 8	19 27	19	22 31	6 33
19	Lundi.	S. Pierre Célestin, P. *S. Dunstan*, E.........	4 7	19 28	20	23 6	7 32
		Ste Pudentienne, V.................................					
20	Mardi.	S. Bernardin de Sienne, C. *S. Ethelbert*, R.....	4 6	19 29	21	23 37	8 36
21	Mercredi.	Ste Estelle, V. S. Hospice, C. *S. Godrick*, Er.	4 4	19 30	22		9 44
22	Jeudi.	S. Ausone, M. S. Romain, Ab. S. Emile	4 3	19 31	C	0 5	10 54
23	Vendredi.	S. Didier, E. *Ste Aalez*, V......................	4 2	19 33	24	0 30	12 6
24	Samedi.	SS. Donatien & Rogatien, MM....................	4 1	19 34	25	0 55	13 20
		S. Vincent de Lérins..............................					
25	Dimanche.	V° après Pâques. *S. Adelme*, E................	4 0	19 35	26	1 20	14 37
26	Lundi.	S. Philippe de Néri, C. S. Eleuthère, Pp. M...	3 59	19 36	27	1 47	15 56
27	Mardi.	S. Bède, C. D. S. Jean, Pp. M....................	3 58	19 37	28	2 19	17 17
28	Mercredi.	**Vigile de l'Ascension** *S. Augustin de Cantorbé*	3 57	19 39	29	2 58	18 36
29	Jeudi.	**Ascension** Ste Marie-Madeleine de Pazzi, V...	3 56	19 40	●	3 45	19 49
30	Vendredi.	S. Félix, Pp. M. *S. Gébern*, M *S. Walstan*, C	3 56	19 41	2	4 42	20 51
		S. Jeanne d'Arc, V. S. Ferdinand					
31	Samedi.	Ste Angèle de Mérici, V. Ste Pétronille, V.....	3 55	19 42	3	5 49	21 41

1er, *Fête de Monseigneur le duc d'Orléans.*
26, 27, 28. *Rogations.*

LE RÉMOULEUR. — **Rue Mouffetard**
Gravure originale sur bois de Paul BAUDIER.

JUIN

DATES	JOURS	FÊTES ET SAINTS	SOLEIL (Paris)		Jour de la lune	LUNE	
			lever	coucher		lever	coucher
			h. m.	h. m.		h. m.	h. m.
1	Dimanche.	Dans l'Octave de l'Ascension S. *Wistan*, M....	3 54	19 43	4	7 1	22 22
		SS. Pothin & C. C. M. M. S. Pamphile, M........					
2	Lundi.	SS. Marcellin, Pierre & Erasme, M. M........	3 53	19 44	5	8 15	22 54
3	Mardi.	Ste Clotilde, R. Vv. S. *Coemgen*, Ab..........	3 53	19 45	6	9 27	23 21
4	Mercredi.	S. François Carracciolo, C *Ste Mennoque*, Abb	3 52	19 46	7	10 37	23 45
5	Jeudi.	S. Boniface, E. M. S. *Bagne*, C........	3 51	19 46	☽	11 45	———
6	Vendredi.	S. Norbert, E. S. Claude, E. M...........	3 51	19 47	9	12 50	0 7
7	Samedi.	S. Lié, M. SS. *Colomkille et Robert*, AAbb.....	3 51	19 48	10	13 54	0 29
8	Dimanche.	Pentecôte S. Maximin, E...............	3 50	19 49	11	14 57	0 51
9	Lundi.	SS. Prime & Félicien, M. M. Ste Pélagie, V.	3 50	19 50	12	16 0	1 15
10	Mardi.	Ste Marguerite, R. Vv S. Landry, E..........	3 49	19 51	13	17 2	1 42
11	Mercredi.	S. Barnabé, Ap. S. *Eskill*, E. M...........	3 49	19 52	14	18 1	2 13
12	Jeudi.	S. Jean de S. Facond, C.. S. *Moculée*, C.......	3 49	19 52	15	18 5	2 50
		SS. Basilide & C. C. M. M................					
13	Vendredi.	S. Antoine de Padoue, C................	3 48	19 53	☉	19 47	3 35
14	Samedi.	S. Basile, E. C. D. S. *Elère*, Ab............	3 48	19 53	17	20 31	4 27
15	Dimanche.	Fête de la T. S. Trinité...............	3 48	19 54	18	21 9	5 25
		SS. Guy, Modeste & Crescence, M. M........					
16	Lundi.	SS. Ferréol & Ferjeux, M. M...........	3 48	19 56	19	21 41	6 28
		S. Cyr & Ste Julitte, M. M. S. *Huyergnove*, C.					
17	Mardi.	S. *Avit*, C. SS. *Adulphe et Caduran*, E. E....	3 48	19 54	20	22 9	7 35
18	Mercredi.	SS. Marc & Mercellin, M. M.. Ste Marine, V	3 48	19 55	21	22 35	8 44
19	Jeudi.	Fête-Dieu Ste Julienne de Falconieri, V..........	3 48	19 55	22	22 59	9 55
20	Vendredi.	S. Silvère, Pp. S. Lain, E. S. *Gobain*, M.......	3 48	19 55	23	23 23	11 7
21	Samedi.	S. Louis de Gonzague, C S. Leufroi, Ab........	3 48	19 56	☽	23 49	12 21
22	Dimanche.	II° après la Pentecôte. S. *Alban*, M............	3 49	19 56	25	———	13 37
23	Lundi.	S. Félix, M. S. *Moloch*, E................	3 49	19 56	26	0 18	14 54
24	Mardi.	Nativité de S. Jean Baptiste............	3 49	19 56	27	0 52	16 12
25	Mercredi.	S. Guillaume, Ab S. Antide, E. M.......	3 49	19 56	28	1 33	17 26
26	Jeudi.	SS. Jean & Paul, M. M...............	3 50	19 56	29	2 25	18 33
27	Vendredi.	Le Cœur Sacré de Jésus...............	3 50	19 56	☉	3 26	19 29
		S. Ladislas, R SS. Agloard & Agilbert, M. M.					
28	Samedi.	S. Irénée, E. D. M. S. Léon II, Pp.........	3 50	19 56	2	4 36	20 15
29	Dimanche.	III° après la Pentecôte S. *Gunthiern*, Ab....	3 51	19 56	3	5 50	20 52
30	Lundi.	Commémoraison de S. Paul. *Ste Elgive*, R......	3 51	19 56	4	7 5	21 22
		S. Martial, E................					

1er, En France, solennité de la B. Jeanne d'Arc, V.
11. 13. 14. *Quatre-Temps*.

LE BOUQUINISTE. — Quai Conti

Gravure originale sur bois de Paul BAUDIER.

DATES	JOURS	FÊTES ET SAINTS	SOLEIL (Paris)		Jour de la lune	LUNE	
			lever	coucher		lever	coucher
			h. m.	h. m.		h. m.	h. m.
1	Mardi.	Le T. P. Sang du Seigneur.................... S. Thibaut, C. SS. *Aaron et Jules*, M. M..........	3 52	19 56	5	8 18	21 45
2	Mercredi.	Visitation de N. D.................... SS. Processus & Martinien, M. M..............	3 53	19 56	6	9 28	22 11
3	Jeudi	S. Anatole, E. *S. Guthacon*, Er..............	3 53	19 55	7	10 35	22 33
4	Vendredi.	Ste Berthe, V *Ste Modwère*, V..............	3 54	19 55	8	11 41	22 55
5	Samedi.	S. Antoine Zaccaria, C Ste Zoé, M..............	3 55	19 55	☽	12 46	23 18
6	Dimanche.	IVᵉ après la Pentecôte. *Ste Sexburge*, Abb..... Ste Lucie, M....................	3 55	19 54	10	13 49	23 44
7	Lundi.	SS. Cyrille & Méthode, E. E..............	3 56	19 54	11	14 51	
8	Mardi.	Ste Elisabeth de Portugal, R. Vv S. Dié, E..	3 57	19 53	12	15 52	0 14
9	Mercredi.	Ste Ode, V. *Ste Everelde*, V....................	3 58	19 53	13	16 49	0 49
10	Jeudi.	VII frères martyrs....................	3 59	19 52	14	17 41	1 31
11	Vendredi.	S. Pie I, Pp. M. S. Norbert	4 0	19 52	15	18 28	2 20
12	Samedi.	S. Jean Gualbert, Ab....................	4 1	19 51	16	19 9	3 16
13	Dimanche.	Vᵉ après la Pentecôte *S. Magnez*, Ab.............. S. Anaclet, Pp. M....................	4 2	19 50	☽	19 44	4 18
14	Lundi.	S. Bonaventure, E. C. D....................	4 2	19 49	18	20 14	5 25
15	Mardi.	S. Henri, Emp. Ste Rosalie, V..............	4 3	19 49	19	20 40	6 34
16	Mercredi.	N. D. du Mont Carmel S. Généroux. M..........	4 4	19 48	20	21 5	7 45
17	Jeudi.	S. Alexis, C *S. Kenelin*, M..............	4 6	19 47	21	21 30	18 57
18	Vendredi.	S. Camille de Lellis, C.................... Ste Symphorose & ses VII fils, M. M..............	4 7	19 46	22	21 55	10 10
19	Samedi.	S. Vincent de Paul, C. S. Arsène, C..............	4 8	19 45	23	22 22	11 25
20	Dimanche	VIᵉ après la Pentecôte. *Ste Ethelvide*, R..........	4 9	19 44	☽	22 53	12 41
21	Lundi.	Ste Praxède, V.................... SS. Victor, Félicien & Longin, M. M..............	4 10	19 43	25	23 30	13 56
22	Mardi.	Ste Marie-Madeleine, P....................	4 11	19 42	26		15 10
23	Mercredi.	S. Apollinaire, E. M....................	4 12	19 41	27	0 16	16 18
24	Jeudi.	Ste Christine, V. M *S. Déclain*, E..............	4 13	19 40	28	1 12	17 17
25	Vendredi.	S. Jacques le Mineur, Ap. S. Christophe, M...	4 15	19 38	29	2 16	18 7
26	Samedi.	Ste Anne, mère de la T. S. V *S. Owin*, C......	4 16	19 37	30	3 27	18 47
27	Dimanche.	VIIᵉ après la Pentecôte. *Ste Pannice*, V........ S. Pantaléon, M....................	4 17	19 36	●	4 41	19 21
28	Lundi.	SS. Nazaire, Celse & Victor, M. M..............	4 19	19 35	2	5 55	19 49
29	Mardi.	S. *Olaf*, R. Ste Marthe, V....................	4 20	19 33	3	7 7	20 19
30	Mercredi.	SS. Abbon & Sennen, M. M. *S. Talwin* E......	4 21	19 32	4	8 17	20 36
31	Jeudi.	S. Ignace de Loyola, C.................... S. Germain l'Auxerrois, E. C....................	4 22	19 31	5	9 25	20 59

LE CORDONNIER

Gravure originale sur bois de Paul Baudier.

DATES	JOURS	FÊTES ET SAINTS	SOLEIL (Paris)			LUNE	
			lever	coucher	Jour de la lune	lever	coucher
			h. m.	h. m.		h. m.	h. m.
1	Vendredi.	**S. Pierre es liens** *S. Rioc*, Ab......	4 24	19 29	6	10 31	21 22
		Les SS. Macchabées, M. M. *S. Ethelwold*, E.					
2	Samedi.	S. Alphonse de Liguori, E. C. D......	4 25	19 28	7	11 35	21 47
		Stes Alfrède et Etheldrithe, V. V.......					
3	**Dimanche.**	**VIII° après la Pentecôte.** *Ste Lydie*, M......	4 26	19 26	☽	12 38	22 15
		Invention du corps de S. Etienne......					
4	Lundi.	S. Dominique, C. *S. Lugil*, Ab......	4 28	19 25	9	13 40	22 48
5	Mardi.	**N. D. des Neiges.** *S. Oswold*, R......	4 29	19 23	10	14 38	23 27
6	Mercredi.	**La Transfiguration du Seigneur**......	4 30	19 22	11	15 32	
		SS. Xyste & C. C. M. M......					
7	Jeudi.	S. Gaëtan, C. S. Donat, E. M......	4 32	19 20	12	16 21	0 12
8	Vendredi.	SS. Cyriaque, Large & Smaragde, M. M......	4 33	19 19	13	17 5	1 5
9	Samedi.	B. Jean-Baptiste Vianney, C. S. Romain, M...	4 35	19 17	14	17 43	2 5
10	**Dimanche.**	**IX° après la Pentecôte.** *S. Bluan*, E......	4 36	19 15	15	18 15	3 10
11	Lundi.	SS. Tiburce & Suzanne, M. M. S. Géry, E.....	4 37	19 14	◔	18 43	4 19
12	Mardi.	Ste Claire, V......	4 39	19 12	17	19 10	5 31
13	Mercredi.	SS. Hippolyte & Cassien, M. M......	4 40	19 10	18	19 35	6 45
		Ste Radegonde, R. V S. *Wibert*, C......					
14	Jeudi.	**Vigile de l'Assomption.** *S. Fachnan*, Ab......	4 41	19 8	19	20 0	7 59
15	Vendredi.	**Assomption de N. D.** *S. Maccarthein*, E......	4 43	19 7	20	20 27	9 14
16	Samedi.	S. Joachim, C. *S. Dègue*, C......	4 44	19 5	21	20 57	10 30
17	**Dimanche.**	S. Joachim, C. *S. Dègue*, C......	4 46	19 3	22	21 32	11 46
18	Lundi.	**X° après la Pentecôte**......	4 47	19 1	◑	22 15	12 59
		S. Hyacinthe, C. *S. Dagée*, E......					
19	Mardi.	Ste Hélène, Imp. Vv......	4 48	18 59	24	23 6	14 8
20	Mercredi.	S. Louis d'Anjou, E *Ste Ebre*, Abb......	4 50	18 57	25		15 9
31	Jeudi.	S. Bernard, Ab. D *S. Oswin*, R......	4 51	18 56	26	0 5	16 1
22	Vendredi.	Ste Jeanne de Chantal, Vv. S. Privat, E. M....	4 53	18 54	27	1 12	16 44
23	Samedi.	SS. Timothée, Hippolyte & Symphorien, M. M.	4 54	18 52	28	2 23	17 20
24	**Dimanche.**	S. Philippe Béniti, C......	4 56	18 50	29	3 36	17 49
25	Lundi.	**XI° après la Pentecôte.** *Ste Abyce*, V......	4 57	18 48	●	4 48	18 15
		S. Louis, R......					
26	Mardi.	S. Zéphyrin, Pp. M. *S. Fycvane*, E......	4 58	18 46	2	5 59	18 39
27	Mercredi.	S. Joseph Calasance, C. *S. Césaire*, E......	5 0	18 44	3	7 7	19 2
28	Jeudi.	S. Augustin, E. C. D. *Ste Agnès*, V. M......	5 1	18 42	4	8 14	19 25
29	Vendredi.	**Décollation de S. Jean Baptiste.** *S. Velléic*, A	5 3	18 40	5	9 20	19 50
		Ste Sabine, V. M......					
30	Samedi.	Ste Rose de Lima, V. SS. Félix & C. C. M. M	5 4	18 38	6	10 24	20 17
		S. Fiacre, C......					
31	**Dimanche.**	**XII° après la Pentecôte.** *S. Aidan*, E......	5 5	18 36	7	11 26	20 48

LES CARDEUSES DE MATELAS. — Pont Neuf

Gravure originale sur bois de Paul BAUDIER.

DATES	JOURS	FÊTES ET SAINTS	SOLEIL (Paris)		Jour de la lune	LUNE	
			lever	coucher		lever	coucher
			h. m.	h. m.		h. m.	h. m.
1	Lundi.	SS. Leu, E. & Gilles, Ab. S. *Muredach*, E.... **Les XII frères martyrs**....................	5 7	18 34	8	12 26	21 24
2	Mardi.	S. Mansuy, E. S. Merri, Ab....	5 8	18 32	☽	13 22	22 6
3	Mercredi.	Ste Candide, V....................................	5 10	18 30	10	14 12	22 55
4	Jeudi.	S. Étienne, R S. *Maws*, E. S. Antonin, M....	5 11	18 28	11	14 57	23 52
5	Vendredi.	S. Laurent Justinien, E. C. S. Bertin, Ab......	5 13	18 26	12	15 37	
6	Samedi.	S. Éleuthère, Ab. *Ste Bège*, V. S. Ève, M......	5 14	18 24	13	16 12	0 54
7	Dimanche.	**XIII° après la Pentecôte.** S. Cloud, C............	5 15	18 22	14	16 43	2 1
8	Lundi.	**Nativité de N. D.** S. *Disibode*, E. S. Adrien, M	5 17	18 20	15	17 10	3 11
9	Mardi.	S. Gorgon, M. *Ste Osmanne*, V. S. Omer, E....	5 18	18 17	16	17 36	4 24
10	Mercredi.	S. Nicolas de Tolentino, C. *Ste Edelourge*, R.	5 20	18 15	⊕	18 2	5 39
11	Jeudi.	**Le Saint Nom de Marie**.. S. *Finien*, E..........	5 21	18 13	18	18 30	6 56
12	Vendredi.	S. Léonce, M. S. *Albée*, E. *Ste Eanswithe*, Abb	5 22	18 11	19	19 0	8 14
13	Samedi.	S. Maurille, E. S. *Dagan*, E. S. Amé, Ab.......	5 24	18 9	20	19 34	9 32
14	Dimanche.	**XIV° après la Pentecôte.** S. Materne, E.........	5 25	18 7	21	20 15	10 48
15	Lundi.	**Compassion de N. D.** S. Nicomède, M............	5 27	18 5	22	21 4	12 0
16	Mardi.	SS. Corneille. Pp. & Cyprien, E. M. M.......... Stes Euphémie, Lucie & S. Géminien, M. M....	5 28	18 3	☾	22 1	13 4
17	Mercredi.	**Stigmates de S. François.** S. *Sigebert*, R. M... SS. *Étienne et Socrate*, M. M	5 29	18 0	24	23 5	13 58
18	Jeudi.	S. Joseph de Cupertino, C. S. Ferréol, M......	5 31	17 58	25		14 43
19	Vendredi.	SS. Janvier & CC. M. M. S. *Théodon*, E........	5 32	17 56	26	0 14	15 20
20	Samedi.	SS. Eustache & C. C. M. M....................	5 34	17 54	27	1 25	15 51
21	Dimanche.	**XV° après la Pentecôte.** Ste Iphigénie, V....	5 35	7 52	28	2 35	16 18
22	Lundi.	S. Thomas de Villeneuve, C. S. Lô, E............	5 37	17 50	29	3 45	16 43
23	Mardi.	S. Lin, Pp. M. *Ste Hereswide*, R.................	5 38	17 48	30	4 53	17 6
24	Mercredi.	**N. D. de la Merci**.............................. SS. Andoche & C. C. M. M....................	5 39	17 46	●	6 0	17 29
25	Jeudi.	S. Firmin, E. S. *Géofrid*, Ab....................	5 41	17 43	2	7 6	17 53
26	Vendredi.	SS. Cyprien & Justine, M. M.................. Ste Delphine, Vv. S. *Colman Elo*, Ab..........	5 42	17 41	3	8 10	18 19
27	Samedi.	SS. Cosme & Damien, M. M. *Ste Lupite*, V...	5 44	17 39	4	9 13	18 49
38	Dimanche.	**XVI° après la Pentecôte**...................... S. Venceslas, Duc. M. Ste Eustochie, V.......	5 45	17 37	5	10 14	19 23
29	Lundi.	**Dédicace de S. Michel Archange**................	5 47	17 35	6	11 11	20 3
30	Mardi.	S. Jérôme, C. D..................................	5 48	17 33	7	12 4	20 49

3, *Élection de S.S Benoît.*
6, *Couronnement de S S. Benoît XV.*
17, 19, 20, *Quatre-Temps*

LA GUINGUETTE. — **Porte de Châtillon**

Gravure originale sur bois de Paul BAUDIER.

OCTOBRE

DATES	JOURS	FÊTES ET SAINTS	SOLEIL lever	SOLEIL coucher	Jour de la lune	LUNE lever	LUNE coucher
			h. m.	h. m.		h. m.	h. m.
1	Mercredi.	S. Rémy, E. C. S. Qué, E. S. Wasnulphe, C.	5 50	17 31	8	12 51	21 41
2	Jeudi.	**SS. Anges gardiens.** S. *Thomas*, E.	5 51	17 29		13 32	22 40
3	Vendredi.	S. Gérard, Ab S. *Ewald*, M S. *Piat*, M.	5 53	17 27	10	14 8	23 43
4	Samedi.	S. François d'Assise, C. S. *Edwin*, R.	5 54	17 24	11	14 40	
5	Dimanche.	**XVII° après la Pentecôte**	5 55	17 22	12	15 8	0 50
6	Lundi.	S. Bruno, C. S. *Yvien*, C.	5 57	17 20	13	15 35	2 1
7	Mardi.	**Le S. Rosaire.** *Ste Osithe*, M. S. *Marc*, Pp.	5 58	17 18	14	16 1	3 14
8	Mercredi.	SS. Serge, Bacque, Marcel, Apulée, M. M. Ste Brigitte, Vv. *Stes Keine et Tridiune*, V. V.	6 0	17 16	15	16 28	4 30
9	Jeudi.	SS. Denis & C. C. M. M.	6 2	17 14		16 57	5 48
10	Vendredi.	S. François Borgia, C.	6 3	17 12	17	17 31	7 8
11	Samedi.	S. Clair, E. S. *Forkern*, E. S. *Kenny*, Ab.	6 5	17 10	18	18 11	8 28
12	Dimanche.	**XVIII° après la Pentecôte.** S. *Wilfrid*, E.	6 6	17 8	19	18 58	9 41
13	Lundi.	S. *Edouard*, R. C.	6 8	17 6	20	19 54	10 53
14	Mardi.	*Stes Finsèque et Frudoque*, V. V. S. *Calixte*, Pp. M. S. *Burckard*, E.	6 9	17 4	21	20 58	11 52
15	Mercredi.	Ste Angadrême, V. Ste Thérèse, V. *Ste Thècle*, Abb.	6 11	17 2	22	22 6	12 41
16	Jeudi.	S. Bercaire, Ab. *Ste Kere*, Abb.	6 12	17 0		23 17	13 21
17	Vendredi.	B. Marguerite-Marie S. *Nothelme*, E.	6 14	16 58	24		13 54
18	Samedi.	S. Luc, Evang. S. *Monon*, Er.	6 15	16 56	25	0 27	14 22
19	Dimanche.	**XIX° après la Pentecôte.** *Ste Frévisse*, Abb.	6 17	16 54	26	1 36	14 47
20	Lundi.	SS. Savinien & Potentien, M. M.	6 18	16 52	27	2 44	15 10
12	Mardi.	S. Jean Cantius, C. S. Caprais, E. *Ste Ursule et C. C.*, M. M. S. *Fintan Munne*, Ab.	6 20	16 50	28	3 50	15 33
22	Mercredi.	S. Hilarion, Ab. Ste Céline, V. Ste Seconde, V. SS. *Luglien et Luglius*, M. M.	6 21	16 49	29	4 55	15 57
23	Jeudi.	S. Gratien, C.	6 23	16 47		6 0	16 22
24	Vendredi.	S. Raphaël, Arch. S. *Magloire*, E.	6 25	16 45	2	7 3	16 50
25	Samedi.	S. Chrysanthe & Ste Darie, M. M.	6 26	16 43	3	8 4	17 23
26	Dimanche.	SS. Crépin & Crépinien, M. M. S. Front, E. S. *Marnoé*, E. **XX° après la Pentecôte.** SS. *Cedde et Eate*, E.	6 28	16 41	4	9 3	18 1
27	Lundi.	S. Erumence, E.	6 29	16 39	5	9 57	18 44
28	Mardi.	S. *Abban*, Ab. S. *Macduach*, E. SS. Simon & Jude, AApp. S. *Néot*, E.	6 31	16 38	6	10 46	10 30
29	Mercredi.	S. Narcisse, E. *Ste Elflède*, Abb.	6 32	16 36	7	11 29	20 34
30	Jeudi.	S. Gilbert, C. S. *Egelnoth*, E.	6 34	16 34	8	12 6	21 30
31	Vendredi.	**Vigile de Toussaint.** S. Quentin, C *Ste Bée*, V.	6 36	16 33	9	12 38	22 34

LES PETITES VOITURES. — Rue Mouffetard

Gravure originale sur bois de Paul BAUDIER.

P. Q. le 1. à 1 h, 43
P. L. le 7, à 23 h. 35
D. Q. le 14. à 15 h. 40

N. L. le 22. à 15 h.19
P. Q. le 30, à 16 h.17

NOVEMBRE

DATES	JOURS	FÊTES ET SAINTS	SOLEIL (Paris)		Jour de la lune	LUNE	
			lever	oucher		lever	coucher
			h.m.	h. m.		h. m.	h. m.
1	Samedi.	Toussaint .. S. *Chairbre*, Ab..............	6 37	16 31	☽	13 7	23 44
2	**Dimanche.**	**XXI° après la Pentecôte** S. *Busa*, E.............	6 39	16 29	11	13 34	
		SS. *Maure et Wilgrain*, C..............					
3	Lundi.	Trépassés . S. Austremoine, E. S. Bénigne, E	6 40	16 28	12	13 59	0 51
4	Mardi.	S. Charles Borromée, E. C. SS. *Briston*	6 42	16 26	13	14 25	2 3
		SS. Vital & Agricola, M. M..............					
5	Mercredi.	Ste Bertille, V. S. *Guélenoch*, C..............	6 44	16 24	14	14 53	3 19
6	Jeudi.	S. Léonard, C S. *Illut*, Ab..............	6 45	16 23	15	15 24	4 37
7	Vendredi.	S. Amandis, C S. *Willibrod*, E..............	6 47	16 21	☉	16 1	5 57
8	Samedi.	**Les IV Saints Couronnés, M. M**..............	6 48	16 20	17	16 45	7 17
9	**Dimanche.**	**XXII° après la Pentecôte**..............	6 50	16 18	18	17 39	8 32
		Dédicace de la Basilique du Sauveur..........					
10	Lundi.	S. André Avellin, C. S. Georges, E..........	6 52	16 17	19	18 42	9 39
11	Mardi.	St. Martin, E. S. *Bertuin*, E..............	6 53	16 16	20	19 52	10 34
12	Mercredi.	S. Martin, Pp. M. S. René, E SS. *Dubrice*	6 55	16 14	21	21 5	11 19
13	Jeudi.	S. Didace, C..............	6 56	16 13	22	22 17	11 55
14	Vendredi.	S. Josaphat, E. M. B. *Sérapion*, M..............	6 58	16 12	☾	23 27	12 25
15	Samedi.	Ste Gertrude, V. S. Eugène, E..............	7 0	16 10	24		12 51
16	**Dimanche.**	**XXIII° après la Pentecôte.** S. *Edmond*, E.....	7 1	16 9	25	0 36	13 15
17	Lundi.	S. Grégoire le thaumaturge, E. C..............	7 3	16 8	26	1 43	13 38
18	Mardi.	**Dédicace de la basilique des SS. Pierre & Paul**	7 4	16 7	27	2 48	14 1
		S. *Canoc*, Ab..............					
19	Mercredi.	Ste Élisabeth, Vv S. *Buzen*, E..............	7 6	16 6	28	3 52	14 26
20	Jeudi.	S. Félix de Valois, C. S. *Edmond*, R..............	7 7	16 4	29	4 55	14 53
21	Vendredi.	**Présentation de N. D** S. *Colomban*, Ab..........	7 9	16 3	30	5 57	15 24
22	Samedi.	Ste Cécile, V. M..............	7 10	16 2	☉	6 56	16 0
23	**Dimanche.**	**XXIV° après la Pentecôte.** S. *Daniel*, E......	7 12	16 2	2	7 51	16 42
24	Lundi.	S. Jean de la Croix, C. S. *Kenan*, E..............	7 13	16 1	3	8 42	17 30
		S. Chrysogone, M. Ste Flore, M..............					
25	Mardi.	Ste Catherine, V. M. S. *Alnoth*, C..............	7 15	16 0	4	9 27	18 24
26	Mercredi.	S. Sylvestre, Ab S. Amateur, E..............	7 16	15 59	5	10 6	19 22
		S. Pierre d'Alexandrie, E. M..............					
27	Jeudi.	S. Maxime, E..............	7 18	15 58	6	10 40	20 24
28	Vendredi.	S. Sosthène, C..............	7 19	15 57	7	11 9	21 29
29	Samedi.	S. Saturnin, M. S. *Brendon de Birre*, Ab........	7 21	15 57	8	11 36	22 36
30	**Dimanche.**	**1° de l'Avent** S. André, Ap..............	7 22	15 56	☾	12 1	23 45

11. *Première apparition de Notre-Dame de Lourdes.*
30. *La Fête de St. André est reportée au lendemain.*

LES PASSEURS DE SABLE. — **Pont de l'Alma**
Gravure originale sur bois de Paul BAUDIER.

DATES	JOURS	FÊTES ET SAINTS	SOLEIL (Paris)			LUNE	
			lever	coucher	Jour de la lune	lever	coucher
			h. m.	h. m.		h. m.	h. m.
1	Lundi.	S. Éloi, E. *B. Campion et C. C., M. M*............ / S. Léonce, E. *S. Nessan*, C..................	7 23	15 55	10	12 26	
2	Mardi.	Ste Bibiane, V. M.. *S. Fré*, Ab................	7 24	15 55	11	12 51	0 56
3	Mercredi.	S. François-Xavier, C. *S. Lucius*, R............	7 26	15 54	12	13 19	2 10
4	Jeudi.	S. Pierre Chrysologue, E. C. D. *S. Osmond*, E / Ste Barbe, V. M..............	7 27	15 54	13	13 52	3 27
5	Vendredi.	S. Sabas, Ab....................	7 28	15 54	14	14 31	4 45
6	Samedi.	S. Nicolas, E. C....................	7 29	15 53	15	15 20	6 3
7	**Dimanche.**	**II° de l'Avent.** S. Ambroise, E. C. D............	7 31	15 53	ⓔ	16 19	7 15
8	Lundi.	**l'Immaculée-Conception de N. D.**............ / S. Romaric, Ab *Ste Gonthilde*, Abb............	7 32	15 53	17	17 27	8 18
9	Mardi.	Ste Léocadie, V. M. *S. Budock*, E............	7 33	15 53	18	18 44	9 10
10	Mercredi.	S. Melchiade, Pp. M. Ste Eulalie, V. M..........	7 34	15 52	19	19 57	9 52
11	Jeudi	S. Damase, Pp. C....................	7 35	15 52	20	21 11	10 26
12	Vendredi.	S. Corentin, E. *S. Colomb*, Ab	7 36	15 52	21	22 23	10 54
13	Samedi.	Ste Lucie, V. M. *Ste Edburge*, Abb............	7 37	15 52	22	23 32	11 19
14	**Dimanche.**	**III° de l'Avent.** *S. Fingar*, M................	7 38	15 52	ⓒ		11 43
15	Lundi.	S. Mesmin, C....................	7 39	15 52	24	0 39	12 7
16	Mardi.	S. Eusèbe, E. M. *S. Béan*, E............	7 39	15 53	25	1 44	12 31
17	Mercredi.	S. Lazare, E. M. *Ste Tetle*, Abb............	7 40	15 53	26	2 47	12 57
18	Jeudi.	S. Gatien, E. *S. Winebaud*, Ab............	7 41	15 53	27	3 49	13 26
19	Vendredi.	S. Avit, Ab. S. Némèse, M....................	7 41	15 53	28	4 49	14 0
20	Samedi.	S. Théobald, C....................	7 42	15 54	29	5 46	14 40
21	**Dimanche.**	**IV° de l'Avent.** S. Thomas, Ap............	7 43	15 54	30	6 39	15 26
22	Lundi.	S. Flavien, C....................	7 43	15 55	ⓝ	7 26	16 18
23	Mardi.	Ste Victoire, V. M.. *S. Frédebert*, E............	7 44	15 55	2	8 7	17 15
24	Mercredi.	**Vigile de la Nativité** Ste Irmine, V............	7 44	15 56	3	8 43	18 16
25	Jeudi.	**Noël** . Ste Anastasie, M....................	7 45	15 56	4	9 14	19 21
26	Vendredi.	S. Étienne, M. *S. Jarlatée*, E....................	7 45	15 57	5	19 44	20 27
27	Samedi.	S. Jean, Ap. et Ev *S. Aidame*, C....................	7 46	15 58	6	10 6	21 34
28	Dimanche	**SS. Innocents dans l'Octave de Noël**............	7 46	15 58	7	10 30	22 43
29	Lundi.	*S. Thomas Becket*, E. M. S. Trophime, E............	7 46	15 59	8	10 55	23 53
30	Mardi.	S. Sabin, E. SS. Ailbée & Marnoch, C. C.......	7 46	16 0	ⓟ	11 21	
31	Mercredi.	S. Sylvestre, Pp. C. *S. Baudoin*, Ab............	7 46	16 1	10	11 50	1 6

17, 19, 20, Quatre-Temps.
La solennité de S. Thomas est reporté au 22.
La célébration des noces est interdite (excepté pour les militaires) du 1er dimanche de Avent au lendemain de Noël.

CALENDRIER CULINAIRE & MÉNAGER

JANVIER

Légumes et fruits de saison. — Chou-fleur, céleri, cardon, salsifi, chou-rave, céleri-rave, cardon, patate. Poire Saint-Germain, pomme calville, orange.

Viandes. — Dinde, oie, pigeon, canard, gibier divers.

Poissons de mer. — Turbot, barbue, hareng, cabillaud.

Poissons d'eau douce. — Tanche, anguille, lamproie.

PETIT CONSEIL. — *En ce mois, l'huile d'olive nouvelle a toute sa finesse et son velouté.*

RECETTES

Paleron à la Dauphinoise. — Du paleron très bien placé et suffisamment gras. Prenez par kilogramme de paleron 2 gros oignons doux d'Egypte entiers; ranger le tout dans une cocotte. Mettez tel quel sur le feu en salant un peu, surveillez la cuisson, retournez le paleron et salez suffisamment. Cuire 1 heure 1/2 par kilo, 1 kilo 1/2 à 2 kilos de viande sont un excellent poids pour réussir ce plat, on peut supprimer les oignons, mais alors laisser la viande sans aucun autre adjuvant, ni eau, ni beurre.

Délicieuses. — Pour 4 à 5 personnes, 4 blancs d'œufs, une demi-livre fromage de gruyère râpé, sel, poivre. Battre les blancs en neige très ferme, mettre le fromage en deux fois, sel et poivre en mélangeant doucement, faire de petits boules dans le fond d'un gobelet garni d'un peu de chapelure très fine, ou, à son défaut, d'une pincée de farine, jeter dans la friture bouillante, les retirer bien dorées, servir entouré de persil.

Poitrine de négresse. — 4 tablettes de chocolat, 4 œufs, 60 gr. beurre, 50 gr. sucre en poudre ou cristallisé, couper le chocolat, le mettre fondre au bain-marie avec le beurre, tourner à la cuillère de bois, ajouter le sucre, tourner, mettre les jaunes — tourner, ajoutez enfin les blancs battus en neige, beurrer un bol, versez la crème que vous avez bien battue avant. Mettre au frais (à faire la veille); pour démouler, mettre le bol dans l'eau chaude.

— ✠ ✠ ✠ —

FÉVRIER

Légumes et fruits de saison. — Céleri, navet nouveau, carotte hâtive, patate. Pomme, orange, poire beurré gris d'hiver.

Viandes. — Porc particulièrement fin en ce mois, pigeon, gibier, faisan.

Poisson de mer. — Merlan, raie, moules.

Poisson d'eau douce. — Brochet, perche.

PETIT CONSEIL. — *Une cuillerée à café de jus de citron ajoutée au riz pendant la cuisson, le rend parfaitement blanc.*

RECETTES

Saucisses aux légumes. — Prenez, carottes, oignons et marrons crus, tournez en forme d'olive vos légumes. Faites blanchir vos légumes avec une pincée de sucre, puis mettez-les cuire dans du bouillon. D'autre part, faites revenir des dés de lard, très légèrement, mouillez avec du bouillon, ajoutez les saucisses et quelques champignons coupés, faites cuire 10 minutes, ajoutez les légumes et servez très chaud. Si vous voulez rehausser le plat un instant avant de servir, ajoutez une truffe coupée et un verre de madère. On peut se servir de cervelas, mais, si l'on prend de petites saucisses de Strasbourg, il faut compter deux saucisses par personne. A défaut de bouillon, ce plat se fait très bien avec de l'eau, il faut alors avoir la précaution de faire revenir davantage le lard.

Viande à la crococelle (1). — Prenez la viande prête à mettre au pot, par exemple, une poule. Mettez-la dans un pot ou terrine avec du bouillon dans lequel on aura fait cuire un jambon ou d'autre viande salée, ou bien vous y mettrez de l'eau avec un morceau de petit lard, faites cuire la viande *modérément* et servez-la avec un peu de bouillon avec lequel on

---

(1) Recette extraite de *L'Ecole des Ragoûts* ou *Le Chef-d'œuvre du Cuisinier, du Pâtissier et du Confiturier*, Lyon, MDCLXXXV.

l'a fait cuire. Quand la viande est apprêtée de cette façon, le meilleur est de la faire frire ou rôtir sur le gril ainsi que le petit lard coupé en tranches, pour la manger avec du vinaigre, du persil cru ou du cresson (on appelle petit lard — ce terme s'est conservé dans les provinces du sud-ouest — le lard de poitrine).

Compote Marinette. — Prenez des pommes quelconques, mais la reinette est toujours préférable, et au poids un quart de pruneaux pour 3/4 de pommes et 1/2 de figues sèches, vous faites cuire vos pruneaux et les dénoyautez, remettez-les dans leur jus. Ajoutez les pommes et un peu d'eau, selon la qualité de pommes, bien cuire, ajouter un zeste de citron, et, si l'on veut, une cuillerée de miel par kilo, peut se conserver 2 mois.

————— ✤✤✤ —————

MARS

Légumes et fruits de saison. — Cresson, brocolis. Poire Catillard, Bergamotte, pomme Calville.
Poisson de mer. — Bar, mulet, grondin, maquereau, congre, moules, etc.

PETIT CONSEIL. — *Pour l'omelette au lard, n'oubliez jamais de faire dégorger le lard une demi-heure dans de l'eau tiède avant de le faire rissoler à feu vif.*

Croque-Monsieur. — Taillez des ronds de pain de quatre doigts et des ronds de jambon. Ayez du gruyère râpé. Dans un plat à gratin, formez une série de petites tours composées alternativement de pain, jambon, gruyère, beurrez largement et mettez cuire au four 20 à 30 minutes. Servez très chaud (à la rigueur, on peut se servir de graisse végétale de premier choix).

Rognons de bœuf. — 1° Rognon en perdreau, vous pouvez compter un beau rognon pour 4 personnes, bardez d'une barde fine, si vous pouvez avoir 2 feuilles de vigne, enveloppez-en vos rognons, mettez-les à la broche avec un bon morceau de beurre dans la lèche-frite, saisissez votre rognon à feu très vif, puis diminuez un peu, arrosez avec le fondu de la lèche-frite, 20 à 30 minutes, débrochez, serrez sur croûtons en envoyant le jus de la lèche-frite dans une saucière après y avoir ajouté un peu de persil haché.

2° *Rognons purée.* — Coupez vos rognons en tranches de deux centimètres d'épaisseur, faites-les passer vivement sur le gril, en les salant lorsque vous les retournez. D'autre part, préparez une bonne purée de pommes de terre, ou de préférence de haricots blancs. Disposez vos tranches grillées sur la purée et servez.

Pudding aux dattes. — Coupez finement 125 gr. de moelle de bœuf et 250 gr. de dattes. Mélangez bien en ajoutant 250 gr. Chapelure fine, 150 gr. sucre, un peu de muscade râpée, une pincée de sel. Battez longtemps 2 œufs entiers. Mélangez le tout, versez dans un moule à pudding, faites bouillir quatre heures. — Nota, avant de mettre le sucre, goûter, car les dattes sont un fruit très sucré.

————— ✤✤✤ —————

AVRIL

Légumes et fruits de saison. — Laitue, oseille, épinards nouveaux, choux, radis, morilles, artichaut d'Afrique. — Mêmes fruits qu'en février et mars.
Poissons de mer. — Hareng, maquereau, merlan, langouste, etc.
Poisson d'eau douce. — Alose.
PETIT CONSEIL. — *Pour enlever l'odeur du poisson aux ustensiles d'argent ou de métal, les flamber au papier.*

RECETTES

Soupe Danoise. — Émiettez du pain blanc dans du lait frais quand il est bien trempé, tournez-le avec une cuillère de bois. Mettez gros comme une grosse noix de beurre dans une casserole, quand il est fondu, ajoutez le pain et tournez avec la cuillère, veillez à ce qu'il ne s'attache pas : laissez refroidir dès que la pâte est bien lisse. Ajoutez deux blancs d'œufs et tournez jusqu'à ce qu'ils soient bien employés. Pressez la pâte par cuillerée et jetez-la dans du bouillon bouillant, cuire 10 minutes. On peut également faire ce potage au lait. Ces potages sont excellents pour les personnes délicates.

Œufs Mimosa. — Faire une mayonnaise. 6 œufs, 100 gr. jambon. Durcir les œufs, les partager en deux, enlever les jaunes, hacher le jambon, mêler à la mayonnaise, remplir les

œufs avec le mélange, ranger sur un plat, mettre les jaunes dans le presse-purée et presser
en nappe sur le plat; entourer avec du persil léger.

Pain de poisson. — Prendre 5 petits poissons, cuire au court bouillon, enlever les arêtes.
Faire une panade d'e mie de pain et de lait, y ajouter une noix de beurre, un jaune d'œuf,
bien mélanger le blanc battu (2 blancs si l'on peut), bien mélanger, beurrer un moule, le saupoudrer de chapelure blanche, faire cuire au four à chaleur douce. Démouler et servir nappé
d'une sauce câpre. On peut se servir de la desserte de poisson, mais c'est moins délicat
que si les poissons sont variés (maquereaux, grondins, merlans) et fraîchement cuits, on peut
aussi cuire 1 heure au bain-marie.

————— ✤✤✤ —————

MAI

Légumes et fruits de saison. — Laitue romaine, petits pois, asperges,
fèves, concombres, haricots verts. Guignes et bigarreaux hâtifs, fraises
hâtives, groseille à maquereau.

Poisson de mer. — Comme les mois précédents.

Poissons d'eau douce. — Carpe, écrevisse, c'est le meilleur mois pour ce
crustacé.

PETIT CONSEIL. — *Pour enlever le mastic sur un objet, imbiber de
pétrole le mastic, il se ramollira, on l'enlèvera ensuite avec la pointe d'un couteau.*

RECETTES

Asperges à la Vénitienne. — Séparez vos asperges en petits paquets que vous liez, faites-
les cuire à feu modéré. D'autre part, faites une sauce béchamel, de la crème et du gruyère
râpé. Quand vos asperges sont cuites, vous les égouttez et les déliez, vous prenez un plat
allant au four, et vous rangez vos asperges moitié à droite, moitié à gauche, de façon à ce
que les têtes se rencontrent au milieu du plat, vous tournez votre béchamel et y ajoutez la
crème, vous versez sur vos têtes d'asperges, saupoudrez fortement de gruyère et passez le
plat au four le temps de fondre le fromage.

Œufs Angélina. — Prenez des tranches de pain, faites-les tremper dans du lait, égouttez,
rangez vos tranches dans un plat à gratin; au milieu de chaque tranche, enlevez avec une
cuillère un peu de mie de façon à faire la place de l'œuf. Cassez un œuf sur chaque tranche, couvrez de gruyère râpé, une noisette de beurre par tranche, gratinez assez vivement.
On peut, si l'on a une béchamel, napper les œufs avant de mettre le fromage, cela rendra
encore plus confortable ce plat qui est très avantageux.

Péronnettes. — Tartines de cervelle. — Avec une seule cervelle de mouton vous pouvez
faire 5 ou 6 tartines. Faire dégorger et blanchir la cervelle, la passer — ou la bien écraser —
avec un peu de mie de pain, faire griller des tartines, les garnir de cervelle. Saupoudrer de
fines herbes hachées, sel, poivre, beurrer, mettre dans un plat à gratin beurré où l'on ajoute
une cuillerée d'eau, garnir d'un peu de chapelure le dessus de la tartine, passer au four. On
peut ajouter du gruyère.

————— ✤✤✤ —————

JUIN

Légumes et fruits de saison. — Pois verts, mange-tout, courgettes, artichauts, oignons, gros oignons doux. Fraises, prunes, framboises, cassis,
cerises, groseilles, abricots, amandes.

Viandes. — Comme en mai.

Poissons de mer. — Sole, turbot, bar.

Poisson d'eau douce. — Truite.

PETIT CONSEIL. — *Ne pas oublier que la verdure des radis, des salsifis,
les pointes de céleri, font une salade excellente et très hygiénique.*

RECETTES

Artichauts à l'Auvergnate. — Un artichaut par 2 personnes à peu près. Prendre de petits
artichauts tendres, les couper en 2 et chaque moitié en 4, enlever le foin, couper les feuilles
assez courtes, mettre ces morceaux dans la poêle avec un oignon coupé fin. Une cuillerée de
graisse, faire sauter jusqu'à ce que les morceaux deviennent transparents, ayez des pommes
de terre froides (cuites à la pelure), épluchez-les, coupez-les en rondelles et joignez aux artichauts, ajoutez de l'huile d'olive et laissez dorer; au moment de servir, ajoutez du persil
haché.

Ris d'agneaux aux œufs. — Une livre de ris *d'agneau* peut suffire pour 6 personnes, 6 œufs que vous pochez à l'eau salée. Au préalable, vous avez passé vos ris à l'eau fraîche et vous les avez fait cuire à l'eau salée une demi-heure (ou plus, il faut que le ris soit tendre), après les avoir un peu dépouillés. Vous faites une bonne béchamelle — avec des champignons si c'est possible — lorsque vos ris sont cuits, vous les disposez dans un plat creux, et vous les nappez avec les 3/4 de la béchamelle, et laissez au chaud. Vous faites pocher vos œufs, vous les disposez en couronne autour des ris et ajoutez le reste de la sauce. On peut aussi pour rendre le plat plus recherché, ajouter des quenelles de veau ou de volaille, et orner de rondelles de truffes.

Ambroisie à la framboise. — Pour 6 personnes, prenez 5 petits suisses (ou 3 gros), remuez-les doucement, ajoutez peu à peu du lait jusqu'à ce qu'ils aient la consistance d'une crème, sucrez, ayez 1/4 de framboises fraîches, réservez les plus belles, faites cuire les autres avec un peu de sucre, laissez refroidir, ajoutez à la crème, tournez, puis versez dans une coupe de verre, et ornez avec les framboises fraîches que vous aurez roulées dans du sucre au moment de servir. On peut l'hiver remplacer le fruit frais par de la gelée, du *jus* de framboise, ou des framboises conservées en flacons.

———— ✠ ✠ ✠ ————

JUILLET

Légumes et fruits de saison. — Poirée, tomate, aubergine, piments doux, etc. Amandes, pêches, figues, abricot, prunes, melon.

Viande. — Lapereaux, poulardes, dindonneaux, etc.

Poissons de mer. — Mulet, rouget.

Poissons d'eau douce. — Anguilles, truites, carpes.

Petit Conseil. — *Savez-vous que des feuilles de lierre bouillies remplacent le bois de Panama? Vous vous servez de l'eau pour n'importe quel lainage, frottez avec les feuilles en poignées, rincez. Attendez que l'eau soit refroidie, mais un peu plus que tiède cependant.*

Recettes

Cervelle de bœuf à la Roussette. — Vous faites dégorger la cervelle à l'eau chaude. Vous faites un hachis de porc et jambon ou de jambon seulement, de 100 à 150 gr., vous faites roussir dans de la graisse, vous ajoutez une pincée de farine, quand tout est bien roux, vous versez doucement un verre de vin rouge ou blanc (si c'est du blanc, forcez la dose et diminuez celle du bouillon), un verre de bouillon, un peu de persil haché,— réservez votre sauce au chaud — lavez de nouveau à l'eau chaude la cervelle qui a dégorgé, parez-la, roulez-la dans la farine, faites-la roussir en la tournant soigneusement (se servir de préférence de graisse de rôti). Quand elle est bien rousse, la mettre dans la sauce, cuire 1 h. 1/2 à feu modéré.

Beignets de pommes de terre. — Enlevez avec une cuillère la pulpe des pommes de terre cuites *au four*, passez au tamis ou au presse-purée (ou écrasez très finement), délayez avec un peu de lait, un peu de vanille et un peu de sucre en poudre. Mettez sur feu doux pendant à peu près un quart d'heure, de façon à ce qu'elle épaississe, ajoutez deux cuillerées de fleur d'oranger — ou le reste d'un citron râpé — retirez la casserole, ajoutez 2 jaunes d'œufs. Quand la bouillie est froide, dans un plat assez grand, coupez en morceaux, roulez dans la farine et trempez dans un œuf battu. Faire frire à feu vif. Saupoudrer de sucre vanillé avant de servir.

———— ✠ ✠ ✠ ————

AOUT

Légumes et fruits de saison. — Scarole, haricots blancs et tous les légumes de juillet, etc. Mirabelles, melon, poires et pommes d'été, figues, raisin, pêche, cerneaux, etc.

Viandes. — Cochon de lait rôti entier.

Poissons de mer. — Barbue, crevettes, etc.

Poisson d'eau douce. — Comme les mois précédents.

Petit Conseil. — *Pour enlever le goût de moisissure du vin, 1 décilitre d'huile d'olive, fraîche et dure par 2 litres de vin, la battre dans le vin, laisser reposer, recommencer au bout de 15 jours, si le goût n'est pas parti à la première opération.*

2

RECETTES

Sauté Avignonnais.— Dans la poêle huile et un peu de *graisse de rôti;* quand ce mélange est bien chaud, mettez-y deux ou trois oignons coupés, une pointe d'ail, 4 gros piments doux coupés en rondelles, persil, laissez cuire 20 minutes, puis ajoutez des champignons, des aubergines coupées en rondelles; au bout de 10 minutes, ajoutez des tomates fraiches, ajoutez de l'huile, puis, à votre goût, tout ce que vous voudrez de pommes de terre bouillies froidés, et coupées en rondelles, poivre et sel, laissez les pommes de terre prendre couleur. En servant, ajoutez une cuillerée d'huile d'olive *qui ne doit pas chauffer.*

NOTA. — Nous ne conseillons ce plat qu'aux Méridionaux, mais ils nous en diront des nouvelles.

Milady. — Prenez un récipient de *porcelaine,* mettez 200 gr. de sucre fondu — ou l'équivalent en saccharine — 1/2 bouteille de vin de Graves, autant d'eau de Seltz, 1 citron coupé en tranches très fines, ayez soin d'enlever les pépins — faites refroidir sur glace avant de servir.

SEPTEMBRE

Légumes et fruits de saison. — Potiron, cornichons, artichaut de Laon (gros vert), épine vinette, poire d'Angleterre, pour confitures, prune de Damas, brugnon, quetch, beurré gris, noisettes.

Viande. — Sarcelle, gibier.

Poissons de mer. — Huitres, esturgeon, éperlans, sardines fraiches.

Poisson d'eau douce. — Comme les mois précédents.

PETIT CONSEIL. — *Pour conserver les tomates fraiches.*

Prenez un flacon de verre à large entrée, c'est le meilleur logement, à son défaut, un pot parfaitement vernissé. Remplissez-le à moitié d'eau, salez cette eau, pour avoir l'exacte quantité de sel à mettre, immergez un œuf cru, quand votre œuf flottera, ce sera le point suffisant pour le sel. Prenez des tomates très lisses (la petite tomate dite *prune* est parfaite), pas trop mûres, essuyez-les bien, enlevez les queues, et veillez qu'elles n'aient aucune écorchure, mettez-les dans le récipient en les maintenant avec de petits bâtonnets pour ne pas qu'elles surnagent; lorsque vous en avez mis suffisamment, versez 2 centimètres d'huile d'olives et bouchez avec du papier, si vous n'avez pas de liège assez large; tenir dans un endroit sec. Les tomates conserveront toutes qualités de fruit frais.

Polenta. — Semoule de maïs, — prendre la qualité à gros grains — environ 3 fortes cuillerées à soupe par litre d'eau ou de lait. Quand le liquide bout, jeter la semoule en pluie, remuer souvent, faire cuire au moins 30 minutes. *Si on la fait à l'eau,* emploi : légèrement saler l'eau. Quand la semoule est cuite, la verser dans un plat assez grand (ou dans plusieurs) de façon à ce que la semoule n'ait pas plus d'un doigt d'épaisseur, on peut s'en servir dès qu'elle est froide, mais il est préférable d'attendre le lendemain. Si vous voulez la servir en légumes, vous la coupez en triangles, la rangez en couronne autour d'un plat et mettez à l'intérieur, ragoût de mouton, veau au jus, etc., tout plat à sauce, couvrez le tout de sauce, tenez un moment au chaud. *Polenta gratin,* couper en triangle, ranger un rang de semoule, un rang de gruyère râpé, alterner jusqu'à hauteur de 3 doigts si l'on veut, beurrer, gratiner; on peut ne mettre qu'une couche de chaque, alors foncer en fromage; on peut couvrir d'une béchamelle. Faite au lait et sucrée, la polenta fait un excellent entremets, on peut la servir chaude avec une couronne de quetchs, cuites en compote.

OCTOBRE

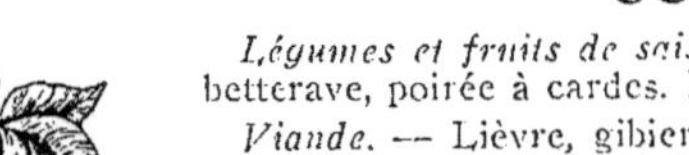

Légumes et fruits de saison. — Céleri, carottes, salsifis, mâche, raiponces, betterave, poirée à cardes. Noix, noisette, châtaignes et marrons, poires, etc.

Viande. — Lièvre, gibier.

Poissons de mer. — Eglefin, bar.

PETIT CONSEIL. — *Pour rendre les verres moins cassants, mettez-les dans une casserole pleine d'eau froide, vous la mettez à chauffer doucement, jusqu'à ébullition, laisser refroidir avant de sortir la verrerie.*

RECETTES

Potage vert (1). — Prenez des jaunes d'œufs durs (au minimum 1 pour 2 personnes),

(1) Extrait de " *l'Ecole des Ragoûts* ".

des foies de volailles qui soient cuits et des châtaignes bouillies, broyez tout cela dans un mortier avec du persil, ou de l'oseille et de la feuille de poirée. Ajoutez-y du bouillon ou de l'eau, du sel, un peu de canelle en poudre et d'autres épices à votre goût, faites cuire le tout suffisamment et faites-en un potage.

Gâteau napolitain. — Faire blanchir des macaronis (on peut employer n'importe quelle pâte *sèche*) coupés assez courts, 3 à 4 centimètres, faites revenir quelques foies de volailles, laissez refroidir à peu près ; battez un œuf entier, ajoutez un blanc si vous en avez. Mélangez gros comme un œuf de chaque, chapelure et fromage râpé. Mélangez le tout. Mettez dans un moule beurré et faites cuire 3/4 d'heure au bain-marie ou 1/2 heure au four.

Beignets de pain. — Prenez de la croûte sèche et 3 œufs entiers pour une demi-livre de croûte (on peut réduire le nombre des œufs), battez vos œufs comme pour une omelette ; lorsque votre pain, bien trempé dans l'eau a été passé à la passoire et serré le plus possible pour enlever l'eau, mélangez. Lorsque vos œufs et votre pain sont parfaitement mélanges, ajoutez un parfum : orange, citron, fleur d'oranger, rhum, etc. ; ajoutez autant de farine que de pain, jusqu'à ce que la pâte ait la consistance nécessaire, c'est-à-dire qu'on puisse la prendre par cuillerée ferme.

Prenez par cuillerée, jetez dans la friture bouillante, saupoudrez de sucre quand les beignets sont bien égouttés.

Nota. — N'ajoutez aucun liquide, ni eau ni lait. Cet entremets des quatre saisons est excellent. Si on aime le citron, on peut mélanger au sucre à poudrer de la râpure d'un citron un peu sec.

❈ ❈ ❈

NOVEMBRE

Légumes et fruits de saison. — Lentilles, chou-rouge, choux de Bruxelles, choux-fleurs. Pommes de toutes qualités, oranges, grenades, poires, marrons, etc.

Viandes. — Toutes les viandes de boucherie sont excellentes. Pintades, vanneaux.

Poissons de mer. — Limandes, surmulet, lotte, vive, harengs (meilleur mois).

Poisson d'eau douce. — Carpe.

Petit Conseil. — *Ne pas négliger le miel, aliment très hygiénique qui sert à sucrer différents mets, spécialement les compotes.*

RECETTES

Soupe poissonnière. — A faire un jour où l'on a servi des filets de poisson, ou pour utiliser les restes. Compter un litre de moules pour trois personnes. Faire bouillir les parures de poisson (arêtes, tête, etc.), passer et réserver les morceaux de poisson, se servir de cette cuisson passée pour faire une soupe à l'oignon ; faire ouvrir les moules dans une casserole, les décoquiller. Ranger au fond d'une soupière des tranches de pain, mettre les moules, les morceaux de poisson qu'on peut avoir, fines herbes hachées, tremper avec la soupe à l'oignon.

Risotto de bœuf (Économique). — Pour 6 personnes, 1 livre de dessus de plat de côte (et même moins), carottes, oignons, poireaux, céleri, thym et laurier, une pointe, fromage râpé — la quantité que l'on veut — au minimum 2 cuillerées à soupe, 125 gr. riz (minimum). Couper le bœuf en 8, mouiller d'un peu d'eau, mettre à feu très vif, laissez rôtir les morceaux ; lorsque cette première eau est absorbée, ce qui est rapide, ajouter les légumes, sel, poivre, bouquet, mouiller de façon à couvrir largement, cuire à feu moyen deux heures, 25 minutes avant de servir, retirer les légumes, mettre le riz. Préparer la soupière, y ranger les légumes, verser à travers la passoire, remettre le riz et le bœuf sur le feu, tenir au chaud, mettre le riz dans un plat en couronne, saupoudrer de fromage, mettre les morceaux de bœuf au milieu ; on a conservé un peu de bouillon au chaud dont on arrose le bœuf. On peut faire revenir des tomates dans la cocotte avant d'y remettre le riz et le bœuf, dans ce cas on peut se passer de fromage.

Dorines. — Potiron (de préférence turban), coupez-en en tranches de 4 centimètres d'épaisseur sur 6 ou 7 de longueur, jetez dans la friture bouillante, jusqu'à ce qu'ils soient bien dorés, égouttez, dressez en pyramide salez, faites frire du persil et décorez votre pyramide. Si vous avez de la friture parfaitement fraîche, n'ayant jamais servi, vous pouvez saupoudrer vos quartiers de sucre. Si vous voulez faire un entremets complet, vous pouvez l'accompagner d'une crème ordinaire courte et assez épaisse.

———❊✠❊———

DÉCEMBRE

Légumes et fruits de saison. — Endives, crosnes, chou-rave, figues et raisins de Malaga, gros muscat, pommes, poires.

Viande. — Toute boucherie, dinde, oie, pluviers.

Poisson de mer. — Thon frais.

PETIT CONSEIL. — *Lorsque vous faites cuire des légumes à l'eau, ayez toujours soin de saler votre eau avant d'y jeter les légumes.*

RECETTES

Gayettes. — Prenez poids égal de panne et de foie de porc et moitié poids de viande de porc maigre, des épices, du persil, du cerfeuil haché. Coupez viandes et panne très fin, mélangez, prenez de la crépine que vous coupez en carrés, mettez gros comme deux noix du mélange dans chaque crépine, pliez et rangez dans un plat allant au feu, cuire couvert 3/4 d'heure. Servir sur une purée de haricots.

Sauce froide pour poisson. — Faire blanchir dans l'eau salée, pendant trois minutes, cerfeuil, estragon, civette, pimprenelle, piler le tout ajouter des jaunes d'œufs durs (on peut ne mettre qu'un jaune par 4 personnes à la rigueur). Mélangez bien; et ajoutez de l'huile d'olive en tournant, puis de la moutarde, du sel, du poivre, un filet de vinaigre, envoyez dans la saucière.

Croquettes de marrons. — Faites griller légèrement 1 livre 1/2 de marrons de façon à pouvoir les éplucher facilement. Mettez-les dans une casserole avec une gousse de vanille, 100 grammes de sucre, couvrez d'eau, laissez bien cuire à petit feu. Quand les marrons fondent bien, réservez la cuisson et passez les marrons au tamis ou au presse-purée. Pendant ce temps, faites réduire le reste de la cuisson, incorporez 50 grammes de sucre en poudre, 75 grammes de beurre, 5 jaunes d'œufs (on peut réduire à 3), laissez refroidir. Sur une table farinée, roulez la pâte en rouleau de deux doigts, coupez les morceaux de 5 centimètres de long, trempez dans un œuf battu et roulez dans de la chapelure très fine; faire frire à friture bouillante, saupoudrez de sucre pour servir.

Entremets d'oranges. — 2 oranges, 2 œufs frais, 1/2 litre crème fraîche, muscade, canelle en poudre. Pressez vos oranges, battez le jus avec les œufs, ajoutez les parfums et lentement la crème, battez, sucrez à volonté, versez dans une casserole sur un feu très doux, et remuez sans arrêt. Quand la crème a la consistance de beurre mou versez dans un plat. Servez froid.

———❊✠❊———

Prière de tenir compte de la taxe 10 0/0, dite "Taxe sur les objets de luxe".

MONSEIGNEUR LE DUC D'ORLÉANS
par Maxime Réal del Sarte

LE DUC D'ORLÉANS

Depuis les débuts de la grande guerre, le nombre des royalistes, c'est-à-dire des Français qui ont atteint le terme logique du patriotisme, s'est notablement accru. Ce succès n'est pas dû, comme l'ont prétendu des orateurs internationalistes dans les Congrès des cheminots en juin 1918, au fait que l'*Action Française*, protégée par l'union sacrée, a pu développper impunément sa propagande. Car l'union sacrée, si loyalement respectée par l'*Action Française*, ne les a jamais empêchés d'être en butte aux attaques, aux injures et aux calomnies des journaux à la solde de l'Allemagne.

Non, la cause réelle des progrès réalisés par la doctrine royaliste, dans les cœurs et les esprits français, ce sont les services éminents rendus par les royalistes pendant la guerre : services civiques, fruits de la clairvoyance, du courage et du patriotisme des écrivains non combattants, services militaires rendus avec une admirable vaillance par les combattants. Grâce à l'éloquence de l'exemple et malgré les coupes sombres pratiquées dans leurs rangs par la mitraille ennemie, ces rangs sont aujourd'hui plus serrés que jamais. Cependant, la moisson eût été plus belle encore si le Prince, en qui s'incarne la dynastie nationale française avait été mieux connu.

Ceux qui vivent de la République ont mis tout en œuvre pour que le descendant de Saint-Louis et d'Henri IV demeurât inconnu des Français ou tout au moins pour que ceux-ci ne connaissent de lui qu'une image infidèle et défigurée. Les journaux du parti ont donc fait systématiquement le silence sur les actes et les paroles du duc d'Orléans et ceux qui ont parlé de lui se sont trop souvent appliqués à travestir ses actes ou à dénaturer ses intentions.

On trouvera dans ce qui suit la réparation de cette injustice.

*
* *

Né en exil, en Angleterre, le 6 février 1869, le duc d'Orléans, fils du comte de Paris, fit ses études d'abord au collège d'Eu, puis à Paris, au collège Stanislas. Dans ces deux maisons, sa nature ouverte et franche lui conquit, dès l'abord, l'amitié de ses camarades.

Le prince préparait l'examen d'entrée à Saint-Cyr lorsqu'en 1886, la majorité républicaine des Chambres vota les lois d'exil qui l'obligèrent à terminer son éducation militaire à l'étranger. Après avoir reçu les leçons d'un officier français du plus grand mérite, le colonel de Parseval, le Prince fut admis à l'Ecole militaire de Sandhurst qui tient en Angleterre la place de Saint-Cyr en France. Il y passa deux ans, et, à sa sortie, obtint le grade de lieutenant. Il fit alors aux Indes et sur la frontière afghane une campagne de onze mois au cours de laquelle il manifesta les plus belles qualités militaires ; le général Roberts, depuis maréchal et lord, porta sur le prince, à l'issue de cette campagne, le jugement le plus élogieux.

En 1890, lorsqu'il eut atteint sa majorité, le duc d'Orléans ne prenant conseil que de son cœur généreux et de son patriotisme, vint, quoique banni, se présenter au recrutement du département de la Seine et réclamer le droit d'accomplir, comme tous les Français de son âge, son service militaire. La démarche était noble et digne d'un Français : le gouvernement n'y répondit qu'en faisant arrêter, juger et condamner le Prince, qui demeura quatre mois en prison, à Clairvaux.

La même année, le duc d'Orléans accompagna son père en Amérique. Tous deux visitèrent aux Etats-Unis les champs de bataille où le duc de Chartres, le prince de Joinville et le comte de Paris lui-même avaient combattu pendant la guerre de Sécession, accroissant ainsi la dette de reconnaissance contractée par les Américains envers Louis XVI et la France.

En 1894, le duc d'Orléans devint, par la mort de son père, chef de la Maison de France sous le nom de Philippe VIII. Pour employer utilement son activité et pour servir et honorer la France dans la mesure où il le pouvait, il entreprit en 1905, 1907 et 1909, sur son navire *Belgica,* trois voyages au Pôle Nord. Au cours de ces voyages où ne manquèrent ni les fatigues, ni les souffrances, ni les dangers, le prince déploya toutes les qualités du chef : sang-froid, bravoure, coup d'œil, énergie, décision.

*
* *

La terrible guerre actuelle avait été prévue, et pour ainsi dire, prédite par le duc d'Orléans qui exprima souvent ses craintes devant ses intimes à ce sujet. Les sentiments hérités de ses aïeux, l'éducation royale, des relations ininterrompues avec les principales cours de l'Europe, avaient de bonne heure, familiarisé le prince avec la politique étrangère et lui avaient permis de discerner les causes qui devaient déterminer le conflit à la suite des événements d'Orient de 1912-1913. D'autre part, la guerre commencée, le prince ne manqua pas de prévoir que l'Allemagne, par son mépris des traités et du droit des gens, soulèverait bientôt contre elle une partie des nations qui étaient d'abord demeurées neutres.

Le prince n'a jamais douté un seul instant que la France ne remportât la victoire, grâce à la vaillance et au dévouement de tous ses fils et au concours de ses alliés. Cette certitude n'empêcha pas que dans les événements du début de la guerre, il ne partageât nos angoisses; le duc d'Orléans eut la douleur de voir l'ennemi envahir et dévaster nos provinces sans pouvoir combattre pour la patrie.

Cependant, il ne cessait de parler, d'écrire, d'agir, en Français animé du plus clairvoyant et du plus ardent patriotisme ; il se dépensait en efforts multipliés pour obtenir le droit de servir, fût-ce comme simple soldat, dans les rangs des armées nationales ou alliées. L'opposition du gouvernement français et les scrupules que cette opposition provoqua chez les chefs des États alliés ont fait échouer ces efforts : le prince en a eu le cœur brisé.

La consigne donnée par le duc d'Orléans aux royalistes, dès l'ouverture des hostilités, fut de suspendre toute action politique et d'éviter tout ce qui pourrait gêner le gouvernement actuellement responsable des destinées de la patrie. On sait avec quelle discipline cette consigne a été observée par tous les royalistes de France. L'*Action Française* avait sur ce chapitre devancé la volonté royale. Elle a suspendu toute opposition de fait du gouvernement républicain, elle a soutenu et défendu tous les ministères en exercice.

Dès la déclaration de guerre, le duc d'Orléans renvoyait à l'empereur d'Autriche le collier de la Toison d'or (ordre conféré seulement aux chefs d'État et aux princes des maisons régnantes) et accompagnait ce renvoi d'une lettre empreinte des sentiments les plus nobles et les plus ardents. En même temps, il adressait au ministre de la Guerre, à Paris, la dépêche suivante :

« Monsieur le ministre, devant les événements actuels, toutes les lois d'exception, tout dissentiment politique doivent tomber : tous les Français ont le devoir et le droit de reprendre leur place sous les drapeaux. — Ce droit et cet honneur, je viens vous les demander pour la durée des hostilités, certain que vous saurez comprendre à quels sentiments j'obéis. — J'attends donc avec confiance votre réponse télégraphique et vos instructions pour partir. »

M. Viviani, président du Conseil, lui répondit le 9 août, en ces termes : « L'état de la législation française ne permettant pas votre enrôlement dans l'armée française, tout en rendant hommage à votre initiative, je ne puis que vous faire la réponse déjà faite à d'autres demandes pareilles à la vôtre et vous engager à vous enrôler dans les armées alliées qui combattent à nos côtés. »

Quand le duc d'Orléans demandait à combattre sous les drapeaux français, il ne songeait pas seulement à satisfaire l'élan naturel de son cœur et les impulsions de sa race, les appels d'un sang qui a coulé si souvent, de siècle en siècle, pour la Patrie. Sa haute raison de patriote, chef de la Maison de France, responsable même dans l'exil, d'une partie de la fortune du pays, lui disait qu'il serait beau et utile à la France qu'il pût la servir en personne, les armes à la main. Le fait de sa présence dans nos armées eût été hautement significatif de l'oubli absolu de tout ce qui n'était pas la lutte contre l'étranger. Cette preuve de paix publique, de concorde nationale, de coopération de tous à la victoire, ne pouvait que seconder et multiplier l'effort de la nation.

Déplorant de n'être pas autorisé à servir dans l'armée française, il suivit le conseil donné par M. Viviani et offrit ses services d'abord au roi d'Angleterre, puis au roi des Belges, souverains avec lesquels il entretient d'intimes relations d'amitié et de parenté. Le roi Georges remercia par une chaleureuse et cordiale dépêche, mais il annonçait, en même temps, la visite de son ministre à Bruxelles chargé d'exposer au prince la situation : les troupes britanniques opérant en France, il ne leur était pas possible de violer la loi qui bannit le duc d'Orléans du territoire français.

Quant au roi Albert, tout en répondant en termes affectueux à son cousin, il lui opposait des difficultés du même ordre.

Plus tard, dans les premiers jours de janvier 1915, lorsque le prince s'adressa une première fois à l'empereur Nicolas, qui est pour lui un ami d'enfance, son vœu se heurta encore au même obstacle. La crainte de mécontenter le gouvernement français ne permettait pas à la bonne volonté des gouvernements alliés de recevoir le duc d'Orléans dans leurs armées. En engageant le prince à s'adresser à eux, le président du Conseil lui avait donc indiqué une voie dont la République elle-même, par l'effet des convenances diplomatiques, lui fermait l'accès.

Le duc d'Orléans ne se découragea pas. Il eut recours successivement au maréchal Roberts, sous les ordres de qui il avait servi aux Indes, et à Agha-Khan, chef des Musulmans de l'Inde, avec qui il est lié d'amitié. Il eût été heureux d'être le compagnon de ces belles troupes noires qu'il connaît bien et dont il parle la langue. Mais ni lord Roberts ni Agha-Khan, ne pouvaient rien sans l'autorisation du gouvernement anglais.

Une tentative que fit le prince, en octobre 1914, dans un bureau de recrutement de Londres, pour s'engager incognito comme simple soldat, dans cette armée anglaise où il avait été officier, ne réussit pas davantage.

En présence de ces échecs, le duc d'Orléans écrivit de nouveau, le 15 décembre 1914, au président du Conseil des ministres, pour lui demander de vouloir bien proposer aux Chambres une légère modification aux lois existantes : « *Je ne sollicite aucunement l'abrogation des lois d'exil*, disait le prince, *il suffit d'admettre que les effets en seront suspendus pendant la durée de la guerre. Un fois mon devoir militaire accompli, il me serait moins dur de quitter le sol français après avoir eu la joie et l'honneur de participer à sa délivrance. — Les législateurs de 1886 n'avaient pu prévoir que la peine de l'exil qui m'a frappé à 17 ans, déjà si lourde en temps de paix, serait aggravée par le supplice de l'inaction devant l'ennemi. Aucun Français n'en doutera : ce n'est pas une question politique, c'est une affaire de patriotisme et de cœur.* »

Cette lettre, qu'on ne peut lire sans émotion, n'ayant pas reçu de réponse dans un délai normal, le duc d'Orléans chargea Charles Maurras et Maurice Pujo (qui n'était pas encore mobilisé) d'aller voir le président du Conseil. Au cours de leurs entretiens avec M. Viviani, nos amis ne négligèrent aucun argument, ne reculèrent devant aucune preuve de désintéressement et de sacrifice, pour obtenir que l'auguste exilé pût réaliser, directement ou indirectement, son vœu généreux de servir la France. Ils ne purent obtenir ni que le gouvernement français intervînt auprès de la Russie pour faire agréer le prince dans l'armée de cette nation, ni que le duc d'Orléans fût admis à s'engager incognito, et sous un nom supposé, dans la Légion étrangère. Cependant, cette dernière solution avait un précédent : nul n'ignore que le duc de Chartres obtint de M. Thiers, en 1870, l'autorisation de servir ainsi dans nos armées, sous le nom de Robert Lefort.

Lorsque l'Italie, abandonnant sa neutralité, vint en juin 1915 se ranger aux côtés des Alliés, le prince fit demander au gouvernement du roi Victor-Emmanuel la faveur de combattre dans l'armée italienne. On sait que la sœur du duc d'Orléans, S. A. R. la princesse Hélène, a épousé le duc d'Aoste, cousin germain du roi d'Italie et l'un des meilleurs généraux italiens. Cette démarche échoua par les mêmes motifs de convenance diplomatique qui avaient empêché les précédentes d'aboutir.

Le prince devait renouveler ses tentatives lorsque les États-Unis entrèrent dans la lice à leur tour. Il rappelait, dans sa lettre au président Wilson, que son père et ses oncles avaient combattu sous les plis du drapeau étoilé, pendant la guerre de Sécession, et il réclamait instamment pour lui-même l'honneur de les imiter.

Dans une réponse pleine d'une déférente sympathie, le président des États-Unis opposa, lui aussi, une fin de non recevoir à la requête du royal exilé.

*
* *

Le duc d'Orléans, pendant la guerre, sut toujours accomplir les actes et trouver les paroles que les circonstances réclamaient. Dès le début des hostilités il avait transformé son château de Putdaël, près de Bruxelles, en une ambulance modèle pourvue par lui d'un personnel de choix et d'un matériel perfectionné.

Quand fut bombardée sauvagement la cathédrale de Reims (19 octobre 1914), il écrivit pour en exprimer sa colère. Il a écrit de même au roi de Bulgarie (octobre 1915), la lettre que ce dernier méritait quand il joignit sa cause à celle des empires allemands.

Voici la première de ces lettres :

Eminence, l'éloignement d'un exil qui n'a jamais été aussi dur m'a interdit de vous exprimer jusqu'à présent, mon indignation à la nouvelle du sacrilège désastre que la barbarie allemande vient d'infliger à la cathédrale de Reims. Autant que sur le chef-d'œuvre de la piété et de l'art de nos pères, la haine d'un ennemi lâche, envieux et sauvage, s'est acharnée sur le monument essentiel de notre histoire la plus sacrée. En tirant sur le sanctuaire de Reims, l'Allemagne a tiré sur le baptême de Clovis, sur l'étendard de Jeanne d'Arc, sur l'onction de Hugues Capet et de ses successeurs, sur les plus hautes figures de la Monarchie et de la France. Car tous ces souvenirs, épars aux cœurs de Français innombrables, étaient rassemblés sous vos belles voûtes aujourd'hui écroulées.

Cet immense deuil national, Eminence, est particulièrement le mien. J'en ressens, dans toute son étendue, la douleur et l'injure, moi le Fils aîné de ceux que, pendant dix siècles, ont sacrés les pontifes de Reims. Le sang qu'ils m'ont légué, on ne m'a pas permis de l'employer à écarter de mon pays cet outrage. Que ne puis-je le verser pour venger et punir ! Que ne puis-je, avec tous mes amis qui tombent héroïquement sur les champs de bataille, avec tous les Français si magnifiquement unis, aider à l'écrasement des barbares, afin que la France, œuvre de mes ancêtres, poursuive en paix ses glorieux destins.

Le 30 octobre, le cardinal répondait au prince :

« Monseigneur,

« C'est avec une profonde émotion que le successeur de Saint Remi a lu la noble lettre qu'a daigné lui écrire l'héritier des rois sacrés par ses prédécesseurs dans la cathédrale de Reims.

« Les sentiments de douleur et d'indignation que Votre Altesse m'exprime, je les avais éprouvés de mon côté, Monseigneur, en contemplant le désastre de notre auguste basilique et les statues de nos rois, jadis couronnés ici, qui assistèrent, témoins muets, du haut de leur galerie, à l'incendie du sanctuaire vénérable où ils avaient reçu l'onction royale et la couronne.

« En même temps, en effet, qu'un attentat sacrilège contre la maison de Dieu qui devait rester en dehors de nos tristes luttes humaines, l'incendie de la cathédrale de Reims est une insulte à nos souvenirs nationaux les plus sacrés. Cette cathédrale où Clovis fut baptisé avec ses Francs, où Jeanne d'Arc tint à l'honneur l'étendard qu'elle avait porté si souvent à la peine, où tant de rois sont venus faire hommage à Dieu de leur autorité en recevant leur couronne des mains de son représentant spirituel et en mettant leur épée à son service pour la défense de la religion et du droit, il s'est trouvé des hommes qui ont osé lancer sur elle leurs bombes incendiaires.

« A côté de la cathédrale s'élevaient deux autres monuments qui étaient eux aussi, de vénérables témoins du passé illustre de notre ville et de la patrie : le palais où résidaient les rois de France, vos aïeux, Monseigneur, quand ils venaient à Reims recevoir la couronne, et l'Archevêché, demeure traditionnelle des successeurs de Saint Remi qui leur conféraient l'onction royale : ils sont devenus l'un et l'autre la proie des flammes. De la douleur inconsolable que je ressens du désastre de la cathédrale, je ne puis séparer le chagrin profond que me cause la destruction complète de ces deux monuments si intimement unis à notre sanctuaire national. Quelles que soient, en effet, les vicissitudes politiques d'un pays, il ne doit jamais renier ses ancêtres et c'est pour les Français du xxᵉ siècle, un devoir de justice de rendre hommage à ce qu'il y a eu de grand et de beau dans les siècles qui ont précédé le nôtre et dont l'histoire est celle même de notre vie nationale. »

Au roi de Bulgarie, le duc d'Orléans écrivait :

« Sire, l'attitude que Votre Majesté a cru devoir prendre dans la guerre actuelle, contrairement à sa politique antérieure, m'impose le triste devoir de prier Votre Majesté de reprendre les insignes des ordres bulgares dont Elle avait bien voulu m'investir, une première fois lors de la mort de votre vénérée mère et une seconde fois lors de mon séjour en Bulgarie pendant lequel Votre Majesté eut soin de me faire remarquer tout ce qu'elle devait à la France.

« J'ai dit à Votre Majesté de faire reprendre ces insignes, car hélas ! je ne puis les lui renvoyer. Mais Votre Majesté n'aura qu'à s'adresser à son allié qui, depuis plus d'un an, occupe mon château et pour lequel mon coffre-fort ne doit plus avoir de secret. Je l'autorise à rendre à Votre Majesté les insignes d'ordres que je ne saurais plus porter.

« Votre Majesté comprendra que, dans ces circonstances, je suis obligé de La prévenir que le jour où Elle lèvera les armes contre la France, ma patrie, son nom sera rayé du chapitre des chevaliers du Saint-Esprit. Votre Majesté avait depuis son enfance, voulut se rattacher à la France, d'abord comme d'Orléans, puis comme Bourbon et le costume du Saint-Esprit avait toujours été votre ambition; de nombreux portraits le prouvent ! — Une autre ambition est née depuis : Empereur d'Orient ! Et le fils d'une princesse d'Orléans, le mari d'une princesse de Bourbon, a renié ses origines et ses alliances pour se jeter dans les bras de nos pires ennemis. Le Cobourg-Kohari a jeté le masque et a repris son rôle.

« Je ne demande pas à Votre Majesté de me renvoyer les insignes du Saint-Esprit que je lui ai fait remettre officiellement jadis. Je veux, au contraire, que ces souvenirs de la France qu'elle a trahie soient toujours un vivant remords qui poursuive Votre Majesté. »

Dans ces lignes, si claires et si françaises, on reconnaît la griffe royale.

On sait qu'au mois de juillet dernier, un détachement et une musique des zouaves furent envoyés en Angleterre, par le gouvernement français, pour y être, pendant quelques jours, les hôtes du gouvernement britannique.

L'*Action Française* (20 juillet) a raconté ainsi un incident qui se produisit le 15 juillet, à Londres.

Monseigneur le duc d'Orléans était présent à la cathédrale de Westminster, à la messe de *Requiem*, dite pour la commémoration des soldats et marins français tombés au champ d'honneur. Toutes les autorités anglaises étaient présentes ou représentées, ainsi que le corps diplomatique.

A l'issue de la cérémonie et au moment de sortir de la cathédrale, écrit un Français témoin du fait, Monseigneur le duc d'Orléans, apercevant le fanion tricolore que portait un zouave, s'avança vers ce dernier et lui dit : « *Laisse-moi, après trente-deux ans d'exil, embrasser les couleurs de ma patrie !* » Puis, se penchant, le prince porta à ses lèvres l'emblème de la France.

Cela fut fait rapidement, discrètement, et le duc d'Orléans, accompagné de son secrétaire, M. Emery, disparut dans la foule.

*
* *

Au physique, le duc d'Orléans est grand, vigoureux et élancé, la pratique constante des exercices du corps a maintenu sa vigueur et son agilité. Il a le front large et des yeux bleus pleins de finesse. Il possède une allure d'autorité et de majesté naturelles qui inspirent le respect et en même temps un air de grande bonté qui charme.

Au moral, le prince s'est toujours montré homme énergique et résolu, d'esprit prompt et de jugement sûr. L'exil et le sentiment de sa haute responsabilité l'avaient mûri de bonne heure. Par une étude incessante, un grand don d'assimilation, il a développé les facultés et les connaissances qui font le chef d'Etat accompli.

E. SAINT-MAURICE.

————— ✠✠✠ —————

La Bataille de la Marne

Ode historique
par Charles Maurras

◄■■■■■■■■■■►

Sian Gau-Rouman e gentilome.
Nous sommes Gallo-Romains et gentilshommes.

Mistral..

I

La Montagne de la Victoire
Donne son souffle à nos drapeaux,
A sa voix deux mille ans d'histoire
Sortent en criant des tombeaux !
Comme un soleil sur la nuée
Toute la Gaule s'est ruée,
Mère de Loix, mère des Arts,
Notre Pallas est sœur d'Hercule.
Au double assaut déjà recule
Un germanique et faux César.

O toi, plus basse que les terres
Que tu surcharges d'habitants,
O dans ta paix et dans ta guerre
Singe inutile des Titans,
Race allemande qu'enfle et grise
L'impunité de la traîtrise,
Cruelle, avide, sans honneur,
Aucun reproche ne te presse
Comme du manque de sagesse
Qui de tout temps souilla ton cœur.

Tu ne sais pas la loi des mondes
Qui pour renaître fait mourir
En des épreuves si fécondes
Que le plus lâche y veut courir :
Pour égaler sa haute somme
Il faut que l'Etre se consomme,
De tous les maux naît quelque bien.
Seule une race abandonnée
Des justes dieux est condamnée
Au crime qui ne sert à rien.

Le long de tes annales sombres
Hurle la flamme, pleut le sang
Et ton marteau dans les décombres
Frappe des coups retentissants,
Il ne te plaît que de détruire
Tout ce que l'homme a su produire :
Ta grande gloire est de nourrir,
Sans l'apaiser par les ravages
Qui te flétrissent d'âge en âge,
L'unique faim d'anéantir.

II

Amis, nos cœurs se réjouissent
Non de jouer les arrogants
Ni d'imiter par avarice
Ces assassins et ces brigands.
Un noble cœur ne s'énamoure
Que de la terre qu'il laboure
Ou des flots s'il les a domptés
Ou de mêler parmi les arbres
Aux briques roses pierre ou marbre,
D'ardoise fine surmontés.

A modeler la ressemblance
De l'animal et de l'humain,
Une secrète véhémence
Bientôt réchauffe notre main,
De l'artisan la grâce innée
D'une industrie est raffinée
Qui le polit d'âme et de corps :
Ses idéales créatures
Dans leur reflet le transfigurent
Pour l'emporter dans leur essor.

Il atteindra la noble lyre,
Il y fera sonner les vers
Qui permettront enfin d'élire
Leur destinée aux univers.
En s'éveillant aux voix de l'âme,
Les rocs, les eaux, le vent, la flamme
S'étonneront de recevoir
Notre chaleur, notre semence,
Notre mesure de l'immense,
Notre cruel et gai savoir.

L'œuvre sublime se repose,
L'âme conçoit sa royauté
Et la consacre et la dépose
A ton autel, ô ma Cité !
Né sous la haute forteresse
De l'horizon dame et maîtresse,
J'ai tout reçu du sol natal :
Ma langue fille de mes pères
Dit l'alliance que frappèrent
Le licteur et le fécial.

Ici, gardien du caducée,
Brille le glaive court et droit,
Ici des âmes policées
Germent les mœurs et naît le Droit,
Ici vola de cime en cime
Le Titanide sur l'abîme
Et son bonheur, qui vient des cieux,
Remonte dire à l'Empyrée :
— La race humaine invente et crée
Comme voulurent les Grands Dieux.

III

Telle est la loi de tous les hommes
Hôtes des champs et des maisons
Qui sont régis comme nous sommes
Par les clartés de la raison.
Mais toi, sans ville ni bourgade,
Coureur de bois, batteur d'estrade,
GERMAIN, comment concevrais-tu,
Au dénûment de ta patrie,
De cultiver sans pillerie
Un héritage de vertu !

Sombres climats, mornes campagnes
Que tes rhéteurs gonflent en vain,
Le triste sol des Allemagnes
Est pauvre et plat comme ses vins.
Bien que la vierge y soit lubrique
Et la matrone peu pudique,
Ton jeune mâle est de sang froid,
Sa Vénus lente est si rétive
Qu'une débauche maladive
Ronge tes peuples et tes rois.

Tu veux répandre ta sanie !
Tu périrais en l'étouffant !
Ainsi se fait, ô Germanie,
Chaque départ de tes enfants :
Ils courent, s'arment tant qu'ils peuvent
Et précipitent sur nos fleuves
Ce tourbillon de tes bâtards.
Leur nombre obscène nous submerge
Si mon soldat ne veille aux berges
Ou s'il accourt un peu trop tard.

Alors s'accroît la chair trop blonde
Et le cheveu décoloré,
Le flot sanguin qui surabonde
En intestins démesurés !
Et tu prétends qu'aux grandes races
Succède un jour ta populace
De demi-hommes aberrants :
Parvenu d'une force impure,
Dernier promu de la nature,
Tu monterais à notre rang !

Comme un enfant tire avantage
De son nom qui salit le mur,
Tu peux nommer quelque rivage
De tes vocables les moins durs,
Mais, de Thulé jusqu'en Sicile,
Ta longue course est si stérile
Qu'elle ne plante nulle part
L'arc de triomphe ou la statue,
Disant : — La main qui brûle et tue
Aspire encore à d'autres arts.

Voilà pourquoi nos terres mères
Te dévorent dans leurs tombeaux,
Nos chastes cieux dans leur lumière
Te boivent comme un verre d'eau,
Tu t'en reviens l'oreille basse
A tes fourrés où Boniface
Te poursuivit la hache en main
Pour mettre en pièce ton idole.
Ou t'enseigner une parole
Qui te prêtât visage humain !

IV

Non ! la germaine multitude
Brute naquit et gardera
Le parler rauque et l'âme rude
Que nul baptême n'ondoiera.
Contre les biens que l'on t'inflige
Le dur orgueil, à son vertige,
Pleure, murmure, te meurtrit :
Tu te déchires à toi-même
Et, plus cruelle à ceux qui t'aiment,
Tu gémiras sur leurs débris.

Chargeant l'habit du gentilhomme
Sur la carcasse du vilain,
Toi qui veux être roi de Rome
Et mis à sac le siège saint,
Tu fuis, plié sous ta rapine,
Les anathèmes que fulmine
Un vieil évêque frémissant
Et, cœur trop faible pour y croire,
Tu ris des bulles de Grégoire
Et de la foudre d'Innocent.

Auteurs sacrés de notre Europe,
Fondateurs de son unité,
O plus modestes que l'hysope
Qui le grand cèdre avez planté,
Pâtres, pêcheurs, docteurs, ô prêtres !
Votre main pure a fait connaître
La Parricide aux yeux de tous
Mais la vengeance fond sur elle
Dès que Martin, son grand rebelle,
A déchaîné les moines fous :

De la bonté du Sacerdoce
Un peuple entier s'était nourri,
De la puissance de la Crosse
Epée et Sceptre avaient fleuri,
Jamais tes hordes moins grossières,
Ne vivent d'heure plus prospère,
L'Aigle enserrant le Globe d'or
A la grand'voile se déploie
Et les vents que l'Aurore envoie
Bercent la nef de port en port...

Un seul vaisseau fait mille épaves
Et des mille navigateurs
Il en survit un seul, esclave
De la houle et du vent moqueur :
A la dérive sous les astres,
Le réchappé du grand désastre,
Chevauchant un mât sans agrès,
Boit en pleurant l'écume blanche
Et vocifère que sa planche
Est l'arche unique du progrès !

V

A la porte de la chapelle,
Est ton écrit, frère Martin,
Qui promulgua la foi nouvelle
Et vous retranche des Latins :
César et Pierre et leurs Curies
Sont une même idolâtrie,
Entre le feu du ciel et toi
Que nul esprit ne se propose,
Que nulle voix humaine n'ose
D'un seul homme régler la voix !

— Plutôt la chienne d'Hercynie !
O vieille âme germaine, sois
L'Erreur, le Crime, la Manie :
Mon Dieu t'assiste si tu crois !
Incendiaire, il est ta flamme,
Il est ta hache, il est ta lame
Et ton massacre, ô massacreur !
L'hôte profond de nos substances,
Comme la loi de tes balances,
Il est la vase de ton cœur.

Esprit, tu rampes et tu doutes
Qui peux bondir au Saint des Saints !
Perçons les murs, crevons les voûtes !
Ni marbres blancs, ni tableaux peints !
Art sacrilège qui succombes
Tes dieux, inertes sous la tombe,
Connaîtront que l'Homme allemand
Crie à leurs restes qu'il piétine :
« Hydre hellène, Louve latine,
« Mort aux amants de vos amants ! »

Mon Dieu les juge ou leur fait grâce :
Source du crime et du pardon
Le solitaire des Espaces
De nos mérites nous fait don,
Au dur soleil de sa justice
Que veut l'encens de sacrifices
Injurieux et superflus ?
Je dissiperai dans sa gloire
Ces flots d'amour où n'ont pu boire
Ni les damnés ni les élus...

Ainsi clama l'Assemble-Nues :
Mais, loin des trônes de l'azur
Dites-moi ce qu'est devenue
La mystique rose au feu pur
Qui, neige et pourpre dans ses voiles,
Sous la couronne des étoiles
Emparadisa terre et mer
Et, des errants la conductrice,
De tout péché la rédemptrice,
Eut pitié même de l'enfer !

Dites-moi, la Vierge Marie
Ne règne plus sur votre ciel
Et votre terre défleurie,
Désert de cendres et de sel,
Ne mène plus l'ogive en flamme
S'ouvrir aux pieds de Notre Dame,
Jurer l'amour entre ses mains
Et lui chanter : — O belle ! O claire !
Dans la maison d'un même père,
Abritez nos cœurs pèlerins !

Quand la martyre est sur la roue,
Toutes jointures se rompant,
Le pauvre corps n'est plus que boue
L'âme le quitte avec le sang :
Ainsi, royaume par royaume,
Au chant des cloches et des psaumes
Cinquante peuples irrités,
De leur Danube à notre Sambre,
Brûlent, tenaillent et démembrent
Une expirante Chrétienté.

. . . .
. . . .
. . . .

———✠✠✠———

LE MARÉCHAL JOFFRE

Le maréchal Joffre (J.-J. Césaire) est né en 1852, à Rivesaltes (Pyrénées-Orientales). Il était fils d'un maître-tonnelier. Intelligent et travailleur, il fit d'excellentes études et fut admis à l'École Polytechnique en 1869. En 1870, il participa comme sous-lieutenant du Génie à la défense de Paris assiégé. Capitaine du Génie à 24 ans, en 1876, il fait campagne au Tonkin en 1885-1886 et passe chef de bataillon en 1889. Il prend part à l'expédition de Madagascar,

JOFFRE

Buste par M. Injalbert au Salon de 1918, gravé sur bois par M. Victor Dutertre,
d'après le croquis original du maître

sous les ordres du général Duchesne et est nommé lieutenant-colonel en 1897. Au moment de la guerre, le général Joffre était chef d'État-major général de l'armée; il dirigea, comme généralissime, les opérations des armées françaises pendant les deux premières années de la guerre.

Le fait le plus glorieux de son commandement est la victoire de la Marne, du 5 au 10 septembre 1914. Cette victoire, chef-d'œuvre de tactique et de volonté, est un fait à peu près unique dans les annales militaires. On vit, dans ces jours lumineux, une armée qui, depuis quinze jours, battait en retraite, serrée de près par un ennemi victorieux et supérieur en nombre et en matériel, s'arrêter tout d'un coup, par la volonté de son chef, faire face à cet ennemi, lui résister, le vaincre et le rejeter à plusieurs journées de marche en arrière. On se rappelle l'ordre du jour fameux par lequel le général Joffre arrêta la retraite en déclarant que nul ne devait plus désormais tourner la tête en arrière et que le devoir de chacun était de se faire tuer sur place plutôt que de reculer d'un seul pas.

Depuis la victoire de la Marne jusqu'à la fin de l'année 1916, le général Joffre dirigea les opérations des armées françaises, établissant ces armées sur un front solide, résistant à toutes les attaques de l'ennemi et effectuant de nombreuses attaques partielles qui furent couronnées de succès.

Le 24 décembre 1916, le général Joffre, en récompense des services signalés qu'il avait rendus à la patrie, recevait le bâton de maréchal. Après avoir résigné le commandement suprême, le maréchal Joffre a consacré sa haute intelligence et sa grande activité aux missions de diplomatie militaire que le gouvernement lui a confiées, soit auprès des généraux en chef, soit auprès des gouvernements alliés. Plein de tact et de réserve, d'une dignité sans raideur tempérée de fine bonhomie, le maréchal a parfaitement réussi dans ces délicates missions.

En avril-mai 1917, il s'est rendu aux Etats-Unis où il reçut un accueil enthousiaste et contribua à décider le Gouvernement américain à faire immédiatement un effort militaire considérable.

Le Gouvernement des Etats-Unis a fait remettre au maréchal Joffre, en témoignage d'admiration, une réduction en or de la statue de Bartholdi; des Sociétés américaines lui ont offert une palme de feuilles de chêne et de laurier en or; la ville de Paris lui a décerné une épée d'honneur; l'Histoire lui conservera un souvenir reconnaissant.

Le maréchal Haig, par M. Joëts
Croquis original de l'artiste pour son tableau
du Salon de 1918

LE MARÉCHAL FOCH

Le maréchal Foch (F.) est né en 1851, à Tarbes. Engagé volontaire en 1870, au 4ᵉ de ligne, il prit part à la guerre contre l'Allemagne. Après la guerre, il entra à l'Ecole Poly-

Photo H. Manuel.

technique d'où il sortit, comme sous-lieutenant d'artillerie, en 1873. Après son séjour réglementaire à l'Ecole d'Application de Fontainebleau, il est lieutenant en 1875 Breveté d'Etat-major et colonel en 1903, Foch est nommé, l'année suivante, professeur à l'Ecole Supérieure de Guerre.

Au mois de juillet 1914, le général Foch commandait le 20ᵉ Corps d'armée. A la veille de la première bataille de la Marne, il recevait le commandement de la 9ᵉ armée et jouait un rôle décisif dans la victoire en lançant, le 9 septembre, la 42ᵉ division sur le 12ᵉ Corps d'armée allemand qu'elle rejeta dans les marais de Saint-Gond.

C'est le général Foch qui dirigea si heureusement la longue et sanglante bataille de l'Yser et organisa la liaison entre les armées françaises et britanniques.

Devenu commandant d'un groupe d'armées, le général Foch fut appelé au ministère de la Guerre, au mois de mai 1917, comme chef d'Etat-major général de l'armée et membre du Comité Supérieur de Guerre interallié.

On sait comment, à la suite de l'enfoncement du front anglais sur la Somme, par les armées allemandes, à la fin de mars 1918, les Gouvernements de l'Entente se décidèrent, sous la pression des événements, à créer un commandement suprême unique pour toutes les forces alliées opérant sur le théâtre occidental de guerre. Le général Foch fut investi de ce commandement, avec la mission de coordonner les mouvements des armées alliées, de manière à limiter d'abord le mouvement de l'ennemi, puis à refouler celui-ci. Sans se laisser démonter par la fâcheuse surprise du Chemin-des-Dames (fin mai 1918), le général Foch conçut et exécuta le plan qui devait lui permettre de remplir sa double mission.

Au début, la seule manœuvre qui lui fût possible était le déplacement rapide d'effectifs transportés, par chemin de fer et par convois automobiles, successivement sur diverses parties du front, pour endiguer le flot allemand en Picardie, en Flandre et dans le Tardenois. Cependant, l'armée britannique et le groupe d'armées françaises du centre pansaient leurs blessures, reconstituait leurs effectifs, recomplétaient leur matériel, tandis que les renforts américains arrivaient à raison de 250 à 300.000 hommes par mois.

Le 18 juillet 1918, le général Foch déclanchait une énergique contre-offensive contre le flanc droit de l'armée allemande engagée entre l'Aisne et la Marne. On connaît le succès de cette manœuvre qui réussit parce que le général Foch sut tenir ses intentions secrètes jusqu'au dernier moment, accumuler en temps voulu et aux points favorables tous les moyens d'action nécessaires et soutenir énergiquement les attaques qu'il avait lancées. Du 18 juillet au 5 août, Paris était dégagé, Soissons et Château-Thierry reconquis, plus de 200 villages délivrés, 35.000 prisonniers et 700 canons capturés.

Le 6 août, en récompense de ses éminents services, le général Foch était élevé à la dignité de maréchal de France. Depuis lors, avec l'autorité de son grade et de ses talents, il a dirigé l'offensive victorieuse et ininterrompue des Alliés, déclanchant successivement les attaques sur tous les points favorables, usant avec maëstria de ses réserves d'hommes et de matériel, tout en laissant aux commandants de ses groupes d'armées une large initiative.

Le maréchal Foch a su, très habilement, introduire dans ses armées un mélange d'unités des diverses nations, dans la mesure juste nécessaire pour provoquer une émulation génératrice de grandes actions sans risquer d'introduire le désordre.

« Ce qui caractérise la manière tactique du maréchal, c'est le sens de l'à-propos, l'art de profiter des circonstances et de développer son plan suivant les résultats donnés par la bataille. » Quant à sa stratégie, elle n'a pas pour objectif la conquête du terrain pour le terrain lui-même, mais les armées ennemies et les moyens de les écraser. Appliquant la doctrine qu'il professait à l'Ecole de Guerre, d'après laquelle l'offensive seule peut donner des résultats décisifs, le maréchal Foch saura conduire les armées alliées victorieuses jusqu'au cœur du territoire allemand.

———✳✠✳———

LE GÉNÉRAL PÉTAIN

Photo H. Manuel.

Le général PÉTAIN (Henri-Philippe) est né en 1856, a Cauchy-la-Tour (Pas-de-Calais). Il sort de Saint-Cyr et appartient à l'Infanterie. Sous-lieutenant en 1878, lieutenant en 1882, capitaine et breveté d'Etat-major en 1890, lieutenant-colonel en 1907, il fut nommé colonel en 1910. Il remplissait alors, depuis six ans, les fonctions de professeur à l'Ecole Supérieure de Guerre.

Quand le commandant *Pétain* arriva à l'Ecole de Guerre avec le titre de professeur-adjoint du Cours d'Infanterie, en 1904, l'Ecole était commandée par le général *Bonnal*. Sous la direction de ce chef éminent, le général *Lanrezac* était directeur des études, le colonel *Foch* enseignait la tactique générale, le commandant *Fayolle* était professeur-adjoint du cours d'Artillerie.

Nommé général de brigade en août 1914, le général Pétain fut appelé, peu après, au commandement par intérim de la 6e division d'infanterie qui avait été très éprouvée à Charleroi et à Guise. En quelques jours, il reprend en main cette division, lui rend de l'homogénéité et remet d'aplomb son moral. La bataille de la Marne s'engage : Pétain conduit à l'attaque de Monceau-les-Provins une division rénovée. Sur la crête de Saint-Bon, comme l'infanterie hésite un moment devant les barrages d'obus de gros calibre, le général s'avance à pied, à travers champ, devançant ses troupes, d'un pas sans hâte, et marche ainsi le premier jusqu'à la lisière du village de Saint-Bon où il maintient toute la journée son poste de commandement sous un bombardement violent (*Illustration du 5 mai 1917.*)

Après la Marne, la division Pétain talonne l'ennemi en retraite jusqu'au delà de Reims. Le 20 octobre, le général est nommé au commandement du 33e Corps d'armée établi sur le front Arras-Notre-Dame-de-Lorette, corps qui prit une part décisive à la bataille des Flandres pour arrêter la ruée allemande.

Dans l'offensive de mai 1915, le corps d'armée Pétain enlève, d'un seul élan, les lignes allemandes de Carency et d'Ablain-Saint-Nazaire, fait 10.000 prisonniers et prend 30 canons. Le général Pétain est alors appelé au commandement de la 2e armée et dirige son offensive de Champagne en septembre 1915.

A la fin de février 1916, lorsque se produisit l'attaque du kronprinz contre Verdun, le général vint prendre le commandement de l'armée qui couvrait la place, alors que l'ennemi était déjà maître du fort de Douaumont. On se rappelle la défense vigoureuse menée par le général sur les deux rives de la Meuse, et l'habileté avec laquelle furent conduits les travaux de toute nature et les ravitaillements.

Le 1er mai 1916, le général Pétain recevait le commandement du groupe d'armées du Centre et prenait la direction supérieure de l'offensive menée en Champagne, à l'ouest de

Reims. En mai 1917, après le départ du général Nivelle, le général Pétain prit le commandement suprême des armées françaises sur le théâtre occidental de guerre. Les circonstances étaient difficiles : nos alliés étaient mécontents de l'offensive brusquement interrompue malgré la parole donnée; dans notre armée, la discipline était ébranlée, le commandement était attristé de l'immixtion de chefs socialistes philoboches dans la conduite des opérations militaires et de l'inique disgrâce des généraux Nivelle et Mangin. Le général Pétain sut rétablir la discipline, raffermir le moral de tous, remettre les troupes en main, résister à l'ennemi du dehors et à celui, plus dangereux, du dedans; il sut *tenir* enfin pour donner aux Américains le temps de compenser par leur concours la défaillance de la Russie républicaine.

Depuis lors, le général Pétain a conservé le commandement des armées françaises qu'il a exercé avec une énergie calme, une magnifique clairvoyance, une vigueur et une ténacité inlassables. Le 6 août 1918, le général Pétain, déjà grand-croix de la Légion d'Honneur, a reçu la médaille militaire avec la mention suivante: « *Au cours de cette guerre, dans les différents commandements qu'il a exercés: brigade, division, corps d'armée, armée, groupe d'armées, armée française, a toujours fait preuve des plus belles qualités morales et techniques. Soldat dans l'âme, n'a cessé de donner des preuves du plus pur esprit du devoir et de la plus haute abnégation. A toujours su maintenir, dans les armées placées sous ses ordres, une discipline ferme et bienveillante, a soutenu leur moral et exalté leur confiance. Vient de s'acquérir des titres impérissables à la reconnaissance nationale en brisant la ruée allemande et en la refoulant victorieusement.* »

Soldat au repos, dessin original de M. Albert Pommier,
d'après sa plaquette du Salon de 1918.

DANS LA NUIT J'AI OUVERT LES YEUX [1]...

Par le BIFFIN, membre des Comités directeurs d'Action Française.

Bois en T (Champagne) janvier 1916.

Dans la nuit j'ai ouvert les yeux. La peau de mouton et la toile de tente étendues sous moi n'empêchent pas l'humidité du sol de pénétrer mes reins où elle court en petits frissons, chassant le sommeil commencé. Elle pénètre aussi mon bras gauche serré contre ce côté de la sape. Elle me descend sur la tête, malgré la couverture et la capote ramenées, de la paroi supérieure toute proche. Cette sape n'est qu'un trou creusé en long sous le sol, pas même étayé, de moins de deux mètres de longueur, d'un mètre vingt de largeur et de quatre-vingts centimètres de hauteur, offrant tout juste la place de deux hommes couchés. Je n'ai d'un peu bon que la partie droite du corps, pressée contre mon camarade de lit, l'agent de liaison des cuirassiers. Mais il est jeune, lui : il ronfle à poings fermés et, par crainte de troubler ce beau sommeil, je n'ose changer une fausse position, par laquelle j'ai un pied qui gèle. J'hésite même à me gratter la poitrine où les poux se sont réveillés en même temps que moi, ajoutant des frissons à ceux du froid. Je sais d'ailleurs que le moindre mouvement, m'obligeant à lever la tête de l'oreiller fidèle qu'est mon sac, me fera heurter du front le plafond de craie. A quoi bon ! Je reste immobile, étendu sur le dos. J'entends le manège des rats dans les souliers que le cuirassier a quittés. Je prête l'oreille au canon dont les sons espacés m'arrivent de là-haut, et, me rappelant que notre trou, qui n'est pas à un mètre cinquante du sol, ne résisterait pas à un 150, en proie au froid et à la vermine, je songe que c'est déjà la tombe, une tombe où l'on continuerait à penser...

— Un agent de liaison !

C'est la voix du capitaine qui a appelé là-haut, dans notre cagna. Ce n'est pas mon tour de marcher, mais je ne dors pas; je ne suis pas déchaussé ni déséquipé, je crie : « Voilà ! » et j'entreprends la tâche difficile de me retirer du trou aussi rapidement mais aussi doucement que possible pour ne pas réveiller le cuirassier. Peine superflue! La chute du 150 n'interromprait pas son sommeil. Je dois ramper encore sur les cinq ou six marches qui forment notre escalier, car par-dessus l'ouverture le maréchal des logis observateur d'artillerie a jeté deux planches avec de la paille pour s'y coucher. Ma tête apparaît enfin au ras du sol par l'étroit orifice laissé libre.

— Voilà, dit le « logis » en s'étirant, M. le professeur Pierre Austin qui sort de ses appartements. Qu'il est beau ! Ses élèves ne le reconnaîtraient pas !

J'ai assurément une bonne tête : le casque, l'équipement, les habits tout blancs pour avoir labouré la craie, luttant pour passer avec mes cartouchières gonflées qui s'accrochent à la dernière marche. Je débouche enfin au centre de la cagna. Le capitaine est rentré chez lui, mais le téléphoniste de garde m'explique qu'il s'est fâché tout à l'heure parce que toute la liaison dormait. Il veut que l'un de nous au moins reste debout cette nuit.

— Une idée à lui! ajoute-t-il dédaigneusement, faut pas chercher à comprendre!

Je comprends tout de même un peu. Le capitaine de la 18ᵉ compagnie du régiment d'active avec lequel mon régiment territorial est « amalgamé » était inquiet ce soir. Sans doute le secteur est relativement tranquille. Mais le vent est favorable à une émission de gaz boches, et l'on peut se demander pourquoi, dans l'après-midi, l'artillerie ennemie s'est obstinée à démolir nos fils de fer sur une longueur de trois cents mètres. Je veillerai donc.

---

(1) Sous ce titre provisoire nous publions le premier chapitre d'un roman actuellement en préparation. Il a paru que ce chapitre pouvait être détaché aisément pour les lecteurs de cet Almanach. Ceux-ci, toutefois, sont priés de ne pas oublier qu'il s'agit d'un fragment et que tel état d'esprit dépeint ici trouvera sa contre-partie dans la suite de l'ouvrage. — *Note de l'Auteur.*

Je me suis assis à côté du téléphoniste qui somnole devant les pages illustrées d'un vieil almanach. Après avoir pris un journal où rien ne m'a intéressé, malgré moi mon esprit a continué la rêverie commencée dans le trou. Sur la petite table où est installé l'appareil dans sa boîte de cuir, parmi les quarts épars, les traces de vin et de café, il y avait une plume, de l'encre et du papier : je me suis mis à écrire...

Quel calme ! Quelle paix ! pourrais-je dire, une paix comme seule en fait régner la guerre, paix qui fait automatiquement le vide des apparences, des bruits et des agitations, paix qui vous ramène et vous réduit à vous-même ; paix pleine d'attente mystérieuse ! Notre table, éclairée par l'unique et mauvaise bougie qui nous est octroyée par l'ordinaire, forme un îlot de lumière jaune dans le fond de la cagna. Du côté opposé je vois notre feu dans la cheminée rudimentaire qui est creusée dans la paroi même du boyau. C'est un peu de braisette qu'on allume quand le soleil est couché pour ne pas se faire repérer par la fumée. Mais le combustible que nous obtenons par le système d... est si rare que c'est un feu de pur principe destiné à nous donner l'idée de la chaleur plutôt que de la chaleur elle-même. Pour réagir contre l'humidité des murs et contre la bise soufflant sous la toile de tente qui forme notre porte, on regarde le petit point rouge à demi voilé ; l'on se dit : « Il y a du feu ! » Et c'est bien quelque chose.

Le reste de la cagna est dans la pénombre où des formes confuses s'enchevêtrent. Cette cagna de la liaison qui s'ouvre dans le boyau Arbanère, de plain-pied avec lui, à trente mètres de la première ligne, n'a pas huit mètres carrés, auxquels il faut ajouter la place de deux cadres de couchettes l'un au-dessus de l'autre. Un banc qui tient toute la longueur de la pièce, des sacs, des musettes suspendues à des piquets plantés dans la craie, nos fusils qui supportent, accroché au quillon, l'encombrant fardeau des équipements, un indescriptible fouillis de bidons, de bouteillons, de casques, de masques contre les gaz, des boules de pain entamées, de pelles, pioches et outils divers, un rouleau de fil de fer et un autre de carton bitumé, un appareil Vermorel, mais surtout l'ouverture de mon trou qui va jusqu'au milieu, réduisent à presque rien l'étroit espace.

Nous sommes sept à vivre dans cet endroit. Qui sommes-nous ? Chacun ne sait rien des autres. Le maréchal des logis, qui change d'ailleurs toutes les vingt-quatre heures, n'est connu que par son grade, les téléphonistes par leur fonction : il y a « le grand » et « le petit ». Des deux autres agents de liaison, l'un, celui de la 19ᵉ compagnie qui est en ligne à notre gauche, nous l'appelons « la 19 » ; l'autre, mon camarade de lit, agent des cuirassiers à pied qui sont sur notre droite, c'est le « cuir ». Si le maréchal des logis, Parisien cultivé, connaît mon nom et ma profession, pour tous les autres je suis le « 209 » ou le « pépère ». Le seul qui ait un prénom, à défaut de nom, c'est Baptiste, l'ordonnance du capitaine qui vit avec nous. Nous ne nous connaissons pas, mais nous nous tutoyons tous. Nous avons, sous le casque ou le calot, les mêmes figures brunies, sales, hirsutes, sauvages qu'on a vers le dixième jour de la relève, les mêmes pieds couverts d'une carapace de boue, les mêmes capotes jaunies aux manches par le frottement des boyaux. Rien ne nous distingue, dans cette tenue et cet anonymat communs où toutes marques des situations sociales et des mœurs différentes se sont effacées : rien, si ce n'est pourtant l'accent des terroirs divers, témoignage indélébile de ce fond dernier de chacun de nous : le pays et la race. Rien si ce n'est aussi la valeur de l'individu réduit à ses propres forces, le sens débrouillard plus ou moins développé dont chacun fait preuve dans nos besoins. Ici, au-dessous du sol, les valeurs des hommes sont changées. Le roi de notre cagna, incontestablement, c'est Baptiste, l'ordonnance, parce que, bricolant toute la journée, personne ne sait comme lui tirer parti d'une planche ou d'un bout de fil de fer. Il a un certain dédain pour moi. Aujourd'hui, comme il m'avait appelé pour l'aider et que je me montrais maladroit, il m'a dit : « Toi, je ne sais pas ce que tu pouvais fabriquer dans le civil, mais tu ne devais pas faire grand'chose de tes mains ! »

Qu'elle est loin l'époque où je fabriquais quelque chose dans le civil ! Est-ce depuis des mois, des années ou des siècles que nous menons cette existence ? Y en a-t-il jamais eu une autre ? Le temps pour nous se divise ainsi : celui où nous avions un nom, une famille, un métier, une pensée, et qui semble appartenir au domaine du rêve, et celui de la réalité qui nous tient. Au fond de notre souvenir, partageant les temps, se détachent les jours de la mobilisation.

Jours d'août 1914 ! Jours d'émoi et de fièvre, de déchirement et d'enthousiasme, de douleur et d'espoir ! Vous restez présents à la mémoire des hommes comme le sommet tragique entre un monde qui finit et un monde qui commence ! L'année scolaire venait de se clore et je m'étais attardé un peu à Paris pour préparer quelques travaux avant d'aller passer mes vacances dans mon cher Rouergue. Le 1er août, vers quatre heures, je me trouvais dans un autobus lorsque quelqu'un entra et dit : « C'est fait ! la mobilisation est décrétée : je viens de voir poser l'affiche. » Le visage d'une femme assise devant moi se crispa d'angoisse. Un monsieur gris, corpulent, décoré d'un ruban violet, prononça violemment : « Au XXe siècle ! la guerre, quelle honte ! » Mais tandis qu'il s'attardait à manifester sa stupeur et son indignation, on ne l'écoutait plus, chacun étant déjà avec ses pensées dans l'avenir incertain brusquement ouvert.

C'était l'atmosphère orageuse de ces dernières journées. Sous les feux de l'été magnifique, tandis qu'au fond des campagnes françaises s'achevaient les rites paisibles de la moisson, les rues de la grande ville, surface troublée où montent les fluctuations extrêmes de la vie nationale, étaient pleines de rumeurs, de mouvements et de cris. Autour du dernier scandale public, les foules manifestaient, se heurtaient, animées de sentiments contraires. Chacun était tendu vers l'objet de sa passion : c'est avec peine que les journaux, remplis de nos luttes intérieures, avaient fait une place au péril extérieur. Le bruit des manifestations avait étouffé d'abord les grondements du tonnerre; puis il s'y était mêlé, aux cris pour ou contre tels hommes politiques s'ajoutant ceux de « Vive l'armée ! » et « A bas la guerre !» comme si le cataclysme inéluctable dépendait, lui aussi, des opinions.

Dans la dernière soirée l'assassinat de Jaurès avait porté le trouble à son comble. Depuis midi les ouvriers, abandonnant le travail, descendaient par groupes des faubourgs à travers la ville, se réunissaient autour des affiches du gouvernement invitant au calme. Des remous profonds se dessinaient sur cette mer mystérieuse ; un tournoiement accéléré, dont on ignorait l'issue, soulevait les flots comme sous l'approche de quelque planète inconnue.

A partir de quatre heures, quand furent posées les affiches de la mobilisation, tout cela prit un sens et une direction. Mon autobus et les autres achevèrent leur voyage et on ne les revit plus. Des femmes se hâtaient, les yeux rouges, avec des provisions dans leur filet. Des hommes se pressaient devant l'échoppe des cordonniers pour faire mettre de gros clous à la paire de souliers supplémentaires qu'ils emportaient. Vers sept heures, avec des valises ou des sacs à la main, ils hélaient les fiacres déjà pleins qui se dirigeaient vers les gares et y montaient d'autorité, tout étant mis en commun. Les flots que j'avais vus en suspens se précipitaient, s'écoulaient. C'était la guerre : on partait!

Les jours suivants, les cortèges et les chants, sur nos boulevards, accompagnèrent les départs : vieux chants du siècle précédent dont le sentimentalisme guerrier paraissait un peu faible et insuffisant pour l'histoire nouvelle qui s'ouvrait, ils n'en faisaient pas moins monter les larmes à nos yeux : « Mourir pour la Patrie! » disaient-ils. De nouveau on allait donc mourir: épreuve suprême des forces, des sentiments et des idées, le sang et la mort allaient intervenir là où, depuis longtemps, ne régnaient plus que les paroles. L'imagination reculait devant la vision des champs ensanglantés où ces foules allaient en chantant.

Mais les chants eux-mêmes cessèrent ; les dernières rumeurs s'éteignirent et ce fut le silence de Paris. Je n'avais pu me résoudre à le quitter. Réformé dans ma jeunesse, appartenant d'ailleurs à une vieille classe qu'on ne supposait guère alors devoir être jamais appelée, valétudinaire enfin, je n'imaginais pas pouvoir servir à quelque chose dans cette guerre. Souffrant de mon inutilité, incapable de me remettre à mes anciens travaux, j'errais, le jour, dans les rues sans voitures, aux passants plus rares, ou par les nuits désertes et sans lumière, le cœur à vif, dans la seule attente des communiqués. Ce furent d'abord les premiers espoirs, puis les mauvaises nouvelles filtrant à travers les déclarations officielles qui ménageaient le public, et enfin la vérité apparue tout entière : la défaite et l'invasion. Je vis l'afflux des réfugiés, épuisés, la voix basse, la tête pleine encore du bruit du canon devant lequel ils avaient fui, les yeux égarés gardant des visions d'horreur, n'ayant pas encore compris. Je lus sur les murs les dernières proclamations du gouvernement partant pour Bordeaux, phrases sonores qui couvraient mal l'impuissance et l'affolement et qui paraissaient étrangement démodées devant les réalités dont l'ombre s'étendait déjà sur nous. Je vis les longues foules mornes se pressant aux gares, la solitude de Paris se creuser de jour en jour, son silence s'approfondir jusqu'à ce que la vie n'y fût plus qu'un souffle imperceptible, et je vis, au front épuré de la grande ville, sous le ciel éclatant qu'insultaient les avions ennemis, monter toute sa noblesse historique avec la beauté sublime d'un mourant.

De fait, lorsque la Marne eut décidé que la France continuerait à vivre, bien des choses invisibles étaient tombées qui ne se relevèrent plus. Illusions innocentes ou coupables, toute une fantasmagorie brillante s'était éteinte qui occupait nos yeux autrefois. Seuls continuaient à y croire ceux qui y avaient attaché leurs petits intérêts. Notre âme nationale était comme une femme dont les cheveux ont blanchi. Les deuils privés de chacun rouvraient sans cesse la source des larmes. Hélas ! il ne se passait pas de jour sans que j'apprisse la mort de l'un des miens, de ces élèves qui avaient été ma seule famille, dont pendant quinze ans, j'avais vu la pensée se développer au milieu des contradictions du siècle, l'âme se former dans le bruit des passions. De cette confusion je voyais maintenant se dégager partout et jaillir le même flot de sang généreux. Ils mouraient également, ceux qui avaient trouvé la certitude et ceux qui la cherchaient encore. Tendres rêves du cœur, ébauches dorées de l'intelligence, ardents desseins de la volonté, ils couraient tous tendre à la faux meurtrière ces magnifiques promesses de la vie. L'héroïsme, le sacrifice et la mort étaient devenus pour eux les lois du monde.

Dirai-je pourtant que les coups répétés de cette hécatombe me bouleversèrent moins que la nouvelle, qui nous arriva un soir, que les Allemands bombardaient la cathédrale de Reims. Ce n'était plus seulement des êtres mortels qui tombaient. Ce qui était visé et frappé, ce qu'on ne reverrait plus, c'était ce que le génie de toute notre race, ce que les siècles de notre histoire avaient édifié d'immortel sur notre sol. Ces piliers qu'ébréchaient les obus, ces vieilles voûtes qui s'écroulaient et qui avaient abrité tant de souvenirs, c'était les assises mêmes de notre vie nationale. A la lueur de l'incendie de Reims, je mesurais la profondeur du cataclysme déchaîné. Ils étaient venus, les temps inexpiables où plus rien n'est sacré, où le fer et la flamme dénudent la surface de la terre, ramènent le monde organisé à ses éléments, où ces éléments sont rendus au vent. A partir de ce moment rien ne nous surprit plus : ni les blessés agonisant entre les lignes sans qu'il fût permis de les secourir, ni les gaz asphyxiants, ni les jeunes filles des pays envahis emmenées par troupeaux en esclavage. Il n'y avait plus de choses divines et humaines, bien que, dans les proclamations publiques, un verbiage impuissant et dérisoire continuât à attester leurs noms vides. Nous étions entrés dans la nuit.

Et voici que vint mon tour de partir. Ce fut plus de six mois après le début des hostilités : les réformés de la classe 1892 avaient été appelés et le conseil de revision m'avait déclaré bon pour le service armé. J'avais poussé de toutes mes forces à cette décision qui avait été un moment incertaine. A quarante-trois ans passés, n'ayant jamais porté les armes, cette aventure merveilleuse m'était échue d'être, moi aussi, un soldat de la grande guerre. Ainsi je ne resterais pas, spectateur inquiet et douloureux, à l'écart de ces événements inouïs. Je prendrais ma part dans l'immense drame. J'en recevais comme un dernier témoignage de jeunesse sous lequel je me redressais.

Je revois avec un sourire mon arrivée au dépôt par un matin d'avril : le décor moisi du bureau militaire, le planton dont toute l'attention s'absorbe à faire cuire des pommes dans le poêle rougi; l'adjudant qui lisse ses moustaches devant une glace en essayant des mots prétentieux, et, aussitôt que celui-ci a tourné les talons, le scribe qui file à la soupe sans se préoccuper de moi : toute cette atmosphère de routine et d'indifférence qui contrastait si fort avec mes propres sentiments. Après avoir appris qu'attendre est le premier mot du « métier militaire », je me vois enfin immatriculé et confié aux mains du planton en ces termes : « Conduis ce bonhomme-là à son cantonnement. »

Je suis happé par le mécanisme administratif : j'ai cessé pour longtemps d'être le professeur Pierre Austin qui eut son heure, lointaine d'ailleurs, de notoriété dans les lettres. Je suis devenu « ce bonhomme-là », une unité dans la vaste armée, un soldat de deuxième classe dont on ne sait rien, si ce n'est qu'il paraît plus emprunté qu'un autre dans son uniforme de territorial. En dépit d'un grand zèle il est aussi plus maladroit au maniement d'armes auquel essaie de le former un caporal qui est culti·vateur dans le civil, sous l'autorité d'un sergent, garçon de café. Il est distrait souvent, dans ces séances d'exercice, sur les routes du pays manceau tout embaumées des pom-miers en fleurs. Il est vite fatigué à la marche et ne vaut rien à la corvée. Il demande des explications dont un soldat n'a que faire et ne peut pas se mettre dans la tête « qu'il ne faut pas chercher à comprendre ». Sa complexité d'intellectuel le retarde, ses délicatesses d'homme éduqué le font dupe. Tout ce qui lui constituait une person-nalité autrefois rend plus raboteuse son adaptation à la fonction et au milieu.

Celle-ci était à peine achevée par une instruction sommaire de deux mois que, sur une demande de renfort, on ramassait les récupérés de notre détachement et on les envoyait au front. Il était venu, le jour vers lequel étaient tendus les rêves et les appréhensions de chacun. Ce fut le départ habituel sous les fleurs dont on avait chargé nos sacs et nos fusils, tandis qu'assises à leurs fenêtres, les vieilles femmes nous suivaient d'un regard douloureux; ce fut le train orné de feuillages, à marche lente, les chansons bruyantes où s'étourdissaient ceux qui avaient le plus redouté ce moment, les vaines hypothèses sur notre destination et, lorsqu'au petit matin, après deux jours de voyage, nous débarquons en Argonne, c'est l'arrêt spontané de tous ces bruits, une gravité brusque pour écouter la voix déjà proche du canon.

Et tout de suite, sac au dos! Nous montons aux tranchées. Dans la vallée bordée de tristes forêts nous traversons des villages à demi-ruinés : parmi les fenêtres brisées, les toits crevés, des enseignes de boutiques, des instruments aratoires évoquent la vie paisible d'autrefois : sur ses débris une vie nouvelle s'est installée, improvisée et précaire, qui a changé la destination des choses. Ces restes de maisons, qui eurent jadis des propriétaires, sont maintenant des cantonnements d'où les poilus regardent passer les bleus que nous sommes avec un œil narquois. Enfin, nous arrivons à une sapinière, poste du chef de bataillon : le temps de nous répartir entre les diverses compagnies en ligne et nous entrons dans le boyau. Après des détours interminables, des montées, des descentes, où l'on entend les recommandations des gradés : « Parlez plus bas!... Baissez la tête!... » on me remet aux mains de mon nouveau caporal : je suis arrivé.

J'ai gardé dans les yeux l'image de ma première tranchée. Placée en palier à la crête d'un ravin qu'elle traversait de biais sur notre gauche, creusée dans la terre rou-geâtre et le rocher, sous les arbres de la forêt dont les racines coupées nous servaient à accrocher nos musettes, avec ses créneaux de bois dont beaucoup étaient repérés et portaient des traces de balles, les petites niches où les grenades étaient suspendues deux à deux, l'entrée du boyau du poste d'écoute descendant dans le ravin, — son étroit espace me faisait l'effet d'un balcon où j'aurais été amené brusquement au bord de la guerre mystérieuse. L'ennemi, me disait-on, était à quatre-vingts mètres de nous, sur l'autre versant. Mais il était invisible et l'horizon de fourrés limité par nos créneaux ne dépassait pas deux cents mètres. Sur toutes choses régnait un fond de silence. Toute voix humaine se taisait; seuls parlaient les coups de fusil intermittents échangés d'un bord à l'autre : coup de fusil français qui cingle l'air comme un coup de fouet; coup de fusil boche qui a le son d'un claquoir en bois. Un halètement de train aérien qui s'approche faisait lever la tête vers le ciel au passage des gros obus dont nous n'avions pas entendu le départ, et l'on prêtait l'oreille au coup de l'arrivée en supputant la distance. Des explo-sions plus étalées que répercutaient les ravins boisés, d'autres qui ébranlaient tout le sol étaient celles des torpilles ou des mines. Au cours des journées lentes, un bûcheronnage laborieux semblait se poursuivre à travers la vieille forêt, comme si les ouvriers de mort eussent conçu le rêve enfantin de détruire la Nature elle-même.

La nuit venait. Les heures de garde au créneau se faisaient plus graves. La fusil-lade paresseuse s'animait, inquiète, interrogeant pour savoir si l'adversaire était là, ripos-tant précipitamment, puis se taisant de nouveau. Mes yeux plongeaient dans le creux obscur du ravin, étroit terrain où les patrouilles circulent, où les attaques rampent;

mais le regard se perdait au bout de trois ou quatre mètres parmi les herbes hautes et les souches enchevêtrées de fils de fer barbelés. Je prêtais l'oreille au moindre bruissement. Tout à coup une fusée boche montait en sifflant, inondait le ravin de sa lumière blafarde dont la course lente faisait bouger les ombres et, après avoir traversé le ciel, retombait dans les arbres derrière nous. Le canon entrait dans le concert, martelant un point sur notre gauche. La fusillade se faisait plus nerveuse encore, s'étendait de proche en proche à toute la ligne. Et brusquement voici la voix des mitrailleuses ! En un instant leur crépitement se multiplie par des myriades de détonations. Comme un train express qui arrive, le bruit roule et remplit la vallée, assourdissant, effroyable. Il s'accélère, s'accélère sans cesse dans un mouvement effréné de hâte et d'angoisse. L'aigre bise des balles et des obus rase le parapet au-dessus de nous. Le lieutenant passe dans la tranchée et nous jette : « Tous debout, l'arme à la main ! » Mais nous sommes déjà là, la bouche sèche, la main crispée sur le fusil, les yeux tendus vers le ravin noir... Puis la galopade des détonations se ralentit, le bruit général s'apaise et l'on n'entend plus que les coups de feu isolés jusqu'à une alerte nouvelle.

Dans ces moments se dressait devant moi l'horreur des convulsions qui déchiraient le monde. Ce n'était pas les orages de la nature auxquels les poètes seuls ont prêté une voix. Un mal plus réel soulevait ces fracas des forces brutales et, dans le silence de tout bruit humain, leur donnait un accent plus profond que les cris eux-mêmes. C'est ici le débat de la vie et de la mort. L'âme de celui qui écoute et attend semble arrachée elle-même de ses racines par l'ouragan universel. Elle palpite au bord de tous ses sens où tout rêve a fait place au présent terrible. Sa volonté s'arc-boute pour ne pas céder, ne pas être emportée dans la ruine des choses par le vent furieux.

Certains soirs, tout était apaisé. Le couchant faisait briller les tranchées rouges, dorait la cime des feuillages qui, aux pentes des vallons, cachaient encore les blessures de la forêt, et, dans les fonds, la verdure s'assombrissait. Dans le petit espace en corniche où était confinée notre vie, adossés au parapet, nous causions tranquillement. Les balles perdues passaient dans les arbres, discrètes comme des soupirs étouffés. Au-dessus de la crête pelée qui fermait le ravin à l'est, des étoiles nouvelles montaient dans le ciel très pur et se promenaient lentement sur l'horizon. Ce n'était pas Vénus, l'étoile de l'Amour, ni l'astre des Bergers qui annonce la paix au monde : c'était la fusée perfide qui déchaîne les canons. Mais, recouvrant tout ce mystère cruel, que de douceur et de beauté !

Ces impressions larges furent les dernières. Il disparut lui aussi, ce sentiment du grandiose où l'âme se maintenait au niveau du cataclysme et par lequel elle le mesurait encore. J'ai cessé d'être un spectateur de la guerre : j'y suis entré. Non pas dans la guerre que l'on rêve et où l'on entrevoit une existence libérée dans le large espace ; mais dans la guerre étroite, la guerre de boyaux et de tranchées, la guerre à la mine, à la grenade, au couteau, — la guerre d'Argonne en juillet 1915 ! Ce sont les longues heures passives sous le bombardement, où l'on attend l'attaque ennemie assis dans la tranchée, le sac posé sur la tête, tandis que les éclats bourdonnants cassent les branches au-dessus de nous. Ce sont les veillées inquiètes au petit poste passées à surveiller les ombres mouvantes parmi les feuillages, à écouter le bruit fugitif que fait un travail souterrain. Ce sont les brusques alertes, les cris soudains, les échauffourées brèves et sanglantes, le bout de boyau pris, perdu et repris. C'est, à toute heure du jour, le miaulement rageur de la balle qui passe, envoyée par un perroquet (1) boche invisible et qui nous voit. C'est le sentiment d'être à tout instant à la merci du sort qui, tandis que l'on vaque à ce qu'il faut faire, nous tient pourtant le cœur à nu, dans l'incertitude de la minute prochaine.

Mais le danger lui-même cesse d'être la principale préoccupation : la fatigue est reine de l'âme. On n'a pas prévu les mille gênes, les mille liens mesquins qui vous enserreront, vous déprimeront, vous paralyseront. Dirai-je que ce dont j'ai le plus

____

(1) Soldat perché dans un arbre.

souffert, c'est du manque de place et du manque de lumière? Oh! pour celui qui est de grande taille, pouvoir se coucher au moins une fois en étendant ses jambes complètement! Pouvoir marcher autrement que courbé et redresser ses reins brisés! Pouvoir, si l'on vous appelle brusquement, chercher autrement que dans l'obscurité votre équipement ou votre musette inextricablement mêlés au fouillis des autres, les trouver et les parser rapidement sans provoquer la chute de quelque échafaudage instable et les hurlements des camarades! La force sera comptée parmi les attributs du poilu : je l'ai moins admirée et enviée que l'ingéniosité délicate qu'il déploie dans les petites choses, par exemple quand il s'agit pour lui de garer et de protéger son quart de pinard.

Ce qui accable encore, c'est la chaleur torride, la pluie qui ne cesse pas, la boue dont on ne sort pas : c'est surtout, rendant intolérables ces gênes multiples, ce compagnon odieux dont on ne peut se séparer : le sac. Le sac qu'il fallait porter alors dans les moindres déplacements, ce « barda » de territorial beaucoup plus compliqué et plus lourd que celui des jeunes, ce sac trop large qui accroche le boyau, cette masse de plomb qui emporte l'échine en arrière, ces courroies qui scient peu à peu les épaules et, avec les cordons des musettes également chargées, tirant sur le col, vous étranglent, font couler la sueur de tous les pores et monter une crampe affreuse dans la nuque; — ce sac sur mon dos ne prenait pas seulement toutes mes forces physiques : il réclamait ma pensée et épuisait ma volonté. Il tendait à m'absorber tout entier.

Et la maladie venait pour achever de dissoudre l'homme. A ce moment régnait sur l'Argonne une épidémie de diarrhée qu'on attribuait à l'empoisonnement des eaux par les cadavres. Presque tout le monde était atteint. On évacuait les plus malades, ceux chez qui la fièvre typhoïde s'était nettement révélée : les autres portaient le mal plus ou moins longtemps en continuant leur service. Ils ne pouvaient plus manger le perpétuel bouilli de la roulante, et la demi-gamelle de soupe qui passait encore ne les défendait guère contre l'affaiblissement progressif. La démarche traînante des hommes, les figures hâves sous la crasse, les déjections éparses le long des chemins, les odeurs enfin, me représentaient en quelque mesure ce que j'avais lu des champs fameux de cholériques à Tchataldja.

J'évoque les nuits qui suivirent la grave affaire du 13 juillet. De dix heures du soir à cinq heures du matin, mon peloton est dans le boyau, en soutien de la première ligne. Il pleut sans discontinuer. Assis sur nos sacs, à deux mètres les uns des autres, la toile de tente jetée sur la tête et les épaules, nous avons l'air, au milieu de l'obscurité, d'un chapitre de moines dans leurs stalles. L'eau coule de partout, pénètre dans le cou, dans les genoux. Si du moins on pouvait ne pas bouger! Mais l'on est torturé par la diarrhée, et il faut bien se décider à entreprendre le voyage vers les feuillées qui sont à quatre-vingts mètres de là. Quatre-vingts mètres dans la nuit et la pluie, à travers le boyau obstrué par une longue file d'hommes assis et qui sommeillent à demi, en se heurtant aux corps, en butant contre les jambes, les sacs, les fusils. Et cinq ou six fois avant le jour il faudra recommencer cela! A ces moments, les obus et les balles qui se réveillent, ces effets de la méchanceté humaine s'ajoutant à celle de la nature, indignent comme un surcroît inattendu et immérité.

Au jour, nous sommes relevés et nous allons nous reposer dans un abri de la seconde ligne. De plain-pied avec le boyau, couvert seulement d'un rang de rondins et de trente centimètres de terre, sa protection est illusoire. L'eau continue à y filtrer de tous côtés quand la pluie a cessé au dehors. Il faut entrer en rampant sous ce mauvais toit à porcs par l'ouverture basse pratiquée au niveau du sol. Il faut y entrer engoncé dans la capote mouillée, l'équipement, les musettes gonflées, en y traînant le sac et le fusil, au milieu des flaques d'eau qui barrent l'accès. L'abri peut contenir vingt hommes : il faut y entrer trente et tâcher d'y dormir accroupis sous l'eau qui s'égoutte, et bientôt la diarrhée vous obligera à sortir, au milieu de quels embarras!

On recule devant ce repos; on hésite à changer de souffrance. Je préfère m'asseoir au dehors. Sur la route où le boyau débouche, un tombereau ramène les morts de la nuit : ils sont entassés les uns sur les autres, la face enfouie dans les corps, les jambes raidies dépassant la voiture. Un autre a été descendu, enveloppé dans sa toile de tente nouée par les deux bouts à une perche que deux hommes ont portée à l'épaule. C'est un soldat de mon bataillon, un vieux arrivé avec nous : il restera là tout le jour, déposé à terre près du poste de secours, environné de mouches, les pieds seuls sortant de la toile, ces pieds aux godillots déformés, aux molletières boueuses, tout pareils aux nôtres et qui racontent notre misère.

Mes yeux mornes erraient sur la large vallée, artère centrale de l'Argonne, qui formait l'arrière de nos tranchées : les forêts sombres qui la bordent et, tout au fond, fermant l'horizon, la grande maison blanche du Four-de-Paris, épargnée dans la destruction générale, toujours debout comme un fantôme, tout ce paysage que frappait le jour blafard prenait un aspect sinistre. L'imagination ne franchissait plus les bornes de cette vallée de la mort, de ce cercle de l'Enfer : il n'y avait plus d'avenir ni de rêve. La consolation, c'était l'humble espoir d'un moment de sommeil. L'âme dépouillée de tout sentiment large réunissait ses forces pour suffire à l'instant présent. Elle n'était maintenue que par la nécessité physique d'être là à laquelle s'ajoutait pour moi l'impossibilité morale d'être ailleurs.

Je suis loin aujourd'hui de ces sensations aiguës que je trouvais dans les premières épreuves de la guerre. La dernière fut, au moment où mon bataillon fut dissous, la séparation de mon escouade. Rien ne m'appareillait à ces paysans beaucerons et je m'étais trouvé bien seul en arrivant parmi eux. Rien si ce n'est notre pauvre humanité à laquelle nous étions réduits les uns et les autres, et leur société, au milieu des forces aveugles déchaînées contre nous, m'aidait à ne pas sombrer dans la tourmente et à rester un homme moi-même. C'est une âme renaissante à laquelle il faut renoncer encore, lorsqu'arrive l'ordre qui nous disperse et nous envoie, isolés de nouveau, dans des milieux inconnus. J'ai regretté mes compagnons de peine. Mais quoi ! Quand je partis avec ma nouvelle compagnie, n'ai-je pas tourné la tête vers la triste vallée elle-même !

Aujourd'hui, en Champagne, notre existence est à peu près la même : je ne la ressens plus pourtant de la même façon. Sans doute le corps s'est endurci, mais aussi certaines fibres intimes qui criaient se sont tues : ce sont celles qui me reliaient à mon passé, à ma nature d'autrefois. L'intelligence, les délicatesses où je mettais alors ma supériorité, n'ajoutent plus le mal moral au mal physique. Si je souffre de la morsure des poux, je n'éprouve plus au même degré cette humiliation, ce dégoût de moi-même qui me la rendait intolérable. Je ne porte plus dans mon existence de soldat le regret de mes travaux commencés, de mes idées chères, de mes vieux rêves : si je voulais les reprendre, je ne leur trouverais plus d'intérêt.

Avec mes compagnons d'un jour que je ne connaissais pas hier et que j'oublierai demain, je suis un homme des cavernes occupé tout le jour de la défense de sa vie et de la satisfaction de ses besoins. Ramenés à nos sensations élémentaires, celles de la faim ou de la soif, du sommeil ou du froid, dominés par elles qui ne se laissent pas négliger, les problèmes qui s'imposent à nous c'est le choix d'un coin assez abrité pour dormir, ou bien, à l'heure de la soupe, la recherche d'une petite place, fût-elle par terre, où la gamelle et le quart seront en équilibre. C'est d'arriver à se procurer le litre de vin remboursable sans lequel la journée est plus triste.

Et nous avons même nos joies : ce soir la cagna était en fête pour manger un lapin pris par Baptiste dans les lacets qu'il va poser sur la plaine au péril de sa vie. Cuit dans la poêle, sur notre feu de braisette, avec un oignon et un peu de vin, on m'en a passé une cuisse de main en main et jamais cuisse de lapin ne m'a paru meilleure. Nous avons bu, nous avons ri. On partage ce qui arrive de bon : on s'entr'aide. Ignorant même nos noms, il existe entre nous une sorte de pitié mutuelle qui fait que le premier venu est « mon pauvre vieux », — cet instinct qui réunit les animaux de même espèce. Les questions générales, la politique ne risquent guère de nous diviser car la notion même en a disparu. Du journal on lit à peine le communiqué. Toute flamme de l'esprit est éteinte : la pensée est morte.

Oui, que cette soirée est paisible! Le ronflement du cuirassier sous la terre rythme le silence. Des bribes de conversation à mi-voix viennent de la cagna du capitaine qui s'ouvre en face de la nôtre, dans l'autre paroi du boyau. Par moments, on entend son pas sur le caillebotis. Il va jusqu'à la première ligne parler au guetteur ou bien il consulte la girouette qui fait son petit bruit au-dessus du P. C. Mon compagnon de veille, le téléphoniste, s'ennuie. Il me regarde écrire en regrettant que je ne sois pas d'humeur à causer. C'est un vieux territorial, lui aussi, un type, avec sa peau de mouton qui ne quitte pas ses épaules, avec son calot invraisemblablement jauni et déformé au sommet de la tête, ses traits plissés et sa barbe grise. C'est un grand discoureur; il a des théories sur toutes choses : sur la culture de la vigne, sur la manière d'enfoncer un clou, mais il ne sait guère autre chose que tenir son téléphone. Les autres l'écoutent sans le prendre au sérieux. Assis au fond de la cagna, sa tabatière ouverte à la main, débitant d'un ton d'ancêtre des aphorismes sur la vie dont on cherche le sens ou des pronostics sans portée sur la fin de cette guerre éternelle, il semble être le génie du lieu, l'ermite de notre retraite.

Mais un « coin-coin » imperceptible s'est fait entendre au vibreur de l'appareil : c'est un appel. Mon compagnon a saisi l'écouteur, puis sa voix nette coupe le silence : « Allo! Allo! C'est la Villette?... Ici Passy... » (Par précaution, les différents postes de commandement de nos tranchées sont désignés par les noms des quartiers de Paris.) « ...Vous dites?... Un message?... J'écoute. »

Même nuit. — 2 heures du matin.

De sa cagna, le capitaine a appelé la liaison. J'y suis allé.

— Dites donc, mon vieux, le commandant m'ordonne par message de doubler les patrouilles. Vous allez prier le sergent X... de la première section de venir me trouver tout de suite. Puis vous irez au P. C. des cuirassiers porter la petite note que voici pour avertir des heures de sortie et de rentrée des patrouilles... Ah!... Puisque vous allez par là, dites donc à l'équipe des fils de fer de faire moins de bruit en enfonçant les piquets. Je leur ai dit cent fois d'amortir les coups avec un sac garni de paille. Ils vont se faire repérer...

— Bien! mon capitaine. — J'ai pris mon fusil et je suis parti.

Le sergent de la première section habite au bout du boyau. Je l'appelle en soulevant la toile de tente qui ferme son trou. Je suis mal reçu. Il s'éveille en grognant, proteste que ce n'est pas son tour de marcher, jure qu'il ne marchera pas. Et il se lève tout de même. En le quittant, je tourne à droite. Pour aller chez les cuirassiers je suivrai la première ligne.

— Halte-là!

C'est le guetteur que je n'ai pas aperçu. Avec sa couverture sur les épaules, la figure disparaissant sous le casque et un large cache-nez, les mains dans ses poches et le fusil appuyé auprès de lui, il se confond avec le parapet. Je donne le mot de passe, puis à mi-voix je demande : — Ça va? vieux. — Pas chaud!

La nuit est assez claire : pas de lune, mais les étoiles sont brillantes. Quelques scintillements apparaissent aux parois de la tranchée où la gelée a recouvert la craie humide de stalactites. Ce chemin blanc me guide. Je le suis dans ses méandres, dans les détours qu'il fait de place en place à la rencontre des merlons. Mais, dans l'obscurité, cette blancheur constante éblouit. Il me semble avoir marché longtemps et je m'étonne de n'être pas encore arrivé. Je ne reconnais plus la tranchée. Sans m'en apercevoir j'ai dû, à un tournant, enfiler un boyau. Je reviens sur mes pas : je cherche. Les boyaux se croisent, s'enchevêtrent. C'est toute une ville blanche, une ville fantôme qui entremêle devant moi ses ruelles solitaires. Je ne rencontre personne: les hommes dorment dans les abris invisibles. Enfin, mon pied heurte une banquette de tir et, de l'autre côté, ma main reconnaît le réseau des fils téléphoniques. J'ai retrouvé mon chemin.

J'ai eu un moment d'oppression, perdu entre ces murs étroits. Je les ai vus s'étendant ainsi sur toute la longueur du front : je pourrais aller d'une extrémité à l'autre de la France, je ne pourrais en sortir. Pour nos péchés nous avons perdu la surface de la terre : nous sommes descendus au-dessous de notre sol. Un jour viendra-t-il où nous y remonterons ?

Chemins sans horizons, murs sans fenêtres et sans lumières, notre âme est nue comme ces tristes parois de craie. Il n'y a plus d'espace pour nos regards que vers le grand ciel que découpe l'arête des parapets. Ciel étoilé, ciel mystérieux plein de promesses et de menaces, vers lequel montent sans cesse le désir, le rêve ou la prière, il n'y a plus rien qui arrête ou qui distraie entre le cœur des hommes et ton infini. Comme au temps de l'adolescence où les choses ne m'avaient pas pris encore, nous voici de nouveau face à face. Mais pourquoi, d'avoir levé les yeux vers toi ce soir rend-il au vieux soldat qui chemine la souffrance qui s'était éteinte et le sentiment de la cruauté de la vie ?

Voici, au milieu d'un nouveau dédale de boyaux, le P. C. des cuirassiers. Le capitaine est debout, comme le nôtre. Il émarge la note et me la rend en me chargeant de donner les heures de la patrouille à un de ses postes de mitrailleurs qui se trouve sur mon chemin. L'équipe des fils de fer est non loin de là, occupée à réparer la partie de notre réseau qui a été détruite dans la journée. J'escalade la tranchée pour la rejoindre. Dans l'ombre je distingue les hommes qui travaillent. Ils se hâtent, l'œil aux aguets vers la ligne ennemie distante de trois cents mètres. Par moments, le fil accroche dans le rouleau qui cesse de se dévider. On entend des paroles pressées, à voix basse : « Tirez donc le fil ! Mais tirez donc ! Nous y serons jusqu'à demain matin ! » — « Mais c'est toi qui retiens, bougre d'empoté !... » — « N... de D... faites donc attention !... » Le barbelé, en se déroulant brusquement, a égratigné une main ou un visage. — « Voulez-vous vous taire, fils de g... Les Boches vous entendent ! »

Une fusée ! Au sifflement les hommes se sont immobilisés dans l'attitude qu'ils avaient à l'instant. Les uns sont courbés, les autres sont tout droits. Sous la lumière crue qui a soudain déchiré la nuit et qui passe sur eux lentement, ils se confondent peut-être avec les piquets, les arbustes, les accidents du parapet. Peut-être aussi l'ennemi les voit-il...

L'obscurité retombe : le travail reprend. Soudain : tac-tac-tac-tac. A la voix de la mitrailleuse, la plupart se sont couchés à terre. L'homme qui tient le rouleau est resté debout; la tête tournée vers l'ennemi, il profère rageusement : « Les vaches ! » Le tir s'est arrêté presque aussitôt, mais bientôt il reprend par coups isolés : quelques balles passent. Visiblement les Boches ne sont sûrs de rien : ils cherchent. Tout se calme. Tout à coup un quadruple mugissement nous fait brusquement baisser la tête. C'est la riposte du 75. Les obus semblent avoir passé à quelques centimètres au-dessus de nous. Nous nous redressons pour les voir éclater sur la ligne boche. Les quatre lueurs se produisent presque en même temps et, un instant après, les fracas. « Ils en tiennent ! » dit l'homme au rouleau.

J'ai trouvé le sergent qui commande l'équipe et je lui ai transmis l'observation du capitaine. Pour rentrer, il me conseille de couper par la plaine : c'est beaucoup plus court et il n'y a pas moyen de s'égarer.

J'aspire l'air libre avec ivresse. La nuit efface les obstacles, les menaces : on est tenté d'oublier. L'espace retrouvé paraît un moment sans limites et un mouvement impétueux court dans les veines, prêt à se donner carrière. La flamme n'est-elle donc pas éteinte ? Oui, les anciennes images sont tombées, les formes de la vie se sont évanouies, mais l'aspiration vers la vie subsiste, plus ardente, plus exigeante que jamais. Ne l'as-tu pas reconnue dans la respiration plus rapide de ces travailleurs sous le feu soudain de la mitrailleuse, dans le cri de haine de l'homme tourné vers l'ennemi ? Ne l'avais-tu pas senti tout à l'heure, circulant au fond des boyaux solitaires, sous les étoiles, ce grand souffle de désir ou de regret ?

Autour de moi, c'est notre terre. L'accès nous en est interdit sous la lumière du jour et nous nous y glissons dans la nuit comme des intrus. C'est la nuit et pourtant, cette terre, il semble que nos yeux la voient mieux qu'autrefois. Les maisons y sont écroulées, ses champs sont éventrés, ses arbres blessés, mais sous cette parure dévastée la réalité profonde a reparu. Au delà de ce que des politiciens d'un jour avaient tracé d'artificiel sur les cartes, la guerre nous a obligés à considérer avant tout les montagnes et les plaines, les bois et les cours d'eau et la structure intime du sol qu'il nous faut creuser chaque jour. Les pays ont repris leurs figures et leurs dénominations naturelles. Nous avons oublié le nom des départements et nous disons la Voivre, l'Argonne, la Champagne...

Mes pieds foulent les broussailles où se mêlent les restes des anciennes cultures que la faux n'a pas touchées depuis si longtemps. Notre terre est en friche. Dans cette plaine lunaire, parmi les entonnoirs blancs, des végétations profilent leurs formes sombres, s'entrelacent aux piquets et aux fils de fer des réseaux. Une vitalité silencieuse et inépuisable poursuit son travail sous le gigantesque labour des obus. Quelle moisson nouvelle y poussera?

O terre! La pensée est morte : les constructions de l'esprit et les rêves du cœur se sont écroulés comme tes maisons et tes cathédrales. Conceptions ambitieuses de la vie, mirages dorés qui montaient trop facilement dans notre beau ciel, les voilà retombés en poussière et revenus à ton niveau. Et méritaient-ils de vivre, eux qui n'étaient pas de pierre? L'obscurité, le chaos, la douleur règnent sur le monde et l'intelligence ne les surmonte plus. Mais toi, ô terre, tu es toujours là! L'ouragan barbare s'épuise en vain sur toi. Tu es l'appui qui ne nous manquera pas et la certitude dernière. Celui que tant d'espoirs ont trompé, l'homme dont l'âge décline sans avoir étreint son objet, se confie à toi, se serre contre toi. Puisses-tu, quand l'heure sera venue, le recevoir frappé pour ta défense, couché sur ton sol, les bras étendus pour mieux garder ton contact, la face tournée vers le ciel trop lointain!...

— Bon sang! Tu n'as pas encore fini ta lettre?

C'est mon voisin, le téléphoniste, qui n'y tient plus. Il ajoute :

— Ce que tu *lui* en dis long aujourd'hui!

Il n'imagine pas que je puisse écrire si longtemps sans que cela soit adressé à quelqu'un. Il raisonne normalement. Il me mépriserait, avec raison, s'il savait que, ces pages, personne ne les attend, personne ne les lira et que c'est un besoin inexplicable, une faiblesse d'enfant qui m'a poussé ce soir à prendre cette plume et à me confier... à qui? — Aux fantômes de la nuit?

Dans le boyau un bruit de pas étouffés résonne sur le caillebotis. C'est l'équipe des fils de fer qui rentre après avoir achevé sa corvée. Le bruit s'éloigne. La veillée silencieuse se poursuit.

Un lent sifflement qui gémit, puis une explosion voisine. Mon compagnon et moi nous avons levé la tête.

— C'est sur la première ligne, dit-il, au coin du boyau.

Quatre minutes plus tard, nouveau sifflement : nous écoutons. L'obus a dû tomber à une trentaine de mètres sur notre droite. Les respirations des dormeurs se sont arrêtées excepté le ronflement du cuirassier dans le trou.

Encore quatre minutes, exactement, et nous distinguons au loin un coup de départ. Nous avons à peine entendu le sifflement que l'arrivée se produit, si proche que nous ne saurions dire, cette fois, si c'est à droite ou à gauche. La flamme de notre bougie s'est courbée; un peu de terre s'est détachée de notre cheminée et a roulé dans le foyer. Le capitaine nous crie de sa cagna :

— Dites donc, les enfants, je crois que c'est pour nous!

Visiblement, en effet, le Boche en veut au P. C. Il le cherche avec ce tir perlé. Encore un départ! Sifflement, puis un choc mat presque au-dessus de nos têtes. L'obus n'a pas éclaté.

— Celui-là est loupé! dit le maréchal des logis qui s'est assis sur son séant et a mis son casque. C'est de la bonne marchandise; les autres sont de la camelote : ils se cassent en tombant!

Il a servi cette plaisanterie classique, à laquelle on répond par d'autres du même genre, pour remplir l'attente des quatre minutes dont il suit la marche sur sa montre.

Départ! Ils se taisent; je cesse d'écrire...

— Bon! Ils allongent! dit le « logis ».

L'obus, cette fois a éclaté à cent mètres derrière nous. Le danger est passé.

Les autres déjà se rendorment. Moi je reste devant mon papier : l'écriture chevauche, ma plume a tremblé au moment où, comme notre pauvre feu, comme notre triste bougie, la vie n'était plus en moi qu'un point imperceptible et vacillant.

Pourquoi, — avoue-le donc! — cette angoisse de bête traquée? Que crains-tu, qu'espères-tu? Qu'attends-tu? toi pour qui l'avenir est désert et qui invoquais la terre? Est-il donc si précieux ce reste de vie qui s'épanche dans ces lignes? As-tu peur de les laisser inachevées?...

Hélas! Ce n'est pas le désespoir qui rend la mort moins redoutable; c'est la foi. Heureux celui qui tombe ayant en lui les croyances maternelles, ou l'amour d'une fiancée, ou la vision d'un monde nouveau, — qui tombe dans la plénitude de l'âme et sans jeter au néant le cri du cœur inassouvi!

———— ✳ ————

Camp de prisonniers à Paderborn

Gravure sur bois par M. Paul Baudier d'après sa gravure du Salon de 1918.

LES PROCES DE TRAHISON PENDANT L'ANNEE 1918

L'année 1918 a vu le premier des grands aboutissements de la campagne menée par Léon Daudet depuis la fin de 1914 contre la trahison commise à l'intérieur du pays même par quantité d'agents au service de l'Allemagne. Au tableau de chasse que l'almanach de l'*Action Française* avait donné l'année dernière sont venus se joindre les noms du *Bonnet Rouge* et de Malvy, plus gros que tout ce qui avait précédé. Nous ferons ici l'histoire de ces procès en y joignant celui de Bolo qui s'y rattache par sa nature et par quelques-unes des personnes engagées.

LE PROCES BOLO-PORCHERE

(4-14 FÉVRIER)

Le rôle joué par Bolo dans l'offensive allemande contre le moral des Français est bien net : à coups de millions — allemands — ceux qui l'employaient s'étaient proposé d'acheter des journaux français, de façon à agir dans un sens défaitiste sur l'opinion publique. Bolo prêta son appui à deux de ces tentatives, celle que l'on a qualifiée : *les affaires suisses*, et l'autre, qui a été désignée sous le nom des *millions d'Amérique*. Un mot suffit pour rappeler ce que fut chacune d'elles.

Au moyen de négociations menées avec Abbas-Hilmi, ancien khédive d'Egypte, agent du gouvernement allemand, Bolo se procura plusieurs millions qui devaient servir à acquérir le plus possible d'actions de journaux tels que le *Temps*, le *Figaro*, le *Rappel*, etc. Cette action ayant échoué, Bolo prêta son concours à une autre entreprise dont le but était de s'emparer du *Journal*. Cette seconde tentative échoua comme la première, mais après avoir été bien près du succès.

Léon **DAUDET**

Dans ses démarches, négociations, conventions, Bolo avait emprunté l'aide d'un nommé Porchère, qu'il entraîna ainsi sur le banc des accusés du 3e conseil de guerre. Porchère est un pauvre diable, ancien clerc de Me Saint-Germain, sénateur, autrefois avocat-avoué à Oran. Besogneux et désœuvré, mais homme d'affaires retors, Porchère ne résista guère aux sollicitations de Bolo et, d'ailleurs, s'en tint forcément aux modestes fonctions d'un simple comparse.

Bolo possédait une autre envergure : il appartenait à la race des aventuriers, véritables hommes de proie, qui apparaissent un beau soir dans le ciel parisien, où ils montent rapidement au zénith. On ne leur connaît ni fortune acquise, ni profession classée, ni capacités définies : ils ont des relations et font des affaires, c'est tout. Bientôt ils jonglent avec les millions, ils ont chevaux et automobiles de luxe, appartement ou hôtel dans un quartier élégant, villas dans les endroits à la mode. Ils éblouissent le bourgeois, frayent avec les financiers et les hommes politiques, se pavanent aux premiers rangs du Tout-Paris artistique, littéraire et sportif, brillantes étoiles, mais étoiles filantes, car un beau jour, ils tombent de l'empyrée et disparaissent par la porte d'un juge d'instruction qui les conduit au bagne ou même au poteau de Vincennes, ce qui fut le cas de Bolo.

*
* *

Bolo (Paul-Marie) est né à Marseille cinquante et un ans avant son procès. Il se lança dans la mêlée très jeune et très mal armé au point de vue du savoir, mais dès les années de collège, il s'était acquis la réputation d'un garçon débrouillard. Doué par la nature d'avantages physiques agréables « blond, grand, mince, élégant de tournure, moustache soyeuse et effilée, œil câlin, faconde intarissable, art du boniment, toutes les allures d'un charmeur et d'un félin », ainsi l'a justement dépeint dans son rapport le capitaine Bouchardon.

Paul Bolo commença par les affaires, modestes naturellement : il roule, à Marseille, un dentiste, son associé, puis il continue par les aventures galantes : il enlève la femme de son ami, le peintre Panon, lestée de quelques louis et de quelques bijoux. Ils vont ensemble traîner la misère en Espagne, échouent plus tard à Paris où, coup sur coup, Bolo commet deux infamies : il vole sa femme de ménage et rend sa maîtresse à son mari qui consent à la reprendre et pardonne Bolo alla perfectionner son doigté en Amérique du Sud : au cours de ce voyage, il récolte une condamnation à la prison et une femme légitime, pourvue de quelque argent. Abandonnée comme la maîtresse, après avoir été exploitée et dépouillée, Henriette Soumaille n'oublia pas, comme la pauvre Mme Panon. Elle reparut au rang des témoins devant le tribunal militaire.

Cependant le succès ne venait pas. Bolo s'usait dans des métiers médiocres, lorsque tout à coup la fortune lui sourit sous les traits d'une jolie femme, veuve, millionnaire d'un gros négociant en vins de Bordeaux : le 15 mai 1905, Bolo épousait à la mairie du XVIIe arrondissement, Mme veuve Muller. Le voilà à la tête d'un capital de trois millions, d'un revenu de 47.000 francs et d'une femme jolie, gracieuse, accueillante. Mais une chose a été établie d'une façon indiscutable. Bolo, en toute sa carrière, n'a réussi qu'une seule affaire, son mariage avec Mme veuve Muller, si bien que, après avoir fasciné par ses dépenses, l'élégance de sa femme, l'aisance de ses propres manières, ce faux monde parisien qui ne demande qu'à se laisser éblouir et fasciner, sans s'enquérir d'où viennent les fourrures et les bijoux de la femme, les millions du mari, il se trouvait, au milieu de l'année 1914, littéralement à la côte, donc à point pour écouter des propositions de trahison, pourvu qu'elles fussent bien rémunérées.

Ces deux drames, car ce sont vraiment deux drames, les *affaires suisses*, les *millions de Bernstorff*, sont trop connus dans tous leurs détails, pour qu'il soit utile de revenir sur les négociations de Bolo avec l'ex-khédive et avec l'ambassadeur allemand.

Par l'intermédiaire d'Abbas-Hilmi, Jagow fit verser un million — ou deux — à Bolo, mais Abbas-Hilmi ayant retenu une partie de cette somme au passage et Bolo ayant appliqué le reste à ses propres besoins, Jagow s'aperçut qu'il avait été roulé et Bolo se retrouva aussi pauvre qu'auparavant. Une autre opération se présenta : M. Charles Humbert, sénateur de la Meuse, venait de mettre la main sur le *Journal*. Mais il ne s'en sentait pas le maître. Ayant opéré avec « l'argent des autres », ses associés Lenoir et Desouches lui portaient ombrage. Il voulait s'en débarrasser. Avant de rompre, il fallait rembourser. Bolo se chargea de réunir les fonds nécessaires et s'embarqua pour les Etats-Unis.

Comment il opéra là-bas, comment l'argent lui parvint en cheminant à travers des banques variées, toutes ces péripéties du « voyage en Amérique » sont trop connues pour que nous nous y arrêtions. Mieux vaut s'attarder sur un autre point, beaucoup plus intéressant, non encore élucidé et qui donnera peut-être, un jour prochain, la clef du vaste complot ourdi par les Allemands. C'est de la mise en train de cette seconde « intelligence avec l'ennemi » qu'il s'agit ici.

D'accord avec M. Charles Humbert, Bolo partit donc pour New-York le 12 février 1917. A l'en croire, il possédait dans cette ville une somme de plusieurs millions qui y avait été transférée par la banque Behrens d'Anvers et Hambourg, à la banque Amsinck, maison allemande. A peine débarqué, il est reçu par M. Pavenstedt, de la maison Amsinck. On lui fait fête. Pavenstedt le met presque immédiatement en relations avec Bernstorff, et l'affaire est rapidement conclue, c'est-à-dire que dix millions sont versés à Bolo, qui en consigne un à la disposition de M. Charles Humbert, dans la banque Morgan. Le reste passera en Europe au moyen de jeux d'écritures de banque à banque. Les 5 millions et demi promis au directeur du *Journal* sont ainsi trouvés.

Mais quelle est leur origine? Celle que nous venons de dire, répond l'accusation : ils sont sortis des caisses de la Deutsche Bank par ordre de von Jagow. Et, pour soutenir sa version, l'accusation s'appuie sur de nombreux documents, télégrammes échangés entre Bernstorff et Jagow, dont les originaux ont été livrés au gouvernement français par le gouvernement des Etats-Unis. « Ce sont, prétend Bolo, les fonds que j'avais déposés à la banque d'Anvers », mais à l'appui de cette prétention, aucune preuve.

*
**

Un point est certain, reconnu par Bolo lui-même, c'est qu'à New-York il a été en contact permanent avec Pavenstedt. Or, qu'est-ce que Pavenstedt, associé de la maison Amsinck? Un correspondant de la banque Périer, de Paris, auprès duquel Bolo a été accrédité par les directeurs de celle-ci. Pavenstedt n'est d'ailleurs pas un inconnu pour Bolo : il l'a rencontré jadis à la Havane, lorsqu'il tenta d'y créer une banque d'Etat. Et, dans cette négociation, il agissait déjà pour le compte de la banque Périer. Ainsi, l'on peut dire que Bolo allait à coup sûr à New-York. Cette banque a beaucoup fait parler d'elle, notamment à propos de l'émission des Bons ottomans, antérieure de quelques mois à la guerre, et qui lui a laissé sur les bras un retentissant procès.

Partie de la banque Périer, la négociation revint y aboutir à sa fin, puisque c'est dans ses coffres qu'a été versé le reliquat des millions allemands, après que M. Charles Humbert eut reçu ceux qui (cinq et demi) devaient lui assurer la possession du *Journal*.

Voilà, dégagé de tous les détails, le schéma de l'affaire Bolo.

Comment Bolo s'est-il défendu contre la double accusation d'avoir :

1° En Suisse, entretenu des intelligences avec l'Allemagne, dans le but de favoriser les entreprises dudit ennemi. Le 1er avril 1915, à Paris, entretenu des intelligences avec l'Allemagne, puissance ennemie, dans le but de favoriser les entreprises dudit ennemi, en recevant de Cavallini une somme d'argent envoyée par le gouvernement allemand à l'ex-khédive pour provoquer un mouvement pacifiste;

2° Aux Etats-Unis, en 1916, entretenu des intelligences avec l'Allemagne, puissance ennemie, en se faisant remettre par le gouvernement allemand une certaine somme d'argent par l'intermédiaire de Pavenstedt et de la Deutsche Bank de Berlin, dans le but de favoriser les entreprises dudit ennemi, notamment de favoriser un mouvement d'opinion dans la presse française. A Paris, en 1916, entretenu des intelligences avec l'Allemagne dans le but de favoriser les tentatives de l'ennemi, notamment de favoriser un mouvement d'opinion dans la presse française, en versant l'argent pour l'achat du *Journal*.

Le portrait qu'a tracé de Bolo le capitaine Bouchardon peut se condenser en deux termes : un bellâtre pourvu d'une faconde intarissable. On voit dès lors ce que devait être sa défense : les cheveux grisonnants et non plus blonds, plaqués sur le crâne de chaque côté d'une impeccable raie tracée sur la gauche, la pointe des moustaches effilées, le regard caressant, le geste d'une fausse élégance, serré dans une jaquette noire, le coin du mouchoir sortant de la poche, Bolo a tout à la fois fait ses effets de bellâtre et noyé ses arguments dans un intarissable flot de paroles.

Concernant les *affaires suisses*, sa défense se réduit à ceci : avant la guerre, devenu l'homme d'affaires, l'ami du khédive, il lui avança un million. Où avait-il pris ce million? On le lui apporta, sur sa demande, de la banque Behrens d'Amsterdam.

Malheureusement pour lui, de ce retrait de fonds, et de ce prêt, il n'existe aucune preuve écrite, mais cela ne l'embarrasse pas, « attendu, dit-il, qu'il n'était pas dans ses habitudes de donner des reçus à son banquier, d'une part, et qu'il n'est pas permis par les règles de convenances internationales d'exiger des reconnaissances lorsque l'on prête de l'argent à un prince, d'autre part ».

Mais la guerre éclate, le khédive s'enfuit de Paris; Bolo se souvient du million prêté... Ne pouvant obtenir de passeport pour aller relancer son créancier à Constantinople, il délègue ses pouvoirs à Cavallini qui part pour la Turquie. Lui-même rejoint Abbas-Hilmi en Suisse. On négocie laborieusement, et Bolo est remboursé. Voilà qui explique, pense-t-il, l'origine du premier million reçu du khédive, que l'accusation prétend avoir été fourni par les Allemands.

On sait comment se fit ce remboursement ou ce versement, si l'on accepte la version de l'accusation : Cavallini, escorté du baron Sottolana, l'apporta dans une valise, après l'avoir encaissé au Crédit Lyonnais. Porchère, impliqué dans cette affaire suisse, a déclaré qu'il n'y a vu que du feu. « Pour cela, messieurs, demande-t-il tristement, qu'ai-je reçu? Le prix du sang de notre mère-patrie? Non. J'ai reçu deux cents francs pour mes frais de voyage. Je n'ai donc rien vendu, je n'ai donc rien trahi, j'ai été un sot, un imbécile. »

Quant aux *millions d'Amérique*, c'est tout aussi simple, mais tout aussi invraisemblable.

Le but de Bolo allant à New-York était d'acheter du papier pour le *Matin* et pour le *Journal*. Il profita de l'occasion pour rentrer en possession du dépôt qu'il avait chez Amsinck, dépôt transmis à Amsinck par la banque Behrens d'Anvers-Hambourg. Au surplus, soutient-il, il ne cessa de tenir à New-York un langage empreint du plus pur patriotisme et jamais il n'y entendit parler de Bernstorff.

Mais la déposition faite par Pavenstedt chez le vice-attorney Becker?... Vile machination pour le perdre! Et les télégrammes saisis par le gouvernement des Etats-Unis et communiqués au gouvernement français?... des faux!

Il revient à Paris. A-t-il acheté du papier pour le *Matin* et le *Journal*, peu importe. Il se trouve, prétend-il, en présence d'une offre séduisante. M. du Mesnil, directeur du *Rappel*, le conduit chez Charles Humbert, et, en un clin d'œil, ces deux hommes tombent d'accord : Bolo s'engage à fournir au sénateur 1 million comptant, 4 millions et demi en quatre ans, 10 millions en douze ans, la première échéance étant fixée à trois ans après la guerre. Il ne restait plus à Bolo qu'à aller chercher ses millions — ou ceux de Bernstorff — en Amérique (26 décembre 1915).

*
* *

Les débats du procès furent fertiles en incidents. On vit notamment, à la barre des témoins, M. Charles Humbert qui, pressé de questions par le lieutenant Mornet, suant, soufflant, demandait si on ne le traitait pas en accusé : à quelques semaines de là, il devait être arrêté, et M. Caillaux qui ne renia pas ses anciennes relations d'amitié avec Bolo-Pacha. Enfin, après un vigoureux réquisitoire du Commissaire du Gouvernement, une éloquente plaidoirie de Mᵉ Albert Salles pour Bolo, une bonne défense de Porchère présentée par Me Marcel Héraud. Bolo fut condamné à la peine de mort, Porchère à trois ans de prison et Cavallini, jugé par contumace, à la peine de mort.

Bolo a été fusillé à Vincennes.

LE PROCES DU BONNET ROUGE

Le procès du *Bonnet Rouge*, commencé le 29 avril 1918 devant le 3e conseil de guerre, présidé par le colonel Voyer, prit fin le 15 mai.

Sept accusés comparurent : Duval, Marion. Joucla, Goldsky, Landau, Leymarie et Vercasson, contre lesquels M. Léon Daudet menait depuis longtemps une rude et incessante campagne, pourchassant la horde de ses traits acérés, menant un tel train qu'il finit par les acculer aux pieds des juges militaires. Là, pendant plus de quinze audiences, ils firent tête, mais sous l'amas des preuves de leur culpabilité, ils succombèrent enfin, et voici, en quelques lignes, la silhouette de ces misérables dont la prise figure en bonne place au tableau de chasse de l'*Action Française*.

***

Duval, le principal accusé, était un de ces hommes intelligents et instruits, propres à tout, bons à rien, qui végètent et s'aigrissent jusqu'au jour où ils trouvent la « belle affaire » qui les conduit en police correctionnelle ou en cour d'assises.

Après lui venait Marion, autre aventurier de la vie parisienne, mais qui, dès sa prime jeunesse, avait récolté des condamnations à la prison pour escroqueries et désertion. Il s'était principalement consacré à la défense des marchands de vins et des distillateurs.

Joucla, un pauvre hère, de médiocre intelligence, assez roublard cependant, qui débuta dans la vie par le coup qui devait l'amener en conseil de guerre : une visite au consul allemand à Barcelone.

Goldsky, un petit juif, madré, dangereux, d'un toupet infernal, antimilitariste, condamné autrefois pour avoir signé une affiche excitant à la rébellion les soldats de la classe 1913.

Landau, autre juif, d'une famille originaire d'Odessa, entré dans la basse presse pour y pratiquer le chantage. Fort connu sur le boulevard, où d'aucuns le redoutaient et tous le méprisaient.

Leymarie, le gros personnage de la bande, l'ami le plus intime de Malvy, son bras droit au ministère de l'Intérieur, protecteur avéré de la bande de ses co-accusés.

Enfin, M. Vercasson, un riche imprimeur d'affiches, qui, par camaraderie, complaisance peu réfléchie, se laissa entraîner à rendre de délictueux services à Duval.

Comment tout ce joli monde se trouva-t-il réuni autour du *Bonnet Rouge* et d'Almereyda? Demandez comment les grosses mouches bleues arrivent d'une lieue à l'autre sur toute charogne qui pourrit au soleil.

Almereyda avait fondé le *Bonnet Rouge* et vivotait péniblement lorsqu'éclata la guerre. Alors, il prit un ascendant énorme sur le ministère Malvy. Il se pose auprès de lui en « protecteur de la classe ouvrière ». Ce qui signifiait « de tout ce que Paris, en août 1914, recélait d'anarchistes, d'antimilitaristes et d'individus, français et étrangers, coupables ou capables de connivence avec l'Allemagne ». Il devint le « préfet de police » officieux du ministre inamovible. De son *Bonnet Rouge*, adroitement teinté de patriotisme lorsqu'il le fallait, il fit un influent organe de trahison, menant une campagne parallèle à celle de la *Gazette des Ardennes*, feuille ignoble, publiée dans les pays annexés sous l'inspiration de l'état-major allemand.

Mais le succès du *Bonnet Rouge* ne suffisait pas à pourvoir aux besoins d'argent de son directeur, qui, rongé par tous les vices, était d'autant plus avide de jouissances qu'il avait connu la noire misère. Le ministre Malvy versait bien sur les fonds secrets des mensualités allant jusqu'à 2.000 francs; ce n'était pas assez. Almereyda chercha autre chose et trouva Marion d'abord qui, ensuite, introduisit Duval dans l'administration du *Bonnet Rouge*, c'est-à-dire qu'il fournit des subsides.

Duval tirait l'argent dont il disposait ainsi des caisses du banquier Marx, de Mannheim, lequel n'était autre qu'un agent du gouvernement allemand, préposé au recrutement et à la rémunération des espions en Suisse. Il reçut de ce personnage des sommes que l'on peut évaluer à environ un million. Mais cet argent, il ne le rentrait pas immédiatement en France : il en avait laissé une bonne partie (345.000 fr.) en dépôt entre les mains de Mme Ahmerd, tenancière de l'hôtel International, à Genève. Puis, peu à peu, il en allait chercher une partie, ou bien, se sachant surveillé et ne pouvant plus obtenir de passeports, chargeait son ami Vercasson de faire le voyage pour lui et de transférer à Paris ce qui restait à Genève.

*
* *

Il n'est pas surprenant que Duval ait éprouvé des difficultés à franchir la frontière vers 1917 : pendant les années précédentes, il s'était rendu treize fois à Berne ou à Bâle auprès de Marx, et c'est pour l'avoir accompagné dans un de ces voyages que Marion se trouva impliqué dans les poursuites. Plus tard, un autre fait délictueux s'adjoignit à celui-ci : l'affaire des papiers d'Orient, Paix-Séailles et capitaine Mathieu. (Condamnés le 27 mai par le 2ᵉ conseil de guerre, Paix-Séailles à un an de prison avec sursis et le capitaine Mathieu à trois mois avec sursis, pour divulgation de documents secrets).

Quels services rémunéraient les importants dons d'argent faits par Marx, de Mannheim, à Duval? On ne l'a pas su. Mais Duval et Marion, dans des rapports adressés à la préfecture de police, ont reconnu avoir, à côté de Marx, rencontré en Suisse le prince d'Isembourg et un diplomate allemand, et que la conversation roulait entre eux tous sur les moyens d'obtenir du gouvernement français l'ouverture de négociations devant aboutir à une paix immédiate et désastreuse pour les Alliés. Marx et Isembourg faisaient de la force allemande et de la faiblesse française, de la duplicité anglaise un tableau qu'ils jugeaient de nature à intimider les hommes politiques français.

Pour obtenir l'autorisation de voyager ainsi, Duval avait exploité les détestables sentiments défaitistes qui avaient cours, tant aux alentours du cabinet de Malvy qu'à ceux du cabinet de M. Laurent.

Mais la vigilance intempestive d'un agent du contrôle à Bellegarde et d'un officier du 2ᵒ bureau du G. M. P., de passage à cette station, mit fin à cette œuvre de trahison : le 15 mai 1917, on saisit sur Duval, rentrant en France, un chèque de 150.000 francs et il fallut expliquer la provenance de cet argent. En dépit du mauvais vouloir et même des entraves opposées par certains fonctionnaires aux enquêtes, malgré la restitution du chèque ordonnée par M. Leymarie, l'instruction alla jusqu'au bout et c'est ainsi que la bande vint échouer sur les bancs du 3ᵉ conseil de guerre.

Le zèle des enquêteurs avait été puissamment stimulé par les incessantes attaques de Léon Daudet contre Vigo-Almereyda, Duval, l'auteur des abominables articles signés *M. Badin*, contre Goldsky, le défaitiste *général N...* et Landau, agent de liaison entre « la canaille » du *Bonnet Rouge* et le ministère de l'Intérieur. Le souvenir de toutes les révélations de l'*Action Française* ne cessa de planer au-dessus des débats. (Conseil de guerre en avril-mai 1918).

Duval fit une défense verbeuse, parfois adroite, le plus souvent inopérante, se retranchant toujours derrière la liquidation de la San Stéfano, affaire de bains de mer et de jeux, projetée en Turquie, aux portes de Constantinople. C'est là, qu'en effet il a connu Marx, de Mannheim, et s'est lié avec lui. Il a soutenu que l'argent déposé chez Mme Ahmerd, les 200.000 francs versés au *Bonnet Rouge* et toutes les sommes réparties entre les autres feuilles du défaitisme et de trahison qu'il subventionna, provenaient d'un énorme cadeau à lui fait par le banquier allemand, en récompense des soins donnés par lui à la liquidation de la San-Stéfano, et à diverses affaires négociées pour le compte de Marx, à Constantinople.

Marion, bonhomme roublard et jouisseur, laissant échapper parfois des parcelles de vérité, s'est défendu d'avoir participé aux largesses de Duval. Il gagnait, dit-il, assez d'argent, pour pouvoir se passer des subventions de son ami. Aussi bassement jouisseur et corrompu que son chef de file, il manqua plus d'une fois de fermeté dans sa défense : pour un peu, il aurait imploré l'indulgence de ses juges comme il essaya de faire implorer la pitié de Léon Daudet, lorsqu'il se sentait pincé entre les redoutables tenailles du directeur de l'*Action Française*.

Joucla voudrait faire passer sa visite au consul allemand à Barcelone pour une équipée mi-partie commerciale, mi-partie amoureuse.

Autrement grave est le cas de Landau : grâce à l'argent de Duval, il a fondé ou alimenté l'agence *Primo* et la *Tranchée Républicaine*, feuille défaitiste qu'il faisait distribuer dans les tranchées.

Là, il avait pour collaborateur Goldschild, dit Goldsky, personnage cauteleux, auteur dans le *Bonnet Rouge*, d'infâmes articles signés Général N..., qui, avec ceux de Duval, M. Badin, rivalisaient de perfidie antipatriotique.

*
* *

Derrière Landau, Duval, Marion, on a vu se profiler aux débats la silhouette de M. Caillaux.

Au temps où l'on jugeait sa femme, en juillet 1914, l'ancien président du Conseil des ministres avait lié partie avec Almereyda, auquel il versa 40.000 francs, et dont, pendant la guerre, il ne put ou ne voulut se séparer. Almereyda lui fournit, en échange de ces 2.000 louis une garde corse et mit à son service son esprit d'intrigue sans vergogne et l'influence de son journal. Il fallut à M. Caillaux comparaître à l'audience et avouer ses relations avec la bande de chenapans que le bagne guettait.

Derrière Leymarie, Daudet avait depuis longtemps fixé le profil de Malvy. A l'audience, ils apparurent accolés l'un à l'autre, Leymarie au premier plan, Malvy lâché par le « patron » qui n'aurait cependant rien perdu à le défendre. Gêné dans sa défense par le silence de son chef et complice, Leymarie soutint faiblement n'avoir été pour rien ni dans la délivrance d'un passeport à Duval — auquel il était interdit d'en donner — ni dans la restitution du chèque, dont il cherche à faire endosser la responsabilité par le colonel Goubet.

Vercasson argua de sa bonne foi.

Mais Léon Daudet n'avait pas seulement dénoncé la canaillerie de tous ces hommes. Il avait aussi montré l'effroyable désorganisation de nos services de police, livrés à une canaille toute dévouée aux intérêts des Allemands.

Le tableau qu'il avait brossé de l'incurie des uns, de la trahison des autres avait paru chargé de couleurs vives, trop crues même au dire de quelques-uns, pour être exactes. Il était resté au-dessous de la réalité ! Les dépositions des fonctionnaires, malgré leurs dénégations et leurs réticences, soulignèrent les traits que Daudet avait fixés, sans en démentir aucun et en les aggravant presque tous.

Le lieutenant Mornet se surpassa, avec un réquisitoire vigoureux, éloquent et d'un merveilleux patriotisme.

M⁰ˢ Magnan, pour Duval, Gauniche pour Marion, Antony Aubin pour Joucla, Bacry pour Landau, Paul Guillain pour Leymarie, Lœvel pour Goldsky et José Théry pour Vercasson, remplirent brillamment leur tâche.

Mais la culpabilité de tous les accusés était trop évidente. Tous furent condamnés :

Duval à mort ;

Marion, à dix ans de travaux forcés et cinq ans d'interdiction de séjour ;

Joucla, à cinq ans de travaux forcés ;

Landau, à huit ans de travaux forcés et cinq ans d'interdiction de séjour ;

Goldsky, à huit ans de travaux forcés, avec dégradation militaire et cinq ans d'interdiction de séjour ;

Leymarie, à deux ans de prison et 1.000 francs d'amende ;

Vercasson, à deux ans de prison avec sursis et 5.000 francs d'amende.

Duval a été fusillé à Vincennes le 17 juillet.

L'AFFAIRE MALVY DEVANT LA JUSTICE

L'affaire Malvy forme jusqu'à présent le couronnement du tableau de chasse de Léon Daudet, l'aboutissement de trois ans d'efforts menés par lui pour arracher le pays à la défaite que lui préparait la trahison.

Aux articles de l'*Action Française* qui dénonçaient le ministre de l'Intérieur, des journaux patriotes firent d'abord écho : l'*Echo de Paris* entre autres, par la plume de Maurice Barrès, la *Liberté*, etc. Enfin, M. Clemenceau parlant devant le Sénat, répéta cette accusation : « Monsieur Malvy, dit-il, je vous reproche d'avoir trahi les intérêts de la France. » Dès lors, personne ne put plus feindre que l'offensive menée contre le ministre prévaricateur fut l'effet d'une conspiration royaliste.

C'était le 22 juillet 1917. Le 2 octobre, Léon Daudet écrivit sa lettre au président de la République. M. Painlevé, président du Conseil la lut le 4 octobre 1917 devant la Chambre des Députés. L'affaire entra dès lors dans sa phase décisive. M. Malvy lui-même précipita la catastrophe en réclamant sa comparution devant la Haute-Cour de justice, le 22 novembre 1917.

Il avait quitté volontairement son ministère le 1er septembre 1917.

*
* *

Dans la collection des articles du directeur de l'*Action Française* avaient défilé toutes les charges recueillies dans le rapport de M. Pérès, rapporteur de la Commission d'instruction de la Haute-Cour, y compris celles qui furent abandonnées par le procureur général, et qui sont :

M. Malvy a renseigné l'ennemi sur tous nos projets militaires et diplomatiques, et spécialement sur le projet d'attaque du Chemin-des-Dames ;

M. Malvy a favorisé l'ennemi en provoquant ou en excitant des mutineries militaires.

Ecartés du débat, ces deux chefs d'accusation n'ont pas été examinés par la Cour de justice. Ils n'avaient pas été creusés à fond par la Commission d'instruction.

De sorte que la gravité du cas de l'ancien ministre de l'Intérieur se trouva singulièrement atténuée. Elle le fut plus encore par l'abandon de la proposition de M. Flandin, réduisant le crime de M. Malvy à une simple forfaiture, qui permit aux juges, par un arrêt terrible en son dispositif, de condamner sévèrement la conduite de l'accusé, mais en un dispositif bénin de n'appliquer au coupable qu'une peine légère.

Le mot *trahi* resta dans la sentence, la Haute-Cour recula devant le châtiment qu'il aurait dû entraîner.

Mais dans son éloquente déposition, M. Léon Daudet devait maintenir intégralement ses accusations.

Le 28 novembre, la Chambre ayant voté la mise en accusation, le Sénat se constitua en Cour de Justice, régla sa procédure (7 janvier 1918) et son parquet fut ainsi composé par un vote en assemblée générale de la Cour de cassation : procureur général, M. Mérillon, président de la Chambre des requêtes, avocats généraux, MM. les conseillers Lombard et Cénac.

Les premières séances furent tenues les 21 et 28 janvier 1918.

M. Malvy s'y présenta assisté de ses deux défenseurs, Mes Bourdillon, ancien bâtonnier, et Paul Guillain, avocat à la Cour d'appel. Dans la seconde M. le procureur général donna lecture de ses réquisitions et enfin les débats publiés commencèrent le 16 juillet 1918.

A la première séance, M. le sénateur Pérès commença la lecture qu'il acheva le lendemain, d'un remarquable rapport présenté au nom de la Commission qui, sous la présidence de M. Monis, ancien garde des Sceaux, avait procédé à l'instruction de l'affaire.

Après le rapport, le procureur général fit connaître ses réquisitions, le 18 juillet. Il conclut à une condamnation par application de l'article 77 du Code pénal, pour complicité avec les traîtres de la bande du *Bonnet Rouge* dans leurs « intelligences avec l'ennemi », écartant comme nous venons de le dire, les inculpations d'avoir trahi.

Les débats de ce procès politique furent ce que sont toujours les débats devant un tribunal politique. L'audience conserva parfois l'aspect d'une cour de justice, composée de juges ; le plus souvent, elle resta ce qu'elle était au fond : une assemblée d'hommes politiques jugeant un homme politique.

M. Antonin Dubost qui la présida avec mollesse et sans compétence affirmée, dut plus d'une fois rappeler, non pas à l'ordre, mais au respect de leurs fonctions, les magistrats improvisés, manifestant dans un sens ou dans l'autre et intervenant plus souvent pour interpeller que pour questionner.

Ce fut M. le Procureur général Mérillon qui mena réellement l'instruction publique. Il fut le véritable directeur des débats.

Quant à l'accusé, il eut une attitude qui ne surprit personne : pâle et amaigri, les traits du visage tirés, la voix généralement peu assurée, sauf dans certains éclairs de colère, il se défendit sans passion et sans noblesse. Le fond de son argumentation fut qu'il avait, en tous ses actes, agi avec l'autorisation ou la ratification de ses collègues du gouvernement. Le mobile de sa conduite, la raison de ses complaisances et de ses faiblesses vis-à-vis des organisations révolutionnaires et des agitateurs pacifistes et défaitistes, il l'avait indiqué dès les premières attaques subies par lui, notamment à la séance du Sénat du 22 juillet, où, répondant à M. Clemenceau, il déclara que toute sa politique avait consisté dans le respect absolu des droits syndicalistes de la classe ouvrière. En certains cas, il rejeta sur ses collaborateurs, sur ses amis la responsabilité totale des actes incriminés. Malgré tous ses efforts, il ne réussit pas à se dépêtrer du réseau d'accusations tissé autour de lui par la plume vengeresse de Léon Daudet, et on le vit tel qu'il l'avait dépeint, cet implacable justicier, subissant l'ascendant d'Almereyda et du *Torchon*, se laissant entraîner par d'ignobles individus, mouchards, défaitistes, antipatriotes ou satyres dont Sébastien Faure est le prototype le plus parfait et le plus complet.

*
* *

L'événement capital de la première partie des débats fut la longue déposition de M. Léon Daudet, nourrie de faits et de preuves, savoureuse en ses détails. M. Léon Daudet est doué d'une parole chaude, véhémente, mais dont il reste toujours le maître, accompagnée d'un geste plein d'autorité. Il sait conduire son exposition et sa discussion avec une imperturbable logique et une infaillible présence d'esprit lorsque des interruptions essaient de le faire broncher. L'impression qu'il donne à celui qui l'a vu et entendu à la barre, est celle d'une force servie par une persévérance à toute épreuve.

N'abandonnant rien de ses accusations formulées au cours de ses polémiques antérieures, il passa en revue tous les points de la longue histoire de « l'*inamovible* » comme s'il n'acceptait pas l'accusation rétrécie du Procureur général. Et il fut écouté par la Cour avec une attention soutenue. Sans doute, on sentait dans le clan des malvystes des bouillonnements de colère. Mais la documentation du directeur de l'*Action Française* apparut si forte et si certaine, que n'osant pas s'en prendre à lui, la mauvaise humeur des interrupteurs se tourna contre les bons Français qui l'avaient si bien renseigné, avec le secret espoir sans aucun doute de vengeances futures. A ce jeu, M. Bepmale, sénateur radical-socialiste, ardent protecteur de l'accusé, s'attira une foudroyante réplique qu'il encaissa sans protestation.

Il insistait avec véhémence pour savoir les noms de ceux qui avaient procuré à M. Daudet certains documents officiels. M. Daudet les refusait naturellement, et avec une pointe d'ironie que le sénateur ne comprit pas, déclara qu'il garderait le secret à ses correspondants.

— Mais c'est de la trahison! s'écria M. Bepmale, visant les fonctionnaires écœurés par les infâmes manœuvres de la bande Almereyda-Malvy.

— Il n'y a pas de trahison contre la trahison, riposta M. Daudet.

Les rieurs eussent été pour lui s'il y avait eu des rieurs, mais bon nombre de sénateurs auraient plutôt conspué leur collègue qui venait de s'attirer une si dure leçon.

Après M. Léon Daudet, M. Painlevé, ancien président du Conseil, auteur d'une ridicule tentative pour blanchir son collègue avant toute instruction, apporta une déposition falote et sans consistance, puis la discussion s'enlisa dans les scandales policiers.

Alors on comprit ceci : sous un ministre de l'Intérieur complaisant, prêt à toutes les compromissions, à toutes les abdications, M. Leymarie, directeur du cabinet du ministre, puis directeur de la Sûreté générale, menait à sa guise toute l'administration et toute la police.

Au-dessus d'un préfet de police, bon et faible jusqu'à la complicité, M. Laurent, une espèce de satrape brutal et sectaire, M. Maunoury protégeait tout ce qu'il y avait de défaitistes et d'antipatriotes à Paris et ailleurs. Almereyda jouait le rôle de préfet officieux à la Préfecture, et la Préfecture et les ministères s'entendaient pour laisser la bride sur le cou aux aigrefins du *Bonnet Rouge* et d'ailleurs : les permis de séjour étaient accordés sans contrôle, mais non sans rémunération, les passeports étaient délivrés à qui prétextait le besoin d'aller voir Marx de Mannheim, en Suisse pour régler les affaires de la San Stefano, ou pour fonder un journal bilingue à Saint-Sébastien, au temps où un sous-marin abordait à Carthagène.

C'était énorme, c'était le désordre matériel et moral entretenu à Paris; c'étaient les grèves encouragées jusque dans les bureaux du ministère des Finances et le désordre dans la rue mieux que toléré, les patrons ligottés, soumis à de véritables chantages appuyés par la menace de les ruiner, le tout au nom de la « politique » du ministre de l'Intérieur... C'était énorme et ce n'était pas tout : l'indiscipline, les mutineries, le défaitisme commençant à sévir au front, les généraux commandant en chef demandaient vainement à être renseignés afin de pouvoir arrêter les progrès du mal, avant de se voir contraints de punir : on les prive de toutes communications, si bien que, en juin 1917, nombre de régiments se mutinèrent. Il y eut des manifestations graves, tournées contre le gouvernement, mais non contre les chefs militaires, des scènes de désordre affreuses, qui coûtèrent la vie à de pauvres diables, héros la veille, décorés de la croix de guerre, aujourd'hui condamnés par les Conseils de guerre et exécutés.

La politique d'un ministre voulait cela, d'un ministre qui avait pour voisin autour de la table du Conseil un autre ministre, M. Albert Thomas, l'ami des révolutionnaires russes.

*
* *

M. Malvy a donc créé ou encouragé un mouvement qui faillit nous entraîner dans l'irrémédiable défaite. Une autre chose apparut aussi aux débats de son procès : c'est que M. Caillaux a joué le rôle de protecteur et d'inspirateur suprême de cette détestable « politique ».

Cette vérité a éclaté lorsque les débats eurent fait la lumière sur l'incident Lipscher. Là, il a été révélé par les dépositions du commissaire de police Gauthier, du soldat automobiliste Beauquier, que de louches intrigues, en vue d'amener une paix immédiate et désastreuse pour la France, se nouaient autour de l'ancien président du Conseil, et il a encore été démontré que, le jour où les chefs de la police, MM. Mouton et Maunoury s'aperçurent que celui à qui l'espion Lipscher dépêchait sa maîtresse, Mlle Duverger, était M. Caillaux, ils n'eurent qu'une pensée, étouffer au plus vite, une affaire aussi malencontreusement découverte. M. Caillaux commandait encore dans la coulisse, on veillait sur lui, parce que l'on escomptait son retour au pouvoir.

Le tableau de ces malpropretés et de ces trahisons, auxquelles il faudrait ajouter les affaires particulières, telles que celles de Sébastien Faure, de Cochon, de la Kovacz, de la *Victoria* de Berlin, de Vercken, etc., aurait dû, semble-t-il, réunir une unanimité d'imprécations contre l'accusé : il n'en fut rien. Des défenseurs, dont la faiblesse avait été dénoncée par Léon Daudet, se dressèrent entre lui et ses juges. MM. Viviani, Aristide Briand et Ribot, anciens présidents des Conseils des ministres auxquels a appartenu M. Malvy, ses anciens collègues, Marcel Sembat, Albert Thomas, son ami Gustave Hervé plaidèrent sa cause, et parlèrent avec tant de chaleur que d'abord on se demanda si, se considérant en politique comme solidaires de l'accusé, ils ne présentaient pas leur propre défense, et qu'ensuite, beaucoup restèrent convaincus pendant quelques jours que leur éloquence avait sauvé l'accusé.

La C. G. T. représentée par Jouhaux vint aussi au secours de l'ancien ministre.

Quel bloc étrange, qui commence à des repris de justice comme Almereyda, condamné de droit commun, perdu de tares et de vices, à Duval, fusillé comme traître et se prolonge jusqu'aux chefs des gouvernements défunts, jusqu'à nos membres de l'Académie française : ce que les premiers ont fait, ce que l'accusé a laissé faire ou fait faire, cela peut donc rentrer dans une politique?

La réponse à cette question se trouve dans les derniers actes du procès : M. le Procureur général Mérillon prononça avec un grand talent de parole une dialectique sûre, un réquisitoire dont toutes les parties sont inattaquables : exposition correcte des faits, argumentation impeccable, conclusion relevant uniquement de la justice, exempte de toute passion politique.

M. le bâtonnier Bourdillon s'attaqua à une tâche impossible : blanchir un homme dont les actions néfastes, antinationales, antipatriotiques sont avérées, qui, s'il n'a pas trempé personnellement dans la trahison — selon sa thèse — en fut au moins le complaisant en faveur duquel il n'est pas même possible d'invoquer les témoignages de moralité qui ne font pas toujours défaut aux pires condamnés de droit commun.

M⁰ Paul Guillain donna lecture de mémoires et de conclusions où il a su tirer parti de toutes les inexactitudes qui se rencontrent en matières de législation et de jurisprudence politico-judiciaires.

Puis la Cour de Justice hésita. Elle chercha un biais : les peines de l'article 77 lui parurent bien dures probablement. Il lui serait pénible, il lui est impossible de se résoudre à condamner pour complicité de trahison un ancien ministre auquel sénateurs, hier, ils accordaient des votes de confiance. Et puis, tout de même, elle croit bien qu'il y a là-dedans un peu de politique : M. Malvy a traité avec une importante corporation. Il l'a ménagée parce que, avant la guerre, elle était menaçante, dangereuse peut-être. Il ne faut pas trop s'aventurer contre la C. G. T., cet Etat dans l'Etat...

Alors on a adopté un moyen terme, trouvé, indiqué, proposé par M. Flandin : la forfaiture.

Et, pour crime de forfaiture, M. Malvy n'a été condamné qu'à cinq ans de bannissement avec cet adoucissement, qu'il sera dispensé de la dégradation civique.

Le Sénat a conservé au condamné ses droits politiques et autres, qui sont seulement suspendus pendant la durée du bannissement.

La peine est légère mais les *motifs de l'arrêt* sont terribles. Ils disent que : *Malvy, agissant comme ministre de l'Intérieur, a méconnu, violé et trahi les devoirs de sa charge dans des conditions le constituant en état de forfaiture.*

C'est en somme le langage qu'avaient par avance tenu MM. Clemenceau et Léon Daudet.

L'ancien ministre a été conduit à la frontière espagnole le dix août.

L'*Action Française* et Léon Daudet avaient purgé le sol français de l'un des plus dangereux ennemis de la Défense Nationale.

Edgard TROIMAUX.

————— ✻ ✠ ✻ —————

LA BATAILLE DE FRANCE DE 1918

La trahison des maximalistes russes, en délivrant l'Allemagne de la nécessité d'entretenir de fortes armées, à l'est, lui a permis de concentrer ses troupes sur le front d'occident, et de se livrer contre nous à une offensive puissante, dont elle attendait la fin de la guerre.

Cette offensive, pour n'avoir pas donné dans les délais sans doute escomptés, les résultats décisifs nécessaires à l'Allemagne, s'est changée en une série d'attaques qui n'avaient pas été prévues, au moins dans la forme et sur les terrains où elles se sont produites. Ces attaques, à leur tour, n'ayant pas atteint le but que s'était assigné l'ennemi, ont amené de notre part des ripostes de plus en plus larges, par lesquelles au bout de trois mois, l'initiative des opérations a passé des mains des Allemands aux nôtres. De là, une suite de batailles gigantesques, longues de plusieurs jours, qui se sont succédé sur les diverses parties d'un front immense allant d'Ypres à Reims, et auxquelles on a d'habitude donné le nom générique de bataille de France. C'est le nom que nous conserverons à leur ensemble, et c'est d'ensemble aussi qu'il convient de les considérer.

A partir du mois de mars 1918, l'Allemagne s'est crue en mesure de détruire les armées françaises et britanniques, et c'est cette destruction qu'elle a recherchée. Ne l'ayant pas obtenue aussi rapidement qu'elle y comptait, elle a été conduite par ses premiers succès à élargir son action, puis à se lancer dans des actions divergentes, combinées entre elles il est vrai, autant que le terrain et la résistance des Alliés le permettait, mais étrangères cependant à son plan primitif, et qui ne se sont produites précisément que parce que ce plan primitif avait été mis en échec.

Subordonnée dans l'ordre militaire à une *idée :* celle de la destruction des armées alliées, l'offensive allemande a été, dans l'ordre politique, bien plus étroitement encore subordonnée à un *besoin :* celui où se trouvait l'Allemagne de finir rapidement la guerre. Car il s'agissait pour elle de nous avoir battus avant que l'entrée en jeu de l'Amérique n'ait rétabli, et au delà, à notre profit, la balance des forces rompue par la trahison maximaliste. C'est pourquoi le choix du moment ne lui a pas appartenu, pas plus que la possibilité de s'arrêter après un premier échec. Elle savait avoir pour quelques mois une supériorité numérique réelle, mais diminuée chaque jour par l'arrivée de contingents américains de plus en plus nombreux. Une nécessité vitale la contraignait donc à profiter de cette courte période, et c'est pourquoi dès que le printemps put lui faire espérer quelques séries de beaux jours, elle porta à fond une attaque qui était son va-tout. Mais l'attaque une fois commencée, il n'était plus en sa puissance de revenir en arrière : ni ses peuples ne l'auraient compris, devant qui l'on avait fait miroiter la certitude d'une rapide victoire qui mettrait fin à leurs extrêmes privations ; ni les circonstances ne le permettaient, sous peine de se voir à jamais ravir l'initiative des opérations militaires. Une troisième raison devait encore s'y opposer ; mais l'ennemi ne l'avait pas prévue : les Alliés dont, par un grossier mépris de l'armée américaine, il avait mal estimé les forces, devaient prendre l'offensive à leur tour, et retourner contre lui les demi-avantages mêmes que ses premières actions lui avaient procurés.

Toute l'histoire de la bataille de France est là : les empires germaniques contraints de jouer leurs derniers atouts, et, l'acte une fois passé, hors d'état d'arrêter la partie.

Cette partie qui les entraîne, on peut affirmer, puisqu'elle n'a pas été gagnée du premier coup, qu'elle ne cessera plus que par leur ruine.

*
* *

Tout le monde connaît la forme générale du front sur lequel devait se dérouler la bataille de France, à la veille des attaques allemandes : orienté du nord au sud entre les abords d'Ypres et la région à l'est d'Arras, il s'infléchissait au sud-ouest entre Arras et l'ouest de Saint-Quentin, reprenait la direction du sud jusqu'aux hauteurs d'Anizy-le-Château, puis tournait derechef au sud-est, coupait l'Aisne vers Berry-au-Bac, laissait Reims au sud, et gagnait la Champagne humide par la Main de Massiges : vu d'ensemble il avait assez l'air d'un arc de cercle à grand rayon dont la convexité aurait été tournée vers les Alliés. Ce fait assurait aux Allemands l'un des avantages dont ils devaient jouer le plus habilement contre nous : celui de la ligne intérieure pour leurs communications. Déjà grand par lui-même cet avantage était, en outre tel, que toute avance des armées ennemies l'augmentait, en augmentant la courbure du cercle à l'intérieur duquel elles se trouvaient placées. La facilité des attaques par surprise en découlait pour ces armées, car il va de soi que des réserves disposées à quelque distance des lignes pouvaient être, suivant la volonté du commandement, portées à droite ou à gauche, sans que notre état-major pût facilement percer les intentions de l'ennemi.

Une quatrième supériorité, étrangère cette fois à la disposition du front, mais qui pouvait être plus décisive encore, venait aux Allemands de l'unité de leur haut commandement. Un état-major unique et tout puissant les dirigeait à l'assaut des positions défendues par deux armées, l'anglaise et la française, différentes de langue, de méthode et d'armement, commandées en outre par des chefs indépendants l'un de l'autre.

Ce dernier avantage était d'un si grand poids que le commandement allemand, sans s'arrêter à ce qu'il pouvait y avoir de tactiquement favorable dans telle ou telle partie du front, se mit en devoir par sa première attaque, d'exploiter à fond la supériorité proprement politique qui lui venait d'être *un* contre deux adversaires.

La jonction des armées anglo-françaises se faisait dans la vallée de l'Oise, sur l'axe Barisis Saint-Just-en-Chaussée. Ludendorff allait viser à les séparer l'une de l'autre. Son dessein était renforcé par ce double fait, que la charnière des armées alliées se trouvait sur la route de Paris la plus courte, et que, si cette charnière sautait, l'armée anglaise acculée à la mer serait facilement réduite à merci.

C'est le 21 mars que l'attaque fut lancée sur l'extrême-droite anglaise (5ᵉ armée) par les troupes du général Hutier. Un vaste camouflage en Champagne (carcasse d'hôpitaux, aérodromes, etc.) doublé, au moment où l'offensive commençait sur l'Oise, d'un violent bombardement destiné à faire illusion, avait retenu dans cette région une partie des réserves françaises. L'épais brouillard qui noyait les lignes le matin même de l'offensive, permit à la première attaque de bénéficier d'un élément de surprise que le bombardement préparatoire, assez court quoique brutal, ne suffit pas à faire éventer : l'ennemi fut sur les tranchées et même sur les batteries britanniques avant d'avoir été signalé. La résistance en fut paralysée : sous les vagues profondes et sans cesse renouvelées des assaillants, les lignes anglaises furent submergées, la défense dut être reportée en arrière. Le 22, la brèche était ouverte à l'ouest et au sud de Saint-Quentin ; le 23, quatre colonnes ennemies convergeant du nord-est au sud-ouest, passaient la Somme à Ham, le canal Crozat à Saint-Simon, Jussy et Tergnier, et se dirigeaient sur Noyon. La route de Paris semblait libre. C'est à ce moment que les premières troupes françaises, lancées comme un rideau de la droite vers la gauche, à la rencontre des armées anglaises en retraite sur Amiens, intervinrent dans la bataille. Elles y avaient heureusement été précédées par nos avions, dont l'action illustre, qui ne devait être connue que plus tard, leur avait permis d'arriver avant l'irréparable. Le 21 mars, en effet, le général Pétain, voyant que ses renforts ne pourraient pas entrer en action avant quarante-huit heures au moins, avait mandé toutes les escadrilles du front au-dessus de Ham, pour y bombarder les concentrations allemandes. A travers le ciel immense, les oiseaux de guerre étaient partis, et des centaines d'entre eux avaient fait pleuvoir sur les masses ennemies le désordre, la confusion et la mort. Le retard qui s'ensuivit pour Hutier, ne devait pas être réparé : quand ses colonnes eurent passé la Somme et le canal Crozat, elles rencontrèrent devant elles les divisions françaises.

L'axe de l'attaque allemande s'en trouva déplacé : la brèche remontait vers le nord, Hutier se lança à sa poursuite. Sur sa droite, l'armée Marwitz, jusque-là immobile, commença de l'appuyer : la bataille pour Paris faisait place à la bataille pour Amiens. Le 24, la Somme est passée à Péronne; le 25, Bapaume est pris au nord, et Nesle au sud. Nous évacuons Noyon, mais nous occupons solidement la rive de l'Oise. La brèche se ferme cependant de plus en plus; les troupes françaises arrivent sans cesse, elles se déploient vers la gauche, et, sous les ordres du général Fayolle, résistent pied à pied.

Le 26, devant la gravité d'une situation qui n'avait jamais été aussi menacée depuis la bataille de la Marne, le général Foch est chargé de « coordonner l'action des armées alliées sur le front occidental ». Bientôt, il recevra le titre officiel de généralissime et la disposition des réserves : l'un des principaux avantages de l'ennemi sera équilibré.

En attendant, la bataille continue. Le 27, l'ennemi fonce sur Montdidier et le prend, mais il est maintenu, au nord par les Anglais, au sud par nos troupes, sur le front Lassigny Noyon; le 28 et le 29, il cherche en vain à élargir ses succès au nord et au sud de Montdidier : partout il rencontre un front solide et bien défendu.

C'est alors, dans la journée du 30, que sur une distance de soixante kilomètres allant de Moreuil à Lassigny, l'ennemi, par un effort sans précédent, cherche à percer la muraille qui s'est élevée entre Paris et lui.. En vain. « Nos troupes, dit le communiqué, se jetant à corps perdu dans la bataille, ont partout arrêté la furieuse poussée de l'ennemi... Moreuil pris par les Allemands, repris par nous, et reperdu, a été finalement enlevé dans une charge à la baïonnette menée avec une bravoure incomparable par les troupes franco-anglaises confondues dans les mêmes rangs. »

C'est un échec. L'ennemi, épuisé de pertes, et dont le désordre est augmenté par son avance même, est contraint de s'arrêter pour souffler et pour se reformer. Dix jours de combats sans merci ne lui ont permis ni de disloquer les armées alliées, ni de passer à travers la brèche que son premier choc a ouverte devant lui; sans doute il ne se tient pas pour battu, mais son plan est modifié : il abandonne momentanément la Picardie et se prépare à frapper un grand coup en Flandre. S'il y peut attirer nos réserves, il en sera plus libre pour reprendre son avance sur Paris ou sur Amiens; s'il peut percer, il jettera les Anglais à la mer.

Pendant les premiers jours d'avril, de forts bombardements doublés d'attaques locales sur les fronts d'Oise et de Somme, sont destinés par l'ennemi à nous cacher ses véritables intentions; le 9, il se croit prêt, une attaque brutale est portée contre les troupes anglo-portugaises échelonnées d'Armentières au canal de La Bassée. Un premier succès donne aux Allemands Richebourg-Saint-Waast, Laventie, et les porte sur la Lys. Le 10, puis le 11, le front de bataille s'élargit au nord jusqu'au canal d'Ypres à Comines; l'avance se porusuit sur Merville et Neuf-Berquin; les troupes anglaises d'Armentières, prises à revers par le sud-ouest, évacuent la ville; poursuivies par le nord-est, elles cèdent le 12 Ploegsteert et Neuve-Eglise : un large saillant ennemi, dont la pointe va de Bailleul à Merville, menace Béthune par le nord, Ypres par le sud. Par des coups alternatifs au nord et au sud de ce saillant, les Allemands cherchent à l'élargir, mais c'est au nord surtout qu'ils s'efforcent, car ils y sont à portée d'Ypres, et la chute de la ville, peu importante au point de vue tactique, leur donnerait du moins matière à un beau communiqué. Mais, dès le 14, les troupes françaises sont venues collaborer avec leurs alliés, et le 17, elles infligent à l'ennemi un sérieux échec. Une attaque en direction de Poperinghe et destinée à tourner par le nord la crête montagneuse qui va de Cassel au Mont Kemmel, est brisée net, tandis que plus au sud le massif de la forêt de Nieppe reste, lui aussi, inaccessible aux Allemands : par là les troupes alliées conservent la possession des deux piliers qui seuls permettraient à l'ennemi d'accentuer son avance.

Celui-ci le voit. Il va recommencer la manœuvre qui de Picardie l'a conduit en Flandre : le déplacement de l'attaque visant le déplacement de nos réserves, et la percée en notre point faible. Du 24 au 30 avril, après une semaine de repos, la bataille va s'élargir : après avoir visé Paris, puis Amiens, puis la mer, l'ennemi, bloqué partout, va, de droite et de gauche, essayer d'ébranler la muraille qui lui résiste : ce n'est plus un objectif géographique qu'il cherche à atteindre, c'est un point faible qu'il essaye de trouver.

Il ne le trouvera pas : le 24, visant Amiens par le sud, il attaque entre l'Avre et la Somme, conquiert Villers-Bretonneux et Hangard-en-Santerre, mais n'en peut déboucher; et le lendemain, une contre-attaque rendra Villers-Bretonneux aux Anglais. Le 25 et le 26, l'effort se porte au nord, de Bailleul à Wystchaëte : l'ennemi prend Dranoutre, il s'empare du Mont Kemmel, il progresse sur Locre, où il entre, d'où nous le chassons, où il rentrera, mais d'où, le 29, nous le chasserons définitivement, de sorte que son succès du Mont Kemmel ne pourra pas être exploité. Le 26, nous avons, au sud d'Amiens, contre-attaqué entre Villers-Bretonneux et la Luce, et repris une partie de Hangard-en-Santerre. La route d'Amiens est barrée, la conquête des monts de Flandre, amorcée au Kemmel, est rendue impossible par la reprise de Locre. L'ennemi, qui depuis le 21 mars n'a cessé d'attaquer que pour se reformer en vue de nouvelles attaques, est contraint de s'arrêter. D'indiscutables avances territoriales ne lui ont pourtant pas donné ce qu'il recherchait : la destruction des armées alliées. Ces avances elles-mêmes sont allées en diminuant et pour ainsi dire en s'amortissant : importantes en Picardie et en Artois du 21 au 30 mars, moins profondes en Flandre du 8 au 16 avril, nulles, sauf la prise du Kemmel, dans l'attaque générale du 24 au 30 avril. L'ennemi les a payées de pertes immenses; elles ont eu pour contre-partie l'établissement du pouvoir suprême du général Foch, et dès le 28 mars, l'entrée dans la bataille des premières divisions américaines que d'un geste magnanime, le général Pershing a voulu engager dans « la plus grande bataille de l'histoire ». L'Allemagne a manqué son but.

*
* *

Elle ne peut pas l'avouer. D'ailleurs, elle se dit qu'il est peut-être temps encore de l'atteindre après un détour. La route de Paris a, il est vrai, été barrée sur le front Montdidier Noyon, mais le saillant qui a Montdidier pour pointe, menace par le nord Compiègne et sa forêt. Qu'une avance symétrique au sud de l'Aisne menace la forêt de Villers-Cotterets, un double mouvement tournant pourra rapprocher les deux pinces de la tenaille, faire sauter l'obstacle, et rouvrir le chemin de Paris.

C'est pourquoi, le 27 mai, après un mois de préparation et de regroupement de ses unités, l'ennemi de nouveau se lance à l'assaut. Ses lignes intérieures de communication lui assurent une fois de plus le bénéfice de la surprise : on l'attendait en Picardie, il se montre sur l'Aisne. Avant que nos réserves soient devant lui, il aura le temps de gagner du terrain.

Le 27 mai au matin, les troupes du général von Boehm attaquent sur un front de quarante kilomètres, allant de la forêt de Pinon (sud-ouest de Laon) au fort de Brimont (abords de Reims), et défendu à gauche et à droite par des troupes françaises, au centre par des troupes britanniques à cheval sur l'Aisne à Berry-au-Bac. La gauche, surprise, cède ; le centre, débordé et menacé d'être pris à revers, est contraint de reculer. Le jour même, l'ennemi est sur l'Aisne. Il passe la rivière entre Vailly et Berry-au-Bac. Le 28, poussant droit au sud, il gagne la vallée de la Vesle qui étend sa déchirure entre l'Aisne et la Marne. Il traverse cette vallée entre Bazoches et Fismes, puis, dans la nuit, amène des troupes fraîches, et à sa droite sur Soissons, et sa gauche sur Reims donne de furieux coups de boutoir aux piliers de notre défense. Malgré un léger recul, les piliers tiennent ; mais, le 29, il faut évacuer Soissons, et ramener plus près de la ville la défense de Reims. Au centre, l'ennemi, laissant la Vesle derrière soi, marche sur la Marne, et à mi-distance du fleuve, atteint sur l'Ourcq Fère-en-Tardenois. C'est au centre encore que, le lendemain 30, puis le surlendemain 31, il trouve à avancer : le 31, la Marne est atteinte près de Iaulgonne, la grande ligne de Paris à Nancy est coupée. C'est un succès. Mais non pas sans danger pour l'assaillant, car ses ailes n'ont pas suivi la progression de son centre : il n'a pu ni déboucher de Soissons, ni prendre Reims ; ses troupes sont canalisées dans une sorte de couloir pointu qui aboutit bien sur la Marne, mais reste extrêmement vulnérable par ses deux flancs.

Ce couloir, il faut l'élargir, et l'élargir par la droite, car c'est le côté par où l'on se rapproche de Paris. Aussi, dès le 1er juin, voit-on l'ennemi changer son axe de marche. Jusqu'ici il avait pointé vers le sud en direction de la Marne, désormais il force vers l'ouest en direction de Compiègne et de Senlis. De puissantes attaques lancées de l'Oise à la Marne, nous font légèrement reculer le long de l'Oise. Maintenues au sud de l'Aisne entre Soissons et Vierzy, c'est sur l'Ourcq qu'elles sont le plus furieuses : une rupture en ce point permettrait en effet à l'ennemi de tourner par le sud le massif de Villers-Cotterets. La rupture n'est pas obtenue malgré la prise de Neuilly-Saint-Front et de Chouy ; d'admirables contre-attaques menées dans la soirée du 1er et pendant la journée du 2, maintiennent l'ennemi aux extrêmes lisières nord et est de la forêt : Longpont, Corcy, Faverolles, plus au sud Troïsmes, perdus un instant par nous, sont immédiatement reconquis. Ce sera en vain que, le 3, l'ennemi, avec des forces fraîches, essaiera de briser notre résistance, il n'arrivera pas à s'infiltrer dans la forêt. Au nord, entre l'Oise et l'Aisne, il ne sera pas plus heureux : le long de l'Oise nos troupes accrochées aux hauteurs du sud-ouest de Soissons, le maintiennent ; de vive force le mont Choisy pris et reperdu quatre fois, est repris une cinquième fois par nous dans la journée du 3. Là encore, l'ennemi est bloqué.

Il le sent : aussi va-t-il une fois de plus déplacer son front d'attaque. Du 4 au 8, c'est, sinon le repos, du moins un calme relatif. De l'Oise à la Marne, il n'y a plus que des attaques locales, dont quelques-unes, à notre actif, améliorent nos positions. L'ennemi se prépare.

Le 9, à 4 heures du matin, il reparaît, mais au nord de l'Oise cette fois. Hutier se porte à l'assaut sur un front de trente-cinq kilomètres, entre Montdidier et Soissons. C'est la forêt de Compiègne qu'il s'agit de tourner par le nord. L'ennemi, maintenu à gauche et à droite, ne fait de progrès qu'au centre : le soir il atteint le Matz, petit affluent de l'Oise, qu'il tient entre Ressons et Moreuil, sur six kilomètres environ, le quart ou le cinquième du front d'attaque : ses troupes de nouveau se trouvent dans un couloir, avec le risque d'une prise de flanc. Le 10, il cherche à donner de l'air sur la droite; repoussé de Courcelles, il prend pied dans Méry et Belloy, il gagne plus au sud Saint-Maur et Marquéglise. En même temps, le long de l'Oise, il s'infiltre dans le massif de Thiescourt au sud-ouest de Noyon. Il continuera le lendemain, gagnera Béthencourt, sur l'Oise, à huit kilomètres de Compiègne; ce qui nous obligera en découvrant nos lignes de la rive gauche, à les reculer, le 12, en abandonnant Carlepont et le mont Choisy; mais ce seront les derniers succès des Allemands.

Car le 11, la contre-attaque à laquelle ils prêtaient leur flanc droit a été lancée. L'armée Mangin s'est portée en avant sur le front Rubescourt, Courcelles, Saint-Maur-Méry et Belloy sont repris, le Frétoy est atteint, mille prisonniers et des canons restent entre nos mains, les préparatifs commencés par l'ennemi en vue d'une nouvelle attaque justement en ce point, sont anéantis. L'avance continue, et le lendemain s'élargit sur le Matz; de nouveaux prisonniers s'ajoutent aux premiers; l'ennemi, malgré tous ses efforts, n'arrive pas à nous arracher nos gains. C'est en vain aussi que Boehm, conjuguant ses efforts avec ceux de Hutier, a cherché à progresser au sud de l'Aisne dans la forêt de Villers-Cotterets; le 13 juin, l'ennemi à bout de souffle s'arrête; son offensive est enrayée; la contre-attaque de Mangin a rompu son élan, dispersé ses éléments d'attaque; Compiègne est sauvé, et derrière Compiègne, Paris. Dix-huit jours d'attaques presque ininterrompues ont porté les divisions allemandes sur la Marne et aux lisières des forêts de Compiègne et de Villers-Cotterets. Elles ne les ont pas portées sur Paris qui était visé, pas même sur Compiègne, qu'on se flattait d'atteindre à coup sûr. Elles n'ont pas non plus détruit les armées alliées, elles ne les ont pas séparées, et au contraire, leur union cimentée par des combats inouïs, sort de la lutte plus forte, plus sûre, plus souple. D'innombrables pertes soldent, pour l'Allemagne, l'avortement de ses desseins. Ces pertes qu'on ne peut chiffrer sont si fortes, la désorganisation qui s'ensuit est si profonde, que malgré que le temps presse et que les jours comptent triple, un mois passera avant que l'état-major allemand puisse reprendre l'offensive.

Du 14 juin au 15 juillet, il ne prendra qu'une seule fois l'initiative d'une opération un peu importante : le 18 juin, il attaquera Reims, et, repoussé tout de suite, n'insiste pas. Pendant ces trente jours d'accalmie relative, nous ne cesserons de notre côté de le harceler par des attaques locales, qui nous permettront d'améliorer nos positions en plusieurs points : dans les régions de Moulins-sous-Touvent, de Cœuvres, aux lisières de la forêt de Villers, au bois Belleau, près de Vaux, sur le Matz, etc. Par là, nous témoignons d'une volonté et d'une puissance offensives, qui ne tarderont pas à se manifester victorieusement.

*
* *

Après avoir successivement visé Paris, puis Amiens, puis la mer, puis de nouveau Paris par l'Oise, puis Paris encore par le sud de l'Aisne et par la Marne, l'ennemi a été repoussé partout. Cette fois, il va porter son effort plus à l'est : Paris est un moment relégué au second plan. Il ne s'agit plus que d'occuper solidement la région entre Aisne et Marne, pour y établir la base d'opérations ultérieures. Déjà la rivière a été atteinte à Jaulgonne. Qu'elle le soit à Châlons, voilà la montagne de Reims encerclée. Reims tombera, la région intermédiaire sera conquise, l'avance de mai-juin consolidée, et du même coup Paris ou l'est menacés à volonté, par une conversion sur la droite ou sur la gauche.

Le 15 juin, à 4 heures du matin, les généraux Boehm, Mudra et Einem attaquent entre Château-Thierry et la Main de Massiges, de la Marne aux extrêmes limites de la Champagne pouilleuse. Ils ont devant eux, de gauche à droite, les armées Mangin,

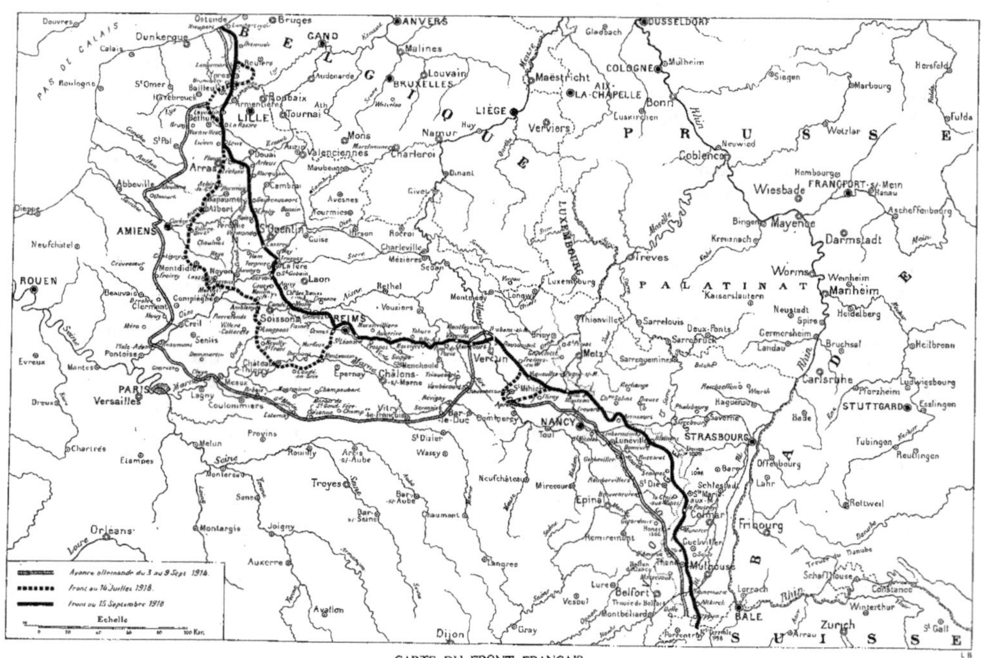

CARTE DU FRONT FRANÇAIS

Degoutte, de Mitry, Berthelot et Gouraud. C'est l'enfoncement rapide de Gouraud à l'extrême droite qui est visé : devant lui, vingt-cinq divisions ont été massées, dix en réserve, quinze en première ligne. Mais cette fois la surprise ne jouera pas : l'attaque a été prévue. Dans la nuit, Gouraud a évacué sa première ligne (Mont Cornillet, Mont-Haut, massif de Moronvilliers). Il la reconquerra quelques jours plus tard. Pour l'instant, il attend l'ennemi un peu en arrière, sur des positions soigneusement préparées d'avance, et l'accueil qu'il est fait est tel, que, dès huit heures du matin, les quinze divisions d'attaque doivent être relevées sans avoir même pu entamer son front en un seul point. Dans la proclamation qu'il adressera deux jours plus tard à ses troupes, il pourra dire : « Les troupes ennemies devaient atteindre la Marne dans la soirée, vous les avez arrêtées net là où nous avons voulu livrer et gagner la bataille. »

L'ennemi ainsi maintenu sur sa gauche, n'a pu avancer qu'à droite. Le 15, il a passé la Marne et le soir a progressé au sud, de six kilomètres environ jusqu'à la ligne Saint-Aignan-Chapelle-Monthadon-lisière sud de la forêt de Bourquigny ; le 16, il remontera le fleuve, prendra Œilly à 12 kilomètres d'Epernay, mais solidement maintenu sur ses deux flancs, il ne gagnera rien ce jour-là, ni du côté de la montagne de Reims, ni entre Soissons et Château-Thierry. Il est au bout de ses succès. Sur les deux flancs de la poche creusée entre Soissons et Reims, nos troupes vont en effet attaquer à leur tour : la seconde bataille de la Marne va être livrée et gagnée.

Le 18, en union avec les troupes américaines, les armées Mangin et Degoutte prennent l'offensive entre l'Aisne et la Marne, sur quarante-cinq kilomètres de largeur. Aucune préparation d'artillerie ne vient trahir leur dessein. A l'heure dite, les tanks frayaient la voie à l'infanterie, qu'un violent barrage protège de l'ennemi. L'avance est immédiate : le soir nous tenons, aux abords de Soissons, les plateaux qui dominent la ville ; le lendemain nous atteignons Vierzy, nous prenons Torcy, et, plus au sud, Neuilly-Saint-Front sur l'Ourcq. On annonce dix-sept mille prisonniers, trois cent soixante canons, ils seront bientôt vingt mille et plus de quatre cents ; au 31 juillet, les prisonniers seuls seront trente-trois mille.

En même temps, l'armée Berthelot a attaqué au sud-ouest de Reims, et, malgré de grandes difficultés, elle avance par la vallée de l'Ardre. Les deux flancs ennemis sont battus et cèdent, les communications de ses troupes au sud de la Marne deviennent précaires. Le 21, Château-Thierry, repris, est dégagé de sept kilomètres au nord et à l'est ; la route de Soissons est atteinte, puis dégagée en de nombreux points.

L'ennemi cependant ne s'abandonne pas ; le 22, il contre-attaque furieusement entre la Marne et l'Ourcq, entre Reims et la Marne. Il continuera pendant les journées du 23 et du 24, non pas sans doute qu'il compte défendre indéfiniment le terrain conquis ni accentuer son avance (il sent qu'à ce point de vue la partie est mal engagée, et Ludendorff plus tard, le reconnaîtra), mais ses lignes de communications doivent être protégées sous peine d'un désastre, et c'est pour se donner le temps nécessaire à ses évacuations qu'il dépense ses meilleures troupes dans une résistance désespérée, qui ne nous permet d'avancer que pied à pied. Nous avançons pourtant. Le 25, Oulchy-le-Château, débordé depuis la veille par le nord et par le sud, est pris, la vallée de l'Ourcq est dépassée. Le 26, nous progressons le long de la Marne, entre Château-Thierry et Dormans, et l'ennemi ne tient plus que dix kilomètres du fleuve, entre Dormans et Châtillon. La poche se rétrécit à chaque instant, mais grâce à sa ténacité, Boehm évite une déroute il peut faire repasser la Marne aux éléments qui se trouvaient au sud ; le 27, ces éléments sont sur la rive nord ; pressés par l'armée de Mitry, ils l'abandonnent se replient en s'appuyant sur les deux points fixes de Fère-en-Tardenois et de Ville-en-Tardenois qui leur servent de charnières. Entre ces deux points, ils ne résisteront pas longtemps. Le 1er août en effet, nous attaquons avec les Anglais au nord de l'Ourcq : un bond de trois kilomètres nous porte à Cramoiselle et Cramaille; en même temps, l'armée Berthelot, pressant sur la route de Dormans à Reims, prend Romigny. Le 2, les ennemis « bousculés sur toute la ligne, dit le communiqué, sont contraints d'abandonner la position de résistance qu'ils avaient choisie entre Fère-en-Tardenois et Ville-en-Tardenois, et de précipiter leur retraite ». Soissons est reprise, la Crise franchie sur tout son parcours, les croupes calcaires qui servent de ligne de partage des eaux entre la Marne et l'Aisne, sont à nous, et à droite, Ville-en-Tardenois dépassée de quatre kilomètres; nous sommes sur la ligne Vézilly Lhéry. Le 3, l'avance continue sur un front de cinquante kilomètres, nous bordons l'Aisne et la Vesle jusqu'à Fismes, nos reconnaissances de cavalerie sont sur la ligne Soissons Reims; notre avance est en certains points profonde de dix kilomètres; cinquante villages ont été reconquis.

L'ennemi s'est revu sur la ligne de la Vesle. Tout en l'y occupant par des attaques qui nous permettront, le 7, de franchir la rivière sur de nombreux points, Foch, à qui le gouvernement, se faisant l'interprète de la « France tout entière » vient de conférer le bâton de maréchal, se préoccupe d'une nouvelle offensive lancée plus au nord, et qui, elle, va dégager Amiens.

Le 8 août, au matin, entre Braches et Morlancourt, sur un front de trente kilomètres à cheval sur la Somme, la 4ᵉ armée britannique commandée par le général Rawlinson, et la 1ʳᵉ armée française commandée par le général Debeney, attaquent les troupes de l'armée Marwitz. La surprise est complète. Avant même que l'ennemi ait pu se reconnaître, l'infanterie alliée appuyée par les chars d'assaut a enlevé ses premières défenses et rendu la résistance sur place impossible. C'est une véritable déroute. Des états-majors entiers sont fait prisonniers au saut du lit, un général est pris en chemise, un autre n'a que le temps de monter en automobile et de s'enfuir. En un point seulement, sur la rive nord de la Somme, à Chipilly, les troupes anglaises rencontrent une résistance sérieuse : elles la brisent. Sur tout le front, nos alliés et nous, progressons rapidement avec des pertes très légères. Le soir, notre avance, qui en certains points atteint huit ou neuf kilomètres de profondeur, est jalonnée du sud au nord par les villages de Plessis, Beaucourt, Caix, Francerville, Chipilly. Le saillant qui menaçait Amiens par le sud-est a disparu, retourné complètement par une progression en pointe qui vise Chaulnes, et dont la face inférieure orientée du nord-est au sud-ouest, déborde les troupes du général Hutier dans la région de Montdidier et de Compiègne. Les premières dépêches annoncent plus de quatorze mille prisonniers.

Le lendemain, l'avance continue. De Caix à Francerville, les troupes anglaises se portent sur Rosières-en-Santerre, qu'elles enlèvent. Mais pour que cette avance se consolide en même temps qu'elle s'augmente, le commandement en fait élargir la base par la droite. Au sud de Braches, les troupes du général Debeney prennent Pierrepont et Contoise, puis, poussant à l'est, s'emparent d'Hangest-en-Santerre et d'Arvilliers. Du coup, Montdidier est largement tourné par le nord. Le général Humbert (3ᵉ armée française) attaquant sur la droite du général Debeney, va tourner la ville par l'est. Dans la journée du 9, ses troupes lancées en direction du nord, enlèvent Rubécourt, Assainvilliers, Faverolles. Montdidier, complètement encerclé, tombe le 10 à midi, les divisions de Hutier battent précipitamment en retraite sur la route de Roye. Nous les poursuivons, et, dans l'après-midi, nous sommes à dix kilomètres à l'est de Montdidier, sur le front Audéchy, La Boissière, Fescamps. En même temps, le général Humbert, comme l'a fait la veille le général Debeney, élargit l'attaque sur sa droite : la bataille gagne la vallée du Matz, nous prenons Rollot, Ressons-sur-Matz, Elincourt; le soir, nous sommes à trois kilomètres au delà de Chevincourt.

Une avance concomitante, qui au nord porte les Anglais à Lihons (deux kilomètres de Chaulnes), puis à Chilly et Fresnoy-lès-Roye, le long de la route de Roye à Péronne, que leur front borde à 2.500 mètres environ, achève de fixer la physionomie de l'offensive alliée. De Chaulnes à l'Oise, un arc de cercle, qui va en se redressant, enferme les troupes désorganisées de Marwitz et de Hutier sur une bande de terrain large de quinze à dix-huit kilomètres, adossée à l'est de la Somme, et au canal du Nord. Quatre routes seulement, dont deux au moins sont directement sous notre feu doivent fournir aux évacuations de l'ennemi : celles qui vont de Roye à Péronne, de Roye à Ham par Nesle, de Roye à Noyon, et de Roye à Lassigny, puis à Noyon. Le long de ces routes les convois s'entassent; ils arrivent sur la Somme, sur le canal; il faut passer. On construit des ponts et des passerelles; mais l'aviation des Alliés ne cesse de faire pleuvoir des bombes : les convois se débandent, les ponts et les passerelles se rompent. Cependant sur le front, la pression des divisions anglo-françaises ne cesse pas. Que la résistance cède un instant, c'est un désastre sans précédent, et pour qu'elle ne cède pas, il faut que l'ennemi engage contre nos troupes ses meilleures réserves. C'est ce qu'il fait : les armées Marwitz et Hutier sont groupées sous le commandement du général Karlowitz qui, au prix de tous les sacrifices, cherche à ralentir notre avance. Il y est aidé par ce fait que ses troupes ont pu se raccrocher à leurs anciennes tranchées de 1916, et qu'elles y ont retrouvé des abris bétonnés, des casemates, tout un système de défense difficile à enfoncer rapidement. Enfin, le long de l'Oise, le massif boisé de Thiescourt constitue une redoute naturelle qu'on ne peut enlever que par morceaux.

A l'heure où nous écrivons ces lignes, c'est la besogne qu'accomplit l'armée Humbert. Elle est en bonne voie. Nos troupes, au nord, sont aux portes de Lassigny; au sud, elles ont pris Ribécourt. La chute du massif de Thiescourt aujourd'hui presque encerclé ne saurait beaucoup tarder. Du coup, c'est Noyon découvert; Roye, déjà gagné par l'ouest, menacé par le sud-ouest. L'ennemi, son nœud de routes coupé, obligé de refluer sur Nesle et sur Ham. Après les graves menaces de mars, d'avril et de mai, nous pouvons considérer l'avenir avec une absolue confiance : depuis le 8 août, trente mille prisonniers et six cents canons, depuis le 18 juillet, soixante-quinze mille prisonniers et près de deux mille canons, sans compter un butin immense de mitrailleuses, de mortiers, de munitions et d'approvisionnements, sanctionnent la rupture des places stratégiques de l'ennemi, l'initiative des opérations arrachées de ses mains, et des pertes innombrables qu'il ne sait plus comment combler.

La bataille de France est perdue pour lui. Le nom d'un homme vole de bouche en bouche, illustre déjà depuis Saint-Gond et l'Yser, celui du chef dont la science pleine de hardiesse vient de retourner si vivement la situation. Entre les mains de Foch, les intérêts du monde sont en sûreté; grâce à lui le sacrifice de ceux qui sont tombés n'aura pas été vain : au-dessus des fleuves français, la victoire sourit à nos drapeaux.

(Ces pages ont été terminées le 19 août 1918.)

Jacques D'ANGLEJAN.

— ❊ ✠ ❊ —

LES GÉNÉRAUX DE GROUPE D'ARMÉES

LE GÉNÉRAL DE CASTELNAU

Le général de CURIÈRES DE CASTELNAU (N.-M.-J.-E.) est né en 1851, à Saint-Affrique (Aveyron). Il sort de Saint-Cyr, est breveté d'État-major et appartient à l'arme de l'Infanterie. Il a fait brillamment la campagne de 1870-71, et avait été promu lieutenant, puis capitaine, sur le champ de bataille. Remis lieutenant, lors de la revision des grades, en 1872, Castelnau fut de nouveau promu capitaine en 1876, chef de bataillon en 1889, lieutenant-colonel en 1896, colonel en 1900, général de brigade en 1906 et général de division en 1909. En 1911, il était nommé membre du Conseil Supérieur de la Guerre et sous-chef de l'État-major général de l'armée, c'est-à-dire adjoint au généralissime pour la préparation des plans d'opération.

A la déclaration de guerre, le général de Castelnau prit le commandement d'un groupe d'armées et fut l'un des plus précieux collaborateurs du général Joffre. La défense victorieuse du Grand Couronné de Nancy fut un chef-d'œuvre de sage conception et d'exécution hardie. Par cette victoire, le général

Photo de. « Pays de France ».

de Castelnau sauva de l'invasion la capitale lorraine et contribua, pour une large part, au succès de la première bataille de la Marne. Il fut promu, le 18 septembre 1914, grand-officier de la Légion d'Honneur, en même temps que le général Foch.

En février 1916, le général de Castelnau accourut à Verdun, qui se trouvait dans son commandement, dès que se produisit l'offensive du Kronprinz, et il organisa la défense dont il confia ensuite l'exécution au général Pétain.

Le 5 septembre 1917, le général de Castelnau recevait la Médaille militaire, et il était l'objet de la citation suivante :

« *Officier général d'une haute vertu militaire, a brisé sur le Grand Couronné de Nancy en septembre 1914 les attaques des armées allemandes. En 1915 et 1916, comme commandant d'armées, chef d'état-major général et commandant d'un groupe d'armées, en Artois, en Champagne, et dans l'Est, a rendu les services les plus éminents* ».

Père d'une nombreuse famille et héritier d'un beau nom qu'il a encore honoré, le général de Castelnau a eu la douleur de perdre, au cours de la guerre actuelle, trois fils tombés pour le service de la France. Il a supporté cette cruelle épreuve avec un admirable stoïcisme chrétien.

LE GÉNÉRAL MAISTRE

Photo H. Manuel.

Le général MAISTRE (Paul-André-Marie) est né en 1858, à Joinville (Haute-Marne). Dernier né d'une famille de 10 enfants, il fit ses premières études au Petit Séminaire de Langres. Il sort de Saint-Cyr et appartient à l'Infanterie. Sous-lieutenant en 1879, lieutenant en 1882, capitaine en 1887, il obtenait, en 1889, le brevet d'État-major. Chef de bataillon en 1897, le commandant Maistre fut, pendant cinq ans, professeur à l'École Supérieure de Guerre. Lieutenant-colonel en 1905, colonel en 1909, il fut nommé général de brigade et membre du Comité technique d'État-major en 1912. Promu général de division en 1914, il exerçait les fonctions de chef d'État-major de la 4ᵉ armée, commandée par le général de Langle de Cary, au cours de la première bataille de la Marne.

Appelé en 1915 au commandement du 21ᵉ Corps, le général Maistre se signala devant Verdun où son corps d'armée reprit Vaux en 1916. Nous trouvons ensuite le 21ᵉ Corps et son général en Champagne. A la fin d'octobre 1917, ils prennent une part importante à la prise de la Malmaison et à la conquête du Chemin des Dames.

En novembre 1917, le général Maistre recevait le commandement d'une armée et la plaque de grand-officier de la Légion d'honneur avec cette citation: « *Dans la préparation d'opérations récentes, a montré, comme chef d'armée, les plus hautes qualités militaires et a fait preuve d'une expérience consommée. A rompu les forces adverses dans une bataille supérieurement conduite qui a procuré à nos troupes, pleines d'ardeur et de confiance, les plus brillants trophées.* »

Au mois de décembre 1917, le général Maistre était envoyé en Italie pour y commander les troupes françaises. Il contribua grandement, par son action personnelle, à relever le moral des troupes italiennes ébranlées par le désastre récent de Caporetto et la perte du Frioul.

Le général reçut ensuite le commandement du groupe des armées du Nord qu'il échangeait le 10 juin 1918 pour celui des armées du centre où il remplaça le général Franchet d'Esperey parti pour l'Orient. Comme commandant de ce groupe d'armées, le général Maistre dirigea les opérations si brillamment exécutées par les généraux Gouraud, Berthelot et Degoutte, dans la contre-offensive en amée, le 18 juillet, entre la Marne et la Vesle.

Un mot peindra le général Maistre: Quand il fut nommé commandant d'armée, des officiers de son état-major voulaient le complimenter: « Ne me félicitez pas, dit-il, mais demandez à Dieu de m'aider à bien faire ».

————※————

LE GÉNÉRAL FAYOLLE

Photo H. Manuel.

Le général FAYOLLE (M.-E.) est né en 1852, au Puy. Il est breveté d'Etat-major et appartient à l'arme de l'Artillerie. Sorti de l'Ecole Polytechnique comme sous-lieutenant d'artillerie en 1876, il accomplit le stage normal de deux ans à l'Ecole d'Application de Fontainebleau. Lieutenant en 1878, capitaine en 1882, chef d'escadron en 1895, il est nommé professeur-adjoint à l'Ecole Supérieure de Guerre en 1897 et est maintenu dans ce poste, comme lieutenant-colonel, en 1902. Colonel en 1907, général commandant l'artillerie du 12e corps, à Limoges en 1910, le général Fayolle venait d'être placé dans le cadre de réserve comme général de brigade lorsque éclata la guerre. Placé d'abord à la tête d'une division de réserve, le général fut appelé, bientôt après, au commandement d'un Corps d'armée. En 1916, il commandait une armée; en 1917, un groupe d'armées. Dans ces divers commandements, le général Fayolle a toujours fait preuve de beaucoup de sang-froid, de coup d'œil et de décision. C'est un chef.

Les termes de ses citations et promotions, depuis la guerre, proclament ses rares mérites : le 29 octobre, il est une première fois cité « *pour sa belle attitude au feu et les brillantes qualités de commandement qu'il a déployées pendant la période du 1er au 6 octobre* ».

Promu général de division le 14 mai 1915, la 70e division qu'il commande, est bientôt citée à l'ordre de l'armée.

Mis à la tête de la 6e armée le 25 mars 1906, il était, le 5 octobre suivant, promu grand-officier de la Légion d'Honneur dans les termes suivants : « *Commandant d'armée dans un secteur d'attaque, a fait preuve, dans la préparation et l'exécution des opérations offensives, des plus belles qualités militaires. Joignant à la ténacité dans l'effort une compréhension exacte des nécessités de la guerre actuelle, a obtenu sur l'ennemi de remarquables succès par la mise en œuvre méthodique d'une supériorité technique en plein développement.* »

Rappelons que c'est le général Fayolle qui a eu, en mars 1917, l'honneur d'entrer dans Noyon, avec ses troupes splendides, après la victorieuse offensive de la Somme.

Le 25 septembre 1918, le président de la République remettait lui-même le cordon de grand'croix de la Légion d'Honneur au général Fayolle, commandant en chef du groupe des armées de réserve.

———✠———

LES GÉNÉRAUX COMMANDANT D'ARMÉES

LE GÉNÉRAL DEBENEY

Photo section photog. de l'Armée.

Le général DEBENEY (M.-E.) est né en 1864, à Bourg-en-Bresse; il appartient à l'arme de l'Infanterie. Sorti de Saint-Cyr en 1886, il fut successivement sous-lieutenant, lieutenant et capitaine de chasseurs à pied et ne quitta cette subdivision d'arme que lors de sa promotion au grade de chef de bataillon en 1905. Il avait obtenu le brevet d'État-major en 1893 et professa quelque temps le cours de tactique à l'École Supérieure de Guerre. Lieutenant-colonel au moment de la mobilisation, *Debeney* fut nommé colonel en 1914 et exerça les fonctions de chef d'État-major du général Dubail. Nous le retrouvons général de brigade en Alsace, en 1915, puis à la tête de la 25e division en 1916, devant Verdun où il est cité à l'ordre de l'armée.

Nommé général de division en avril 1916, le général Debeney reçoit, en septembre, sur la Somme, le commandement du 32e Corps d'armée. A la suite de l'offensive d'automne, il obtient la citation suivante : « *Commandant de corps d'armée de grande valeur, s'est distingué par son énergie, sa haute conception du devoir et ses brillantes qualités militaires dans tous les combats qu'il a dirigés sur la Somme en octobre 1916.* » Le 19 décembre de cette même année, le général Debeney était placé à la tête de la 7e armée.

Lorsqu'il fallut, en mai 1917, réorganiser le haut commandement désorganisé par Painlevé, le général Debeney fut appelé aux fonctions de major-général (chef d'État-major) des armées du Nord et du Nord-Est. Il prit, quelques mois plus tard, le commandement de la 1re armée. En cette qualité, le général, sous la haute direction du maréchal Douglas Haig, a pris une part importante à la magnifique offensive qui libéra la Somme et l'Avre, entre Montdidier, Tergnier et Saint-Quentin, en juillet, août et septembre 1918. Le 1er octobre, il entrait en vainqueur dans Saint-Quentin, sur les pas de l'ennemi en retraite.

Les jours suivants, l'armée Debeney, en de durs combats, étendait son front vers Vassigny, Guise et Ribemont.

Le 27 octobre, le général Pétain remettait au général Debeney les insignes de grand officier de la Légion d'Honneur. Cette haute distinction était ainsi motivée par le décret du 13 août 1918 :

« *Chef d'armée énergique et d'un moral très élevé. Chargé de couvrir Amiens et de maintenir la liaison avec les armées britanniques, a réussi, du 26 mars au 6 août 1918, à former son armée en pleine bataille et arrêter les Allemands malgré les plus dures attaques. Le 8 août, après avoir préparé l'offensive par des opérations préliminaires couronnées de succès, a lancé son armée à l'attaque et repris Montdidier et porté ses lignes jusque sur la Somme, faisant à l'ennemi 12.000 prisonniers et s'emparant de plus de 200 canons. (Croix de guerre).* »

LE GÉNÉRAL HIRSCHAUER

Photo H. Manuel.

Le général Hirschauer (A.-E.) est né en 1857, à Saint-Avold (Moselle). Il est breveté d'État-major et appartient à l'arme du Génie. Entré à l'École Polytechnique en 1877, il en sortait sous-lieutenant du Génie en 1879. Lieutenant en 1881, à sa sortie de l'École d'Application de Fontainebleau, il fut envoyé, sur sa demande, en Algérie. Capitaine en 1883, breveté d'État-major en 1891, Hirschauer fut choisi comme officier d'ordonnance par le général de Boisdeffre en 1894. Il est chef de bataillon en 1898, lieutenant-colonel en 1905, colonel directeur du Génie du 1er Corps d'armée, à Lille, en 1909. En 1910, il est placé à la tête du nouveau corps de l'Aérostation militaire, fonctions qu'il conserve, comme général de brigade, en 1912. Le général Hirschauer reçut peu après le titre d'Inspecteur de l'Aéronautique militaire, et son autorité s'étendit sur l'aviation comme sur l'aérostation. Nommé général de division à la fin de 1914, le général Hirschauer a exercé ensuite le commandement d'un Corps d'armée.

LE GÉNÉRAL HUMBERT

Photo des « Pays de France ».

Le général HUMBERT, fils d'un sous-officier de cavalerie, est né en 1862, à Gazeran (Seine-et-Oise) et fut d'abord enfant de troupe. Mais, très intelligent et extrêmement laborieux, il réussit à préparer l'examen d'admission à Saint-Cyr, tout en servant comme sous-officier dans un régiment de cavalerie. Sorti de Saint-Cyr comme sous-lieutenant d'Infanterie coloniale en 1883, Humbert servit d'abord au Tonkin où il fut promu lieutenant en 1885. Capitaine en 1889, il fut admis, la même année, à l'Ecole supérieure de Guerre d'où il sortit avec le brevet d'Etat-major en 1891. Chef de bataillon en 1895, il prit part, en 1895-1896, à l'expédition de Madagascar et fit partie, notamment, de la colonne légère menée de Suberbieville à Tananarive par le général Duchêne.

A la fin de 1896, le lieutenant-colonel Humbert était appelé aux fonctions d'officier d'ordonnance du président de la République, fonctions qu'il conserva jusqu'à la mort du président Félix Faure, en 1899. Lieutenant-colonel en 1902, Humbert accomplit, en 1906, une importante mission en Allemagne et, à son retour, fut nommé colonel (1907).

Général de brigade en 1912, à Chambéry, le général Humbert venait d'être envoyé au Maroc en 1914, lorsque la guerre le fit rentrer en France sur sa demande. Général de division après la bataille de la Marne, le général Humbert est devenu commandant de corps d'armée en 1915 et commandant de la 3ᵉ armée à la fin de 1916. Dans toutes les opérations (sur la Somme, en Champagne, en Lorraine) où il a exercé un commandement, cet officier général a fait preuve des plus belles qualités militaires résumées dans la citation suivante : « *Juge avec calme les situations les plus délicates, se décide vite et poursuit ses décisions avec une opiniâtreté et une énergie à toute épreuve.* »

---- ✠ ----

Le Profit et la Gloire

Il y a une *morale en action* pour le citoyen autant que pour l'homme privé. Le sentiment en est perdu? Il faut le rétablir. De magnanimes serviteurs rapporteront la grandeur et la prospérité nationale à la pointe des baïonnettes : il faut que la patrie, en annonçant à nos héros qu'ils n'ont pas été des jobards, le leur prouve par un gage physique démontrant que notre lien social s'est reformé.

(La *Part du Combattant*, par Charles Maurras.)

LE GÉNÉRAL GOURAUD

Le général GOURAUD (Henri-Joseph) est né à Paris, en 1867. Il sort de Saint-Cyr. Sous-lieutenant en 1890, il était capitaine d'infanterie coloniale en 1897. Il se signala, en cette qualité, au Congo et au Soudan. En 1899, à la suite d'une expédition admirablement conçue et conduite, il battit et fit prisonnier le fameux chef Samory. Lieutenant-colonel en 1904 et colonel en 1907, Gouraud commanda une brigade au Maroc.

Ce chef, d'une claire intelligence et d'un caractère énergique et droit, exerça, en 1915-1916, le commandement du Corps expéditionnaire des Dardanelles, et, malgré l'extrême difficulté de cette tâche, il aurait, sans doute, mené à bien la conquête des détroits, s'il n'avait été grièvement atteint par un obus devant Seddul-Bahr. La plus grave de ses blessures nécessita l'amputation du bras droit. Le général Gouraud fut ensuite envoyé au Maroc, en remplacement du général Lyautey, nommé ministre de la Guerre. Mais, lorsque celui-ci, après avoir donné sa démission, demanda à retour-

Photo des « Pays de France ».

ner dans ce Maroc qu'il avait créé, le général Gouraud fut heureux de lui rendre la place pour venir commander la 4ᵉ armée en Champagne. On sait la bonne besogne qu'il y fit et comment, en particulier, le 20 mai 1917, il enlevait aux Allemands le mont Cornillet et le Mont-Haut, à l'est de Reims.

La dernière opération importante menée par le général Gouraud fut la magnifique défense du front de Champagne, entre Reims et la Main-de-Massige, le 15 juillet 1918, suivie, quelques jours plus tard, d'une contre-offensive vigoureuse. A la suite de ces combats, le général fut cité à l'ordre de l'armée, dans les termes suivants: « *Officier général d'une haute valeur morale qui vient d'ajouter une nouvelle page de gloire à une carrière déjà magnifiquement remplie. Entraîneur d'hommes de premier ordre, aimé du soldat parce qu'il l'aime lui-même. A brisé l'attaque allemande du 15 juillet 1918, de Reims à l'Argonne, en communiquant à ses troupes la confiance et la flamme qui l'animent et en portant au suprême degré, chez tous les chefs sous ses ordres, l'esprit de discipline, de dévouement et d'ardent patriotisme dont il est l'une des plus brillantes incarnations.* »

Depuis, l'armée Gouraud, par son avance incessante vers le nord, le long de la Suippe, a largement contribué à faire tomber les défenses allemandes des monts à l'est de Reims et des forts au nord de la ville.

Le 26 septembre, le général Gouraud, opérant sur le revers ouest de l'Argonne, en liaison avec l'armée américaine en marche sur le revers est, attaquait dans la direction de Vouziers (qui fut pris quinze jours plus tard) et de Mézières. L'attaque de la 4ᵉ armée menace ainsi la principale des lignes de retraite allemandes.

LE GÉNÉRAL BERTHELOT

Photo section photog. de l'Armée.

Le général BERTHELOT (H.-M.) est né en 1861, à Fleurs (Loire). Il est breveté d'État-major et sort de Saint-Cyr où il fut sergent-major. Sous-lieutenant d'infanterie en 1883, il servit d'abord en Afrique puis au Tonkin où il fut nommé lieutenant en 1886. Élève à l'École Supérieure de Guerre de 1888 à 1890, il était promu capitaine en 1891, et devenait, en 1893, officier d'ordonnance du général Brugère alors généralissime. Chef de bataillon en 1900, lieutenant-colonel en 1907, colonel en 1910 et général en 1913, Berthelot reçut, en 1914, le commandement d'une division, et en 1916, celui d'un Corps d'armée.

Au printemps de 1917, le général Berthelot était envoyé en Roumanie, à la tête d'une mission militaire, pour aider à la réorganisation de l'armée roumaine. Il fut, pour le roi Ferdinand, le plus utile des conseillers.

Lorsque la malheureuse Roumanie, abandonnée et trahie par le gouvernement révolutionnaire russe, eut été contrainte de capituler, le général Berthelot, traversant toute la Russie à travers mille difficultés et mille dangers, vint s'embarquer à Port-Mourmansk pour rentrer en France. Il y reçut le commandement de la 5ᵉ armée avec laquelle il joua un rôle important dans la contre-offensive de juillet-août 1918. Partie de la forêt de la montagne de Reims, l'armée Berthelot s'avança sur les deux rives de l'Ardre (affluent de la Vesle) en livrant de durs combats, notamment à Sainte-Euphrasie et à Vrigny. Le 30 septembre, cette même armée emportait les villages au nord de la Vesle : Révillon, Romain, Montigny et contribuait ainsi à la délivrance définitive de Reims.

Dans le courant du mois d'octobre 1918, le général Berthelot, chargé d'une mission spéciale de la plus haute importance, a remis le commandement de la 5ᵉ armée au général Guillaumat, l'ancien gouverneur militaire de Paris.

L'intérêt personnel du combattant

Nos hommes, revêtus de la noble qualité de Français, n'auraient quitté ni leur labour ni leur usine pour tenter de s'approprier les récoltes ou le matériel de la nation boche ; mais on les a dérangés, on les a tirés de leur ordre, on les a forcés à sortir de chez eux, en leur infligeant une cruelle somme de deuils et de dommages. Ce serait la plus grande des ironies cosmiques, ce serait la pire des duperies, ce serait, au matériel et au moral, un désordre à désespérer de la justice et de la raison, que tant de maux individuels ne fussent pas un jour balancés équitablement par d'exactes reprises opérées sur les scélérats les plus avérés et sur les brigands les plus compromis.

(La *Part du Combattant*, par Charles Maurras.)

LE GÉNÉRAL DEGOUTTE

Photo des « Pays de France ».

Le général DEGOUTTE (Jean-Marie-Joseph), breveté d'État-major, est né le 18 avril 1866, à Charnay (Rhône). Il sort de Saint-Cyr et appartient à l'arme de l'Infanterie. Sous-lieutenant le 1er octobre 1890, il a été nommé lieutenant en 1892, capitaine en 1896, chef de bataillon en 1906, lieutenant-colonel en 1912, et servait avec ce grade au 110e régiment d'infanterie, à Dunkerque-Bergues, lorsque éclata la guerre.

Colonel en 1914, général de brigade en 1915, général de division en 1916, le général Degoutte fut appelé, en 1917, à commander le 21e Corps, en remplacement du général Maistre qui venait de recevoir le commandement d'une armée.

Dans la contre-offensive de la seconde quinzaine de juillet 1918, le général Degoutte commandait l'armée, renforcée d'éléments américains, qui opérait au sud de l'Ourcq, face à l'est, entre cette rivière et la Marne. Après plusieurs combats victorieux, l'armée Degoutte, pivotant sur son aile gauche, délivra Fère-en-Tardenois, puis refoula l'ennemi jusqu'à la Vesle qu'elle franchit bientôt pour se porter sur l'Aisne et concourir plus tard à la conquête du Laonnais.

Dans les derniers jours de septembre 1918, pour appuyer l'offensive de l'armée belge aux ordres du roi Albert, l'armée du général Degoutte était transportée dans les Flandres. Cette armée joua un rôle important dans la marche victorieuse qui libéra, le mois suivant, une grande partie de la Belgique. Elle prit notamment une part décisive à la reconquête de Roulers, d'Ingelsmenster et de Thielt.

La Part du Combattant

Voyant chacun content, heureux et prospère, l'ancien combattant de 1917 ne saurait être réduit à sa croix et à sa pension... Sa famille, illustrée par lui, doit se sentir aussi élevée, soutenue et accrue de lui. C'était une vieille règle en France, autrefois qu'une famille ou un personnage honorés devaient avoir de quoi soutenir leur état et tenir leur rang nouveau. C'est ce que seule permettra la part du Poilu. Ceux, très rares, je crois, qui l'auront dissipée, n'auront qu'à se mordre les doigts. Les autres montreront avec orgueil le petit bien acquis, la maisonnette reconstruite, le mobilier complété ou réparé, soit par les prélèvements en nature venus d'Allemagne, soit par l'argent touché sur le vaincu.

(La *Part du Combattant*, par Charles Maurras.)

LE GÉNÉRAL BAUCHERON DE BOISSOUDY

Photo des « Pays de France ».

Le général BAUCHERON DE BOISSOUDY (Antoine-Philippe-Thomas-Joseph), né le 12 octobre 1864, à Cherbourg, est le fils aîné du vice-amiral qui fut préfet maritime de Toulon, puis commandant de l'escadre de la Méditerranée.

Entré à Saint-Cyr en 1883, nommé lieutenant le 29 mars 1889, il va à l'Ecole de Guerre en 1892, et il est promu capitaine le 19 mai 1895. En 1901, il est officier d'ordonnance du général commandant la 40e division d'infanterie à Saint-Mihiel.

Chef de bataillon du 160e de ligne, il passe, le 10 février 1909, chef d'état-major de la 39e division à Toul. Lieutenant-colonel le 23 décembre 1912, au 68e, puis du 17e, il est nommé le 14 janvier 1913, chef d'état-major du 21e Corps d'armée nouvellement formé, et promu le 1er novembre 1914. Il est cité à l'ordre de l'armée, le 20 mars 1915, pour le motif suivant :

« *Chef d'état-major d'un corps d'armée à sa formation, a fourni un effort considérable, grâce auquel la mobilisation, particulièrement difficile, de ce corps d'armée a été réalisée dans les meilleures conditions; n'a cessé depuis le début des opérations, de faire preuve des plus belles qualités militaires. Energie, activité, dévouement à toute épreuve et rare sang-froid dans les circonstances critiques.* »

Général de brigade, le 25 septembre 1915, général de division (à titre temporaire) le 16 octobre 1916, il est placé à la tête du 55e corps, qui s'illustra dans les combats sur la Somme en octobre et novembre 1916. Il est l'objet d'une nouvelle citation dont voici les dernières lignes :

« *Placé au centre de la zone d'attaque du corps d'armée, a poussé sur son objectif avec un tel brio que, par deux fois, le 4 et le 17 septembre, le succès de ses troupes a entraîné celui des troupes voisines* ».

Il passe, en 1917, commandant de la 7e armée dans les Vosges. Confirmé général de division le 26 juin 1917, il est maintenu à la tête de la 7e armée.

La Guerre qui paie

Après de si longs mois de guerre, il ne serait que de pleine justice de faire succéder aux sentiments passifs inspirés de la simple révolte, des volontés actives nées de l'esprit de vengeance et de réparation et conduites jusqu'à l'imagination claire et nette de ce qui sera exigé du barbare vaincu : provinces, indemnités, réparations d'ordre général pour les Etats victorieux; parts de prise, parts de butin, parts de trophées pour les combattants dont la sagesse et le courage auront engendré la victoire.

(La *Part du Combattant*, par Charles Maurras.)

LE GÉNÉRAL GÉRARD

Le général GÉRARD (Augustin-Grégoire-Arthur) est né à Dunkerque, le 2 novembre 1857. Entré à Saint-Cyr, en 1875, nommé sergent à l'École, sous-lieutenant le 1er octobre 1877, il est affecté au 66e d'infanterie. Il reçoit, en 1878, une mention à l'école de tir du Ruchard, et, en 1879, une lettre de satisfaction du ministre pour des travaux hydrographiques.

Le 15 décembre 1880, il est nommé sous-lieutenant instructeur à l'école des enfants de troupe, à Rambouillet, et maintenu dans cette position, avec le grade de lieutenant, le 13 octobre 1882.

En septembre 1885, il passe dans l'infanterie de marine et s'embarque immédiatement pour le Tonkin. En 1886, il reçoit deux lettres d'éloges du général commandant en chef les troupes du Tonkin. Rentré en France le 19 avril 1887, il est capitaine le 20 juillet suivant. Il retourne en Extrême-Orient, en décembre de la même année et y reste quinze mois (Annam et Indo-Chine).

Il retourne pour la troisième fois au Tonkin, en décembre 1892. Chef de bataillon le 5 septembre 1894, il est fait chevalier de la Légion d'Honneur le 11 juillet 1895 : (vingt ans de service et sept campagnes de guerre).

Photo des « Pays de France ».

Rentré dans la métropole en août 1895, il s'embarque l'année suivante pour Madagascar. Nommé lieutenant-colonel le 22 décembre 1898 pour faits de guerre à Madagascar, il rentre en 1899 dans l'armée de terre de la métropole. Lieutenant-colonel du 125e de ligne en 1899, il fait un stage de cavalerie au 18e chasseurs en 1901-1902. Nommé colonel du 37e d'infanterie le 26 décembre 1905, il passe le 9 mai 1906 au 104e à Paris. Général de brigade le 23 mars 1909, il est promu le 21 décembre 1912, général de division.

Commandeur de la Légion d'honneur le 30 décembre 1911 (10 campagnes, 2 citations), il a été promu grand-officier le 20 novembre 1914 et Grand-Croix le 16 mai 1917.

Les guerres utiles

Une guerre peut être atroce. Elle n'est pas absurde quand elle récompense, quand elle paie, comme ont payé les guerres de la monarchie. Ajoutez qu'il n'y a pas de commune mesure entre les petites et bénignes tueries de l'ancien régime et les sanglantes hécatombes inaugurées par la Révolution... Ce qui coûte le plus de sacrifices devrait aussi dédommager plus abondamment.

(La *Part du Combattant*, par Charles Maurras.)

LE GÉNÉRAL DE MITRY

Photo des « Pays de France ».

. Le général DE MITRY (M.-A.-H.) est né en 1857, au Ménil-Mitry (Meurthe). Il sort de Saint-Cyr. Sous-lieutenant en 1877, lieutenant en 1882, capitaine en 1886, il était breveté d'Etat-major en 1895 et appartint, pendant plusieurs années, à l'Etat-major de l'armée.

Comme chef d'escadron, cet officier fut attaché à l'Etat-major de la 8e division de cavalerie. Promu lieutenant-colonel en 1906, colonel en 1910, général de brigade en 1914 et général de division en 1915, il commanda, en cette qualité, un corps de cavalerie. Le général de Mitry fut appelé au commandement d'un corps d'armée à la fin de 1916 et au commandement d'une armée au printemps de 1918.

En cette qualité, le général prit une part importante à la contre-offensive déclanchée, dans la seconde quinzaine de juillet, pour refouler les armées allemandes qui s'étaient avancées entre l'Aisne et la Marne et avaient franchi cette rivière de Château-Thierry à Dormans. L'armée de Mitry, attaquant du sud au nord, refoula d'abord l'ennemi de la région de Condé-en-Brie et le rejeta sur la Marne. Elle franchit ensuite cette rivière sur les talons des colonnes allemandes en retraite, s'empara de la forêt de Ris après de vifs combats, puis reconquit le Tardenois et donnant la main à droite à l'armée Berthelot, à gauche à l'armée Degoutte, elle repoussa ses adversaires jusque sur les bords de la Vesle.

———✕———

Les bénéfices de la Victoire

Envahie, décimée, spoliée, la France n'a pas seulement droit à l'équivalent des maux de toute sorte qui lui ont été faits : il lui faut quelque chose d'analogue à ce qui est appelé en justice des dommages et intérêts. Il les lui faut proportionnels aux dommages, et donc très étendus.

Soit sous la forme d'indemnité en argent et en nature, soit aussi sous la forme de remaniements territoriaux subdivisant l'Allemagne et nous fortifiant pour nous garantir d'invasions nouvelles, il faut à la France, à la France Etat, à la France Nation, à l'ensemble indivis de notre communauté présente et future, un règlement de cette guerre différent de tous ceux qui sont intervenus depuis 1789 : il doit être substantiel, il doit être durable ; une tranquillité profonde, dans une longue paix, doit en résulter pour les générations à venir.

Mais cet avantage serait incomplet s'il n'apportait aussi un bénéfice immédiat directement senti, au moins à ceux qui auront supporté la plus lourde charge de la longue campagne. Les soldats combattants sont les ouvriers de la victoire. Ils l'auront produite. Ils doivent en avoir le prix matériel, tangible, évident.

(La *Part du Combattant*, par Charles Maurras.)

LE GÉNÉRAL MANGIN

Le général MANGIN (C.-M.-E.) est né en 1866, à Sarrebourg (Meurthe). Engagé volontaire en 1885, il entrait, l'année suivante, à Saint-Cyr d'où il sortit, sous-lieutenant, en 1888. Il a fait toute sa carrière dans l'infanterie coloniale : au Sénégal, au Soudan, au Tonkin, au Congo, au Maroc. Lieutenant en 1891, capitaine en 1897, chef de bataillon en 1901, lieutenant-colonel en 1905 et colonel en 1910, Mangin était général depuis un an lorsque éclata la guerre. Il se signala à la première bataille de la Marne et fut nommé général de division en 1915. Sa division (troupes coloniales et troupes indigènes) ne tarda pas à s'acquérir une réputation universelle. Il en fut de même du Corps d'armée colonial, dont Mangin prit le commandement en 1916, et avec lequel il se couvrit de gloire devant Verdun : c'est lui qui reprit aux Allemands le fort de Douaumont.

Commandant d'armée, le général Mangin joua un rôle prépondérant dans l'offensive d'avril 1917, entre Soissons et Reims, offensive qui nous amena jusqu'à Craonne et au Moulin de Laffaux. On sait comment cette opération, qui nous avait déjà donné d'importants résultats, fut brusquement interrompue, par l'intervention de Painlevé, à l'instigation de quelques chefs socialistes. Le général en chef Nivelle et le général Mangin furent privés de leur commandement. A Mangin fut même interdit le séjour dans les départements de la Seine et de Seine-et-Oise. Lorsque, quelques mois plus tard, cette injuste disgrâce prit fin, le général Mangin redemanda le commandement du corps colonial qu'il quitta seulement pour prendre celui de la 10ᵉ armée.

On doit à Mangin la belle offensive du 11 juin 1918, lancée du plateau de Courcelles dans le flanc droit de l'armée allemande établie entre Lassigny, Ressons-sur-Matz et Ribécourt ; cette attaque sauva Compiègne et préserva Paris.

Lors de la contre-attaque du 18 juillet, l'armée Mangin remonta victorieusement la vallée de l'Aisne et, depuis cette date, n'a cessé de mener une offensive, ardue mais fructueuse, entre l'Aisne et l'Oise. Elle a joué le rôle principal dans la reprise du massif de Saint-Gobain et la chute des défenses allemandes du Chemin-des-Dames qu'elle a tourné par l'ouest.

Le général Mangin, que Léon Daudet a si justement comparé au grand Scipion en l'appelant *Mangin l'Africain*, appartient à une famille essentiellement militaire : deux de ses frères ont été tués à l'ennemi ; l'aîné est tombé sur le champ de bataille de Bang-Bo, près des frontières du Tonkin, le 24 mars 1885.

Photo H. Manuel.

———✠———

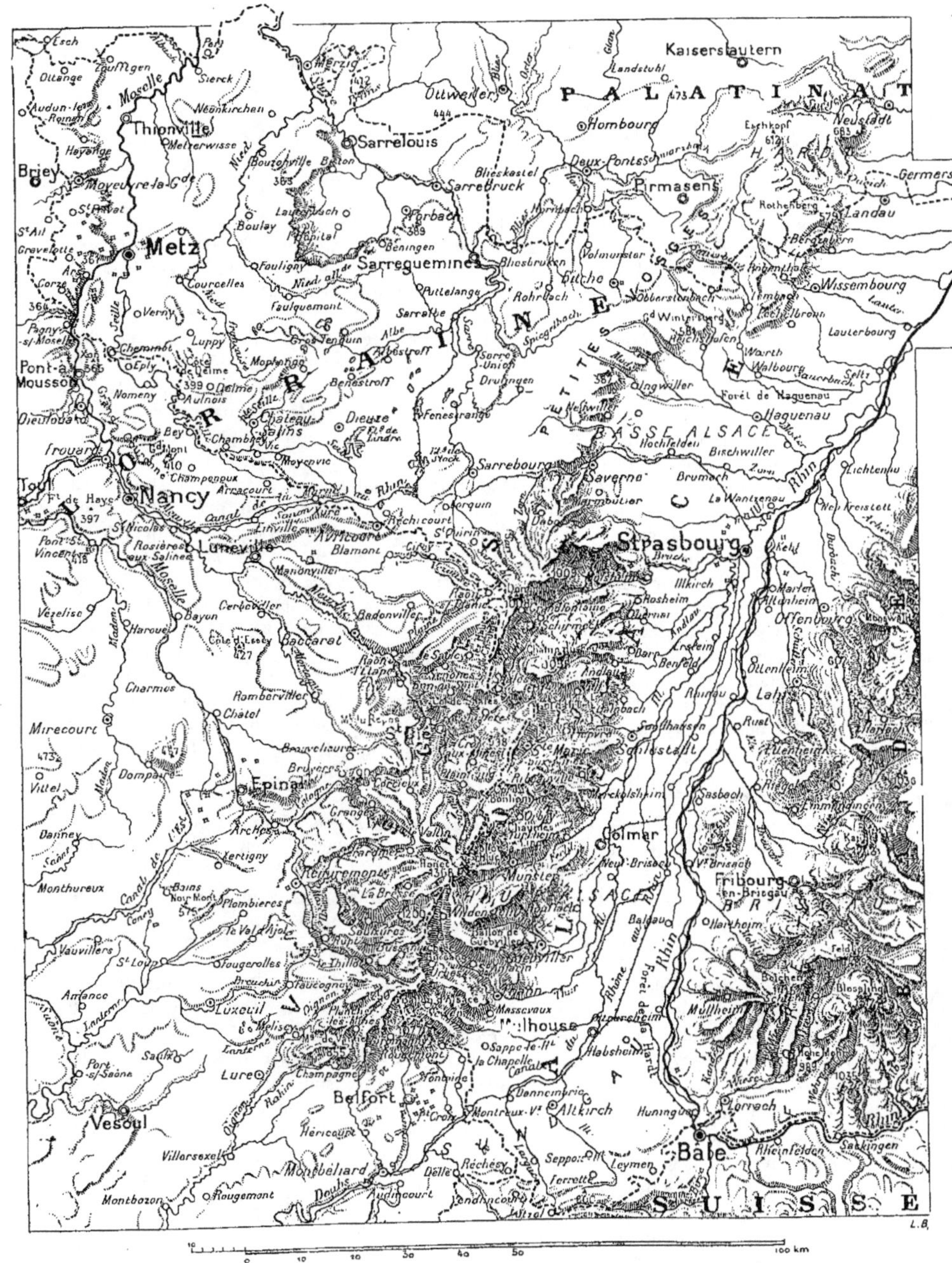

CARTE D'ALSACE ET LORRAINE ANNEXÉES

Les frontières sont celles de ces provinces telles qu'elles étaient en 1814.

LES CHEFS SOCIALISTES
D'APRÈS CHARLES MAURRAS

L'Almanach de l'*Action Française* pour 1918 a contenu un article sur les *Chefs Socialistes et la guerre*. On y énumérait les différents groupes dont se compose le parti, on y caractérisait leurs tendances, et du simple exposé de leurs actes, ressortait la conclusion que les chefs socialistes, subordonnant toujours les intérêts de la patrie à ceux de leur parti, se séparaient peu à peu de la nation.

Cette séparation n'a fait que s'accroître pendant les derniers mois de 1917 et l'année 1918 tout entière. A mesure que les événements, tant à l'étranger qu'en France, donnaient de plus cruels démentis à leurs erreurs, les chefs socialistes s'y sont attachés davantage, ils s'y sont enfoncés tête baissée, avec une étroite obstination qui, faisant bon marché de tout ce qui n'est pas leur chimère, les a pour la plupart conduits à une véritable attitude de trahison.

Plus que jamais ici, il convient de distinguer entre les chefs socialistes, parlementaires, journalistes et agitateurs de profession, et ceux qu'ils prétendent représenter, entre le parti considéré dans ses cadres, et ceux qu'il embrigade presque toujours à la faveur de l'équivoque. Charles Maurras, en qui les chefs ont trouvé un infatigable adversaire, n'a jamais cessé d'insister sur ce point :

« Nous distinguons et faisons distinguer entre le parti et les intérêts qu'il exploite. Ces intérêts sont ceux d'une classe nombreuse intéressante, qui n'est pas encore installée suffisamment dans la société, bien qu'on l'installe excessivement dans la politique... Les politiciens identifient l'intérêt syndicaliste, ou l'intérêt de la *classe ouvrière organisée*, à l'idée démocratique et à l'idée internationale. On fait du socialisme une sorte de terme aggravé de démocratisme et de républicanisme. Cependant tout cela est faux. Il n'y aura de paix publique assurée en France, que le jour où, cette inexactitude étant bien comprise, la politique sociale et la politique démocratique seront soigneusement distinguées. »

C'est dans le respect véritablement fétichiste de l'idée démocratique et de l'idée internationale qu'il faut chercher l'une des causes de la trahison socialiste. L'autre qui n'a rien d'intellectuel, réside dans les intérêts les plus matériels d'hommes qui, vivant de la politique, croiraient se condamner à la famine, s'ils reconnaissaient de bonne foi leurs erreurs. Leurs boniments, pourtant, n'arrivent même plus à les dissimuler.

LES SOCIALISTES ET LA RÉVOLUTION RUSSE

Il n'est pas besoin de rappeler ici l'enthousiasme presque lyrique qui accompagna, dans le camp socialiste, les premiers événements de la révolution russe. Que le souci de l'intérêt français fût à la base de cet enthousiasme, c'est ce qui ne parut pas. On se réjouissait plutôt de voir disparaître un régime que l'on trouvait honteux et déshonorant pour l'espèce humaine, sans même vouloir se souvenir de ses victoires sur l'ennemi commun. Surtout on se promettait une expérience concluante en faveur de la démocratie, de quoi pulvériser les réactionnaires, et particulièrement l'Action Française.

L'Action Française n'aurait pas demandé mieux que de se laisser persuader par les événements ; malheureusement ceux-ci ne correspondirent pas à la bonne volonté qu'elle montra. En quelques mois ce fut l'anarchie complète, le désarmement, la paix, le morcellement du vaste territoire, une liberté presque absolue de manœuvre donnée à l'Allemagne par des hommes que nos socialistes avaient portés aux nues, considérés comme des frères, et qui n'étaient à tout prendre, que des agents de Guillaume II : Lénine et Trotsky.

Devant une erreur aussi complète un peu de modestie eût convenu aux dirigeants du parti. Mais point. N'ayant pas su prévoir, ils se crurent capables de réparer. Le 30 décembre 1917, MM. Thomas, Cachin, Longuet, Renaudel, demandaient au gouvernement français des passeports pour se rendre à Pétrograde. C'était reprendre sous une forme nouvelle, mais infiniment plus dangereuse, la vieille idée de la conférence de Stockholm. L'année 1917 avait été troublée par les criailleries et les efforts des socialistes cherchant à reconstituer, à la faveur d'une telle conférence, l'internationale effondrée depuis le mois d'août 1914. Tant que la Russie n'avait pas fait la paix, on pouvait admettre que, si la conférence se réunissait, il convenait que les socialistes français n'y laissassent pas aux socialistes allemands, le champ libre auprès de leurs camarades russes. Mais pour qu'ils exerçassent quelque influence, il eût été nécessaire que les socialistes français fussent représentés à Stockholm par des éléments raisonnables. L'Action Française, que les gens de l'*Humanité* accusent volontiers d'une hostilité systématique à leur égard, avait pourtant proposé, par l'organe de Charles Maurras, la seule solution qui permit de concilier les intérêts de l'Etat français avec ceux du parti socialiste.

Que celui-ci, avait-il suggéré, soit représenté par Albert Thomas. Thomas était alors ministre, il aurait donc pu mettre, en connaissance de cause, son influence de membre du parti au service de la cause des Alliés. Mais l'*Humanité,* loin de se rallier à un programme si raisonnable, fit campagne pour l'idée d'une représentation mixte, composée de deux majoritaires, dont Pierre Renaudel, et de deux minoritaires, dont Jean Longuet. Une pareille délégation sans programme commun, sans ligne de conduite arrêtée, divisée d'avance contre elle-même et partagée entre deux chefs aussi médiocres l'un que l'autre, était la proie désignée des socialistes de l'empereur d'Allemagne. Très raisonnablement, le gouvernement refusa les passeports. Le parti ne se le tint pas pour dit, et, n'ayant pu aller à Stockholm, il chercha à s'en aller du moins à Pétrograde ; mais le prétexte qui avait pu militer en faveur de la conférence de Stockholm, ne pouvait plus, après la paix de Brest, autoriser une conversation avec les responsables directs de la trahison russe, Lénine et Trotsky. A ces agents allemands, qu'eussent pu dire nos socialistes ? Mystère. « Ils n'y avaient sans doute pas songé ». Mais leur attitude décelait une grave contradiction, à laquelle ils n'avaient pas songé non plus. Lénine, Trotsky, en faisant la paix avec l'Allemagne, avaient déchiré les traités qui liaient la Russie à ses alliés. Et c'était précisément les chefs socialistes, ces fervents promoteurs d'une société des nations, laquelle ne peut apparemment pas vivre sans le respect des traités, qui proposaient d'aller, par une conversation officielle, sanctionner la rupture d'un des pactes les plus solennels qui aient été conclus entre nations.

Les passeports donc furent refusés. Ils prirent occasion de ce refus pour attaquer le ministère, qui tint bon cependant, et vit la Chambre approuver par 397 voix contre 145, sa défense d'entrer en conversation avec l'ennemi et ses agents, par l'intermédiaire d'individus irresponsables.

LA CONCILIATION AVEC L'ALLEMAGNE ; LE PARTI AU-DESSUS DE LA PATRIE

Pour les Français, en général, c'est la victoire de la France qui est la grande question. Pour les socialistes, non. La grande affaire est que la France en se défendant, ne dépasse pas son « droit ». Un pareil souci, quand l'Allemagne tenait dix de nos départements, et pouvait, de ses lignes, envoyer des obus sur Paris, serait comique, si l'heure était à la plaisanterie. Tel quel il trahit le secret de cœurs, où les malheurs de la patrie n'éveillent aucun écho, mais où d'inavouables sentiments, dès longtemps cultivés, confinent à la justification de l'envahisseur et à son ménagement. De là chez les chefs socialistes, ce patriotisme conditionnel, sans cesse harcelé par la crainte de dépasser les bornes ; de là cette complaisance pour tout ce qui est l'ennemi ou de l'ennemi, pour tout ce qui est menacé par la volonté des Français attaqués d'obtenir réparations et garanties. De là toutes ces tirades sur la « guerre du droit », ce souci perpétuel, non pas de la victoire française, mais de la limitation de cette victoire ; de là cette pression constante sur le gouvernement pour qu'il ajoute déclaration à déclaration, sur les Alliés, pour qu'ils entassent engagements sur engagements, et engagements de quoi ? de vaincre ? de venger tant de morts et tant de ruines ? de réduire par le fer et par le feu les fauves qui ravagent l'Europe et la planète ? Non, mais de se modérer à leur égard, de les traiter comme s'ils n'avaient commis aucun crime.

Ainsi Moutet, répondant au ministre des Affaires Étrangères Barthou, partisan d'une « conduite vigoureuse de la guerre », proclame que « la France a d'autant plus le droit d'être modérée dans la victoire, qu'elle a été plus loin dans le sacrifice ». Cachin, après la lettre de Lord Lansdowne, lui fait écho, et déclare que nos gouvernements ont à choisir « ou la politique de modération de Lord Lansdowne, ou celle du coup de grâce et de l'ennemi à genoux ». Pour lui son choix est fait, l'Allemagne lui paraît invincible, la « modération » nous épargnera des représailles inévitables, Cachin s'y rallie, quelque chose de vaincu, qu'il a dans l'esprit, lui interdisant de croire possible la victoire de la France. Renaudel, à la veille de l'offensive allemande de 1918, déclare que « la France attaquée par l'Allemagne, doit se défendre, *mais* elle doit (dit-il) éviter de semer des germes de guerre future », entendez de prendre à l'égard de l'ennemi des précautions qu'il puisse jamais trouver gênantes. Le même Renaudel, en pleine offensive boche cette fois, reproduit et approuve les lignes suivantes publiées dans le *Midi Socialiste*, par Camille Reboul : « Deux [opinions] seulement leur sont offertes [aux citoyens français]. L'une demande la victoire par les armes, c'est la coalition réactionnaire. L'autre demande la victoire par la conciliation, c'est la coalition républicaine. L'heure de la paix peut être hâtée, si le recrutement de la coalition républicaine domine celui de la coalition réactionnaire ».

Mais voici quelque chose de plus significatif encore. Au mois d'avril 1918, en pleine offensive allemande, les chefs socialistes, Renaudel, Poncet et Cachin, s'associent à la fondation d'une Ligue dite de coalition républicaine. Il faut à cette ligue l'adhésion de l'agitateur Merrheim. Celui-ci la subordonne à des déclarations pacifistes que, vu les circonstances, il ne semble pas possible de lui accorder complètement. On négocie alors, et finalement on transige, mais bien entendu aux dépens de la France. Car ce n'est pas une question de principe qui divise Merrheim et le comité de la Ligue, c'est plutôt une affaire d'opportunité. Comment en douter en voyant insérer dans la déclaration de cette Ligue que « dès que la voix du canon se sera atténuée », il y aura « nécessité impérieuse de faire entendre des paroles de raison » c'est-à-dire « des offres de paix sans annexion ni indemnité pénale », c'est-à-dire, conclut Maurras, sans justice. Ainsi, ajoute-t-il en parlant, ces hommes qui, en vue de l'adhésion de Merrheim, ont consenti à ces stipulations, « une question aussi grave que celle de la paix ou de la guerre, de la mort ou du triomphe de la patrie, est réduite, par leur pensée et leur acte, dans la subordination des intérêts de parti ».

LE PARTI ALLEMAND

Donc, pour les chefs socialistes, les intérêts de la patrie sont primés et absorbés par les intérêts de parti. Mais de quel parti ? Non pas celui d'une classe, mais celui d'une bande d'idéologues, et d'idéologues intéressés, qui, consciemment ou non, se font les serviteurs de l'ennemi, et constituent ce que Maurras a justement appelé le *parti allemand*.

« Ce parti, écrit-il, a fini par se reformer tel qu'il était avant la guerre, avec les mêmes cadres et les mêmes idées. » Tous ceux qui le composent ne sont évidemment

pas des vendus ; « des raisons diverses les ont fait converger au même carrefour. »
Il y a dans les uns une haine très caractérisée de la France, comme de la portion d'humanité que ces mauvais compagnons connaissent, fréquentent et forcément détestent.
Il y a chez les autres un simple retour de passions amoureuses, intellectuelles, esthétiques pour le peuple de Kant. Une troisième équipe n'aime que la paix ou la démocratie,
qui exclut la guerre : leur insuffisance d'esprit empêche ces amateurs de s'apercevoir
que la paix, en nous préparant cinquante ans de guerres terribles, assoirait le pouvoir
de Guillaume II sur une Europe sans défense, et nous asservirait à la plus détestable
des monarchies. Un quatrième groupe déteste de façon générale le gouvernement
quel qu'il soit, n'importe lequel, et prend en horreur tout ce qui se fait, par un simple
goût de la critique et du murmure : la limite naturelle du criticisme universel appliqué aux choses de France, est un germanisme sournois, dont on se défend par contenance et par prudence, et auquel on souscrit fervemment en petit comité. Enfin le
cinquième groupe recrute des partisans à l'Allemagne par simple haine civile de ceux
qui la haïssent le plus : ces nationalistes et ces patriotes français, à qui l'événement
donna raison, mais contre qui on serait bien aise de prendre une revanche à tout
prix. »

Le parti allemand, sans doute, au moment surtout où Maurras le dénonçait publiquement (5 février 1918), débordait le parti socialiste. Ce dernier même ne se classait
à fond dans le parti allemand que par le groupe de ses minoritaires. Mais déjà dans
l'équipe des journaux qui en défendaient la politique, on pouvait faire entrer l'*Humanité* par quelques-uns du moins de ses rédacteurs habituels : le voleur et faussaire
Victor Snell, collaborateur du *Pays*, le député Marcel Cachin, le député dessinateur
Paul Poncet, par exemple. Un courant d'idées boches, véhiculées par des collaborateurs
communs à un lot de journaux allant du *Pays* à l'*Heure*, en passant par le *Populaire*,
l'*Œuvre*, la *Vérité*, le *Journal du Peuple* et l'*Humanité*, se propageait sournoisement
et devait finir, comme nous le verrons plus loin, par rallier, grâce à la politique inconsciente de Renaudel, un nombre grandissant de majoritaires socialistes originairement hostiles, en théorie du moins, à une politique de trahison.

Quant aux chefs socialistes, des rivalités d'ambition ou des querelles de boutiques
ont pu parfois faire croire que l'un ou l'autre se séparait du parti allemand ; mais, sur
tous les points où l'intérêt français se dessinait nettement, on leur a vu faire corps
pour le combattre.

LE PARTI ALLEMAND ET LE MINISTÈRE

L'Action Française ne peut être suspecte d'une sympathie de principe pour le
ministère dirigé par M. Clemenceau. Aux premiers jours de novembre 1917, alors
que ce ministère n'était pas encore constitué, mais qu'on en parlait comme d'une chose
possible, l'Action Française, pour une fois d'accord avec l'*Humanité*, avait, pour employer le vocabulaire ridicule qui, du Parlement, a fini par traîner dans la presse,
« prononcé l'exclusive » contre le sénateur du Var. A tort ou à raison, elle le jugeait
dangereux, et, alors qu'il était encore temps de lui barrer la route du pouvoir, elle
avait fait son possible pour que les destinées du pays ne fussent pas remises entre les
mains d'un homme dont les services récents ne lui paraissaient pas suffire à mériter
la confiance raisonnée des patriotes.

Cependant, M. Clemenceau ayant été choisi, l'Action Française fidèle à l'attitude
qui est la sienne depuis le 4 août 1914, se déclara prête à soutenir le gouvernement.
Maurras, en exposant là-dessus sa conduite et celle de ses amis, invitait les chefs
socialistes à l'imiter. Pas de bouderie, leur disait-il ; il n'y a pas de convenances qui
ne doivent céder à la nécessité de l'union de tous les Français autour de leur gouvernement, aussi longtemps que celui-ci ne trahira pas les intérêts du pays.

Il parut bientôt, comme on pouvait s'y attendre, que les convenances des chefs socialistes ne s'inclinaient devant rien. M. Clemenceau n'avait donné de portefeuille à aucun des leurs, et, quoiqu'ils eussent eux-mêmes rendu cette exclusion fatale, ils ne la lui pardonnaient pas. Lui pardonnaient-ils davantage ce qui avait été la raison profonde de son arrivée au pouvoir : sa volonté de mener la guerre jusqu'au bout, et de livrer à la justice les traîtres, si haut qu'ils parussent placés ? Toujours est-il que, depuis sa prise de possession, M. Clemenceau n'a pas eu de plus ardents ennemis que les socialistes. Dans les votes de confiance que la Chambre ne lui a pas ménagés, le parti s'est toujours distingué par une opposition fielleuse, qui paraît souhaiter les malheurs afin d'en profiter.

On en pourrait donner bien des exemples. Aucun ne serait plus significatif que celui qui fera voir M. Cachin, député et rédacteur à l'*Humanité*, donner spontanément les mains aux manœuvres ennemies pour renverser le ministère dans la personne de son chef. Ce même homme, qui parle à la France de « modération » quand les Allemands sont à 100 kilomètres de Paris, écrivait au mois de mars 1918, quelques jours après que l'offensive allemande de Somme et d'Oise avait commencé, et lorsqu'on pouvait encore douter si nos troupes, malgré tous leurs efforts, avaient réussi à l'arrêter véritablement, les lignes suivantes : « Il n'a pas dépendu de nous (il parlait de son parti), que ce salut (celui de la nation) n'ait été garanti depuis longtemps par des moyens d'entente et de raison ; *nous avons tout tenté pour épargner au monde l'effrayant spectacle de désolation dont nous sommes depuis dix jours les témoins... »*

Le malheureux se rendait-il compte que, dans son acharnement à combattre M. Clemenceau, il énervait, autant qu'il était en lui, la défense du territoire, en donnant à penser aux hommes engagés dans la lutte ou à la veille d'y être jetés, que la bataille aurait pu être évitée par une politique raisonnable ? Au moment où la trahison maximaliste rendait possible une attaque formidable contre notre front, le silence seul eût pourtant convenu à l'homme qui, un mois plus tôt, écrivait tranquillement : « En Russie, les bolcheviks représentent le seul élément qui résiste à la mainmise allemande ».

Mais il y a mieux. Dans le même moment qu'à Paris, Cachin et ses amis profitaient de l'angoisse publique pour attaquer sournoisement le gouvernement, à Vienne le ministre Czernin exécutait contre M. Clemenceau une manœuvre absolument identique, en faisant des déclarations dont les termes rappellent trop ceux de M. Cachin pour que l'on puisse douter que l'un et l'autre, sans le savoir peut-être, poursuivissent le même but : « J'en atteste Dieu ! disait le comte Czernin. *Nous avons fait tout ce qui était possible pour éviter une nouvelle offensive ; l'Entente n'a pas voulu...* la lutte formidable sur le front ouest est déjà déclanchée. » La similitude du langage s'augmentait encore d'une double allusion au président Wilson, auquel Cachin d'une part, Czernin de l'autre, travestissant sa pensée, faisaient appel comme au seul homme qui pût ramener à la raison les gouvernements de l'Entente égarés dans de folles prétentions.

Ainsi dans les circonstances les plus graves que la France ait traversées depuis la bataille de la Marne, un député français, mais socialiste, parlant dans l'organe officiel du parti d'une part, et de l'autre le ministre des affaires étrangères d'Autriche, faisant à Vienne des déclarations publiques, s'étaient rencontrés dans un étroit accord de pensée et d'expression, en vue de renverser M. Clemenceau considéré comme le pivot de la résistance française.

Les choses allèrent encore plus loin. Le comte Czernin ayant maladroitement fait allusion à une soi-disant démarche de M. Clemenceau en vue d'obtenir la paix, le président du conseil répondit qu'il avait « menti », et comme il répliquait, M. Clemenceau lui ferma la bouche en publiant une lettre de l'empereur d'Autriche au prince Sixte de Bourbon-Parme, son beau-frère, dans laquelle étaient reconnues les justes revendications de la France sur l'Alsace-Lorraine. Sous ce coup de massue, le comte Czernin disparut : il dut immédiatement démissionner. On eût pu s'attendre à ce que cette victoire diplomatique fut accueillie par tous les Français avec satisfaction. Mais point. Les amis de Cachin interpellèrent sur la production de la lettre de l'empereur Charles, et n'épargnèrent aucun effort pour tirer du succès même de M. Clemenceau, un traquenard où le faire trébucher.

LES SOCIALISTES ET LA GUERRE CIVILE

Ce n'est rien avancer d'excessif que de dire que l'idée même sur laquelle le parti socialiste a été constitué et recruté, est une idée de guerre civile, puisque c'est celle de la lutte des classes, prise comme but, comme état normal et constant de la société. La guerre étrangère sans doute a pu modifier, à cet égard, les opinions d'un grand nombre de ses adhérents : les chefs, eux, paraissent pour la plupart pétrifiés dans leurs préjugés. Naturellement indulgents pour tout ce qui est de l'ennemi, leur colère et leur haine vont toutes à ceux de leurs compatriotes qui ne partagent pas leurs complaisances. Quand ces compatriotes appartiennent à l'Action Française, la colère va jusqu'à la rage, elle leur fait dépasser toutes les bornes.

Un député, le citoyen Poncet, s'est fait pendant l'année dernière une spécialité de produire cette rage à la tribune de la Chambre. Cela lui a valu une sorte de notoriété qui lui manquait jusque là, quoiqu'il se fût quelques mois avant la guerre, au moment des élections, distingué par la confection d'une affiche destinée à combattre la « folie des armements », et sur laquelle l'on voit l'armée française insultée à travers un colonel de cuirassiers qui, le sabre dégouttant de sang, plastronne à côté d'un canon de 75, devant un ouvrier amaigri.

Le citoyen Poncet, qui doit à l'armée française et aux officiers qui la commandent de pouvoir confectionner tranquillement des lois pendant que les gens de son âge reçoivent des obus, n'a pas jugé qu'il eût, par son affiche, suffisamment payé la dette contractée envers ses producteurs. A plusieurs reprises, il est venu insulter à la tribune des régiments entiers, dont il a donné les numéros, des officiers, dont il a donné les noms. Le misérable a bien traité de « casserole », devant la Chambre, le lieutenant Reboul, depuis tué à l'ennemi, tué pour défendre Poncet, tué pour défendre des gens qui ont imprimé cette insulte dans le *Journal Officiel* du pays. Non content de ces discours à la Chambre, il se produit encore dans l'*Humanité*, où il a osé jeter l'insulte au secrétaire général des Camelots du Roi, Marius Plateau, grièvement blessé comme sergent, en 1914, et cité à l'ordre de l'armée pour s'être volontairement offert avec ses hommes comme cible aux mitrailleuses boches, et avoir ainsi permis à un bataillon de franchir un glacis battu par les feux ennemis et de reprendre une position tactique importante.

Les interventions de Poncet ont pourtant eu un avantage que le drôle n'en attendait pas. Le 18 janvier 1918, au cours d'une séance où il demanda à la Chambre de « flétrir » les menées royalistes tendant à diviser le pays, il vit révéler, par M. Pugliesi-Conti, le secret d'une tentative de lancement à Limoges, en 1916, d'un journal socialiste, le *Populaire*, où 19 députés français, dont Poncet, Jean Longuet, Jean Bon, Brizon, Mayéras, Raffin-Dugens, Sixte-Quenin, etc., acceptaient de collaborer avec les Boches Liebknecht, député de Potsdam, Haase, député de Koenigsberg et Bernstein, député de Breslau, ayant voté les crédits de guerre, sans compter un certain nombre d'Autrichiens et de Bulgares, plus quelques défaitistes français et italiens. Cette révélation, venant à point pour montrer ce que valait la flétrissure d'un Poncet, donnait à Charles Maurras l'occasion de rappeler comment, à la veille de la guerre, les chefs du parti socialiste s'étaient laissé jouer par ses camarades d'outre-Rhin :

« Haase, disait-il, est celui qui, à Bâle en 1912, promettait l'effort réciproque et simultané contre les armements ; qui, à Bruxelles en 1914, passait son bras autour du cou de Jaurès, déclarait que l'Autriche avait provoqué la guerre, et, quatre jours après, au Reichstag, justifiait les crédits par la prétendue nécessité de défendre l'Allemagne. Tel est ce traître à l'internationale, accepté comme collaborateur par des députés qui se disent Français. Ils sont aussi des traîtres, s'ils ont prévu des manœuvres nouvelles, et s'ils ne les ont pas prévues, ce sont d'effroyables serins. »

Il était dans l'ordre que ces traîtres ou ces serins cherchassent à dissimuler leur collusion avec l'ennemi sous le bruit de leurs insultes à de bons et braves Français. Mais il n'est pas inutile de rappeler que, parmi eux, Poncet, le dessinateur de la « folie des armements », est dignement encadré par des hommes comme Jean Longuet et Mayéras.

Jean Longuet, en effet, plus connu sous le nom de « quart de Boche » que lui donna Léon Daudet, est le petit-fils de Karl Marx, dont il imposa, en 1918, la célébration du centenaire au parti socialiste français, et qui écrivait à son ami Engels peu de jours avant que commençât la guerre de 1870.

« *Les Français ont besoin d'être rossés.* Si les Prussiens sont victorieux, la centralisation du pouvoir de l'État sera utile à la centralisation de la classe ouvrière allemande. La prépondérance allemande, en outre, transportera le centre de gravité du mouvement ouvrier de France en Allemagne, et il suffit de comparer le mouvement dans les deux pays depuis 1866 jusqu'à maintenant, pour voir que la classe ouvrière allemande est supérieure à la française, tant au point de vue de la théorie qu'à celui de l'organisation. La prépondérance sur le théâtre du monde du prolétariat allemand sur le prolétariat français, serait en même temps la prépondérance de notre théorie sur celle de Proudhon ».

Quant à Mayéras, c'est ce député qui, dans ses remerciements à ses électeurs, le 10 mai 1914, laissait écrire par son comité : « La Social-Démocratie allemande félicite du plus profond du cœur le parti socialiste français, pour l'éclatante victoire électorale qu'il vient de remporter. *Le résultat des élections doit favoriser le rapprochement franco-allemand.* La grande majorité du peuple allemand désire ce rapprochement aussi vivement. Vive l'amitié franco-allemande ! Vive le socialisme ! »

Tels sont les hommes qui vingt fois dupés par l'Allemagne, contents de l'être, et avides de l'être encore, loin de se résigner dans le silence qui seul leur conviendrait, se livrent à de misérables intrigues et contribuent, consciemment ou non à favoriser l'Allemagne par la dépression des Français.

LES SOCIALISTES ET LES CRIMES CONTRE LA PATRIE

Comment donc s'étonner que les traîtres dont l'année 1918 aura vu le jugement et la condamnation, aient trouvé dans les députés et les journaux socialistes, leurs plus ardents défenseurs ?

La liaison des parlementaires et des journalistes du parti avec la bande de Caillaux et de Malvy, date de loin. Vigo, dit Almereyda, fut jadis à la *Guerre Sociale* l'un des lieutenants de Gustave Hervé, et il ne faut pas oublier non plus que Malvy était ministre de l'Intérieur quand le parti socialiste remporta, aux élections de 1914, cette « victoire » dont nous avons vu que la Social-Démocratie le félicita.

De fait, on peut s'assurer que jusqu'à l'arrestation de Vigo, le *Bonnet Rouge* trouva un ferme appui, tant auprès de Renaudel que de Longuet et de leurs amis. Cependant Vigo n'était après tout qu'un comparse, et quand le *patron* le lâcha, personne ou presque, parmi ceux qui jusque là l'avaient soutenu, ne s'inquiéta beaucoup de défendre sa mémoire. Mais quand le patron lui-même fut menacé, le vrai tapage commença. Bien entendu, l'*Humanité,* le *Journal du Peuple,* et autres feuilles n'avaient pas attendu l'affaire Malvy pour s'en prendre à Daudet, et le traiter, comme faisait régulièrement Renaudel, de « dément furieux ». Mais la lettre au président de la République, et le renvoi de Malvy devant la Haute-Cour, donnèrent à tout ce monde l'occasion de montrer, par contraste avec la « furie » de Daudet, comment il entendait le calme. Les séances de la Chambre, où Malvy se débattit sous l'accusation, et finalement dut demander des juges, sont fameuses, par le tumulte que les socialistes déchaînèrent contre les orateurs patriotes. L'une d'elles entendit résonner la phrase célèbre où Renaudel, découvrant, sans y penser, les désirs secrets de son cœur, enjoignait à la Haute-Cour de « laver » Malvy de toute accusation.

Ce fut encore pis, quelques mois plus tard, quand le général Dubail ayant envoyé son rapport au ministre de la Guerre, celui-ci demanda à la Chambre la suspension de l'immunité parlementaire de Joseph Caillaux, afin de le pouvoir déférer au conseil de guerre. On eût dit qu'on avait touché à l'arche sainte. L'idée même qu'un homme comme Caillaux pût n'être pas soustrait à la commune loi, faisait délirer ces partisans de l'égalité. On se demandait ce que la classe ouvrière, dont ils se proclament les organes, pouvait bien avoir à faire avec Caillaux et Malvy. La vérité est que la classe ouvrière n'était aucunement intéressée au sort de ces deux hommes, bourgeois, amis de l'Allemagne, et accusés d'avoir trahi la patrie ; mais qu'il n'en était pas ainsi de ceux qui, sans faire parti de cette classe, se donnent cependant comme ses représentants.

N'oublions pas que l'*Humanité* a été fondée par *douze* bourgeois capitalistes, qui à eux seuls ont souscrit les premiers fonds du journal : environ 800.000 fr. N'oublions pas non plus, quand on parle de l'Allemagne, que la même *Humanité* a reçu en 1908, par l'entremise de Bebel, alors rallié à l'impérialisme boche, un cadeau de 25.000 francs offert par la Social-Démocratie. Enfin, quand on parle de patrie, il faut toujours se souvenir que le part socialiste a, depuis la mort de Jaurès, accepté pour l'un de ses chefs le vétérinaire Pierre Renaudel, rédacteur en chef de l'*Humanité*, lequel déclarait en 1907 : « *Je ne suis pas patriote, je le dis nettement, parce que la patrie, dont on nous parle constamment, est faite en réalité d'un sentiment que je n'ai pas, que je ne comprends pas... Et vous aurez beau me déclarer qu'il faut être patriote, je vous répondrai que je n'ai pas le sentiment de la patrie.* »

Quoi donc de surprenant si la défense du caillautisme et du malvysme a rallié la plus grande partie des chefs socialistes et des journaux où ils ont fait la loi ? La classe ouvrière en est bien innocente, comme elle est innocente des scandaleux ménagements d'un Malvy à l'égard d'un Vigo par exemple, ou d'un Sébastien Faure, justement méprisés par les ouvriers de toutes les opinions. Le parti pris d'une clique montre seulement où sont les intérêts de ceux qui la composent. Car de leur supposer un instant le souci de la justice, serait duperie pure, comme le montrent les efforts qu'ils ont toujours fait pour retarder le cours de cette justice, les insultes dont ils ont accablé l'accusation et les témoins à charge de l'affaire Malvy, les cris de rage et les menaces d'agitation populaire que leur ont arraché la décision de la Haute-Cour et le bannissement du criminel.

La vérité est que les crimes contre la patrie ne les touchent pas lorsqu'ils émanent d'hommes dont le parti a reçu ou peut attendre des services.

L'UNITÉ SOCIALISTE

Pour ceux mêmes qu'une espèce de pudeur, plus encore peut-être qu'un remords ou un regret, aurait pu retenir sur la pente, le véritable hypnotisme où les jette la volonté de maintenir au parti son « unité » suffit à abolir la honte, à dissiper les scrupules.

On sait qu'à part quelques extrémistes peu nombreux, le corps du parti socialiste dit unifié se compose de deux groupes respectivement dirigés par Renaudel et par Longuet : les majoritaires et les minoritaires. Ces noms, qui datent de quelques années déjà, continuent à désigner les groupes en question, quoiqu'ils risquent de jeter dans l'équivoque les gens qui ne sont pas au courant des fluctuations de l'opinion au sein du parti. Les majoritaires, en effet, qui eurent jadis, comme le nom l'indique, la majorité, ne la possèdent plus, et les minoritaires par conséquent ne composent plus la minorité.

De fait, à l'heure qu'il est, les deux forces sont interverties. Il est fort à craindre que les prétendus minoritaires ne finissent par s'emparer du pouvoir, et par régler l'attitude du parti pris en bloc. On peut dire que cette absorption de la majorité par la minorité est l'œuvre propre et comme personnelle de Pierre Renaudel. Sous prétexte de conserver au parti une unité extérieure et formelle, il n'a pas cessé, suivant ce que lui reprochait Maurras, de sacrifier à cette unité le bon sens, le sens commun, l'ordre et la patrie. Les résultats ne se sont pas fait attendre : ses propres troupes, voyant dans les opinions minoritaires la conclusion naturelle des prémisses que Renaudel ne cessait de développer devant elle, l'ont peu à peu abandonné pour se rattacher à l'obédience de Longuet.

Or, cette obédience est directement boche. Elle s'est définie au conseil national de juillet 1918, dans une motion qui a d'ailleurs réuni la majorité des mandats représentés (1544 contre 1172 à la motion Renaudel, 152 à une mention Loriat ultra-défaitiste, 96 abstentions, 31 absents), et qui demande en particulier la « revision des buts de guerre et l'exposé des conditions de paix *sur les bases définies par la révolution russe* ». Cette motion exige encore, la réunion prochaine d'une conférence socialiste internationale et prévoit, en cas de refus des passeports, *le refus du vote des crédits militaires par les élus du parti.*

C'est le pur défaitisme, et il faut lâcher le mot, la trahison. De cette trahison Longuet est le chef ; mais, en tant qu'il disposait de quelque influence dans le parti, Renaudel s'en est fait le serviteur par une conduite dont la racine est certes extrême bassesse du cœur, autant qu'extrême insuffisance de l'esprit.

Les avertissements ne lui ont pourtant pas manqué. A cause de leur origine, il les a négligés, bien qu'ils lui montrassent avec une exactitude que les faits ont depuis vérifiée, où sa conduite le menait sans rémission.

A l'heure qu'il est, il semble être trop tard. Un petit groupe relativement modéré, celui des Quarante, réuni autour d'Alexandre Varenne auquel Albert Thomas paraît bien s'être rallié, est-il capable d'arracher à Longuet la prééminence pratique ? Par une série de degrés insensibles, le parti socialiste, dit français, pour n'avoir pas voulu répudier des erreurs que la guerre avait fait éclater clair comme le soleil, a passé dans ses chefs de l'erreur à la concession, et de la concession au défaitisme, sans qu'il soit possible d'assigner un terme intérieur à cette évolution vers l'ennemi.

Le terme cependant viendra, il faut le croire : « L'Etat responsable de la patrie, a dit Charles Maurras, en parlant de quelques-uns des chefs socialistes, a le droit de se tenir sur ses gardes, d'avoir toutes ses forces prêtes et réunies pour leur sauter à la gorge avant d'être attaqué par eux. » Ce droit imprescriptible devra, s'il le faut, être exercé hardiment contre une écume politicienne qui, laissée libre, tendrait à introduire, pour le plus grand profit de l'Allemagne, les mœurs et l'anarchie du maximalisme dans la France attaquée.

Jacques d'ANGLEJAN.

Août 1918.

— — —✳— — —

LA PAIX MAXIMALISTE

d'après JACQUES BAINVILLE

La constitution de la Russie en nation ne remontait qu'à deux siècles, c'est-à-dire à Pierre le Grand. Ce qui forma depuis lors son territoire était auparavant celui de groupes dispersés, dont le plus nombreux, celui que l'on peut considérer comme spécifiquement russe, végétait dans un schisme religieux, dans une culture intellectuelle nulle, dans des institutions sociales si arriérées que la notion de propriété elle-même y était à peine distinguée. Pierre le Grand fit de cette masse amorphe l'instrument de sa domination. Il éleva la Russie au degré de puissance où on l'a vue à la fin du XVIII° siècle et dans la première partie du XIX°. Une civilisation accompagnait cette puissance ; l'une et l'autre reçurent l'approbation de l'Europe, qui ne distingua jamais nettement ce qu'elles avaient de hâtif et de superficiel dans l'ensemble. Aussi devait-elle être quelque temps moins que d'autres, la proie du sophisme destructeur.

Le temps devait venir cependant où les étudiants russes, grisés de science, constitueraient un corps de révoltés prêts à toutes les violences et à tous les saccages. Raskolnikof, le héros de Dostoïevski en demeurera l'inoubliable prototype. Dans ce milieu intellectuel, l'anarchie recruta ses adeptes conscients ; quant à ses adeptes inconscients, ils étaient nombreux dans la masse du peuple livrée à toutes les déviations de l'esprit religieux, auxquelles l'âme slave n'était que trop portée.

Cette nation gouvernée par des autocrates, avait d'autre part des institutions sociales démocratiques, qui allaient parfois jusqu'au collectivisme rural, et cette divergence était la cause constante d'un désaccord intime entre l'Etat et ses sujets. La pensée libre des intellectuels rejoignait le faux mysticisme des illettrés et de la masse non hiérarchisée, en la personne des grands écrivains russes, dangereux utopistes, dont Tolstoï fut le plus célèbre. Ces idéologues trouvaient un terrain admirablement préparé. Le Russe a un grand fond de bonté et de pitié, qu'il tient de la religion, mais il est également versatile, impulsif et d'une fantaisie déraisonnable ; il manque en tout de mesure, et il a suffi d'exalter son cœur déréglé pour le dénaturer.

Il faut compter aussi la haine que les Juifs avaient vouée à la monarchie, et les efforts de l'Allemagne pour apporter constamment du trouble chez ses voisins. Telles étaient les forces qui préparaient dans l'ombre la ruine dont nous sommes les témoins.

LA RUSSIE PENDANT LA GUERRE

Entre l'autocratie et la révolution, un tiers parti s'est frayé un chemin, et pût se maintenir un certain temps dans les alentours du pouvoir, et même à la direction des affaires ; ce fut celui des libéraux, qui rêvaient d'une monarchie constitutionnelle et parlementaire.

Au point de vue de la politique extérieure, ces libéraux étaient panslavistes. L'annexion de la Bosnie-Herzégovine par l'Autriche en 1909, et les humiliations qui l'accompagnèrent, furent vivement ressenties par eux pour le compte de la Russie entière. L'échéance de 1914 les trouva opposés à toute concession. Du fait de l'enthousiasme patriotique et de l'union sacrée, leur situation était très bonne au début de la guerre, et, en même temps que la leur, celle du trône qu'ils soutenaient, moins par principe que par patriotisme. Nicolas II manqua l'occasion de rajeunir sa couronne en ne faisant pas prévaloir constamment dans ses conseils gouvernementaux le point de vue purement nationaliste, ce qui eût été la voie de salut pour la dynastie comme pour le pays. Non que l'Empereur n'ait été entièrement et jusqu'au bout fidèle à notre alliance, mais son pouvoir était limité en pratique par celui des fonctionnaires, du *tchin*, espèce de caste politique qui dirigeait en fait l'administration, et qui était fort jalouse de ses prérogatives. Le tchin n'avait pas vu la guerre d'un bon œil, parce qu'elle était l'œuvre des libéraux, parce qu'elle risquait d'amener en Russie de grands changements qui ne pouvaient que lui être défavorables, parce qu'enfin ses traditions étaient allemandes et qu'on y admirait la Prusse et ses méthodes. « Le régime bureaucratique écrit Jacques Bainville, a été rendu responsable de tous les échecs, parce qu'il s'est obstinément refusé à partager des tâches pour lesquelles il était insuffisant. »

L'Empereur commit la faute de rappeler Sturmer au pouvoir, malgré les bruits qui couraient sur son compte. Les patriotes s'étonnèrent, crièrent à la trahison. Il semble que Sturmer et son lieutenant Protopopof aient voulu chercher une solution dans l'écrasement définitif de leurs adversaires. On raconte qu'ils fomentèrent une révolte, afin d'avoir un prétexte pour sévir. Ils eurent bien la révolte, mais le contrôle des événements ne tarda pas à leur échapper ; ils furent débordés, car aux révolutionnaires se joignirent les troupes qui devaient les combattre.

Pressé par la Douma, l'Empereur abdiqua après avoir pris l'avis des chefs d'armées, et un gouvernement fut formé par les libéraux qui semblent avoir désiré l'établissement d'une monarchie constitutionnelle. Les débuts de la Révolution furent donc relativement modérés, mais comme l'avait prédit plus d'un siècle auparavant Joseph de Maistre « une fois l'impulsion légale donnée, il se fera un esprit général qui emportera tout. » D'ailleurs, il importe peu qu'une révolution paraisse modérée dans les faits, si ses principes recèlent en germe tous les bouleversements. C'est le cas pour toutes les révolutions démocratiques, et l'anarchiste finit toujours par sortir du libéral, comme le fruit sort de la pousse verte.

Une fois l'empereur tombé, les éléments spécifiquement révolutionnaires, qui étaient légion, sentirent qu'ils n'avaient plus rien devant eux et poussèrent hardiment. Ils étaient d'ailleurs préparés, et des comités ou *soviets* d'ouvriers et de soldats agirent avec décision et violence jusque parmi les troupes du front. Dès le premier jour, sous l'action de ces Soviets, il se fit une grande effervescence dans l'armée, des révoltes éclatèrent, les officiers furent assassinés ou chassés, et remplacés par des soldats révolutionnaires élus par leurs camarades. La liberté signifiait pour les soldats la fin de la guerre et la possibilité de retourner chez eux, quand ce n'était pas la faculté de piller et de s'enivrer. L'indiscipline s'ensuivit. La conduite des opérations fut compromise sans remède. A Pétrograde le Soviet, installé à la place de la Douma, dans le palais de Tauride, cherchait à se substituer à l'autorité gouvernementale, et faisait des progrès continuels. Milioukof, chef radical, dans lequel les Alliés avaient mis leurs espérances, dut abandonner le pouvoir. Un révolutionnaire, Kérenski, se trouva bientôt au premier plan ; il se montrait favorable aux Alliés, sans pouvoir ou sans vouloir prendre les mesures capables de ramener l'ordre dans le pays et dans l'armée. Sous sa dictature éphémère et contestée, le désordre ne fit que s'accroître : indiscipline toujours plus grande dans l'armée, où l'autorité supérieure voyait ses ordres discutés et souvent annulés par les Soviets des soldats, désordres agraires au cours desquels les paysans s'emparent des terres à leur convenance, enfin anarchie dans les villes, où les ouvriers oisifs vivaient sur le bourgeois.

Le général Kornilof tenta de réagir, mais Kérenski l'abandonna et marcha même contre lui. Surexcitée par cet incident, la fièvre révolutionnaire grandit. La Russie s'abandonnait elle-même, allait à la ruine. Joseph de Maistre dont le génie voyait clair dans les choses de Russie, l'avait prévu : « La liberté fera sur ces tempéraments l'effet d'un vin ardent sur un homme qui n'est pas habitué. Qu'il se présente alors quelque Poujatchef d'Université, qu'on y ajoute l'indifférence, l'incapacité ou l'ambition de quelques nobles, la scélératesse étrangère et les manœuvres d'une secte détestable qui ne dort jamais, et l'État se rompra au pied de la lettre, comme une poutre trop longue qui ne porterait que sur les extrémités. »

Malgré toutes les concessions qu'il faisait, Kérenski était en butte aux attaques des éléments ultra-révolutionnaires appelés *maximalistes*. Leur programme de révolution sociale (partage des terres, dépossession des bourgeois) ne différait au fond en rien de celui des socialistes de la nuance Kérenski ; mais ce qu'ils voulaient, ils le voulaient avec plus de force, au besoin contre la majorité du peuple russe. Les maximalistes s'emparèrent du pouvoir le 25 octobre 1917, et depuis l'ont gardé. Nul gouvernement n'a jamais été plus détestable que le leur ; ils ont dépouillé les habitants pour nourrir leurs partisans, ils ont pillé et massacré ; ils ont insulté les Alliés après les avoir trahis ; au point de vue extérieur comme au point de vue intérieur, ils ont mené les saturnales de la révolution.

LA MAUVAISE PAIX

Les maximalistes affichaient leur désir de paix à tout prix, sûrs de répondre aux vœux d'une grande partie du peuple russe. Ce fut une raison de leurs succès. De plus, ils avaient besoin de cette paix pour pratiquer à loisir leur expérience de révolution sociale, et, comme ces idéologues rêvaient pour le monde entier les mêmes bouleversements qu'à leur patrie, ils souhaitaient pour la même raison une paix générale, quelle qu'elle fut. En cela ils se rencontraient avec les Allemands, qui désiraient naturellement terminer la guerre le plus tôt possible, en consolidant les bénéfices qu'elle leur avait apportés. Cet accord spontanément établi entre les ennemis et les partis avancés, non seulement de la Russie, mais des autres nations de l'Entente, restera l'un des traits curieux et dignes d'études de l'histoire de cette guerre. Il est d'ailleurs établi, d'après des documents publiés dans le *Petit Parisien*, que l'Allemagne avait largement subventionné la propagande maximaliste.

Les chefs maximalistes, traîtres à la Russie, n'étaient pas eux-mêmes de vrais Russes, excepté peut-être Lénine. Leurs maîtres avaient été des Juifs, souvent d'origine germanique. Cela se connait à leurs noms. Ainsi Kamenef s'appelle de son vrai nom Rosenfeld; Martof s'appelle Zederbaum, le fameux Trotsky, Bronstein; et le « généralissime » Krilenko porte les noms suggestifs d'Aaron Abramovitch. Kérenski lui-même est un Juif.

Avant la Révolution, tout ce monde vivait exilé à l'étranger, surtout en Suisse et dans notre pays, trop hospitalier envers certaines catégories d'individus. Ils étaient considérés comme la lie de l'anarchie et surveillés comme tels par la police. Trotsky avait été placé dans un camp de concentration en France au début de la guerre, mais Malvy l'en fit sortir. Il eut ensuite toutes les facilités pour exercer sa propagande défaitiste à Paris.

Après la chute de l'empereur, ces anarchistes, dont le rôle allait être démesuré, quittèrent Paris ou Zurich, nantis du crédit nécessaire aux exécuteurs des volontés de l'empereur allemand, dont l'intérêt était évident en cette affaire, et sans doute aussi d'autres seigneurs qui, bien que dédaigneux des signes du pouvoir, faisaient mouvoir dans l'ombre bien des ficelles. Pour permettre aux révolutionnaires d'être plus rapidement à pied d'œuvre, l'Allemagne leur permit le libre passage sur son territoire.

La grande affaire des maximalistes était de remplacer dans tous les pays alliés, la guerre contre l'Allemagne par la guerre sociale. Leur premier acte fut de révoquer le généralissime des armées russes, qu'ils assassinèrent peu après, et de le remplacer par un agitateur, Krilenko, qui signa tout de suite l'armistice.

Les Alliés protestèrent contre cette trahison. Ce fut en vain. Les deux empereurs ne craignirent pas d'entamer des négociations avec les émeutiers qui venaient de se rendre maîtres de Pétrograde par un coup de main, et qui, se disant représentants de la Russie, ne faisaient que la terroriser. Les négociations furent entamées à Brest-Litovsk sur la base d'une paix *démocratique*, sans annexions ni indemnités, et du droit des peuples à disposer d'eux-mêmes. Cette formule satisfaisait la nombreuse clientèle des révolutionnaires, et était de nature à séduire également les populations de l'Entente fatiguées de la guerre. C'est pourquoi elle fut admise par nos ennemis, après avoir été lancée par leurs complices bolchevistes. On espérait que les Alliés prendraient part aux négociations. Une fois qu'elle aurait amolli les courages par la vision prochaine de la paix et désagrégé nos armées par l'armistice, l'Allemagne abattrait ses cartes et poserait ses véritables conditions, convaincue que les Alliés n'auraient plus la force morale nécessaire pour se remettre en guerre.

Cet espoir fut déçu. Alors le fameux principe démocratique subit des restrictions de la part des empires germaniques. La délégation russe se déclara d'accord avec l'Autriche-Hongrie, qui demandait que le droit de disposer d'elles-mêmes ne fût pas accordé aux nationalités vivant dans les limites d'un État. Les exigences des ennemis augmentèrent ; ils refusèrent d'évacuer les territoires qu'ils occupaient, sous prétexte que les peuples qui y vivaient étant aptes à disposer d'eux-mêmes, suivant la formule même des révolutionnaires, ne faisaient plus partie de l'État russe. Soit feinte hypocrite, soit désir de ménager l'opinion, les délégués maximalistes s'opposèrent d'abord à ces prétentions, ils parlèrent de résistance. Les Allemands déclarèrent alors les premières conditions caduques étant donné que les Alliés avaient refusé d'entrer dans les négociations. En conséquence, il n'y eut plus de la part de l'Allemagne d'autre politique que celle des annexions, imposée par le parti militaire. Le refus d'évacuer les territoires fut maintenu. Le général Hoffmann l'annonça en ces termes aux délégués des Bolchevicks : « Votre gouvernement est fondé seulement sur la force, qui supprime sans ménagement et avec violence tout homme d'une autre opinion politique... En conséquence, le commandement suprême de l'armée allemande est forcé de décliner toute immixtion de la Russie dans le règlement des affaires concernant les territoires que nous occupons. »

Le bolchevisme ne devait pas opposer de résistance. Trotsky céda, en accusant les Alliés d'être « responsables des inacceptables propositions de paix allemandes ».

En vue de l'offensive prochaine contre la France, on libérait cependant les prisonniers allemands et autrichiens. Beaucoup de ces prisonniers restèrent en Russie sur l'ordre de leurs gouvernements, pour défendre les Soviets, dans lesquels d'ailleurs ont toujours figuré des officiers allemands, contre les soulèvements des patriotes. Le 10 février le président de la délégation russe annonçait que la Russie s'abstenait de signer un traité de paix formel ; mais il déclarait que l'état de guerre était considéré comme terminé, et donnait l'ordre de démobiliser. Quelques jours après, Trotsky protesta pour la forme contre la paix signée avec l'Ukraine, mais accepta et fit accepter dans un congrès de Soviets (126 voix contre 85) les conditions imposées par l'Allemagne à l'État russe, dont voici les principales :

« Les régions qui sont à l'ouest de la ligne indiquée à Brest-Litovsk à la délégation russe, et qui auparavant appartenait à l'État russe, ne sont plus désormais placées sous le protectorat de la Russie ; dans la région de Dunabourg, cette ligne doit être avancée jusqu'à la frontière orientale de la Courlande.

« La Livonie et l'Esthonie doivent être immédiatement évacué par les troupes russes et occupées par la police allemande.

« La Russie doit conclure la paix avec les peuples de la République ukrainienne, et fera tout son possible pour assurer à la Turquie un retour régulier à ses anciennes frontières de l'Anatolie orientale.

« Le traité de commerce russo-allemand conclu en 1904 entre en vigueur. En ce qui concerne la conclusion du nouveau traité commercial, l'Allemagne aura le traitement de la nation la plus favorisée, au moins jusqu'en 1925. »

Et voici en quels termes le gouvernement maximaliste les accepta :

« En plein accord avec la décision prise le 24 février, à 4 h. 30 du matin, par le comité central exécutif du Soviet des commissaires du peuple, *a décidé* d'accepter les conditions de paix proposées par le gouvernement allemand, et d'envoyer une délégation à Brest-Litovsk. »

Cependant, et en dépit de tant d'obéissance, les troupes allemandes continuaient à avancer. On ne leur opposait presque aucune résistance. Aussitôt les maximalistes de presser l'accord définitif. « Par suite du refus des Allemands de cesser les opérations de guerre jusqu'à la signature de la paix, dirent-ils, nous avons décidé de signer le traité de paix sans en examiner les clauses. »

Jacques Bainville commentait ainsi l'événement :

« Les conditions de paix que l'Allemagne a signifiées au gouvernement maximaliste et devant lesquelles celui-ci s'incline, sont parfaitement combinées pour ligoter la Russie, et d'empêcher d'ici longtemps de reprendre le rôle d'une grande puissance. Au triple point de vue politique, territorial, économique, la Russie se trouvera dans un état de dépendance, qui la mettra à la merci de l'exploitation allemande. Plus qu'il ne l'a jamais été, le Russe, selon le mot prophétique d'Herzen, sera à l'Allemand ce que le nègre est au planteur. Voilà ce que la liberté aura valu à ce malheureux peuple. La Révolution par un grand R, il l'avait fait en mars 1917. Le voilà esclave comme il ne l'a jamais été. Il lui restera à faire la révolution nationale, qui l'affranchira du joug allemand. Cette paix, que l'ennemi lui impose et que les maximalistes acceptent, c'est la paix que de tout temps les vainqueurs ont dicté aux vaincus. Quoi qu'ait pu croire ou feindre un théoricien comme M. Trotsky, il n'y a pas eu moyen de changer les lois de la guerre. Le XXᵉ siècle, à cet égard, n'est pas plus avancé que celui de Tamerlan. Quant au peuple allemand, il ne se soulèvera pas pour protester contre cette paix, qui lui subordonne des millions d'hommes et de vastes territoires. Plus que jamais, il se sent *Herrenvolk*. On lui avait dit qu'il était seigneur et maître au dehors, et que cela valait bien un peu de discipline chez lui et le renoncement à la démocratie. Maintenant ses éducateurs peuvent lui faire toucher du doigt la réalité de leurs promesses. »

Naturellement les puissances de l'Entente refusèrent de reconnaître cette paix.

Un succès si considérable pour les empires germaniques ne pouvait que renforcer chez eux le parti militaire. Des grèves, qui étaient en cours, cessèrent aussitôt. Pour la première fois depuis trois ans et demi, on apportait à l'Allemagne autre chose que le bruit d'indécises victoires ; un résultat tangible semblait être obtenu. Sur un front immense les armes étaient tombées. Les masses populaires y virent un heureux présage de paix générale ; d'autre part la domination allemande s'étendait dans une mesure inespérée sur de nouveaux territoires, et les espérances des pangermanistes ne connurent plus de bornes. L'Autriche-Hongrie songea moins que jamais à séparer sa cause de celle d'une alliée si puissante et si habile.

Tout le monde rendit grâce en Allemagne et en Autriche à l'armée allemande ; à Hindenburg, à Ludendorff, à l'empereur. Le chancelier Hertling se fit l'interprète au Reichstag de la satisfaction général, à laquelle il associa la Russie elle-même en quelques phrases d'une ironie savoureuse :

« Comme vous le remarquerez immédiatement, le traité ne contient aucune condition déshonorante pour la Russie, aucune demande écrasante d'indemnité de guerre, aucune annexion violente de territoires russes. Si un certain nombre de territoires limitrophes se séparent de l'Etat russe, cela correspond au désir propre, reconnu par la

Russie, de ces pays. A leur égard, nous adoptons le même point de vue que j'exposai déjà précédemment, à savoir que, sous la puissante protection de l'empire allemand, ils peuvent se donner une forme constitutionnelle qui réponde à leur situation, à leurs tendances, à leur civilisation : les intérêts allemands étant naturellement sauvegardés... »

Cependant, d'après une statistique publiée par les Russes eux-mêmes, le traité de Brest-Litovsk a coûté à la Russie 930.000 kilomètres carrés de territoire et 56 millions d'habitants ; soit 32 pour cent de la population totale. En outre, la Russie a perdu le 8° de ses chemins de fer, la moitié de ses usines et banques, et 40 pour cent de ses revenus totaux. On ne sait pas si ces chiffres comprennent les empiètements ultérieurs des Allemands.

LA GUERRE ET LA PAIX

« Ici il ne faut toucher à rien, si l'on porte la main sur une partie quelconque de l'édifice, tout s'écroulera avec un fracas affreux et des miasmes mortels s'élèveront des ruines. » Cette parole prophétique de l'ancien ministre Gorémykine s'est réalisée. Relativement à la Russie elle-même, la révolution aura eu trois résultats.

1° En introduisant l'indiscipline dans l'armée, elle a anéanti la puissance militaire russe. La trahison des maximalistes n'a fait que mettre un sceau à cette œuvre, moins due à la méchanceté des hommes qu'à la nuisance des idées fausses.

2° Le régime socialiste appliqué sans réserve, a abouti à l'anarchie toute pure. Les révolutionnaires se sont enivrés d'éloquence, la phraséologie rituelle par laquelle s'expriment les conceptions démocratiques, a emprunté une allure sacrée de leur imagination slave. Mais on ne s'abreuve pas que de paroles, et les Russes enfin libérés n'ont cessé de boire. C'est en s'enivrant de vin ou d'eau-de-vie que les militants révolutionnaires et leurs prétoriens fêtent l'avènement des temps nouveaux. Un oukase de l'empereur interdisait l'alcool. « La suppression de la vodka, écrivait Bainville à son retour de Russie, a été l'indiscutable bienfait de l'autocratie, une mesure radicale que seul pouvait prendre un pouvoir plus fort que toutes les résistances des intérêts privés, et qui se détermine librement par l'intérêt général. » L'effet du bienfait est supprimé.

3° La Révolution semble devoir être le morcellement de la Russie en plusieurs Etats indépendants les uns des autres, mais non de l'Allemagne. Si cela devait se maintenir, ce serait la liquidation de l'œuvre de Pierre le Grand et de ses successeurs.

L'Ukraine avec l'appui de l'Allemagne s'est constituée en Etat indépendant. Sous la pression de l'Allemagne les Commissaires du peuple de Pétrograde reconnurent le nouvel Etat, mais ils n'en essayèrent pas moins de reprendre ce qu'on leur arrachait. Par leurs gardes-rouges ils faisaient soutenir en secret les dissidents maximalistes locaux. Ceux-ci s'emparent de Kief, qui leur fut repris ensuite. Les paysans refusaient le blé à l'Allemagne, et des révoltes éclatèrent contre ses troupes restées dans le pays. Sur quoi l'Allemagne jugeant le gouvernement de l'Ukraine trop peu conforme à ses desseins, le remplaça par un dictateur, un *hetman,* du nom, de Skoropadski, qui n'est qu'un prête-nom de l'empereur. Les révoltes continuent, luttes agraires contre les Allemands qui veulent s'emparer des vivres et contre les grands propriétaires à qui on a rendu leurs terres ; révoltes et grèves dans le bassin du Donetz, chez les ouvriers qui craignent l'échec de la révolution sociale.

La Finlande avait toujours été l'enfant chérie du libéralisme européen, et bien des démocrates français ne regardaient pas à l'inconvénient de mécontenter nos alliés russes pour le plaisir d'apporter leurs hommages à cet espèce de petit sphinx septentrional. Rien ne devait donc être plus rapide que la séparation de la Finlande. La France la reconnut comme l'Allemagne. Les maximalistes mêmes y donnèrent les mains. Mais le gouvernement modéré de Finlande fut vite menacé par les bolcheviks autochtones, aidés des troupes russes maximalistes restés en Finlande. Ces éléments faillirent d'abord l'emporter. Les Finnois de la garde-blanche, aidés pour la circonstance par les troupes allemandes, eurent finalement raison des maximalistes ; la répression fut très rude. Une diète est maintenant à la tête du pays. On croit que la Finlande attend un prince, des mains de Guillaume II. L'Allemagne n'a pas encore permis aux Polonais un gouvernement indépendant et il est probable que, maîtresse de s'y opposer, elle ne le leur permettra jamais. Des régents installés à Varsovie avec l'assentiment de nos ennemis, administrent les anciennes provinces du royaume. L'attitude de l'ensemble des Polonais continue à demeurer très noble ; ils veulent l'indépendance totale, la réunion de toutes leurs provinces et le libre accès à la mer, en un mot la reconstitution de leur antique royaume ainsi que les conditions nécessaires à son existence. Contre les Bolcheviks, de forts détachements polonais ont réussi à joindre les Tchéco-Slovaques et les patriotes russes avec qui ils font maintenant cause commune. D'autres combattent sur le front français, avec leurs propres drapeaux.

A l'intérieur de la Russie, le premier effet de la paix aura été le triomphe du collectivisme complet. Ce triomphe explique la faveur dont Lénine, Trotsky et leur parti jouissent auprès de nos socialistes français, malgré leurs crimes, leur mépris de l'opinion cyniquement affiché et surtout leur trahison à notre égard, qui prolonge la guerre, fait couler des flots de sang français et renforce la position du militarisme allemand.

Ce socialisme intégral s'est réalisé par le partage des terres, la dépossession des grands industriels et grands négociants, la nationalisation des banques, et même paraît-il de la presse, ce qui est une hypocrisie peu commune de la part de libertaires. Ces mesures de révolution sociale ont d'ailleurs été aggravées par des excès de tous genres, des massacres, d'innombrables rapines particulières restées impunies, et des vols publics, comme la saisie de l'or appartenant à l'État roumain, qui avait été déposé au Kremlin sous la monarchie lors de l'invasion de la Roumanie. Ajoutez à cet état légal tous les désordres de fait. Les ouvriers ne travaillent plus, vivent de pillage ; des bandes armées (gardes-rouges ou *soviets de paysans pauvres*) parcourent les campagnes pour s'emparer des vivres. La guerre civile est partout, et dans les grandes villes, non approvisionnées, la misère et la famine éprouvent la population. Toutes les folies que peut inspirer la passion égalitaire animée d'un esprit enragé, ont été tentées. N'a-t-on pas parlé d'un projet qui aurait paraît-il reçu un commencement d'exécution concernant « le partage des femmes » ? Comme l'a écrit Bainville : « C'est pour l'Europe civilisée un spectacle plein d'enseignement, une sorte de musée des horreurs, un musée Dupuytren des monstruosités sociales. » C'est d'ailleurs un spectacle qui nous coûte cher, même au point de vue économique, car les maximalistes ont dénoncé les emprunts publics, et si la situation ne changeait pas, ce seraient des milliards perdus pour l'épargne française.

RÉACTIONS ET INTERVENTIONS

Tel est l'état dans lequel la paix maximaliste a réduit la Russie. L'action intérieure de la Révolution et la pression extérieure de l'Allemagne y exercent conjointement leurs effets. Déjà cependant des éléments contraires ont commencé de se faire jour. Sans parler du meurtre de l'ambassadeur Mirbach, du maréchal Eichhorn et des attentats contre les chefs maximalistes, une opposition de plus en plus tenace se dresse contre les Allemands et leurs complices bolchevistes. Cette opposition risque de causer leur perte, si les Alliés comprennent eux-mêmes la situation et savent agir au point propice.

Il est certain que la chute de la monarchie n'amena tout d'abord aucun soulèvement notable ; rien de comparable à ce qui se produisit en France pour Louis XVI. La réaction n'a commencé de poindre que par l'effet des malheurs ressentis. La Russie a goûté de la république, elle en a trouvé les fruits amers. La paix humiliante et désastreuse de Brest-Litovsk ouvrit les yeux de tous les patriotes. Dès le mois de mars les Cadets protestèrent, ce qui était fort courageux, car sous ce régime de démocratie intégrale, une simple protestation est souvent punie de mort. L'attitude de l'Eglise orthodoxe, dont la position reste forte, fut également ce qu'elle devait être. De son côté le Comité de la noblesse russe remit au consul général de France à Moscou la protestation suivante : « Le Comité déclare qu'il n'y a aucune raison de considérer le traité de Brest-Litovsk comme émanant d'un gouvernement légitime, attendu que les délégués maximalistes n'avaient nullement qualité pour le signer. Il affirme que l'acte définitif de paix ne peut-être consacré que par un congrès universel réuni après la cessation des hostilités. »

Peu de temps après coururent des bruits de restauration. Dans l'état où étaient les choses une restauration aurait pu avoir une des trois causes suivantes.

1° Les maximalistes, qui auraient en ce cas-là pratiqué jusque-là la politique du pire pour amener une répression complète de la part des fonctionnaires de l'ancien régime et régime et notamment de la police secrète, l'Obrana, si puissante naguère que l'on se demande parfois comment elle a pu disparaître sans laisser quelque part des racines.

2° L'Allemagne, résolue à stabiliser le front révolutionnaire et à réaliser ses bénéfices.

3° Les Alliés, intéressés au rétablissement de l'ordre.

Il n'en était rien, la nouvelle était au moins prématurée. L'anarchie était trop générale ; la monarchie était tombée trop facilement, pour qu'un pareil renversement de la situation pût être envisagée de sitôt. Cependant avec les Russes tout est possible, tant ils sont sujets aux impulsions et absolus dans le bien comme dans le mal. « Mettez un désir russe sous une citadelle, a-t-on écrit jadis et il la fera sauter. » Et c'est « le pays de l'inattendu » a écrit Bainville à la suite du voyage qu'il fit chez nos alliés avant que la Révolution n'eût éclaté.

Le fait est qu'on a signalé une propagande tsariste à Pétrograde, et que Lénine a mis à prix la découverte d'un journal monarchiste, qui avait recommencé de paraître. Il est vrai que l'étiquette de monarchiste peut désigner des républicains simplement modérés ou des « socialistes révolutionnaires de droite », pour adopter le vocabulaire bolcheviste. Toujours est-il qu'on découvrit quelques complots, plus ou moins authentiques, qui servirent de prétexte à de nouveaux attentats. Le 16 juillet 1918, l'empereur Nicolas II fut fusillé par ordre d'un Soviet, sans jugement, et sans autre prétexte que la victorieuse avance de Tchéco-Slovaques.

Depuis le mois de juin, en effet, l'opposition contre-révolutionnaire était entrée dans une voie plus active, en raison de l'activité de ces derniers. Le nom de Tchéco-Slovaques est légendaire déjà. C'est celui des déserteurs et des prisonniers appartenant à l'armée autrichienne, d'origine slave. Haïssant l'Allemagne et l'Autriche, ils avaient pris place dans l'armée russe sous l'ancien régime. Les maximalistes furent naturellement embarrassés de leur présence, car ils refusaient de fraterniser avec l'ennemi. On feignit d'accepter de les laisser partir pour la France, mais en cours de route on tenta de les massacrer. Ils se défendirent vaillamment, occupèrent plusieurs points du Transibérien, interrompirent le trafic vers la Grande Russie et entrèrent en lutte contre les bolcheviks. Ils sont répartis en plusieurs armées dont une, opérant sur le Volga, était en assez mauvaise posture au mois d'août dernier. Par contre, ils semblent être plus solidement installés en Sibérie orientale. Leur itinéraire constitue un des chapitres les plus étonnants de cette guerre ; elle prouve ce que peut faire la volonté ardente d'un petit nombre sur un masse amorphe. Sans doute que beaucoup de patriotes russes se sont joints à eux, des Polonais, des Cosaques, peut-être les débris de la petite armée de Séménof, qui avait échoué quelques mois auparavant dans une tentative de soulèvement en Sibérie. Au mois de juin également, on signalait l'évasion du grand-duc Michel, prisonnier à Perm. Le bruit a couru qu'il se serait mis à la tête du nouveau gouvernement sibérien en connexion avec les Tchéco-Slovaques.

Nous avons eu vers la même époque le petit coup de théâtre de la réapparition de Kérenski à la conférence socialiste de Londres. Il est venu ensuite à Paris, où il nous a dit « que tout ce qui est digne du nom russe, n'a pas reconnu et ne reconnaîtra jamais la paix de Brest-Litovsk, de même qu'il ne reconnaît pas le régime de terreur, de tyrannie et d'anarchie qui a mis la Russie à la merci de l'Allemagne. » Espérons que ce tribun révolutionnaire ne s'obstinera pas, s'il retourne en Russie, à vouloir faire de l'ordre avec du désordre, ni à mettre toute sa confiance dans ses discours.

Ainsi de plusieurs côtés se forment des forces contre-révolutionnaires, principalement en Sibérie. Mais ces forces ne pourront rien faire contre le gouvernement bolcheviste, qui s'appuie sur l'Allemagne, tant qu'elles n'auront pas pour soutien une intervention militaire des Alliés. Le Japon semble être la seule nation capable par sa situation de mener à bien une telle véritable campagne de guerre dans ces régions lointaines, car cette campagne doit être engagée avec de très grandes forces, sinon elle ne nous réserverait que des déboires. Une expédition où le gros des forces seraient japonaises, mais où tous les Alliés, y compris les Russes fidèles, seraient représentés, constituerait sans doute la solution convenable.

Déjà l'intervention militaire de l'Entente a reçu un commencement d'exécution dans le débarquement des troupes alliées dans la presqu'île de Kola, à l'effet de protéger le chemin de fer de la côte Mourmane, construit pendant la guerre et sous l'ancien régime, qui relie Pétrograde à l'océan Arctique. De nombreux officiers de l'ancienne armée russe se sont joints à elle. Plusieurs villes, parmi lesquelles Archangel, ont été occupées, et il s'est constitué pour les régions ainsi délivrées un gouvernement provisoire uniquement composé de personnalités russes. Un autre gouvernement favorable à l'Entente vient de se créer à Samara. D'autre part, les Alliés ont envoyé au début du mois d'août des troupes de Vladivostok avec un objectif limité. D'après les proclamations des deux puissances qui fournissent le plu gros de cette expédition, le Japon et les États-Unis, il s'agirait principalement d'assurer le ravitaillement des Tchéco-Slovaques et des Russes qui combattent avec eux.

Telle est la situation. Elle peut se développer. Elle ira se développant d'autant plus que les maximalistes, levant le masque, ont proclamé l'état de guerre avec l'Entente, et ont arrêté à Moscou plusieurs de ses représentants. « Il ne manquait·plus que cela, dit Jacques Bainville, à la Révolution russe pour que l'histoire en fût complète. Qu'elle s'achève comme la révolution turque par une hostilité déclarée (c'est maintenant chose faite) et la démonstration sera parfaite de l'amitié et du secours que nous avons à attendre des progrès de la démocratie. »

P. L.

Août 1918.

Il était une fois un roi et une reine qui vivaient loin, bien loin, dans un beau pays où il n'y avait pas la guerre.

Mariés depuis quinze ans, ils avaient eu quatorze fils, tous plus beaux que le jour, mais un peu bruyants, et qui remplissaient les salles du palais de leurs jeux, de leurs cris, de leurs rires et de leurs disputes.

Ils furent tous bien heureux de voir arriver enfin une petite princesse dans leur famille. Elle naquit par un joli matin de printemps. Pour la fêter, les cloches des églises sonnèrent à toute volée dans le ciel bleu et léger, les oiseaux de la forêt lui donnèrent une aubade, la première rose de mai s'épanouit dans le jardin du palais, sous la fenêtre même de la chambre de la reine, et fit un beau salut un peu raide en haut de sa tige bardée d'épines, en répandant un flot d'odeurs suaves et sucrées.

La reine, qui souriait, toute pâle dans les dentelles de son lit, s'écria en apprenant qu'elle avait une fille : « Je l'appellerai Aymée, car il y a assez longtemps que je l'attends et que je l'aime. »

Le bon roi tout ému ajouta: « Surtout n'oublions pas de convoquer les Fées à son baptême ! »

Car j'avais oublié de vous dire que les Fées de la terre et de l'air, comme celles de l'eau et du feu, s'étaient réfugiées dans ce beau et lointain royaume au premier signal de la guerre.

Ces pauvres petites souffraient déjà beaucoup depuis pas mal d'années de toutes les inventions modernes ; elles avaient particulièrement en horreur les sonneries du téléphone, le cinéma, les ascenseurs et la lumière électrique, mais quand arrivèrent le bruit du canon et l'éclatement des torpilles, elles eurent une peur affreuse et s'enfuirent comme une volée d'oiseaux. Les plus riches commandèrent immédiatement leurs chars traînés par des dragons volants ou par des colombes, les plus modestes attelèrent des souris blanches à des coquilles de noix, ou des papillons bleus à des feuilles de rose, les moins fortunées prirent un bâton, jetèrent une fanchon sur leur tête, et, déguisées en pauvresses, firent à pied le voyage. Mais elles n'eurent garde d'oublier, les unes ou les autres, leurs robes brodées ou pailletées couleur de la lune ou couleur du soleil, leurs écharpes de brume bleue, leurs gants parfumés, leurs diadèmes, leurs plumes de colibri, leurs coffrets en bois de rose ou de santal, leurs flacons d'or et de cristal, leurs baguettes magiques, enfin tout l'attirail de coquetterie et d'enchantement qui a de tous temps fait partie de leur prestige.

Le jour du baptême de la princesse Aymée il y eut au château de grandes réjouissances Le roi avait fait dresser les tables du festin dans toutes les salles du palais. Il y avait plus de trois cents couverts. L'argenterie massive étincelait sur les belles nappes blanches incrustées de vraies dentelles, l'or des vins les plus rares brillait dans des carafes de cristal taillé, des pyramides de fruits merveilleux s'écroulaient dans les surtouts de porcelaine peinte, des petits pains de gruau, poudrés de farine et croustillants, se cachaient modestement sous la serviette des convives, des plats froids magnifiques paraient la table d'honneur. Il y avait entre autres un dôme monumental de pâté de foie gras, d'un rose alléchant, d'où sortaient des centaines de petites têtes d'alouettes qui semblaient vous inviter elles-mêmes à les croquer, et un magnifique saumon d'un mètre de long, pris dans la gelée, entouré de croustades de crevettes qui avait l'air imposant d'un navire

entouré de petites barques de sauvetage. Sans parler des rôtis somptueux sur leurs réchauds, agneaux entiers baignés de beurre et de jus, oies grasses, blanches poulardes, etc. et des plats couverts contenant des fricassées de riz de veau aux truffes, des salmis de bécasses, des tourtes, des pâtés d'anchois, et des desserts à profusion, massepains, brioches, macarons, feuilletés vanilles, choux à la crème, petits fours au chocolat, à la pistache et à la rose; sans oublier un superbe croquembouche, une pièce montée représentant un arbre entier avec toutes ses feuilles en angélique, et tous ses fruits en fruits confits de toutes les couleurs.

Les Fées, au nombre de douze, avaient naturellement la place d'honneur ; dans l'assiette de chacune d'elles, le bon roi avait glissé un petit écrin contenant une étoile de diamant, car il savait combien elles sont coquettes, et il voulait les bien disposer en faveur de sa fille.

Le repas était à peine commencé qu'on entendit un grand fracas dans la cour d'honneur, un bruit de voix dans les vastes escaliers de marbre, et tout à coup, un valet de pied effaré ouvrit la porte à deux battants et annonça : « La Fée Souciau ».

On vit alors entrer une très vieille Fée toute démodée dans sa robe bleue fanée, à quilles de dentelles ; elle ressemblait à une chouette de mauvaise humeur ; elle avait la peau grise comme si elle s'était poudrée avec de la cendre, elle boitait en s'appuyant sur une canne au bec recourbé ; ses gros cheveux relevés à la chinoise, étaient surmontés d'une couronne de roses pompon d'un goût détestable. Elle s'avança vers le roi et lui dit d'un air piqué : « Vous ne m'attendiez pas ? »

Le roi, qui l'avait en effet totalement oubliée, répondit d'un air affable qu'il la croyait souffrante, mais qu'il était charmé de voir qu'il n'en était rien, et qu'il la priait de s'asseoir à sa droite.

Malgré cet honneur et cette bonne grâce, la Fée Souciau ne désarma pas. Elle regardait avec envie les jolies étoiles brillantes des autres Fées, et on l'entendit ronchonner, pendant tout le temps du repas.

Au moment du dessert, elle se leva et alla bouder à une fenêtre, le nez contre la vitre, à la consternation des autres invités.

Cependant la petite princesse Aymée, toute parée de dentelles et de flots de satin, ne tarda pas à faire son apparition, portée majestueusement dans les bras de sa nourrice. Ce fut aussitôt une grande agitation dans la salle du festin. Chacun se levait, on s'exclamait, on admirait les cheveux fins et dorés de la petite princesse, ses beaux yeux bleus transparents, son teint de fleur, sa petite main à fossettes. Personne n'était d'accord sur sa ressemblance, mais tout le monde était d'accord sur sa gentillesse, son amabilité, car bien qu'elle n'eût que huit jours, elle savait déjà sourire à tout le monde comme une vraie princesse.

Les Fées l'entourèrent aussitôt, avec cet air frivole et caressant qui les caractérise. Elles riaient, elles frappaient dans leurs mains, elles tapaient d'un petit coup de baguette la robe ou le bonnet de la petite princesse : « Tu seras belle », disait l'une. « Tu seras bonne », disait l'autre. « Tu sauras te faire aimer », « tu sauras être généreuse », « tu auras une voix ravissante », etc... Quand elles eurent terminé, la Fée Souciau s'avança à son tour, et sa bouche mince (au coin de laquelle frétillait une petite verrue), avait un méchant sourire ; elle étendit sa canne au-dessus de la tête de la petite princesse, et lui dit : « Tu entendras le silence » ; puis elle disparut.

Mais le roi qui depuis l'arrivée de la Souciau se montrait fort inquiet, s'était concerté tout bas avec la délicieuse Fée aux Lilas ; il l'avait fait se cacher derrière un rideau, il l'appela donc.

La charmante Fée aux Lilas ne pouvait malheureusement effacer tout à fait le dangereux don de Souciau, mais elle le conjura cependant à demi en ajoutant ces mystérieuses paroles :

L'amour triomphera du silence, mais à condition que tu puisses épouser celui que tu auras choisi.

Ce petit drame qui, pour beaucoup, passa inaperçu, fut le seul incident de la fête.

⁂

Les années passent vite au beau royaume dont je parle, elles se ressemblent toutes, comme les années de paix et de bonheur se ressemblent entre elles; aussi ce fut un véritable étonnement, pour le roi et la reine, quand arriva le seizième anniversaire de leur fille.

Elle était devenue d'une merveilleuse beauté : ses cheveux bruns, à reflets dorés coiffaient sa petite tête d'un casque mouvant, ses traits étaient nets comme ceux d'une médaille, ses yeux étaient purs comme une source d'eau fraîche, son teint pouvait rivaliser avec les plus beaux lis; elle dansait et chantait à ravir, brodait, jouait de la harpe, et donnait sans compter son or et sa pitié à tous ceux qu'elle voyait souffrir. Malheureusement, elle avait un caractère insupportable, d'une susceptibilité maladive, et qui faisait fuir tous ceux qui l'approchaient.

En effet, la pauvre petite princesse entendait le silence ! Elle ne pouvait être dupe des conventions de la politesse qui rendent possibles les rapports des hommes entre eux, et c'était pour elle (et pour les autres) un véritable supplice.

Arrivait-elle dans une réunion d'amies avec une robe neuve, elle entendait le chœur acerbe des petites critiques féminines : « Tiens, le rose ne lui va pas. Ah ! elle a les coudes un peu rouges, sa coiffure relevée lui va moins bien que sa coiffure à bandeaux », etc., et cela l'énervait aussitôt.

Avec les domestiques, elle avait beau se montrer bonne, douce, peu exigeante, elle entendait toujours leurs amers reproches, leurs rancœurs, leurs injustices, leurs cruelles moqueries.

Même à la table de famille, à certains jours, quand son père réprimandait l'un de ses frères, elle devenait toute rouge, puis toute pâle, car elle entendait le coupable le nez dans son assiette, et semblant écouter respectueusement la semonce paternelle, qui déclarait en dedans de lui-même : « Zut, zut, je m'en fiche, je le ferai quand même, je te déteste. »

Elle était effrayée surtout de la quantité de vœux excessifs ou criminels que les gens échangeaient dans les moindres discussions. Les conversations les plus courtoises en apparence étaient, pour elle, entremêlées d'injures, de violences, de souhaits homicides. Dans l'entourage de son père, et même parmi ses ministres, elle découvrait des ennemis, des perfides, des envieux ; parfois, tout effrayée, elle courait prévenir le roi de leurs complots, mais le plus souvent, il souriait et lui répondait doucement :

« Oui, oui, je sais, ils me détestent, mais ils servent bien le pays. »

La pauvre enfant ne pouvait davantage être dupe de ceux qui lui faisaient la cour, elle devinait l'ambition froide de l'un de ses soupirants, la sécheresse de cœur d'un autre, elle savait que le prince Charmant auquel ses parents auraient bien voulu accorder sa main, était follement épris d'une bergère, que le prince Avenant aurait bien désiré payer ses dettes de jeux avec les diamants de la couronne ; bref, la pauvre petite princesse passait sa vie dans les larmes et dans une perpétuelle indignation.

Or, il arriva qu'au cours de ses grandes promenades solitaires dans le parc ou dans le château, elle rencontra souvent le bouffon de son père, un petit homme contrefait, mais jeune, plein d'esprit, qui avait le droit de courir partout, et qui se pro-

menait le plus souvent, tout habillé de satin blanc, avec deux grands lévriers blancs auxquels il tenait les discours les plus fantastiques. La princesse passait distraitement, flattait les chiens, disait bonjour au bouffon, ou s'amusait de son éternel bavardage, car il disait à tout venant ce qui lui passait par la tête et ne ménageait point aux courtisans les plus cuisantes vérités. Un jour, pendant qu'il lui parlait dans un salon désert, calfeutré de belles tapisseries, elle fut étonnée de l'émotion de sa voix, et, le regardant en face pour la première fois, elle découvrit qu'il avait d'extraordinaires yeux de diamant noir dans lesquels brillaient des larmes. Avec sa bonté naturelle, la princesse s'approcha de lui pour lui demander la cause de son chagrin, il ne lui répondit pas, mais dans son silence même, elle entendit une déclaration d'amour si suppliante, si brûlante, si éperdue, si éloquente, si humiliée et si sincère, que prise de vertige et lisant à fond dans ce cœur plein de bonté et de noblesse, elle lui prit la main et dit comme en rêve : « Mais moi aussi, je vous aime. » Elle n'eut pas plus tôt prononcé cette magique parole que le pauvre bouffon se redressa, perdit sa bosse et devint le plus magnifique des princes. Il se jeta aux pieds de la princesse en la remerciant mille fois, puis il se fit reconnaître d'elle, car il était le fils d'un puissant monarque voisin. Lui aussi était une victime de la Fée Souciau ; elle l'avait affublé d'une bosse dès sa naissance jusqu'à ce qu'une princesse de la plus rare beauté lui dit qu'elle l'aimait.

Heureux de s'être rencontrés et d'avoir brisé en même temps la chaîne lourde du destin, les deux jeunes gens revinrent en hâte auprès du roi leur père en se tenant par la main et lui demandèrent la permission de se fiancer aussitôt. La princesse Aymée, tout étourdie d'amour et de sa surprenante aventure, ne songeait plus à écouter le silence de personne, elle était bien trop occupée à écouter les récits de son cher fiancé; le prince, transporté de joie, oubliait les cruelles épreuves de son enfance et de sa jeunesse et croyait en un jour rattraper tout le bonheur passé. Ils se marièrent, ils eurent beaucoup d'enfants, ils firent régner la joie dans leurs Etats; mais il faut bien vite cesser de parler d'eux, car chacun sait que les gens heureux sont comme les peuples heureux, ils n'ont pas d'histoire.

Pampille.

HISTOIRE DE LA FAMILLE GOBEMOUCHE
par Jacques BAINVILLE

A mon jeune ami Philippe Daudet

Jean-François Gobemouche était un habile ouvrier tisserand de la ville de Reims célèbre, entre autres choses, par l'excellence de ses drapiers. On était, chez les Gobemouche, tisserand de père en fils. On y naissait aussi avec une disposition naturelle à accepter toutes les bourdes, fables et contes de ma mère l'Oie qui couraient l'air du temps. De là était venu le nom de la famille depuis les âges anciens. Lorsque Jean-François était assis à son métier, il n'avait que des idées justes et claires. Il lançait sa navette d'une main exercée et il formait avec art la trame délicate des plus riches tissus. Sa vie était simple et rangée et il s'adonnait à l'épargne. Il fuyait les tavernes et les pots et il élevait dans la crainte de Dieu et l'amour du roi les nombreux petits Gobemouche que le ciel donnait à son foyer. S'il n'avait subi sa tendance héréditaire à la naïveté, Jean-François eût été sans défaut et sans reproche.

Mais sa faiblesse était d'écouter tous les marchands d'orviétan, vendeurs d'almanachs, avaleurs de sabre, charmeurs de serpents et diseurs de bonne aventure qu'il rencontrait sur les places publiques. Il n'était nouvelle merveilleuse qui ne trouvât en lui une oreille crédule et complaisante. Il ne s'étonnait pas d'apprendre que le Grand Turc avait épousé la République de Venise. Un jour qu'un arracheur de dents promettait d'enlever sans douleur, à l'aide de son cimeterre enchanté, les molaires les plus résistantes, Jean-François, qui souffrait d'un certain chicot, s'empressa de monter sur l'estrade. Là, en présence du peuple ébahi, tandis que la musique faisait rage, le charlatan, retroussant les manches de sa robe de docteur, tira de la bouche large ouverte du tisserand une dent bien creusée et bien noire.

— « T'ai-je fait mal ? » demanda l'opérateur en exécutant, d'un air avantageux un vaste moulinet avec son cimeterre.

Jean-François s'empressa d'assurer qu'il n'avait pas même senti le fer de l'instrument.

— « Je prends la noble assistance à témoin de la déclaration du malade », s'écria le saltimbanque. Et se penchant à l'oreille de Jean-François, il ajouta :

— « Rentre chez toi, et, si tu tiens à la vie, ne mets ni le doigt ni la langue à la place où était ta dent avant qu'une journée entière n'ait passé, sinon il surviendrait un flux de sang dont tu mourrais sur l'heure. »

Jean-François promit, et, ayant allégé sa bourse d'une pièce de vingt sols, rentra au logis en prenant grand soin de ne pas remuer la langue, quelque curiosité qu'il eût de savoir où en était sa gencive. Et quand le lendemain fut venu, il s'aperçut que le chicot était toujours dans sa bouche.

Mais cette mésaventure ne le guérit pas de sa crédulité, car l'expérience profite peu aux hommes quand leur esprit est ainsi fait qu'il aime à se nourrir de mensonges et de chimères.

*
* *

Or, ceci se passait au temps illustre où le roi Louis XIV avait pour ministre un drapier de Reims, le sieur Colbert. Elevé à l'enseigne du *Long Vêtu*, Colbert voulait que le commerce du royaume fût prospère. Il soutenait les gens de métier et il favorisait leur établissement. Etant des mieux connus de son état pour son habileté et sa bonne conduite, Jean-François obtint une des bourses par lesquelles le ministre du roi aidait à fonder des manufactures. Rempli de joie et d'espérance, il vint se fixer à Vouziers en Champagne, ville désignée pour recevoir des drapiers et des filateurs.

Ce jour-là, Jean-François Gobemouche s'applaudit d'avoir toujours cru aux merveilles. Mais il ne voyait pas que la seule merveille était de vivre sous un prince et des ministres appliqués au bien public et que ses années de labeur, son assiduité, son honnêteté trouvaient la récompense normale qui doit échoir aux bons travailleurs dans un Etat bien réglé.

Il ne remarquait pas non plus, tant la chose, ainsi qu'à ses contemporains, avait fini par sembler ordinaire, qu'il vivait en paix entre des frontières bien gardées, à l'abri des invasions, quoique les reîtres, pandours et lansquenets, qui, jadis, venaient ravager Lorraine et Champagne fussent seulement à quelques étapes de la ville. Jean-François, dans cette sécurité, tissait donc des draps réputés pour leur finesse. Il les vendait aux marchands tailleurs de Paris, lesquels les cédaient avec bénéfice aux personnes de qualité. C'est ainsi que M. Jourdain, dont le père tenait boutique près le Pont Neuf et qui finit dans l'extravagance, tout bourgeois qu'il était, de se croire gentilhomme, avait acquis sa fortune.

Cependant le tisserand champenois accroissait la sienne et son commerce s'étendait à travers le royaume. Lorsque son fils aîné en prit la suite, il s'associa à des armateurs de Marseille dont les navires visitaient les Echelles du Levant, et ses étoffes furent recherchées des vizirs et des sultanes. Car, en ce temps-là, notre pavillon régnait sur la mer, notre marine était florissante et les marchands français n'avaient pas de rivaux en Orient.

Le drap se vendit si bien qu'à la troisième génération la descendance de Jean-François, récompensée de son application et participant de la grandeur et de la prospérité de l'Etat, parvint à l'opulence. Sous le roi Louis XV, dit le Bien-Aimé, Louis Gobemouche, qui avait hérité d'un beau domaine voisin de Vouziers, acheta une charge de magistrature, et bientôt, par lettres patentes, il eut droit de s'appeler M. de Gobemouche.

D'autres membres de la famille, ajoutant à leur patronyme des appellations de terres, se répandirent dans toutes les charges. On en vit à l'armée et même à la Cour. Mais qu'ils fussent comtes ou marquis, lieutenants-généraux ou gouverneurs de province, les Gobemouche restaient toujours Gobemouche. Et si, comme leur humble ancêtre, ils n'écoutaient plus les arracheurs de dents aux carrefours, ils restaient prompts à croire sur parole les rhéteurs, les sophistes et, en général, tous les charlatans de l'écritoire qui se vantent de réformer l'Etat et d'assurer le bonheur du genre humain par le moyen de leurs recettes.

*
* *

Vers l'année 1780, M. de Gobemouche, fermier général, tenait table ouverte dans son hôtel de la rue Saint-Honoré. Inconsolable d'être arrivé trop tard pour donner asile à Jean-Jacques Rousseau et pour abriter sous son toit, à l'exemple des plus grands seigneurs, le célèbre citoyen de Genève, notre financier hébergeait dé son mieux l'école philosophique. Il nourrissait dans sa vaisselle plate, servie par une armée de laquais en livrée, des philanthropes qui déclamaient contre le luxe et la servitude et célébraient dans leurs livres le brouet noir à la mode spartiate, seul mets digne d'une République d'hommes affranchis et égaux entre eux, tels que la nature les crée. M. de Gobemouche s'émerveillait de ces discours. Il faisait imprimer à ses frais les ouvrages les plus hardis de ses auteurs familiers. Lui-même composait en secret, sur un bureau qui était un chef-d'œuvre de Boulle, un traité de l'*Egalité selon la loi naturelle*.

Madame de Gobemouche, qui avait de la raison, du bon sens et de l'ironie, comme presque toutes les femmes de France, s'impatientait de ce carnaval.

— « Pauvre sot, » disait-elle à son mari, (car elle avait le franc-parler d'autrefois,) « tu ne vois donc pas que ces pique-assiette te tournent la tête ? Il te sied bien de trouver le monde mal fait. Ton aïeul le tisserand et ton grand-père le drapier n'étaient-ils pas sortis du peuple ? Et les a-t-on empêchés de faire fortune ? Toi et tes pareils, avec vos histoires à dormir debout, vous ferez si bien qu'à force de vouloir que les choses soient autrement qu'elles ne sont, vous mettrez le feu au royaume. Alors on pourrait bien voir Monsieur le fermier général à la lanterne. »

M. de Gobemouche se fâchait de ce langage. Il répliquait à sa femme qu'elle n'entendait rien au progrès des lumières. Quant à lui il se ferait toujours gloire d'être philosophe.

D'ailleurs s'il était l'ennemi des abus en général, il s'accommodait fort bien de ceux dont il profitait en particulier. Les finances étaient assurément ce qui demandait la réforme la plus pressante dans le royaume de France. Mais M. de Gobemouche se souciait peu de cette réforme-là et ses commis faisaient rentrer sans pitié les impôts qu'il prenait à ferme.

C'est ainsi qu'on parvint à la grande Révolution, dont M. Gobemouche fut tout de suite un fervent adepte. Il fut député à l'assemblée constituante et, par enthousiasme civique, il renonça à la particule. Le citoyen Gobemouche n'en fut pas moins porté, en 1793, sur une liste de suspects, ayant été dénoncé comme aristocrate par la section de son quartier. Sa femme, qui prévoyait depuis longtemps que ces aventures et ces désordres finiraient mal, lui procura un habit grossier et, sous ce déguisement, il réussit à quitter Paris.

M. de Gobemouche n'avait jamais vu la campagne que dans les allées de son parc et la nature que dans les livres de Jean-Jacques Rousseau. C'est pourquoi il se sentit tout gauche et bien vite harassé lorsqu'il se trouva sur la grand'route, obligé de demander asile dans les granges. Il ne fit pas comme son ancien collègue, le savant Lavoisier, qui fut pris pour n'avoir pas su dire, à l'auberge, de combien d'œufs il voulait son omelette. Mais, au moment où le fugitif traversait un village, son air embarrassé éveilla les soupçons. Il dut montrer ses papiers qui le présentaient comme un charron du Perche rentrant au pays. Cependant ses mains blanches témoignaient qu'elles n'avaient jamais manié que la plume dont il avait écrit le traité de l'*Egalité selon la loi naturelle*. Les sans-culottes du lieu s'étonnèrent d'un charron qui n'avait pas les paumes calleuses. Ils lui posèrent sur son prétendu métier des questions auxquelles il fut incapable de répondre car il ne connaissait l'art de construire les voitures que par l'*Encyclopédie* de M. d'Alembert. Ainsi le progrès des idées philosophiques avait perdu M. de Gobemouche et la philosophie ne servait pas à le sauver.

Ramené à Paris, il fut traduit devant le tribunal révolutionnaire où siégeaient plusieurs réformateurs de la société qu'il avait jadis nourris à sa table et qui le condamnèrent à mort de peur d'être accusés d'avoir fréquenté un aristocrate. Quelques jours plus tard, il fut conduit à la guillotine, et la charrette passa rue Saint-Honoré devant son hôtel. Alors l'infortuné Gobemouche évoqua ses anciennes illusions et le souvenir de son aïeul Jean-François qui, lui aussi, avait cru sur parole les mensonges du charlatan.

— Encore, se dit-il, la crédulité n'avait-elle coûté que vingt sols à mon arrière-grand-père. S'il avait gardé sa mauvaise dent, il gardait aussi sa tête sur ses épaules, tandis que j'ai fait tout ce que j'ai pu pour que la mienne fût coupée. O naïveté funeste! O don fatal de ma race! Plus nous sommes grands, et plus nos sottises se paient cher! »

*
**

La Révolution fut une mauvaise affaire pour la famille Gobemouche. Lorsque le fils du fermier général guillotiné voulut entrer en possession de son héritage, la fortune des drapiers s'était envolée en fumée. Ce qui n'avait pas été confisqué ne représentait plus qu'un paquet d'assignats sans valeur. Quant au domaine de Vouziers, il se trouvait dans le voisinage de l'Argonne, en sorte que les Prussiens, à leur entrée en France, l'avaient ravagé. C'était leur première invasion, et ils ne devaient pas revenir moins de quatre fois par la suite.

Pour tout patrimoine, le jeune Gobemouche avait sa bonne mine, de la bravoure et le prénom de Lycurgue que son père lui avait donné en signe d'admiration pour les héros républicains de l'antiquité. Comme la Révolution était entrée dans des guerres qui devaient durer plus de vingt ans, on avait besoin de soldats. Lycurgue Gobemouche s'engagea et il fit de nombreuses campagnes. Il eut le typhus à Toulon, la peste à Jaffa et il était capitaine quand un boulet lui emporta une jambe à Essling, à deux pas du brave Lannes.

— Comment t'appelles-tu ? lui demanda l'Empereur.

— Gobemouche, Sire, répondit le blessé.

— Voilà la sorte d'hommes qu'il me faut, murmura Napoléon d'un air pensif. Et il retint ce nom. En effet, pour ses batailles, aussi stériles que glorieuses, il lui fallait ces Français naïvement enthousiastes dont il prodiguait le sang.

Napoléon Ier a laissé la France appauvrie et plus petite qu'il ne l'avait trouvée. Mais il avait pour principe de récompenser le soldat. Le capitaine Gobemouche entra dans l'administration et, devenu préfet, put restaurer son domaine.

Cette nouvelle splendeur dura peu. Les mauvais jours de l'Empire arrivèrent. De nouveau, l'étranger en armes envahit notre pays, pillant ce qu'il rencontrait sur son passage. En 1814 et en 1815, Vouziers, décidément placé sur une route dangereuse, fut ravagé deux fois. Le temps n'était plus où les habitants de la ville vivaient en paix, élevant leur famille dans la sécurité de l'existence et des biens.

Tout ce que Lycurgue Gobemouche avait gagné aux guerres de l'Empire, c'était, avec sa jambe de bois, ses souvenirs de campagne. Il les écrivit pendant ses années de vieillesse, pestant et jurant contre le retour de la monarchie légitime et contre la sagesse du roi Louis XVIII. qui relevait la France de ses désastres et de ses ruines, la mettait à l'abri des invasions et se regardait comme chargé, avant toute chose, d'éviter des batailles de Waterloo.

*
* *

Le fils du capitaine à la jambe de bois s'appelait Agénor. Il débuta dans le monde comme poète romantique. Il avait la taille élancée, de longs cheveux, un front rêveur et des gilets de couleur éclatante. Il composait des ballades où l'on voyait des chevaliers du moyen âge, des châtelaines prisonnières, des pages fidèles, sujets qui ornent encore les pendules dans nos vieilles maisons de campagne. Le jeune poète élégiaque releva la particule abandonnée par son grand-père et il y eut de grands succès dans les salons de Paris pour Agénor de Gobemouche. C'est ainsi qu'il épousa une héritière au cœur sentimental dont la famille avait fait fortune dans les produits coloniaux.

Vers la trente-cinquième année, sous le règne de Louis-Philippe, le comte Agénor de Gobemouche commença à devenir chauve. ce qui donnait du sérieux à sa physionomie, et à prendre de l'embonpoint, ce qui donnait de la gravité à sa démarche. Il avait renoncé depuis quelque temps à la poésie lyrique, mais, avec la fortune, d'autres ambitions lui étaient venues. C'est ainsi qu'il se fit élire député de l'arrondissement de Vouziers.

A la Chambre, le comte Agénor de Gobemouche siégea sur les bancs du parti libéral, et, plus il allait, plus ses opinions étaient avancées. Il est vrai qu'il ne croyait pas aux chemins de fer. Il pensait, avec M. Thiers, que ce joujou n'irait jamais au delà de Saint-Germain et, avec M. Arago, que les voyageurs prendraient des fluxions de poitrine en sortant des tunnels, par suite de la différence des températures. Mais il croyait énergiquement que les peuples étaient faits pour s'entendre comme des frères et pour former une Sainte-Alliance d'où sortiraient les Etats-Unis d'Europe. Il s'intéressait aux Hongrois, aux Polonais, aux Italiens et même aux Allemands, qui comptaient alors parmi les nationalités opprimées et souffrantes, et dont le sort le touchait beaucoup plus que l'avenir de la nationalité française. Il était convaincu, enfin, que toute vérité réside dans la démocratie et que la foule a toujours raison.

Aussi la révolution de 1848 trouva-t-elle Agénor de Gobemouche tout disposé à l'enthousiasme. Il fit bénir un arbre de la liberté sur la pelouse de son château de l'Argonne, nouvellement reconstruit. Aux élections, il se présenta comme ouvrier de la pensée ayant occupé toute sa vie à l'étude de la question sociale. Cependant, il eut la mortification de se voir préférer un prolétaire véritable et, le soir du vote, la foule vint chanter devant ses fenêtres :

A genoux devant ma casquette

Chapeau bas devant l'ouvrier...

L'ancien député libéral fut fort troublé par ces événements et plus encore par ceux qui suivirent. En effet, le neveu de l'empereur Napoléon s'empara du pouvoir et le peuple, par sept millions de suffrages, l'approuva d'avoir pris la dictature et relevé l'Empire. Le comte Agénor ne savait plus s'il devait exécrer l'auteur du coup d'Etat qui avait renversé la République, ou vénérer en lui l'élu et l'oint de la démocratie.

Dans ce doute, il achevait de vieillir, tout en attendant l'heure où les peuples libérés se donneraient la main et se traiteraient en frères, lorsqu'il devint évident que les Allemands n'étaient pas animés pour nous de sentiments paternels. M. de Gobemouche se figurait encore une Allemagne peuplée de burgraves, d'ondines et de philosophes fumeurs de pipes pacifiques, lorsque des légions d'hommes roux, coiffés du casque à pointe et armés de fusil à aiguille, s'abattirent sur la France comme les hordes des temps barbares. Plus les invasions se multipliaient et plus elles étaient cruelles, plus elles laissaient la France dévastée. Le règne de Napoléon III finissait encore plus mal que celui de Napoléon Ier et jamais la famille Gobemouche n'avait été à ce point victime de sa crédulié traditionnelle.

En effet, les fils du comte Agénor — car la famille était toujours brave, — s'étaient engagés pour défendre la patrie. L'un d'eux fut tué à Bapaume. L'autre suivit. quoique blessé, la retraite de Bourbaki dans la neige et par le terrible hiver et n'échappa que par miracle à la mort. Quant à M. de Gobemouche lui-même, pris comme otage par les Allemands, il fut contraint de monter sur les locomotives sous prétexte que les francs-tireurs attaquaient les trains. Dans ces conditions, qu'il n'avait pas prévues non plus que M. Arago, il prit une fluxion de poitrine dont il mourut.

*
* *

Ainsi d'âge en âge, les Gobemouche se montraient pareils à eux-mêmes : braves et loyaux, laborieux et spirituels, mais toujours naïfs et dupés. Qu'ils fussent artisans, grands seigneurs, financiers ou soldats, ils savaient faire leur devoir aussi bien que leur fortune. Mais, sur la chose publique, ils ne raisonnaient pas ou bien ils raisonnaient faux. Ils étaient incapables de rattacher les effets aux causes et de comprendre pourquoi ils souffraient dans leur personne des événements de l'histoire. Tour à tour guillotinés, amputés, ruinés, envahis, fusillés, ils continuaient à subir ces malheurs et même à les appeler sur leur tête par la déplorable inclination qui les portait à admettre comme vérités révélées toutes les sottises de leur époque et même les mensonges de l'ennemi.

Un vieux proverbe de nos campagnes dit que l'expérience des pères est perdue pour les enfants. En effet, l'histoire complète de la famille aurait dû, surtout après la démonstration si cruelle de 1870, mettre les Gobemouche en garde et leur apprendre à être méfiants. Cependant il n'en était rien.

Dans les premières années de notre siècle, un des maîtres de forge les plus puissants de la région des Ardennes avait coutume de dire, au moins deux fois toutes les vingt-quatre heures, en se frottant les mains, qu'il « marchait avec son temps ». M. Degobemouche (il avait donné à son nom cet aspect de haute bourgeoisie, plus convenable à un âge d'égalité et aux grandes affaires,) administrait de nombreuses sociétés anonymes. En effet, le Nord Est de la France, grâce à la découverte des mines de fer, était devenu d'une activité et d'une prospérité prodigieuses.

Ce qui était inquiétant, c'était que les Allemands eussent à portée de la main cette richesse formidable : le bassin de Briey-Longwy renferme à lui seul des milliards de minerai de fer et, ce minerai, justement, s'épuisait en Allemagne, qui en avait grand besoin. Aussi les métallurgistes boches cherchaient-ils toutes les occasions de se mettre dans les bonnes grâces de leurs confrères français pour mieux dériver vers les usines Krupp l'acier qui servirait à fondre des obus et des canons géants.

M. Degobemouche, qui marchait avec son temps, savait bien que la guerre était impossible. Les Allemands n'avaient aucun intérêt à la faire et un peuple d'une « culture » aussi avancée ne commettrait jamais un tel forfait contre la cause humanitaire. D'ailleurs, la France ne ferait jamais la guerre non plus. Donc il était absurde de craindre un conflit. M. Degobemouche réprouvait les réactionnaires qui s'hypnotisaient sur les souvenirs de 1870 et qui perpétuaient la défiance et l'hostilité entre deux peuples également épris de progrès et faits pour s'entendre. Aussi donnait-il lui-même l'exemple du rapprochement franco-allemand et il ouvrait toutes grandes les portes de ses usines et même de ses conseils d'administration aux ouvriers, aux ingénieurs et aux banquiers d'outre-Rhin. Quand on marche avec son temps, on n'a pas de préjugés, on connaît pas de frontières et l'on n'a pas de préférence pour les prolétaires de tel ou tel pays.

Il y avait depuis longtemps, dans les vastes ateliers et les nombreux hauts fourneaux qu'administrait M. Degobemouche, un certain docteur Kindermoerder qui possédait la confiance du patron. Le docteur Kindermoerder, délégué de la *Deutsch-franzoesische Bank* de Berlin, n'était pas joli à voir. Il avait l'œil fuyant derrière ses lunettes d'or et des mains d'assassin. A table, il mangeait d'une façon répugnante. Il formait sur son couteau des pyramides de viande et de légumes qu'il faisait entrer d'un seul coup dans sa bouche en renversant la tête en arrière. Il se curait les dents avec sa fourchette qui lui servait ensuite à peigner sa barbe jaune et rude, tandis qu'il citait la *Paix perpétuelle* de Kant et qu'il déclamait des strophes philosophiques de Schiller. M. Degobemouche l'écoutait avec attendrissement et il rêvait de donner sa fille en mariage à ce noble fils de la Germanie, dans l'idée qu'une femme française corrigerait vite ses légers défauts d'éducation.

Mais les jeunes Degobemouche appartenaient à une génération nouvelle qui n'aimait pas les Allemands. Guy, l'aîné, en voulait à Kindermoerder qui lui avait cruellement tiré les oreilles quand il était petit. Guy savait que l'ingénieur boche réservait toutes ses faveurs aux ouvriers allemands et brimait les ouvriers français, surtout les vieux, ceux qui portaient le ruban vert de 1870. C'est pourquoi Guy surveillait le délégué de la *Deutsch-franzoesische Bank* dans l'espoir de le prendre en défaut et de se venger.

Un jour, le jeune homme se crut sûr de son fait.

— Papa, dit-il à M. Degobemouche, Kindermoerder est un espion. J'en ai la preuve. Il va toujours se promener avec son appareil photographique du côté des forts et il a toutes sortes de calepins qu'il remplit de notes en langage convenu.

M. Degobemouche reprocha vivement à Guy de s'être méfié d'un collaborateur de son père qui était en même temps un hôte. Il lui dit que, par là, il s'était fait espion lui-même et qu'au surplus le docteur Kindermoerder était une nature trop élevée et trop idéale pour exercer un si vil métier.

Mais Guy ne démordait pas de son idée, et il continuait d'observer l'ingénieur. Celui-ci avait construit sa villa sur un plateau qui domine Vouziers. Dans l'été de 1913, il fit installer deux vastes plates-formes bétonnées sous prétexte de disposer un jeu de tennis.

— Cette fois, se dit Guy, je le tiens. Il prépare des emplacements de canons pour la guerre future. Et il s'empressa de communiquer ses soupçons à son père. Mais M. Degobemouche s'emporta.

— Je vois ce que c'est, dit-il. On persécute mon meilleur collaborateur. Un vent d'espionnite et de délation souffle sur ce pays, toute la jeunesse est empoisonnée par les idées romanesques de l'auteur de l'*Avant-Guerre*. Où irions-nous si l'on écoutait M. Daudet ! Les affaires ne seraient même plus possibles. En attendant, je me charge de faire respecter le docteur Kindermoerder dont j'ai éprouvé, à maintes reprises, la loyauté.

Guy se tut. Mais il avait le cœur gros en voyant l'ingénieur boche faire la loi dans les conseils d'administration, décider des marchés et de la disposition des usines. La société Degobemouche et Cie était seule en France à fournir à l'artillerie un explosif dont la fabrication exigeait des chambres de plomb spéciales. Peu à peu, sous l'influence de Kindermoerder, cet agencement compliqué et coûteux fut centralisé tout près de la frontière, en sorte que, dès les premières heures de l'invasion, notre armée devait être privée d'un des éléments les plus précieux de la défense nationale.

Or, au milieu du mois de juillet 1914, Kindermoerder annonça qu'il allait passer ses vacances en Allemagne.

— J'aurai le plaisir de vous revoir bientôt, dit-il à M. Degobemouche avec un sourire bizarre dans sa barbe en broussaille.

Et comme Guy le regardait, il répéta avec plus de dureté :

— Mais oui, bientôt, mon jeune ami. Nous nous reverrons bientôt.

La mobilisation générale était déjà ordonnée et Guy avait répondu à son ordre d'appel que M. Degobemouche refusait encore de croire à la guerre.

— Ce n'est pas possible, disait-il. Tout va s'arranger d'ici quelques heures. Le pays de Kant et de Schiller ne peut pas combattre le pays de Victor Hugo et de Pasteur. Et puis, Kindermoerder m'a dit cent fois que les intérêts financiers de la France et de l'Allemagne étaient trop étroitement unis pour que cette lutte ne fût pas une lutte fratricide.

Le maître de forges des Ardennes attendait encore que la paix se rétablît sur l'ordre des banquiers de Berlin quand les soldats allemands apparurent, nombreux comme des nuées de sauterelles, accompagnés de canons monstres qui lançaient d'énormes marmites à vingt kilomètres devant eux. M. Degobemouche était à peine remis de sa stupéfaction lorsqu'un officier prussien se présenta.

— Je vous avais promis que nous nous reverrions bientôt, dit Kindermoerder en ôtant son casque ; il avait toujours ses lunettes, mais il avait rasé sa barbe et sa mâchoire carrée était terriblement brutale.

Sans plus attendre, il expliqua à M. Degobemouche ce qu'il attendait de lui. Les hauts fourneaux, les usines devaient continuer à travailler pour l'Allemagne. Le directeur serait personnellement responsable de tout arrêt dans la production.

A ces mots, les dernières illusions de M. Degobemouche s'envolèrent et il sentit son cœur français battre d'indignation dans sa poitrine.

— Jamais, répondit-il à Kindermoerder, en le regardant avec mépris. L'Allemand se contenta de répliquer durement qu'il savait ce qu'il lui restait à faire.

Le métallurgiste le savait également. Une pensée ne le quittait plus : celle de son fils qui était soldat, et contre qui l'ennemi voulait le contraindre à forger des armes. Eh bien ! lui aussi, à sa manière, il combattrait. Il savait le moyen d'inonder la plus riche et la plus prochaine de ses mines. La nuit venue, il s'y rendit à pas de loup. Mais les abords en étaient gardés et les sentinelles l'arrêtèrent.

Aussitôt, Kindermoerder fit déporter M. Degobemouche dans un camp d'otages de la Prusse orientale. Il y est mort de mauvais traitements l'an dernier...

***

Le lieutenant Guy Degobemouche est revenu du front avec le ruban rouge, une croix de guerre couverte de palmes et deux graves blessures dont il souffrira toujours. Il a perdu son père et combien de ses parents et de ses camarades ! Sa fortune, tout entière en pays occupé, a disparu.

— Me voici aussi pauvre que l'avait été mon aïeul le tisserand de Reims, dit-il un jour en souriant à l'infirmière qui l'avait soigné et guéri. « Toute ma vie est à recommencer. »

Et il ajouta en soupirant :

— Quelle femme sera assez courageuse pour la recommencer avec moi ?

Mais elle ne craignait pas plus la pauvreté, le travail et la peine qu'elle n'avait craint l'hôpital. Et c'est pourquoi elle répondit :

— La France aussi a sa fortune à refaire. Pourtant les Français ont confiance en elle. Nous aurons confiance comme eux.

Ils s'avouèrent ainsi leur amour. Mais, une fois, Guy lui avait raconté l'histoire de sa famille, par manière de plaisanterie. Et il reprit en rougissant :

— Si seulement je pouvais donner à mes enfants un nom moins ridicule...

— Oh ! dit-elle, la seule chose que je n'aurais pas voulue, c'eût été de m'appeler Apfelblum ou Schweinhans. Tous les noms de chez nous sont beaux, et il y aura encore des Gobemouche. Mais nous leur apprendrons à ne pas l'être comme leurs ancêtres l'auront été.

Le Ravin de la Caillette, par M. Marret
d'après sa gravure sur bois au Salon de 1918

BERTRAND ET RATON (dialogue politique) (1)

PERSONNAGES

Monsieur RATON, *socialiste français.*
Herr BERTRAND, *socialiste allemand.*
Le chœur des socialistes neutres.
Chœur de chefs socialistes français.
Une escouade française, personnage muet.

La scène est sur la frontière.

BERTRAND. — Je t'aime, Raton.

RATON. — Je t'aime, Bertrand.

BERTRAND. — Si tu ne m'aimais pas, je te casserais la tête.

RATON. — C'est beau de s'aimer comme ça.

BERTRAND. — Oui. Tu dois m'admirer et m'aimer : je suis un fils de la grande Allemagne. Depuis que je t'ai appris à dire, *la fraternité ou la mort,* tu es devenu mon frère, et ton pays est devenu mon pays. J'aime ton pays, Raton.

RATON. — Ne te gêne pas, fais comme chez toi. Moi, je suis pour l'union de l'Allemagne et de la France.

BERTRAND. — Moi aussi. Vive l'Allemagne au-dessus de tout ! Et quand l'Allemagne sera partout, j'aurai le soleil de la Provence, ses fleurs et ses fruits, j'aurai les vins de la Champagne, les blés de la Beauce, les mines, les forêts, les côtes de l'Océan et de la Méditerranée, que toi, Raton, tu ne sais pas mettre en valeur.

RATON. — J'aurai ma part tout de même. On doit partager.

BERTRAND. — On partagera proportionnellement aux appétits. Moi, j'ai beàucoup d'appétit, il me faut la grande part, personne ne doit me résister ; ce serait impossible, ce serait une folie.

RATON. — Oh ! oui, ce serait dangereux, et à quoi bon se fâcher ? Nous sommes des frères et on se paiera sur les bourgeois.

BERTRAND. — Oui, paie-toi, c'est facile. Tu n'as besoin de presque rien, tu n'as qu'un fils, peut-être deux, peut-être point du tout. Moi, j'ai douze enfants ; tu as trop de place, moi pas assez : alors, donne-moi ta place. C'est juste.

RATON. — Oui, c'est juste. Mais j'aimerais assez garder mon champ, mon petit jardin, ma maison et les laisser à mes enfants.

BERTRAND. — L'héritage ! L'hérédité ! Préjugés bourgeois. Je ne veux pas les connaître.

RATON. — Moi non plus. A bas les bourgeois !

BERTRAND. — Quand je viens sur une autre terre chercher ce qui me manque, le droit social international est pour moi. Si je viole les principes de la société bourgeoise, je fais bien et tu dois m'admirer et m'aider.

RATON. — J'ai deux fils. C'est leur droit que je leur laisse ce que j'ai. Ce sont des gaillards. Suppose qu'ils aient quatre ou cinq enfants...

BERTRAND. — Ce ne sont pas des gaillards et ils n'auront pas quatre ou cinq enfants ; votre race latine est étiolée, vous devez disparaître : vst ! Et puis, je ne m'occupe pas des enfants qui viendront peut-être ; c'est une hypothèse sentimentale. Je m'occupe des enfants qui sont là, jaunes, blancs, nègres, rouges ; et on doit les loger où il y a de la place. Tout partager avec ce qui est en vie, c'est la révolution, c'est la pure justice.

---

(1) L'inspiration de cet ingénieux et vif dialogue se réfère à un fait cité par Charles Maurras dans la préface de son livre *Les chefs socialiste pendant la guerre* paru à la Nouvelle Librairie Nationale.

RATON. — Par moments, j'ai peur que ce soit de la bêtise.

BERTRAND. — Alors, je te casse la tête avec des fusils, des canons et des mitrailleuses.

RATON. — Tu ne feras pas ça : nous sommes frères ! Mais si tu prends mon champ, qu'est-ce que j'aurai, moi ?

BERTRAND. — Ma camelote, mes produits chimiques, ma culture. J'ai beaucoup de marchandises que tu dois m'acheter, et je te ferai une bibliothèque avec Karl Marx, Hégel, Kant, Luther et Jaurès. Pour cela, tu me donneras seulement la place pour moi, ma femme et mes quinze enfants.

RATON. — C'est dit. Et si les curés, les capitalistes, les propriétaires et les tyrans font la guerre, on ne marche pas.

BERTRAND. — Plus de frontières ! L'Allemagne, l'Allemagne au-dessus de tout ! Raton, embrassons-nous.

BERTRAND. — Voilà que la France attaque l'Allemagne. Ne marche pas, Raton. Moi, je marche derrière mon Empereur.

RATON. — Traître ! ton empereur est un vil tyran.

BERTRAND. — Il veut venir en France et moi aussi ; nous voulons la même chose : France et Allemagne réunies. Je suis le socialiste de l'empereur.

RATON. — Tu me trahis : tu n'es pas socialiste, tu es impérialiste.

BERTRAND. — C'est la même chose pour moi. Il faut vivre d'abord, et c'est l'empire allemand qui me donnera la puissance de vivre une belle vie sur toute la planète. Sans l'empire, je ne suis rien.

RATON. — Assez causé ! Tu trahis l'internationale.

Il prend son fusil.

BERTRAND. — Je ne trahis pas l'internationale. Socialistes neutres, dites si je la trahis.

RATON. — Socialistes neutres, à moi !

LE CHOEUR DES SOCIALISTES NEUTRES. — Raton a tort, Raton a tort.

RATON (*du ton de Crainquebille*). — Oh !...

BERTRAND. — Tu vois !

LE CHOEUR. — Bertrand est dans les principes, Raton les viole.

RATON. — Bren pour vos principes ! Bouge pas, ou je cogne !

BERTRAND. — Ecoute et regarde : voici nos canons lourds, nos mitrailleuses et nos gaz asphyxiants ; voici nos sous-marins, nos zeppelins, nos gothas et nos pièces à longue portée. Maintenant, je te le propose encore : veux-tu la paix allemande, ou que je casse ta tête ?

RATON. — Essaye un peu, tu vas voir ça !

Il épaule, mais le fusil n'est pas chargé. Bertrand
se précipite dans la maison de Raton.

BERTRAND. — Tiens, voilà tes avortons de fils... (*Il les tue.*) Voilà ta jolie femme, elle est pour moi... et voilà ta maison (*Il met le feu.*).

RATON. — Assassin ! Boche ! Sale Boche ! J'aurai ta peau !

Baïonnette au fusil, Raton s'élance. Bertrand disparaît dans un trou.

BERTRAND. — Je suis très bien là, et pendant ce temps, tu peux réfléchir.

Entre un chœur de chefs socialistes français.

RATON. — Ah !... Tu sortiras de ce trou-là !

Il s'acharne contre le trou.

LE CHOEUR DES CHEFS SOCIALISTES. — Mauvais disciple. O Raton ! Pourquoi te bats-tu ? La main dans la main ! Pas de résistance ! Bertrand fait la guerre du droit international contre le droit de propriété bourgeoise. Pauvre Boche ! Il tue, il viole, il brûle ? Le moyen qu'il fasse autrement ! Tu l'as mis en colère en résistant.

RATON. — C'est comme ça que vous défendez le peuple ? C'est comme ça que vous bernez le prolétariat ? Allez bourrer les crânes ailleurs ! Et d'abord, qu'est-ce que vous faites là, tas d'embusqués ?

Le chœur s'esquive en se querellant. Entre une escouade française.

RATON. — A moi, caporal !

Le Boche est forcé dans son trou.

BERTRAND (*à genoux, les bras levés*). — Kamerad...

RATON. — Camarade ! Attends !

Il le tue.

TOUS. — Vive la France ! La France aux Français !

NOTES

I. *Si tu ne m'aimais pas, je te casserais la tête.* Cela est traduit de l'allemand :

Und willst du nicht mein Bruder sein,
Se schlag ich dir den Schaedel ein.

II. *Berner le prolétariat.* L'expression est de M. Jules Guesde, à l'adresse des chefs du parti, au Congrès d'Amsterdam, en 1904.

Noël FRANCÈS.

Un bleu
Gravure sur bois, par M. Léon Bazin,
d'après la statuette
de M. François Bazin
au Salon de 1918

L'ARMÉE ANGLAISE DEPUIS LE DÉBUT DE LA GUERRE

Au 1er août 1914, le système militaire de la Grande-Bretagne était en pleine période de réorganisation. La campagne du Transvaal avait révélé de telles lacunes que les partisans les plus résolus de l'ancienne armée avaient dû admettre la nécessité de réformes profondes. Les armements croissants des grandes puissances européennes, ceux de l'Allemagne en particulier, faisaient craindre que l'armée anglaise ne fût insuffisante même pour repousser l'invasion ; mais de 1902 à 1914, tout ce qui fut tenté n'aboutit pas comme on l'eût désiré.

Les libéraux étaient arrivés au pouvoir en 1905. Or, un des articles essentiels de leur programme était la réduction de l'effort militaire et naval ; leur demander quelque chose pour l'armée de terre, alors qu'ils songeaient à suspendre les armements maritimes projetés par les conservateurs, était inutile.

Le ministère Campbell-Bannerman, sourd à la leçon de Tanger, n'hésita pas à licencier un onzième de l'armée active, pourtant si faible déjà. Certains corps distingués par de vieilles traditions disparurent ainsi. Puis M. Haldane, ministre de la Guerre, partisan d'un rapprochement avec l'Allemagne, n'hésita pas à bouleverser le système des réserves. Il commença par détruire les corps de volontaires, puis créa de toutes pièces des bataillons de

Le Maréchal Haig
d'après le tableau de **M. Joëts au Salon de 1918**

territoriaux. On avait espéré, non seulement que les volontaires entreraient tous dans l'organisation nouvelle, et de plus, qu'il y aurait des engagements supplémentaires. Il n'en fut pas ainsi : les bataillons territoriaux eurent des effectifs absolument insuffisants ; l'instruction militaire, au dire de juges compétents, fut loin d'être satisfaisante. L'échec des plans Haldane fut complet.

L'affaire d'Agadir, en montrant l'imminence du péril, donna plus d'actualité que jamais à la question militaire en Angleterre, le problème du renforcement de l'armée fut cette fois posé devant l'opinion. Trois partis se formèrent ; le premier soutenait l'excellence du système Haldane, comptant que l'armée anglaise n'aurait jamais à remplir qu'un rôle secondaire, tout au plus à protéger les côtes de Grande-Bretagne, au cas où l'ennemi tenterait un débarquement.

D'autres, partisans des milices sur le modèle suisse, demandaient que sans toucher à l'armée régulière recrutée par voie d'engagements volontaires, on donnât à tous les sujets anglais un entraînement militaire de quelques semaines.. Ainsi se seraient constituées des réserves suffisantes pour que toute l'armée régulière pût être envoyée outre-mer ; c'est le projet que le gouvernement australien étudiait alors pour son compte. C'est une solution analogue à celle de Jaurès dans son *Armée Nouvelle.*

Un troisième parti, ayant à sa tête Lord Roberts, demandait l'application pure et simple de la conscription, et la création d'une puissante armée permanente à l'imitation de la France et de l'Allemagne. Une ligue en faveur du service militaire obligatoire fut aussitôt créée et donna de nombreuses réunions.

Dans la majorité de ses membres, le Gouvernement sentait dès 1914 la nécessité de faire quelque chose ; mais la crainte de mécontenter l'opinion, surtout les travaillistes, le paralysait et l'empêchait de rien tenter de pratique. Les deux états-majors français et anglais avaient eu des conférences. Bien qu'aucune alliance n'eût été signée, ils étudièrent de concert la participation possible de l'armée anglaise à une campagne de France. L'Angleterre ne voulait prendre aucun engagement, entendant demeurer libre de son action jusqu'au bout. L'état-major anglais assigna toutefois comme limite à l'effort de son armée, l'envoi d'un corps expédinaire composé des divisions actives, soit 165.000 hommes ; on promettait d'assurer leur transport en quelques semaines sur le continent.

L'armée active de l'Angleterre était d'ailleurs une des meilleures de l'Europe. Si l'artillerie avait encore des progrès à faire, l'infanterie et la cavalerie avaient reçu un excellent entraînement. Les officiers, en particulier, possédaient toutes les qualités militaires. Ils étaient recrutés en général dans des familles où l'intérêt pour l'armée était héréditaire. L'esprit de corps était très fort dans ces régiments aux traditions anciennes. Malheureusement la faiblesse des effectifs n'avait jamais permis de donner aux commandants de grandes unités. Leurs états-majors manquaient de l'entraînement convenable pour la même raison. Il leur fallut quelque temps pour l'acquérir.

Au 4 août 1914, le Gouvernement anglais comprit qu'une dure et longue guerre s'ouvrait ; limiter à 165.000 hommes l'effort de l'empire ne répondait, ni à l'étendue du péril couru par l'Angleterre, ni à ce qu'elle devait à ses alliés. La première chose que fit Lord Kitchener devenu ministre de la Guerre, fut donc de demander 500.000 volontaires. D'autre part, il pressa si fort le débarquement, que le corps expéditionnaire put prendre part aux batailles de Charleroi et de la Marne.

LES ARMÉES KITCHENER

Dès les premiers combats, les pertes des Anglais furent très élevées ; beaucoup parmi ceux qui tombèrent ainsi, des Flandres au Grand-Morin, auraient été de précieux instructeurs et d'excellents officiers ou sous-officiers pour les cadres des corps de réserve. On a parfois regretté que l'armée active anglaise n'ait pas été mieux ménagée : peut-être bien des mécomptes éprouvés depuis ne se seraient-ils pas produits ; mais il faut songer à l'immense effet moral ressenti à la fois dans l'armée française et dans l'opinion, lorsqu'on vit l'armée anglaise entrer en ligne dès la quatrième semaine de guerre.

Lord Kitchener était le type même du soldat de carrière, il joignait à cette qualité une remarquable souplesse d'esprit. Les volontaires étaient animés du meilleur esprit, l'élite de la société anglaise s'était engagée dès le premier jour, l'opinion publique des hautes classes se montra si sévère envers les retardataires que ceux-ci s'empressèrent de réparer leurs premières hésitations. Dans les milieux populaires, l'éducation politique n'était pas aussi satisfaisante et le mouvement fut plus long à s'étendre.

Le problème le plus délicat était de former des cadres suffisants. Employer le système français, qui consistait à traiter de même toutes les recrues, on n'y songea pas un instant. Le War Office partit de ce principe qu'il fallait s'adresser aux cadres de la société civile pour leur demander les futurs officiers. Les étudiants d'universités, les personnes qualifiées par leurs connaissances générales ou techniques furent envoyées dans des centres spéciaux d'élèves officiers, ou même reçurent directement des grades. Lord Kitchener ne vit aucun inconvénient à nommer du du premier coup colonels ou généraux les hommes mis à la tête de services spéciaux. La même méthode servit pour le front : les chefs de compagnie qui se distinguèrent au feu, reçurent au bout de quelques mois un régiment, puis une brigade, et l'on a vu ainsi surgir des officiers généraux de vingt-huit à trente-cinq ans.

Il y eut naturellement des expériences fâcheuses, inévitables dans une pareille fièvre d'improvisation ; mais elles furent en petit nombre et il est permis de penser que le système suivi fut le meilleur possible.

Au contraire, l'essai qui fut fait de l'armée des Hindous dans la guerre, ne réussit pas. Excellentes dans leur pays, ces troupes s'habituèrent mal aux méthodes de combat qu'on leur imposait tout à coup. Elles ne supportèrent pas mieux les hivers du nord. D'ailleurs les Dardanelles, la Palestine, la Mésopotamie allaient leur donner, dans des pays plus convenables pour elles, l'occasion de se couvrir de gloire.

Le concours des colonies anglaises donna des résultats que l'on n'eût pas espérés. Très libérale à leur égard, la Grande-Bretagne ne leur avait imposé aucune obligation militaire, même en temps de guerre ; elles étaient libres de demeurer spectatrices, ou de n'envoyer que quelques milliers d'hommes à titre de démonstration d'intérêt. Pas une ne songea à tenir cette conduite. Quelques-uns avaient douté d'elles, et l'on ne doit pas omettre que certains hommes politiques de chez elles, pour marquer l'indépendance d'esprit, avaient menacé la mère-patrie de la laisser seule en pareil cas. Au Canada, sir Wilfrid Laurier, avait annoncé cette conduite.

Mais les colonies comprirent que la présente guerre engageait à la fois leur intérêt et leur honneur ; après avoir si longtemps joui de la paix anglaise, après avoir connu grâce à l'immense flotte de la métropole une sécurité et une richesse sans exemple, pouvaient-elles se soustraire aux charges de l'empire ? Elles savaient aussi que dans l'avenir, elles auraient des rivaux à combattre, et réclameraient contre eux l'appui de l'Angleterre. Comment l'obtiendraient-elles si dans la circonstance elles commençaient par refuser le leur ?

Le système militaire des colonies anglaises était malheureusement imparfait, nous allons en donner l'idée pour chacune d'elles.

Au Canada, il y avait une milice nombreuse sur le papier, mais peu encadrée, soumise à des périodes d'entraînement trop courtes. Pendant longtemps elle avait demandé ses instructeurs à l'armée anglaise mais le caractère canadien, enclin à l'armée populaire, s'accommodait mal des méthodes d'officiers de carrière européens. Sir Wilfrid Laurier avait même fait relever de son commandement le chef anglais de la milice, pour cette seule raison. Un corps excellent était celui de la police montée des provinces de l'ouest. Transportée en Turquie, ses qualités d'endurance, de discipline et d'énergie lui ont permis de rendre d'excellents services.

Le ministre de la Défense et de la Milice Fédérale, le général Sir Sam Hughes a réalisé une œuvre remarquable. Très discuté, pour son caractère impétueux et son peu d'amitié pour les Canadiens de Québec, il a suivi dans ses méthodes les exemples de Lord Kitchener. Faute d'officiers, on a dû pousser rapidement aux plus hauts grades des hommes entrés nouvellement dans l'armée. Le général en chef, Sir John Currie, est lui-même un engagé volontaire d'août 1914, on sait avec quelle habileté cet ancien journaliste dirige une armée de plusieurs centaines de mille hommes.

L'Australie qui, à cause de son peu de population, avait peur d'être un jour conquise, s'était préoccupée dès le début du siècle de se protéger contre l'invasion. Malgré leurs tendances socialistes, les différents ministères qui s'étaient succédé avaient admis le principe du service militaire obligatoire dans les milices, mais l'œuvre était loin d'être prête quand la guerre éclata. Cependant, sachant à l'avance ce qu'il désirait, le gouvernement fut très vite en mesure d'équiper un corps important. La Nouvelle-Zélande l'imita, avec la différence que suppose une population quatre fois moindre.

Dans l'Afrique du Sud, les souvenirs de la guerre des Boërs étaient encore trop récents pour que la guerre nécessitât les mêmes improvisations. Un rôle particulier revenait à cette colonie de l'Angleterre, celui de débarrasser l'Afrique des Allemands. Le général Botha prit le commandement d'une armée, où vainqueurs et vaincus de 1902 étaient confondus. Opérant sur un territoire qui lui était familier, elle ne tarda pas à faire capituler l'ennemi ; puis, en liaison avec les Belges et les Hindous, elle entreprit la conquête méthodique de l'Afrique Orientale allemande. On saura un jour ce qu'a été cette extraordinaire campagne. La résistance fut considérable. Quelques milliers d'Allemands tenaient tête. Enfin au prix de grands efforts, on leur arracha le pays.

LES SUCCESSEURS DE LORD KITCHENER

A la fin de 1914, la question des effectifs paraissait résolue ; mais il fallait créer le matériel nécessaire. Les arsenaux militaires anglais ont toujours eu bonne réputation pour le fini de leur fabrication, mais on leur a reproché de tout temps la lenteur de l'exécution, leurs prix élevés et le grand nombre des formalités administratives.

Comme chez tous les belligérants, on s'adressa d'abord à l'industrie privée ; aucun concours ne fut établi, on ne discuta aucun prix ; il fallait produire vite et en grande quantité. Cependant deux choses émurent l'opinion ; en premier lieu les bénéfices énormes réalisés par les fournisseurs, qui allaient bien au delà de ceux de nos nouveaux riches ; en second lieu l'organisation ouvrière qui posait un problème particulier. Depuis 1860 environ les chefs d'entreprise ont dû se plier, en Angleterre, aux exigences des trade-unions en ce qui concerne la situation des ouvriers dits *qualifiés* (mécaniciens, ajusteurs, électriciens, charpentiers, mineurs, ouvriers tisseurs, etc.). Aucun ouvrier ne doit être embauché qu'à condition d'appartenir à une union ; aucun apprenti ne doit être formé sans l'assentiment du syndicat ; leur recrutement et leur nombre est soumis à des règles fixes ; la durée de la journée de travail est limitée ; un nombre minimum de journées de congé est obligatoire ; une production journalière maximum également. En conséquence de ces embarras, les services de l'artillerie et des fabrications ne tardèrent pas à se trouver incapables de fournir le nécessaire. De nouvelles usines furent ouvertes, mais une union interdisait de dresser rapidement des demi-spécialistes pour les y faire travailler. Quelle que fût l'urgence des commandes, on n'obtenait pas d'ouvriers pour les heures supplémentaires ; la question du relèvement des salaires provoquait des grèves, etc.

On eut recours à M. Lloyd George, auquel sa position dans le parti radical valait la popularité dans les milieux où il fallait agir. Il quitta la Trésorerie et prit les Munitions. A une suite de conférences qu'il eut avec les chefs des trade-unions, il obtint des syndicats l'abandon de leurs règles. Il les convainquit de l'étendue du danger, il leur montra que leur égoïsme de classe attirerait sur eux la haine de tous.

Les ouvriers qualifiés exigèrent deux choses : d'abord une loi qui garantît le rétablissement de leurs prérogatives après la guerre, ensuite des bornes mises aux profits des patrons. Le gouvernement accorda les deux points, il assuma d'une manière étroite le contrôle des usines de munitions, de manière à limiter à dix pour cent du capital les bénéfices ; plus tard le système fut modifié, cependant l'ère des grandes fortunes de guerre est passé.

Vers le milieu de 1915, le système militaire de la Grande-Bretagne paraissait à point ; cependant de nouvelles mesures allaient s'imposer. Les exigences de la guerre dépassaient, en fait d'hommes, tout ce qu'avait prévu Lord Kitchener. En même temps le recrutement volontaire diminuait ; d'autre part la retraite des Russes, de l'été de 1915, avait montré que l'alliée d'Orient pèserait dans la guerre beaucoup moins qu'on ne l'avait cru ; de nouveaux efforts se rendaient néces-

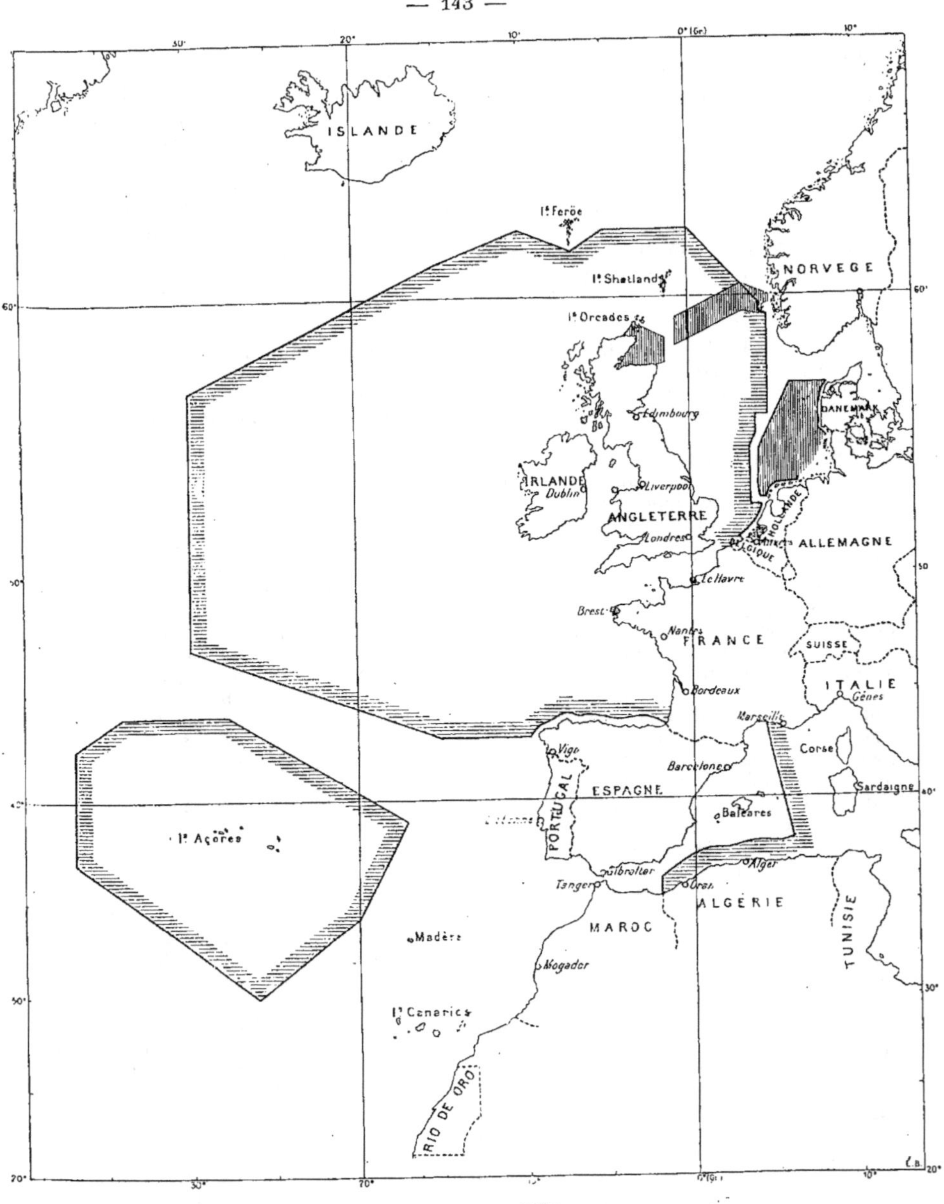

CARTE DU BLOCUS MARITIME

saires. Les esprits clairvoyants comprirent que le seul moyen de se procurer des soldats était la conscription ; mais cette manière de voir rencontrait des obstacles. Le Royaume-Uni était fier de penser que seul dans toute l'Europe, il avait une armée composée seulement de volontaires. D'autre part, le développement du régime militaire est une chose qui ne plaît pas aux Anglais. Enfin une minorité importante, hostile à la guerre, refusait d'en faire porter le poids à ceux qui n'approuvaient pas qu'on l'eût faite. M. Asquith hésita d'abord. Quoique prévoyant qu'il faudrait céder un jour, il manœuvra dans le Parlement pour reculer le plus possible l'échéance de la conscription. Une sorte de Direction générale du Recrutement fut remise à Lord Derby, maintenant ambassadeur à Paris. Il fut convenu qu'une action serait menée en vue d'avoir assez de volontaires. Si, dans un temps donné, le chiffre n'était pas atteint, une loi de conscription serait présentée.

La campagne fut conduite avec les comités et les agents électoraux des deux grands partis, de nombreuses associations donnèrent leur concours. Une persécution en règle fut organisée contre les hommes appartenant aux catégories visées. Rien ne fut épargné, visites multipliées, interpellations dans la rue, lettres, tracts, discours, articles de journaux. Au jour dit, le nombre des volontaires dépassait le chiffre prévu. Mais à quel prix ! On jugea que les peines qu'il avait fallu prendre étaient pires que la conscription même. Ceux qui n'avaient pas voulu de la loi s'y trouvèrent du coup convertis.

La même question se posait pour les colonies. Au Canada, le parti de la conscription l'emporta. En Australie la défense ressentie pour le premier ministre Hughes l'empêcha, au contraire, d'être votée.

Tel est en bref l'histoire de l'armée anglaise. Depuis le 1er juillet 1916, elle forme un organisme parfait. Ce qu'elle conservait de défauts a peu à peu diminué. Il y a un an encore on était obligé d'échelonner les corps anglais sur une profondeur plus grande que les nôtres ; aujourd'hui cette différence est sur le point de disparaître. La physionomie de cette armée a aussi changé ; le cadre des officiers a élargi son recrutement, les lieutenants des formations Kitchener avaient la même origine sociale, les mêmes goûts, la même allure que ceux de l'armée régulière. Mais pour combler les vides il a fallu appeler des jeunes gens qui n'avaient pas fait leurs études dans les vieilles écoles traditionnelles, des représentants des classes moyennes des grandes villes. Ajoutons que ces nouveaux venus ont fait preuve des mêmes qualités militaires, et que les traditions des régiments et des bataillons ont été jalousement maintenues entre leurs mains.

Quant au soldat, il appartient maintenant à toutes les professions. l'hérédité militaire de nos paysans et de nos ouvriers français lui fait défaut ; mais il s'est mis avec ardeur à un métier nouveau pour lui, et sa vaillance ne fait pas question.

L'EFFORT MARITIME

Bien que la Marine anglaise ait eu peu d'occasions de se signaler par de grands combats, nous ne devons pas l'omettre ici. L'effort qu'elle a eu à fournir a été rude, et il convient de lui rendre justice. Elle a débarrassé les mers des navires allemands, et c'est grâce à elle que la flotte de Guillaume II a renoncé à s'éloigner de ses ports. Sans la grande flotte anglaise, ni les destroyers, ni les croiseurs légers ou les vapeurs, dragueurs de mines, ne pourraient opérer dans la mer du Nord. C'est crainte de voir sortir de Rosyth les cuirassés et les croiseurs de bataille, que les Allemands n'osent interrompre la tâche des navires de croisière.

Grâce à elle la Manche a été barrée, et pendant plus de quatre ans le va-et-vient des hommes et du matériel entre l'Angleterre et la France s'est opéré sans difficultés ; marine et armée britanniques doivent donc être étroitement associées dans l'éloge.

LES RESULTATS

Le Royaume-Uni et les colonies ont, d'après les derniers chiffres fournis, mobilisé 8.500.000 hommes, dont les deux tiers au moins levés dans la métropole. Le Canada a donné environ 900.000 hommes. Sur le million d'hommes affecté aux campagnes d'Asie, la partie la plus importante vient des Indes. Pour parvenir à ce résultat, l'Angleterre a dû effectuer des dépenses telles, que l'impôt sur le revenu atteint parfois 62 pour cent ; on a dû ralentir ou suspendre presque toutes les industries étrangères à la défense nationale. La dette contractée depuis le 1er août 1914 pèsera pendant plusieurs dizaines d'années sur tout le système économique du pays.

L'Angleterre avait vu clairement, dès le début, l'étendue de sa tâche. Elle y a fait face avec rondeur. Elle aurait pu céder à la tentation d'envoyer quelque deux cent mille hommes, et continuer à l'abri de la mer sa vie du temps de paix, jusqu'au jour où ses alliés épuisés auraient été contraints à quelque compromis. Elle a su voir qu'une pareille conduite l'eût exposée à se trouver seule au bout de peu de temps devant l'Allemagne. En conséquence, le parti, qu'elle a pris, est celui d'une union étroite avec la France et ses alliés, soutenue d'une cohésion parfaite de toutes les parties de son empire, dans le concours que cette alliance réclame.

Et maintenant répondons à ceux qui seraient tentés de conclure de tout ceci, que l'entretien de grandes armées permanentes est inutile, qu'un pays peut, au moment du péril, improviser la défense nationale.

L'armée anglaise n'a pu participer à des opérations militaires de grande envergure, supposant l'emploi simultané de plusieurs groupes d'armées, qu'à la date du 1er juillet 1916. Pendant vingt-trois mois, le poids de ces actions est retombé presque tout entier sur la France seule, tandis que les troupes anglaises faisaient leur devoir dans les secteurs. Si Lord Roberts eût été écouté, et si, dès le temps de paix, l'Angleterre avait eu une force de cinq cent mille hommes prête à débarquer sur le continent, dans l'espace de deux ou trois mois, la guerre aurait sans doute pris un cours différent. On a parfois reproché à notre état-major la longue immobilité du front. Elle avait en partie pour cause la nécessité de donner à nos alliés le temps de former leurs armées. Les Anglais le reconnaissent. Si l'Allemagne a pu tenir si longtemps, elle le doit en partie à cette circonstance.

Une autre remarque veut être faite ici : c'est qu'une guerre qu'on dit entreprise contre le régime militaire, a d'abord abouti à militariser une nation qui à cet égard s'était tenue jusqu'ici à l'écart des autres, la dernière qui maintint dans l'Europe de la Révolution, les coutumes de l'ancien régime en fait de conscription. C'est un des démentis que les faits ne cessent d'infliger au verbiage humanitaire pacifiste et démocratique.

P. T.

——— ✻✠✻ ———

A UN MALTHUSIEN

N'ayez donc pas d'enfants, nous dit Sixte-Quenin ;
Plus vous aurez d'enfants, plus en tuera la guerre.
Pas d'enfants, pas d'enfants. Ah ! quel malheur, coquin,
Que l'on n'ait pas chanté cette antienne à ton père !

LES SUJETS MILITAIRES AU SALON

Pour la première fois depuis la déclaration de la guerre les peintres ont tenu un salon cette année passée. Afin d'unir le souvenir des hommes qui se battent à la juste attention que mérite l'effort des artistes à l'intérieur, nous avons fait un choix de meilleures pièces, peinture, sculpture, gravure, retraçant des scènes, des types ou des personnages militaires, pour les reproduire ici.

Le lecteur les trouvera répandues dans les différentes parties de cet almanach.

La plus importante est celle de M. François Flameng, représentant le Soldat blessé que ses camarades placent sur une civière. L'effet de lumière savamment ménagé, la composition juste, mettent en pleine évidence le grand pathétique du sujet. L'artiste a recherché par endroits les effets des descentes de croix de Rubens ou du Caravage ; ces allusions fortes ou ingénieuses achèvent la grande tenue de l'ouvrage.

Le maréchal Haig, par M. Jules Joëts compose un majestueux portrait, d'un beau relief, d'une couleur harmonieuse. A côté de l'ouvrage achevé, nous donnons un croquis original de l'artiste, obligeamment communiqué par lui.

L'éminent sculpteur Injalbert a tracé lui-même, d'après son buste de Joffre, le dessin dont on trouvera ici la reproduction. Rien de plus beau, de plus vivant que ce buste, rien de plus exact que la copie tirée du marbre par l'artiste lui-même. M. Injalbert est l'auteur du beau monument d'Auguste Comte qui décore la place de la Sorbonne. Le portrait comme l'allégorie trouvent en lui des modèles achevés. La gravure que nous donnons de son œuvre est l'ouvrage de l'excellent graveur sur bois, Victor Dutertre, à qui l'Action Française doit le portrait de Vaugeois, d'après Maurice Joron.

Un jeune sculpteur de vingt ans, M. François Bazin, a exposé la petite figure du poilu en treillis, que nous reproduisons, chef-d'œuvre de grâce aimable et familière. Le père de l'artiste, M. Léon Bazin, graveur sur bois du plus grand talent, en a tiré cette belle gravure.

M. Albert Pommier, graveur en médailles, est l'auteur d'une plaquette d'un très beau caractère représentant un soldat au repos. Nous donnons cette plaquette d'après le dessin à la plume que l'artiste lui-même a tracé de son ouvrage et qui en garde la saisissante allure.

M. Paul Baudier a passé deux ans à Paderborn, comme prisonnier en Allemagne. Il a représenté ce camp dans une suite de gravures sur bois, dont nous reproduisons une des plus remarquables. Notre calendrier doit à M. Baudier les scènes de mœurs qui l'accompagnent. La gravure ci-contre est un bois réduit par l'artiste, d'après la gravure de plus grande dimension exposée par lui au Salon.

Le Ravin de la Caillette est, dans l'original, une gravure en camaïeu (bois en plusieurs tons) du plus grand effet. Il offrait au Salon un exemple bien remarquable de la renaissance de cet ancien procédé. La simplicité de l'art et la justesse d'effet y font le plus grand honneur à M. Marret.

Enlèvement d'un blessé
d'après le tableau de M. Flameng au Salon de 1918

L'EMPIRE RUSSE EN MORCEAUX

Depuis que la révolution russe a causé la dissolution de l'ancien empire des tsars, le lecteur de journaux français est mis tous les jours en face de noms de contrées qu'il connaît à peine, ne les ayant quelquefois pas lus une fois en dix ans. Ces noms sont imprimés comme le signe de réalités ethniques, historiques, linguistiques, que recouvrait l'ancienne unité. C'est avec ces réalités que nous nous proposons de lui faire faire connaissance.

De quoi sont faits tous les morceaux de Russie ? D'où vient qu'ils se connaissent une existence, qu'ils offrent à l'envahisseur allemand la matière d'une action s'exerçant à l'encontre de l'ancien état de choses, inscrit dans nos habitudes et dans notre enseignement public ?

Celui qui considère la carte de l'ancien empire a facilement l'impression que cette immense surface plane, avec des hauteurs qui ne dépassent jamais 400 mètres, porte une population homogène. Il s'en faut bien : les différences qui la partagent au contraire sont telles qu'elles ne le cèdent pas à celles que l'on constate dans l'empire autrichien même.

Nous allons en donner le détail. Il ne contiendra ni la Pologne, assez connue et qui, pour plus d'information, voudrait une étude particulière, ni les provinces d'Asie et du Caucase, qui n'offrent pas le même intérêt.

La Moscovie

Commençons par le centre. Cette partie de l'empire forme comme un noyau d'environ 70 millions d'individus qu'on nomme Grands Russes ou Moscovites. Ils ont pour capitale Moscou : leur race n'est pas slave pure, mais mêlée de tartare et de finnois. Ce sont ceux qui d'abord offrirent à Pierre le Grand les plus grandes résistances dans son entreprise d'imposer à ses peuples la civilisation européenne. Mais en même temps, c'est d'eux que le foyer russe a tiré ses éléments les plus actifs. Sous les grands-ducs de Moscou, puis sous les anciens tsars, ils affranchirent la Russie centrale du joug des Mongols d'abord, des Polonais ensuite. Le Moscovite se considère comme le véritable Russe et il est d'ailleurs regardé comme tel par tous les peuples voisins. C'est à son profit que les panslavistes appartenant à la haute bureaucratie prétendaient créer l'unité de toute la race slave. Mais cette ancienne fierté semble dormir aujourd'hui. La résistance nationale à l'Allemagne ne donne en eux en général que de faibles signes.

L'anarchie a toujours été le penchant de cette race. Mais un gouvernement vigoureux y fait assez aisément régner l'ordre. Une cause de troubles chez elle est la question agraire. Les terres y sont immenses, mais mal cultivées. Dans les dernières années d'avant la guerre, le gouvernement avait réussi en partie à y faire cesser la routine ; les coopératives, les machines agricoles, les engrais y étaient reçus, et la prospérité s'ensuivait. Surtout, on avait supprimé le mir ou propriété collective des terres, auparavant pratiqué dans ces campagnes, où chaque paysan ne possédait que la maison et son enclos ; le reste des terres n'étant dévolu que pour trois ans, au moyen d'un tirage au sort.

Une grande partie du sol russe était à la couronne, à la noblesse et aux monastères. Depuis cent ans, les paysans en demandaient le partage. En 1861, Alexandre II avait facilité l'acquisition des terres par les serfs émancipés, mais cela n'avait pu les contenter.

Depuis la révolution de 1905, ils avaient acquis la conviction que le partage ne serait jamais autorisé. C'est ce qui fait que dans la révolution récente, l'empereur ne trouva pas de défenseurs chez eux. Maintenant, ils croient que si l'ordre est rétabli, on rendra les terres aux seigneurs. En conséquence, tantôt ils massacrent les familles de leurs anciens propriétaires, tantôt ils sollicitent leur renonciation à prix d'argent.

Au point de vue religieux, les Moscovites se comportent de deux manières : les uns, fidèles par habitude aux pratiques rituelles jusqu'à la minutie, les autres méprisant tout credo et dévorés de fanatisme mystique. Il y avait deux catégories de sectes. La plus nombreuse avait aboli le sacerdoce. Au sein de l'Eglise officielle et dans le clergé couraient depuis cent ans les idées répandues par les universités protestantes ; la lumière en fait de religion était réputée venir d'en bas, c'était à leurs yeux l'instinct du peuple qui devait éclairer les Conciles. Quant au pouvoir que le clergé devait naturellement exercer, il était en partie usurpé par les bureaux. L'instruction publique était très développée en fait d'enseignement supérieur ou secondaire. Mais il ne s'ensuivait aucun progrès de l'esprit. Le Moscovite, en général, méprisait l'Europe occidentale. Aux disciplines qu'elle fait valoir, il opposait la spontanéité de son instinct. En conséquence, ce qu'il acquérait de connaissances ne servait qu'à bâtir les systèmes chimériques dont nous voyons l'effet.

Tout ceci fait comprendre comment la Moscovie, après avoir été le noyau de l'unité russe, a pu devenir l'agent de sa dissolution.

La Russie Blanche

A l'ouest de la Moscovie, limitée par elle, par la Lithuanie, les provinces baltiques, la Pologne et l'Ukraine, s'étend la Russie Blanche, dont le centre est Mohilef. La population de cette contrée s'élève environ à huit millions d'habitants. D'abord possession polonaise, apparentée à la Lithuanie, elle fut la première terre arrachée par les tsars de Moscou à la République de Pologne. Située au centre de tant de pays divers, sans frontières précises, elle n'a pas un caractère national très marqué, le dialecte s'y apparente au grand-russien, il y a des îlots de population lithuanienne. L'indépendance du pays a été proclamée au début de 1918, sans qu'on ait jamais bien su de quelle sorte de gouvernement émanait cette proclamation. Probablement il ne s'agissait que de soustraire la Russie Blanche à l'action des maximalistes. Quoique la province soit étendue, elle ne paraît renfermer rien de ce qui constitue un État distinct.

L'Ukraine

L'Ukraine a une superficie dont les évaluations varient entre 450 et 850.000 kilomètres carrés et une population de 22 à 35 millions d'habitants. Les frontières tracées approximativement au traité de Brest lui accordent un territoire à peu près égal à celui de l'Espagne et environ vingt-cinq millions d'habitants, dont un quart d'étrangers à la province.

Les limites de la race elle-même sont le San, les Carpathes, la Moldavie, la Mer Noire et une ligne assez imprécise perpendiculaire d'abord à la Mer d'Azof, puis coupant la plaine russe. Comme tous les pays voisins, sa population est un mélange de slaves russes ou polonais, de Tartares, de Moldaves et de Juifs.

Les Ukraines ont constitué au moyen âge un territoire tantôt indépendant, tantôt soumis au Khan des Tartares, aux rois de Pologne ou au Sultan. Le régime démocratique entretenait chez eux une continuelle anarchie ; et ils étaient sans cesse en guerre avec les uns ou les autres. En 1654, ils conclurent avec le tsar de Moscou une alliance perpétuelle qui devait leur assurer la liberté, sous la haute protection des Romanof.

Depuis lors, la Russie intervint constamment dans les affaires de l'Ukraine, non moins compliquées que celles de la Pologne. La grande Catherine fit élire grand hetman d'Ukraine un de ses protégés, le comte Razonmovski ; après la déposition de ce dernier en 1782, l'Ukraine devint une simple province russe.

Pendant cent ans, l'esprit de l'Ukraine sommeilla. Depuis 1880 à Kief, surtout à Pultava, un mouvement intellectuel s'était formé, destiné à rappeler à la Russie du Sud ses droits nationaux à pratiquer la langue de la province opprimée par la russification. L'Autriche vit le parti qu'elle en pouvait tirer. Elle encouragea ce mouvement.

Une autre raison venait encourager le séparatisme à Kief, c'est la prodigieuse richesse du pays où se trouve la terre noire, un des greniers à blé du monde, c'est grâce aux grains du sud que le trésor russe équilibrait ses budgets.

Dans les grandes villes d'Ukraine, on ne trouvait pas une nombreuse aristocratie semblable à celle de Pétersbourg, de Moscou, ou de Varsovie, mais une grande bourgeoisie enrichie par le commerce, la culture des betteraves et du blé ou la métallurgie. Mikaïl Ivanovitch Terestchenko, ministre du prince Lvof, puis du président Kerenski, en est le type avec ses huit millions de revenu et ses idées avancées. Dans ce milieu, on supportait avec impatience le joug moscovite. Le monde intellectuel le supportait encore moins. Il professait le socialisme et réclamait l'indépendance. De son côté, le paysan qui cultivait la terre avec des méthodes perfectionnées et qui, en conséquence, était riche, craignait de se voir envahi par le paysan moscovite.

La Révolution a d'abord fait se former en Ukraine un gouvernement provisoire autour de M. Vinnintchenko, intellectuel socialisant. Après la paix de Brest-Litovsk, ce gouvernement fut chassé par un descendant des anciens hetmans d'Ukraine, le général Skoropadski, que l'Allemagne appuyait. Les grands propriétaires ont soutenu ce mouvement ; mais les campagnes l'ont mal accueilli.

Pays avant tout agricole, la Russie du Sud trouve naturellement dans l'Allemagne une source d'approvisionnement en fait de machines ; et réciproquement se trouve à point pour fournir du blé à l'Allemagne. De plus, la grande bourgeoisie d'Ukraine a beaucoup de traits et d'intérêts communs avec les financiers, les commerçants et les industriels allemands.

Les Cosaques

Les terres occupées par les Cosaques présentent un territoire de plusieurs fois cent mille kilomètres carrés dans le bassin inférieur du Don. Ces populations passent pour les plus fidèles de toute laRussie envers l'ancien gouvernement. Les Cosaques furent d'abord les ennemis des tsars, puis subirent leur autorité ; l'ancienne hiérarchie élective qu'ils tenaient de leur tradition fut maintenue, mais l'empereur obtint le droit de confirmation à l'égard des chefs supérieurs. En conséquence, la province du Don forma une république sous la protection impériale. Les Romanof étaient assurés ainsi de la fidélité des Cosaques qui, aimant la guerre, la faisaient volontiers, et, étrangers aux autres peuples russes, ne demandaient qu'à assister l'empereur pour la répression des révoltes qu'il pouvait avoir à combattre. Quand survint la Révolution, l'hetman des Cosaques était Kalédine, signalé à la tête de l'une des armées russes opérant en Galicie.

Les Cosaques auront toujours beaucoup de peine à maintenir leur indépendance. S'ils limitent leurs frontières aux terres occupées par eux, leur État ne sera pas viable ; s'ils étendent leurs limites raisonnables, ils pourront difficilement survivre comme caste distincte en face des populations annexées. Ajoutons qu'il existe chez eux une opposition semi-maximaliste, qui, dans les élections de la Constituante, ne représentait qu'un septième des voix et qui tend à s'accroître. Désespérant d'imposer ses vues, l'hetman Kalédine s'est tué. On crut que le pays du Don serait gouverné par les socialistes ; mais le général Krasnov prit le pouvoir. Ce nouveau chef a proclamé la remise en vigueur des lois de l'empire, réuni le Bas-Volga et le Kouban, lié amitié avec l'Ukraine. L'Allemagne paraît envisager son gouvernement sans inquiétude.

La Crimée

La Crimée est peuplée principalement de Tartares, les Russes n'y sont venus qu'au XVIIIᵉ siècle, après la conquête, et occupent surtout les côtes. L'intérieur est resté musulman et dès que le désordre s'est répandu, ces éléments ont secoué le joug.

Les Turcs ont toujours regardé ces populations comme frères de race. Aussi ont-ils demandé que le pays devînt principauté indépendante sous l'autorité d'un parent du sultan.

Un pareil État cependant ne serait pas viable, à cause du port de Sébastopol que les États, issus du démembrement de la Russie, à défaut de la Russie elle-même, doivent naturellement réclamer. Aussi a-t-on vu l'Ukraine demander l'annexion de la Crimée en échange, à ce qu'on croit, de la province polonaise de Chelm.

La Bessarabie

C'est une partie de la Moldavie désignée par un nom distinct, depuis qu'elle a été séparée de celle-ci. Selon le sort des provinces frontières, elle a passé de mains en mains ; au déut du XVIIᵉ siècle, elle appartenait à la Pologne. Le traité de 1812 l'avait cédée à la Russie : les Moldaves protestèrent au point de vue juridique contre la validité de cette cession, étant donné que la principauté n'avait reconnu l'autorité du Turc qu'à la condition que son territoire serait toujours respecté. Sur les trois millions d'habitants qui peuplent la Bessarabie, la moitié est roumaine, les autres juives ou ukraniennes. A la suite d'un accord avec l'assemblée locale, la Roumanie a fait proclamer la réunion de la province au royaume, mais le nouvel état de choses n'a encore été reconnu d'une manière formelle par aucun gouvernement étranger.

La Finlande

Jusqu'en 1809, le grand-duché de Finlande était uni à la Suède. Il fut cédé à la Russie en vertu du traité d'Abo, non en forme d'annexion, mais plutôt en forme d'union personnelle. Il fut stipulé que la Finlande conservait son gouvernement particulier ou Sénat, son assemblée législative ou Diète qui représentait les quatre ordres : Clergé, Noblesse, Bourgeoisie, Paysans ; il n'y avait d'ajouté à cela qu'un gouverneur général russe, délégué par l'empereur. En dépit de ces stipulations, jamais la Finlande n'obtint que ses libertés fussent respectées. Toujours on y manqua plus ou moins. Cela faisait une difficulté, que l'état intérieur compliquait. La Finlande est peuplée par deux races différentes : 400.000 Suédois forment la plus grande partie des classes supérieures ; trois millions de finnois, d'origine mongole, forment le fond de leur population. Les Suédois sont conservateurs ; les finnois, au contraire, tendent à l'anarchie. Dans la lutte menée entre les deux éléments, l'élément finnois est celui qui l'emporte. La retraite du baron Mannerheim, général de l'armée régulière, a marqué une défaite de l'élément suédois.

En 1905, l'empereur, dans l'espoir d'affaiblir l'esprit national en Finlande, avait accordé une constitution démocratique avec le suffrage universel, et le vote des femmes. En conséquence, les députés bourgeois virent diminuer leur nombre dans la Diète. La Révolution a été bien accueillie en Finlande, quoique le parti qui triompha d'abord n'ait pas plus respecté les libertés locales que n'avaient fait les empereurs.

Les dissensions entre modérés et socialistes, la présence d'une garnison russe affaiblirent les partisans de l'indépendance. Après plusieurs mois de luttes confuses, le succès des maximalistes en Russie fut l'occasion pour les autorités finnoises de proclamer l'indépendance. Mais les Soviets ne voulaient pas admettre que les modérés eussent le dessus. Une guerre atroce s'engagea donc entre les bandes maximalistes et l'armée du Sénat qui, se voyant près de succomber, demanda l'appui de la Suède. Celle-ci refusa d'intervenir. C'est alors que M. Svinhufvud, président du Sénat, fit appel à l'Allemagne avec succès. Grâce à un corps de débarquement allemand, les maximalistes furent battus et chassés des provinces du Sud qu'ils occupaient.

Aujourd'hui, la République finnoise est abolie en fait. La loi fondamentale du pays datant de 1772 paraît remise en vigueur. M. Svinhufvud a été proclamé administrateur de l'Etat, avec tous les pouvoirs ressortissant au grand-duché.

Les Provinces Baltiques

Ces provinces englobent toute la région entière qui va de Saint-Pétersbourg à la frontière de Prusse. Elles sont au nombre de trois : Esthonie, Livonie, Courlande.

La population de ces provinces est en partie lettone, en partie finnoise. La race lettone est un intermédiaire entre le Slave et l'Allemand. Au début du moyen âge, les croisés allemands, chevaliers teutoniques, livoniens, ou porte-glaives, apportèrent le christianisme. Des marchands allemands les suivirent et formèrent la bourgeoisie des villes nouvelles.

Les Allemands ne représentent plus à l'heure qu'il est dans ces provinces que sept ou cinq pour cent de la population. Même dans les villes anciennes, il est rare qu'ils forment un groupe important ; mais l'aristocratie, le clergé, l'enseignement, le commerce, la banque, l'industrie, la grande culture, l'administration sont entre leurs mains. Le fond de la population, surtout dans les campagnes, est rude. Les paysans sont avides de pillage et même de meurtre. Quand l'empereur était en contestation avec les propriétaires de ce pays, il lui suffisait de les menacer de déchaîner contre eux les campagnes. Lors de la révolution de 1905, le pays fut plus troublé qu'aucun autre.

Les prétentions de l'Allemagne sur ces contrées sont mal définies. Il était question d'unir les trois provinces en un seul Etat sous la souveraineté personnelle de l'empereur Guillaume II ; on parlait aussi de faire à chacune un sort. Il y a pour le moment un gouvernement allemand, contre lequel protestent les gouvernements provisoires formés par la révolution, demandant que le traité de Brest-Litovsk soit appliqué à ces provinces, avec la clause qui leur permet de se donner elles-mêmes leur gouvernement.

Carte des provinces de l'empire russe voisines de l'Allemagne et de l'Autriche

La Lithuanie

La Lithuanie a une population de sept à huit millions d'habitants, dont un tiers peut-être seulement sont autochtones ; le reste est composé de Russes Blancs, de Polonais, de Juifs. La Lithuanie a fait dans le passé partie du royaume de Pologne. L'union renouvelée des deux pays serait, à ce qu'il semble, le seul parti qui leur assurât un avenir.

Une chose manque à la Lithuanie pour mener une existence à part : ce sont les Lithuaniens de race. Deux tiers des habitants pouvant être réclamés par une autre race ou une autre nation, on risquerait de voir un Etat lithuanien déchiré à chaque instant par quelque mouvement dissident. L'état de choses à cet égard est tel qu'il n'est pas rare de voir deux frères, dont l'un se déclare Polonais et l'autre Lithuanien. Citons aussi le cas du ministre Malinovius qui, après s'être longtemps appelé Malinowski et avoir compté parmi les Polonais de la région, a changé la forme de son nom et figure maintenant parmi les activistes du parti lithuanien indépendant de Vilna.

Actuellement, à côté du gouverneur général allemand et des autorités d'occupation, fonctionne un gouvernement provisoire appelé *Taryba*.

CONCLUSION

Voici les conclusions que cette revue suggère.

La Russie ne peut revivre qu'avec la Moscovie pour centre. Si cette résurrection se produit, il paraît difficile que ce soit en s'annexant des nations aussi distinctes d'elle que la Finlande et la Pologne. La puissance créée par Pierre le Grand avait pu soumettre l'une et l'autre. La chute de cette puissance leur rend une liberté que tout engage à croire définitive.

Le séparatisme de l'Ukraine est un problème qu'on peut poser. Il y a entre ce pays et le pays moscovite des convenances économiques qui font de leur réunion la garantie d'un ordre stable. N'oublions pas pourtant que sur les confins de l'ancienne Europe, la civilisation latine a des racines qui manquent en Moscovie. Kief est la capitale de cette Russie d'Occident, que la Moscovie a remplacée dans l'évolution de l'empire. Elle a eu et conserve encore une grande importance religieuse. Rien n'empêcherait que des forces nouvelles en fussent un des pivots de l'avenir.

Pour les provinces baltiques, il est sûr que la Moscovie ne peut s'en passer. Elles constituent son accès sur la mer, faute duquel elle n'a ni trafic ni marine.

Ces considérations supposent l'Allemagne vaincue et même dans l'impuissance de tourner les événements à son profit. Là comme en Occident, il n'y a d'avenir pour l'Europe que dans la dislocation de ses forces. Ajoutons que cette dislocation faite, l'inévitable faiblesse des confins russes cessera d'être un danger pour nous. Que la Russie soit relevée ou non, l'Europe pourra respirer, étant donné que le danger allemand aura cessé de peser sur elle.

LES GÉNÉRAUX DE L'ARMÉE D'ORIENT

LE GÉNÉRAL GUILLAUMAT

Le général GUILLAUMAT (M.-L.-A.) est né en 1863, à Bourgneuf (Charente-Inférieure). Entré à Saint-Cyr en 1882, il en sortait avec le numéro 1, comme sous-lieutenant d'infanterie, en 1884. Lieutenant en 1888, capitaine en 1893, il fit campagne en Algérie, en Tunisie, au Tonkin et en Chine où il fut blessé dans la défense des Légations contre les Boxers, en 1900. Nommé lieutenant-colonel en 1907, Guillaumat fut appelé, l'année suivante, au commandement du Prytanée militaire de La Flèche. Nommé colonel en 1910, directeur de l'Infanterie en 1912, il était promu colonel en 1913. Il remplissait les fonctions de chef du Cabinet militaire du ministre de la Guerre au moment de la mobilisation. Général de division en Argonne en 1914, le général Guillaumat reçut, en février 1915, le commandement du 1er Corps d'armée en Champagne, et, en décembre de la même année, le commandement de la 2e armée (armée de Verdun) où il remplaçait le général Nivelle nommé commandant en chef.

On sait que le général Guillaumat succéda au général

Sarrail dans le commandement en chef des armées alliées en Orient. Dans ces fonctions difficiles, le général montra de belles qualités de diplomate et d'organisateur. Il s'agissait, après une longue période de stagnation, de préparer le passage à une offensive générale des armées alliées alors étalées sur un large demi-cercle qui passait par Valona, le lac de Presba, Monastir et le golfe d'Orfano. Le général Guillaumat prépara un plan admirablement étudié, dont le général Franchet d'Esperey n'eut plus tard qu'à poursuivre l'exécution pour rompre les lignes bulgares à l'est de Monastir. Guillaumat fut aussi un guide précieux pour M. Venizelos dans l'œuvre de la reconstitution de l'armée grecque.

Nommé gouverneur militaire de Paris, en remplacement du général Dubail, au printemps de 1918, le général Guillaumat a été remplacé dans ces fonctions par le général Moinier, au mois d'octobre, et il a reçu, à cette occasion, la Médaille militaire.

Dans le courant du mois d'octobre 1918, le général Guillaumat a pris le commandement de la 5e armée, alors en Champagne, en remplacement du général Berthelot chargé d'une mission spéciale.

Le général Guillaumat offre cette particularité d'avoir conquis le brevet d'Etat-major sans être passé par l'Ecole de Guerre : ses campagnes (il a longtemps servi à la Légion étrangère) ne lui avaient pas laissé le loisir d'entrer à cette Ecole.

LE GÉNÉRAL FRANCHET D'ESPEREY

Photo des « Pays de France »

Le général FRANCHET D'ESPEREY (L.-F.-M.-F.) est né en 1856, à Mostaganem (département d'Oran). Il sort de Saint-Cyr et appartient à l'Infanterie. Sous-lieutenant en 1876, il était breveté d'État-major en 1884, capitaine en 1885, chef de bataillon en 1893, lieutenant-colonel en 1899, colonel en 1903 et général de division en 1912. Il a fait de nombreuses campagnes : en Algérie et Tunisie en 1881, au Tonkin en 1885-1887, en Chine en 1900-1901, enfin au Maroc, où il commanda les troupes d'occupation, en 1912. Nommé commandant de corps d'armée en 1914, le général Franchet d'Esperey fut appelé, l'année suivante, au commandement d'une armée et, en 1916, à celui d'un groupe d'armées.

Au printemps de 1918, le général fut désigné pour commander en chef les armées d'Orient, en remplacement du général Guillaumat. Il héritait d'une situation délicate, tant au point de vue militaire qu'au point de vue politique. Chef énergique autant qu'excellent diplomate, Franchet d'Esperey sut affirmer son autorité et éviter tout froissement entre des Alliés dont les intérêts, dans les Balkans, ne concordent pas toujours.

Le 15 septembre 1918, les troupes alliées de Macédoine étant en parfait état d'entraînement, toutes les dispositions étant prises pour l'offensive, Franchet d'Esperey déclencha l'attaque suivant le plan qu'avait conçu son prédécesseur. On sait que l'enlèvement par l'armée serbe, renforcée d'éléments français, du massif montagneux Sokol, Dobropolje, Vétrénik, coupa en deux les forces bulgares. Cette opération principale fut secondée par l'offensive d'une armée helléno-britannique dans la vallée du Vardar et la région du lac Doiran. Après une dure bataille de quatre jours, l'armée bulgare, forte de 45.000 hommes et 1.270 pièces de canon, était en pleine retraite, et la cavalerie franco-serbe menait la poursuite.

Dès le 25 septembre, le général bulgare Todoroff sollicitait un armistice, et, le 29, les plénipotentiaires bulgares acceptaient toutes les conditions du vainqueur.

Depuis cette date, le général Franchet d'Esperey, développant ses succès avec hardiesse et méthode, a continué de libérer les territoires de la Grèce, de la Serbie et de l'Albanie encore occupées par des troupes austro-allemandes.

En octobre 1918, récompense suprême, le général recevait la médaille militaire.

L'EVOLUTION DU PRESIDENT WILSON

———————✳✳✳——— — —

Le jugement porté sur la guerre mondiale de l'autre côté de l'Atlantique par la République des Etats-Unis a toujours mérité l'attention de l'Europe, matériellement à cause de la puissance dont elle dispose, de son intervention éventuelle dans le règlement de comptes définitifs, moralement par suite de la sincérité et de l'évidente impartialité qui l'inspiraient.

Cette importance s'est beaucoup accrue par l'entrée des Etats-Unis dans la guerre, et comme cette intervention s'est produite sur l'initiative du président Wilson, les écrits et les discours par lesquels il a marqué son opinion, représentative de l'opinion américaine, ont été très commentés. C'est dans ceux-ci que nous devons aller la recueillir.

Tout le monde a remarqué que depuis les premiers événements de la guerre elle avait beaucoup changé, non pas tout d'un coup, ni de façon irrégulière, mais suivant un cours continu, en sorte qu'on peut légitimement parler en ce qui concerne le jugement de la guerre, de ses causes, de ses buts nécessaires, d'une évolution du président Wilson. C'est cette évolution que nous voulons étudier.

✳
✳✳

Pendant les deux premières années de la guerre, la République des Etats-Unis semblait s'être imposé un rôle qui consistait à tenir la balance égale entre les deux groupes de belligérants.

Quand le gouvernement de Washington s'adressait soit aux uns soit aux autres, c'était pour leur faire dire leurs conditions de paix. La paix considérée comme un bien absolu, que troublaient de part et d'autre une turbulence égale, un appétit pareil de domination, à l'égard de laquelle un égal bon vouloir devait être supposé de part et d'autre, formait l'unique mesure de son intervention. Les origines de la guerre étaient omises, la question des responsabilités était écartée. Accuser l'un ou l'autre d'avoir attaqué le premier, n'eût-ce pas été sortir de la neutralité, cette neutralité idéale dont l'esprit juste et pacifique du président Wilson s'était fait une conduite.

Cela s'expliquait assez bien, non seulement par les dispositions générales de la nation, mais encore par les habitudes d'esprit que le président tirait de sa propre formation.

M. Woodrow Wilson a commencé par des études universitaires. De 1885 à 1890, pendant cinq ans, il fut professeur d'économie politique et d'histoire. Il enseigna ensuite la jurisprudence et la politique à l'Université de Princeton, dont il devint président en 1902. M. Woodrow Wilson exerça jusqu'à l'année 1910 cette fonction qui faisait de lui une sorte d'évêque laïque dont l'opinion est écoutée sur toutes les questions importantes pour le pays. Alors, il devint gouverneur de l'Etat de New Jersey. Depuis longtemps, les problèmes de droit politique retenaient l'attention du futur président. En 1885, il avait publié un ouvrage important sur le *Gouvernement congressionnel* ou *Etude sur la politique américaine*, que suivit en 1889 un autre livre sur l'*Etat: Eléments d'histoire et de pratique politique*. Ajoutons une *Histoire du peuple américain*, et une étude sur le *Gouvernement constitutionnel des Etats-Unis*. Enfin, en 1913, au début même de sa première présidence, devait paraître de lui un dernier livre, *La Nouvelle Liberté*, dont le sous-titre est des plus significatifs : « Appel à l'émancipation des qualités généreuses et des énergies d'un peuple ». C'est un traité de morale et de politique, où les idées de l'auteur s'expriment principalement dans un appel aux citoyens américains, les engageant à un emploi de tout leur jugement, de leur esprit d'initiative pour le bien de la chose publique et dans l'intérêt général.

Tous ces divers écrits montraient en M. Woodrow Wilson ce qu'on peut appeler un démocrate idéaliste. L'horreur essentielle de la guerre, une confiance absolue dans le droit et dans la justice, canalisaient cette pensée. Ses actes exprimaient la même chose. Telle fut donc son point de départ. Ce qu'il dit et fait aujourd'hui doit être comparé avec ces commencements. La

participation à la plus grande guerre que le monde ait jamais vue est aujour-
d'hui le fait de ce pacifiste : la confiance dans la Force, le ressort de ce prêtre
du droit. D'un terme à l'autre s'est accomplie l'évolution dont nous parlons.

*
* *

La première présidence de M. Wilson eut lieu en 1912.

Elle fut signalée par une innovation, consistant à paraître lui-même au
Congrès pour y lire son message au lieu de l'adresser par écrit.

Depuis 113 ans, aucun président n'avait paru au Congrès. Washington
avait exercé ce droit, que Jefferson abandonna. L'émotion des parlementaires
fut grande. Le président au Congrès ? Quoi ! un discours du trône ? disait-on.
Quelques-uns voulurent résister. Mais il fallut céder au sentiment populaire
qui soutenait M. Wilson.

Des réformes dans les lois suivirent cette manifestation de sa volonté
politique. Les douanes, l'impôt, les banques en furent les objets.

Dès le début de sa présidence, M. Wilson, par suite des nécessités de la
politique intérieure, s'était rapproché des pacifistes. Il avait pour soutien
dans ce parti et pour collaborateur dans son cabinet M. Bryan, et comme
adversaire et rival M. Roosevelt, partisan pour les Etats-Unis de la politique
d'expansion qu'on qualifie d'impérialisme. Au cours des différents événements
de politique étrangère qu'il eut à régler en sa qualité de chef d'Etat, c'est
sur le terrain réaliste que dut se placer M. Wilson.

En 1913, la finance internationale préparait une mainmise sur la Chine.
Celle-ci demandait 150 millions. La finance offrait 1.500 millions sous des
garanties rigoureuses, qui menaçaient la Chine du sort de la Turquie.
M. Wilson refusa d'autoriser ces menaces. Il obligea les financiers américains
à se détacher du consortium.

En avril 1914, 791 marins américains furent assassinés par les huertistes
à Tampico. M. Wilson fit occuper la Vera-Cruz, mais en provoquant aussitôt
la médiation de l'Argentine, du Brésil et du Chili, qui faisait éviter la guerre.
Lui-même commentait cet événement en ces termes : « Une guerre *de conquête* n'est pas une guerre où il soit glorieux de mourir; mais mourir dans
une guerre de service, cela est grand. »

Tout cela faisait prévoir que notre guerre avec l'Allemagne le trouverait
résolu à la neutralité. Il en fit la déclaration le 4 août 1914. Le 5, il annonça
qu'à partir de ce jour, il s'offrait à servir de médiateur aux belligérants, le 6,
il informe toutes les puissances que son gouvernement assurerait le maintien
des droits maritimes des neutres.

Si l'on veut se représenter l'état d'esprit où se trouvait alors M. Wilson,
il ne faut que considérer la réponse identique qu'il adressa au roi des Belges
lui demandant de protester contre la violation de la neutralité belge, à l'empereur d'Allemagne lui télégraphiant que les Français n'observent pas les
lois de la guerre, et au gouvernement français lui signalant les mêmes viola-
tions de la part des Allemands.

« Le moment viendra, disait M. Wilson, où cette guerre prendra fin. Alors
viendra le jour des comptes où je considère comme une chose accordée que
les nations d'Europe se réuniront pour déterminer un arrangement. La vue
des injustices qui auront été commises, leurs conséquences et les responsabilités encourues seront établies... le gouvernement d'une nation unique,
quoique heureusement étranger au présent conflit, agirait d'une manière
imprudente, prématurée et même inconséquente avec la situation de neutre,
s'il formait ou exprimait un jugement décisif. »

Tandis qu'il exprimait ainsi sa résolution de neutralité envers les belligérants d'Europe, le président des Etats-Unis affirmait en Amérique même
ses volontés de paix par le règlement de l'affaire mexicaine. On se souvient
qu'à la suite des troubles qui s'étaient élevés au Mexique, les Etats-Unis
avaient débarqué des troupes à Vera-Cruz. M. Wilson décida de les retirer.
C'était de sa part un hommage à la paix, au droit que le Mexique, comme
les Etats-Unis, avait à l'indépendance.

Pour mieux le faire voir, il aurait voulu que le départ des troupes
tombât le 16 septembre, jour anniversaire de l'indépendance du Mexique.
Mais les négociations conduites avec le général Carranza ne permi-

rent d'opérer ce départ qu'un peu plus tard. A la même époque, les mêmes intentions s'exprimaient avec force dans l'allocution adressée par le président Wilson à l'Association de l'Union chrétienne des jeunes gens, le 25 octobre 1914 : « Notre rôle est de combattre, *non par le canon, mais par le droit.* Nous venons de conclure avec un grand nombre de puissances des traités d'arbitrage qui nous obligent à ne rompre aucune négociation sans avoir laissé une année entière aux procédures des cours d'arbitrage ou d'enquête. Ma prédiction est que la lumière suffira à éclaircir les différends et qu'après une année, il n'y aura plus lieu de se battre. » En décembre 1914, il va plus loin encore. Dans son adresse au Congrès pour l'année nouvelle, il se prononce contre tout projet d'accroissement de l'armée et de la flotte : « Nous ne ferons pas de l'Amérique un camp : nous ne demandons pas à nos jeunes gens d'employer les meilleures années de leur vie à s'instruire pour être soldats », et, par une lettre rendue publique, il adresse des remerciements à la Ligue pour la limitation des armements.

*
* *

Telle était sa sollicitude. Telle était la résolution affichée par les Etats-Unis de se tenir en dehors du conflit qui bouleversait l'Europe. Le culte du droit, la superstition de la neutralité, une opposition résolue aux arts de la guerre, constituaient la pensée de leur président. Sans l'imprudence de l'Allemagne, peut-être en serait-on là encore. Mais ce peuple de brigands se charge d'administrer aux illusions de l'idéalisme les cruelles leçons de l'expérience.

En février 1915, l'Allemagne décréta le blocus de l'Angleterre. Les eaux qui entourent les Iles Britanniques deviennent zone de guerre. Les neutres qui s'y risqueraient devaient se résoudre à en subir les conséquences. N'était-ce pas attenter aux droits de ces derniers ? Le président Wilson s'était chargé de ces droits. Il fit à Berlin ses objections. Les négociations se poursuivaient, quand le 8 mai 1915, sans avertissement, au sud des côtes d'Irlande, le *Lusitania* fut coulé par l'Allemagne. Onze cent personnes périrent. Parmi ces onze cents morts, il y avait cent Américains. L'opinion publique américaine fut indignée. M. Wilson s'employa d'abord à la calmer. Rappelons les paroles qu'il prononça à cette occasion :

« L'Amérique doit donner l'exemple de la paix, non parce qu'elle ne veut pas se battre, mais parce que la paix exerce sur le monde une influence qui assainit et qui élève : *un homme peut être trop fier pour se battre : une nation peut être si forte de son bon droit que la force lui soit inutile pour convaincre autrui de son droit.* »

Quelques jours plus tard, le 13 mai, parut sa réponse à l'Allemagne. Les Etats-Unis n'admettaient point que des navires marchands fussent coulés sans qu'on sauvât au moins les équipages. L'Allemagne aussitôt chicana ; c'est son habitude, c'est son caractère. Elle prétendit que le *Lusitania* était armé. Une discussion assez longue s'ensuivit. Pendant ce temps, le gouvernement allemand poursuivait la guerre sous-marine sans relâche. Successivement furent coulés le *Nebraskan*, l'*Arabic* et l'*Hespérian.*

Le même gouvernement ne s'endormait pas sur le danger qui pouvait venir de la réaction des Etats-Unis. Au sein de la République il travaillait à soulever les sujets de naissance ou d'origine allemande. Des terroristes allemands faisaient sauter les ponts, incendiaient les usines, fomentaient des grèves ; des bandes allemandes se joignaient aux révoltés mexicains, d'autres se préparaient à envahir le Canada.

Cette diplomatie à deux fins, qui couvrait à la fois la propagande sur mer et la révolution à l'intérieur, commença d'ouvrir les yeux de M. Wilson. Il fut frappé de tant de déloyauté. Dans les émeutes fomentées chez lui, il discernait la main de l'ambassadeur d'Autriche aux Etats-Unis, le Dr Dumba, de l'attaché naval et de l'attaché militaire allemands. Il demanda donc leur rappel, tout en continuant de négocier. Ce juriste ne déposait pas encore sa confiance dans les arguments du droit. A force d'instances, il obtint de l'Allemagne la promesse qu'elle ne coulerait pas les paquebots sans faire précéder son action des avertissements et des précautions convenables (engagement du 1er septembre). L'Allemagne en même temps, déclarait regretter le torpillage de l'*Arabic* ; elle assurait avoir donné des « instructions » strictes et

qu'aucun accident pareil ne se produirait plus (engagement du 5 octobre).
Telle fut la première expérience qu'eut le président Wilson de la bonne foi
germanique. On en connut bientôt les résultats.

**

Dans son message de décembre 1915 au Congrès, on lisait maintenant ces
paroles : « L'Amérique n'avait jamais rien vu de tel ; de tels crimes lui
semblaient incroyables et elle ne s'était pas préparée contre eux. » Il ajoutait : « Je vous demanderai des lois. » Quelles lois ? Celles de la préparation
militaire, que l'expérience démontrait nécessaires. Il l'avoue avec une franchise où l'on reconnaît en dépit des illusions de l'idéalisme, un fond de
politique solide, que de pareilles écoles ont instruit. Dans l'idéalisme du
président Wilson, il y avait beaucoup de bonne foi. Cette bonne foi n'hésite
pas à tirer les conséquences nécessaires : « Je serais bien honteux, disait-il,
si depuis quatorze mois je n'avais rien appris... la guerre ne peut être faite
que par la force organisée. »

Pour obtenir les lois dont il était question, M. Wilson n'hésita pas à se
faire lui-même l'éducateur de l'opinion. Il quitta Washington et se mit à
parcourir les Etats-Unis. Là, en même temps qu'il annonçait la prochaine
campagne présidentielle, il exposa devant l'opinion les nécessités matérielles
que l'expérience et la pratique de l'Allemagne lui faisaient voir avec clarté.
Ces voyages eurent un plein succès. On allait voir tout aussitôt combien ce
succès était nécessaire. M. Wilson était à peine de retour, que le 24 mars
1914, le *Sussex* était torpillé. Sur le *Sussex* comme sur le *Lusitania*, des Américains étaient à bord. Nouvelles notes à l'Allemagne. L'Allemagne de ripos-
ter. M. Wilson réunit le Congrès : « J'estime de mon devoir, dit-il, de prévenir l'Allemagne qu'à moins qu'elle n'abandonne sa guerre de terreur et de
crimes, le gouvernement des Etats-Unis devra rompre les relations avec
elle. »

Sur ces entrefaites, la période électorale s'ouvrit. Le président se présenta
de nouveau au suffrage des électeurs. En 1913, lors de sa première élection,
il avait annoncé qu'il se représenterait, écrivant à M. Palmers : « Quatre
années de pouvoir, c'est trop long et le président n'est pas véritablement le
porte-parole du peuple, s'il laisse diriger et ne dirige pas. C'est trop court
si le président est un homme qui fait ou entreprend de faire une grande
œuvre réformatrice, le temps lui manque. » Après une lutte assez dure et
dont le résultat fut d'abord incertain, M. Wilson fut réélu. Rien ne devait
plus dès lors borner sa liberté dans la conduite à tenir vis-à-vis de l'Allemagne. Toujours attaché à la mission pacifique qu'il regardait comme son
devoir, il prépara un appel à la paix, une demande aux belligérants sur leurs
intentions et leurs buts de guerre. Chose imprévue peut-être dans cette
œuvre pacifique, l'Allemagne, le moteur de guerre, le gagna de vitesse. Le
12 décembre 1916 à la Chambre allemande, M. de Bethmann-Hollweg
demanda aux pays neutres de s'entremettre pour la paix. L'appel de M. Wilson
parut dix jours plus tard. Ce qu'il y faisait n'était pas des propositions de
paix ; il n'y offrait pas de médiation. Il demandait que les intentions fussent
sondées, il indiquait certains points sur lesquels, à son avis, les belligérants
devaient être d'accord, enfin, il déclarait que, les hostilités continuant, « la
situation des nations neutres déjà extrêmement dure, pourrait être rendue
totalement intolérable ».

Les gouvernements de l'Entente répondirent avec détails. Les Empires
germaniques se bornèrent à un dédaigneux accusé de réception. Il fut dès
lors clair comme le jour qu'une entière bonne foi de la part du président
se heurtait envers ces derniers à la ruse et à la violence couvertes d'apparences trompeuses. Le 21 janvier, un message au Congrès définit le point de
vue de M. Wilson. Le 31 janvier au soir, une note de l'Allemagne était remise
par le comte Bernstorff, son ambassadeur. Cette note contenait de grandes
grimaces d'humanité. Elle déclarait agréable à l'empereur la constatation
« que les lignes directrices de cette importante manifestation concordaient
avec les principes et les vœux de l'Allemagne ». Des promesses étaient jointes
touchant les guerres futures, celle d'une « joyeuse collaboration à tous les
efforts qui tendraient à les empêcher ». En attendant, la guerre actuelle
devait aller comme il plairait à l'Allemagne seule, concluait brusquement

la note. « Devant l'humanité, devant l'histoire et devant sa propre conscience, le gouvernement impérial ne peut prendre la responsabilité de renoncer aux moyens quels qu'ils soient de hâter la fin de la guerre...... le gouvernement impérial est décidé à abolir les restrictions qu'il s'était imposées jusqu'ici dans l'emploi de ses moyens de combat sur mer, dans l'espoir que le peuple américain et son gouvernement comprendraient les causes de cette décision et sa nécessité. »

L'Allemagne, cette fois, se montrait tout entière, et pour ainsi dire, le masque à la main. Ce fut la fin de l'expérience du président Wilson. Les moyens de paix éludés, les engagements formulés rompus, tout se réunissait pour faire voir ses sentiments et ses intérêts méprisés. Le parti qu'il prit fut ce qu'il devait être. Il avait promis que si l'Allemagne rompait ses engagements, les Etats-Unis cesseraient les relations. Les deux Chambres et la Cour suprême furent réunies au Capitole (3 février 1917). Le Congrès fut mis devant le fait accompli.

Commandant en chef des armées de terre et de mer de la République, le président arma les navires marchands et les autorisa à tirer sur les sous-marins allemands sans leur laisser le temps d'attaquer. Berlin répondit que les équipages seraient traités comme des francs-tireurs et fusillés. La guerre existait en fait, il ne restait plus qu'à la voter.

Nous n'avons pas à rappeler les résistances, les manœuvres parlementaires renouvelées, les incidents de politique intérieure à la suite desquels le Congrès déclara la guerre à l'Allemagne et conféra au président les pouvoirs immenses nécessaires pour la mener à bien. Après trois ans et demi d'expériences, M. Wilson a conclu : « Pour nous, il n'y a qu'un choix possible, et ce choix est fait. Malheur à celui ou ceux qui cherchent à se mettre en travers de notre route ! » (Discours du 18 juin 1917.)

*
**

L'expérience de la guerre devait le mener plus loin encore. Ceux qui suivaient de près ces changements n'en ont pas eu trop d'étonnement. Ceux qui s'autorisaient de ses paroles passées dans l'intérêt du pacifisme, n'en devaient pas cacher leur mécontentement. Nous avons eu cette année écoulée, le 6 avril 1918, le discours du président Wilson à Baltimore, où il disait :

« Il n'y a qu'une seule réponse possible de notre part (à l'Allemagne), *la force, la force à outrance, la force sans bornes, ni limites, la force juste et triomphante qui fera du droit la loi du monde et réduira en poussière toute domination égoïste.* »

Ainsi, M. Wilson en est venu à raisonner sur la guerre européenne non plus seulement selon les formules du droit abstrait, mais d'après les intérêts vitaux de son pays. C'est la leçon des faits. Les faits lui ont montré qu'il n'y avait pas d'accommodement pacifique possible avec l'Allemagne. Si égales que l'idéalisme puisse se représenter les nations, il en est une au moins qui fait exception, et dont l'écrasement préalable fait la condition de la paix future. Reste à savoir ce qui rend l'Allemagne telle. On croit encore aux Etats-Unis que c'est la doctrine militariste, une tradition féodale, des habitudes d'ancien régime. On croit pouvoir dans cette affaire distinguer la puissance allemande du peuple allemand, et en abattant l'une, réserver les droits de l'autre.

C'est une nouvelle école à faire. On la fera. On sera forcé de reconnaître que le militarisme allemand n'étant qu'un instrument, n'est ni bon ni mauvais, que tout le mal qu'on croit qu'il recèle, est dans les passions qui s'en servent, et que ces passions sont celles du peuple allemand plus encore que de son gouvernement. S'il est un point dans lequel l'empire allemand soit l'émanation pure de la nation allemande, c'est bien l'orgueil inepte, la convoitise brutale, l'appétit de conquête sans limites dont le pays en armes nous offre le spectacle. Pour mettre fin aux désordres que cela cause, il faut que l'Allemagne cesse d'être en tant que nation. Le président Wilson n'en est encore qu'à défaire l'Allemagne de son gouvernement. Il faut la défaire d'elle-même, il faut briser son unité.

André OLIVIER.

NOS RAIDS D'AVIATION SUR L'ALLEMAGNE

On ne saurait le dire assez : c'est la nécessité de recourir à des représailles qui a fait entreprendre, par les nations alliées, le bombardement des villes ouvertes au moyen des engins de l'air. Au contraire, il est permis de croire que l'Etat-major allemand avait ces bombardements dans ses plans. En tout cas, c'est un fait que les Allemands ont commencé.

On se souvient qu'au moment de la déclaration de guerre, ils avaient osé en alléguer ce motif qu'un avion français avait jeté des bombes sur Nuremberg. Cette assertion, audacieusement confiée à des télégrammes officiels, était un mensonge : l'aveu en a été fait, plus tard, par le bourguemestre de la ville. En inventant cette histoire, en la faisant publier et commenter par ses journaux, en feignant d'y ajouter foi, il importe de remarquer que l'Allemagne annonçait ses propres intentions.

Elles se découvrirent le 30 août 1914, quand les avions allemands commencèrent à paraître sur Paris et à y faire des victimes. Ces avions volaient si bas que des soldats déchargeaient le magasin de leurs lebels sur les appareils, dont il était facile de distinguer tous les traits.

C'est en vain que, pour les combattre, on postait des fantassins sur les toits de quelques édifices ou le sommet des monuments, avec mission de tirer sur eux; les aviateurs se riaient de ces faibles moyens de défense. On sait maintenant combien sont difficiles à atteindre ces buts de petit volume, dont la constante mobilité déconcerte les meilleurs tireurs. Il faut des canons spéciaux s'ils volent à de grandes hauteurs, ou des mitrailleuses à tir rapide s'ils sont seulement à quelques centaines de mètres.

Bombarder l'habitant, dans des villes ouvertes, était quelque chose de si contraire au caractère français qu'il fallut plusieurs mois pour nous décider aux représailles.

On commença par bombarder les villes fortes, peuplées de soldats. Metz fut le premier but de nos engins, au mois d'août 1914. Trois mois plus tard, ces expéditions étaient devenues courantes; on les renouvelait fréquemment. Chaque fois qu'une de nos villes ouvertes était bombardée sur la frontière lorraine, nous répondions par d'autres bombardements. Nancy était alors continuellement visée par les aviateurs allemands.

Le 22 décembre, nous allâmes bombarder les docks de Strasbourg. On continuait de se donner des buts uniquement militaires. Le 26 décembre, en réponse à une provocation de l'ennemi qui avait envoyé un zeppelin sur Nancy (la nuit de Noël), une de nos escadrilles allait jeter des flèches sur le terrain d'aviation de la place principale de Metz. Une multitude de soldats se pressait autour d'une musique militaire; il y eut plus de trois cents victimes. Enfin, dans la nuit du 30 décembre, Metz recevait la visite d'une escadrille, dont faisait partie le pilote qui avait attaqué Strasbourg. La ville brillait de toutes ses lumières, car, à cette époque, on n'avait pas encore pris la précaution de plonger les villes dans l'obscurité.

En même temps, une révolution s'accomplissait dans l'aviation; au bombardement de jour, on commençait à substituer le bombardement nocturne. Ce système avait l'avantage de soustraire les appareils au tir de plus en plus efficace de la défense; de plus, il permettait de descendre plus bas et de mieux viser. Un autre progrès consista dans ces expéditions à longue portée, que mentionnent d'un seul mot les communiqués d'aujourd'hui, mais qui semblaient prodigieuses il y a trois ans seulement.

Tandis que des aviateurs s'appliquaient au problème des combats aériens, connaissaient les émotions violentes et les périls du duel à grande hauteur, en même temps que les dédommagements de la gloire, d'autres s'adonnaient à la tâche non moins rude et non moins dangereuse, quoique plus ignorée et plus ingrate, du vol de nuit. Ils franchissaient, au milieu des ténèbres, d'énormes distances pour aller porter le désarroi dans les centres industriels de l'ennemi.

Moins familiers au grand public que les noms de Guynemer, de Nungesser, de Navarre, de Garros, de Pégoud, ceux du capitaine de Beauchamp, des lieutenants Daucourt, Deforme, Baron, solennisent cette action glorieuse et puissante honorée de toute l'élite de la nation.

Dès le 9 mars 1915, un de nos aviateurs attaquait, incendiait et détruisait en partie, à l'aide de bombes, la poudrerie de Rotweil, il recommençait le 16 avril, puis, le 15 septembre, accompagné cette fois de deux autres appareils, qui furent successivement abattus, au cours d'un duel tragique, par le sous-officier allemand Bœhm, qui devait tomber à son tour, en janvier 1916, et se tuer sur le front d'Alsace.

*
**

C'est du printemps de 1915 que datent les premières opérations en formations nombreuses, composées parfois de vingt ou trente appareils. On avait compris que, pour obtenir des résultats, il fallait des escadrilles, capables de lancer, non quelques bombes faiblement chargées, mais des tonnes d'explosifs sur un même point.

Le 18 avril, quinze avions attaquaient les hauts fourneaux de Thyssen, et lançaient sur cet établissement une quarantaine de projectiles. Ce fut ensuite le tour de Ludwigshafen, où se trouve la *Badische Anilin und Soda Fabrik,* l'une des plus grandes fabriques d'explosifs de toute l'Allemagne. Dix-huit de nos appareils lancèrent plus de 80 obus, qui firent un dégât considérable. Trente-six victimes furent avouées par le communiqué allemand. On sait que le même endroit a reçu, depuis lors, de fréquentes visites des aviateurs alliés.

Friedrichshafen, où était le nid des zeppelins qui commençaient alors à sortir, fut bombardé le 28 avril. Le 27 juin, nouvelle visite, nouveaux dégâts; mais, au retour, Gilbert, célèbre avant la guerre par son tour de France et son voyage de Paris à la Baltique, était contraint d'atterrir en Suisse et fait prisonnier. Depuis, il tenta de s'évader, fut repris, et réussit enfin à se sauver en mai 1916.

Les escadrilles croissaient en importance, et les expéditions se multipliaient. Le 30 juillet, 45 avions jetaient plus de cent projectiles sur les centres à pétrole de Pechelbronn. Le 9 août, 32 appareils bombardaient la gare de Sarrebruck, sur laquelle tombèrent 164 bombes. Au retour, le spirituel caricaturiste Thouroude, dit de Losques, si connu pour ses charges d'artistes et d'écrivains, était malheureusement abattu par un avion allemand du type dit *aviatik.*

C'est au retour d'un raid du même genre, qui eut lieu sur Sarrebruck encore, par 40 avions qui lancèrent 150 obus, que le capitaine Albert Féquant devait être tué le 6 septembre.

Pour attaquer les hauts fourneaux de Dillingen, une escadrille de 62 appareils partait le 25 août. Trèves, Fribourg-en-Brisgau, Dusseldorf, Liesdorf, et même Carlsruhe et Stuttgart furent l'objet des expéditions suivantes qui firent payer à ces villes de Haute-Allemagne les ruines et les victimes faites dans les nôtres par les aviateurs de leur pays.

Cette offensive menée sur un terrain que la France n'avait pas choisi, mais où le soin de son salut l'obligeait à suivre l'adversaire, eut bientôt les effets qu'on en pouvait attendre. La terreur commença à se répandre dans les villes allemandes, jusque-là misérablement enhardies par une apparente sécurité.

On jugera par ce qu'on vient de lire de la rapidité des progrès accomplis. En quelques mois, ce qui avait d'abord semblé un trait de témérité folle, devenait un exploit courant.

*
**

A partir de 1916, les raids de bombardement allaient se multiplier; les attaques de nuit devenaient si nombreuses qu'il serait fastidieux de les énumérer; les communiqués commençaient à donner les noms des principaux bombardiers. Les Beauchamp, les Daucourt, les Delorme, les Baron, nommés plus haut, furent connus du public.

En juin 1916, une caserne était incendiée à Trèves, de nombreuses recrues tuées ou blessées. A Carlsruhe, 40 bombes causaient pour plus d'un million de dégâts; 110 morts et 147 blessés étaient avoués par les Allemands. L'adjudant Baron bombardait successivement Mulheim, Rotweil, Mannheim, Ludwigshafen, avant de tomber, mortellement atteint, au retour d'une expédition à laquelle prenaient part quarante avions, et au cours de laquelle plus de 2.300 kilos d'explosifs avaient été jetés sur les usines Mauxer d'Oberndorf (12 octobre).

Le capitaine de Beauchamp et le lieutenant Daucourt franchissaient 800 kilomètres pour bombarder les usines Krupp, à Essen, où ils semaient l'épouvante et le désarroi (24 septembre). Beauchamp enfin accomplissait le plus long raid de bombardement qu'on eût encore tenté : il allait jusqu'à Munich, et, continuant son vol, franchissait les Alpes et atterrissait près de Venise.

Trois mois plus tard, en décembre, comme il survolait les lignes ennemies, au nord de Verdun, il se voyait soudain entouré par plusieurs avions, avec lesquels il engageait le combat. Grièvement blessé, il avait encore l'énergie de ramener son appareil, qui se posait sur l'emplacement du fort de Douaumont; l'héroïque aviateur expirait peu après.

Rappelons qu'en cette même année 1916, le sous-lieutenant Marchal s'illustrait par un magnifique exploit, l'un des plus mémorables de cette guerre pourtant si fertile en faits extraordinaires. Le 20 juin, à 9 heures et demie du soir, il quittait Nancy et prenait la direction de l'est, dans l'intention de traverser toute l'Allemagne, d'y jeter des proclamations et d'atterrir en Russie.

Les proclamations dont il était porteur commençaient ainsi : « Nous aurions pu bombarder la ville de Berlin et tuer ainsi des femmes et des enfants... » Marchal en fournissait la preuve, et remplissait sans encombre cette partie de sa mission ; il jetait les milliers de papiers dont sa nacelle était chargée et qui tombaient comme de la neige, sur tous les quartiers de la capitale.

Continuant son vol toujours vers l'est, il espérait gagner les lignes russes, quand le défaut d'essence l'arrêta, à moins de 100 kilomètres du but. Il atterrit près de Chelm, en Pologne. Il fut fait prisonnier, le 21 juin, à 8 heures et demie du matin, ayant franchi 1.300 kilomètres dans l'espace de onze heures, record à la fois de distance et de durée. Après vingt mois d'une dure captivité, Marchal parvint à s'évader, en compagnie de cet autre aviateur justement célèbre, Roland Garros, tous deux sont rentrés en France au commencement de février 1918.

C'est vers la même époque que nous revint Antoine Paillard, l'ancien champion cycliste qui devait se révéler comme un de nos plus hardis pilotes. En juillet 1917, il avait été bombarder Krupp, quand, au retour, il se perdit dans le brouillard. Il atterrit en Hollande, fut retenu captif, et guetta l'occasion de s'enfuir. Depuis son retour, il a repris sa place au front, où de nouvelles prouesses lui ont valu les galons d'officier et la médaille militaire.

C'était le troisième raid sur Essen. Le second fut celui du lieutenant Beaumont, volant en compagnie du lieutenant Gillon. Beaumont était élève de Beauchamp. Il avait survolé et bombardé Francfort, le 16 avril 1917, « parcourant un circuit de plus de 600 kilomètres », dit la citation dont il fut l'objet, et, dans la nuit du 11 août suivant, « en représailles (disait le communiqué) du bombardement effectué sur Nancy et sur la région nord de Paris » ; accompagné cette fois du lieutenant Mézergues, montant un second appareil : Mézergues était un prisonnier évadé.

Beaumont, après avoir bravé tant de fois la mort, devait la trouver dans un banal et stupide accident : le 14 juillet 1918, son appareil se heurta contre un autre et capota.

*
* *

Pendant l'année 1917, les raids à longue distance ont d'abord été plus nombreux. Le mois d'octobre de cette année les aura vu se multiplier. Le premier jour de ce mois, le communiqué annonçait qu'en représailles du bombardement de Bar-le-Duc, deux avions français avaient jeté 300 kilos de projectiles sur Stuttgart.

Le lendemain, c'est en représailles du bombardement de Dunkerque (si souvent éprouvée !) que les nôtres vont atteindre Stuttgart, Trèves, Coblence, Francfort, la gare de Fribourg, les usines de Volklinger et d'Hoffondach. Le lendemain encore, toujours en représailles du même fait, deux de nos appareils vont jeter plusieurs bombes sur Bade. Le 4 octobre, une de nos escadrilles, celle des *Éperviers*, bombarde Francfort, dont les habitants (d'après des nouvelles des pays neutres) commencent à manifester leur terreur.

Enfin, dans la nuit du 16 octobre, des avions ayant fait plus de cinquante victimes à Nancy, les nôtres ripostent par un bombardement des usines de Rombach et de Hagendingen.

Tel est le compte de bombardements français en Allemagne pour 1917.

En dépit de faits glorieux et de brillants succès, la supériorité à l'égard de l'ennemi ne nous était pas acquise encore.

Rappelons-nous qu'alors l'Allemagne prenait plus volontiers Londres que Paris pour objet de ses raids à longue distance. Depuis, l'Angleterre a connu du répit : Paris est devenu le principal but des attaques allemandes par avions. Les premiers gothas nous furent envoyés dans la nuit du 30 janvier 1918 : l'attaque fut longue, à proportion de notre défense insuffisante. Cette défense organisée, ensuite, devait rendre ces tentatives plus rares et plus incertaines.

Avec l'année 1918, l'aviation des Alliés a pris décidément le dessus sur celle de l'Allemagne. Depuis la seconde quinzaine de mars, des raids à longue distance ont été surtout le fait de l'Angleterre. Ils ont brillamment réussi. L'activité de notre aviation de bombardement, loin de se ralentir, allait pourtant s'accélérer ; mais à nos « bombardiers » incombait désormais une tâche plus immédiate, plus urgente, à laquelle ils devaient se consacrer sans trêve ni repos : celle du front et de l'arrière-front.

L'offensive, commencée le 21 mars par Hindenburg, constituait une menace redoutable pour Paris. La ville tant convoitée, où les Allemands se flattaient d'entrer en triomphateurs dès septembre 1914, et dont la victoire de la Marne leur avait alors fermé l'accès, devenait, une fois de plus, l'objectif des hordes de l'empereur. Toutes nos forces durent donc concourir à les repousser. En conséquence, nos aviateurs de combat et de bombardement ne furent plus occupés qu'à mitrailler les rassemblements de l'ennemi, à verser des tonnes d'explosifs sur les cantonnements, sur les gares, sur les convois de ravitaillement, sur les dépôts de munitions, sur les voies de communications, sur les parcs d'artillerie, d'automobiles, d'essence et d'aviation de l'ennemi. Le résultat cherché fut atteint. Dans la grande bataille ouverte en mars, et qui s'est poursuivie tout le printemps et l'été, l'aviation revendique une grande part de l'échec infligé à l'ennemi. Elle a servi à le réveiller de l'illusion de son prochain triomphe.

Citons quelques-uns des bombardiers qui ont montré le plus d'activité et remporté le plus de succès : les sous-lieutenants Gignoux, Sagnot, Delaître, qui ont pris part, chacun, à plus de cent cinquante expéditions nocturnes; le commandant Rocard, dont une citation rapporte qu'il « a effectué plus de cinquante bombardements en moins de deux mois et demi... » ; le capitaine Le Forestier, qui a survolé Metz, Trèves, Sarrebruck, et d'autres villes allemandes où il a semé des bombes et la terreur. Le capitaine Mézergues, spécialiste des raids à longue distance, et le capitaine de Geffrier, les lieutenants de Lenfant, de Loisy, Brouet, Bizard, Emrich, Cartault, Purceyle, Daligault, Baronna, les adjudants Marseille, Suzanne, Leclerc, Paris, Lévêque, Poulet, Monard, les sergents Vachez, Olivier, le maréchal des logis de Montais, le caporal Mallet, ont été tour à tour les héros de bombardements, menés surtout la nuit. Pour la plupart d'entre eux, ces bombardements vont à plus de cent.

Une des citations méritées par l'adjudant André Paris mentionne notamment, qu'il « a totalisé en moins de trois mois trente bombardements de nuit, descendant parfois jusqu'à six cents mètres pour obtenir de meilleurs résultats. »

*
**

Pendant que nos aviateurs accomplissaient de tel exploits sur le front, ceux de l'Angleterre multipliaient les raids de représailles.

Le bilan d'un seul mois pourra donner l'idée de l'œuvre accomplie par nos alliés. En juillet, ils n'ont pas fait moins de cent incursions en Allemagne même; quarante-trois villes ont été attaquées, dont une seule treize fois, et une autre sept; trente tonnes de projectiles ont été jetées au cours de ces expéditions. Parmi les villes les plus éprouvées, citons Heidelberg, Cologne, Mannheim, Trèves, et surtout Metz-Sablon et Sarrebruck, dont les noms reparaissaient souvent dans les communiqués.

La ville de Francfort, qui bénéficia quelque temps d'une immunité dont beaucoup s'étonnaient, a été « enfin » l'objet d'une attaque particulièrement rude au mois d'août dernier : les dégâts furent si considérables et les morts si nombreux que l'empereur envoya au bourguemestre une solennelle dépêche de condoléance. Dans cette dépêche, il osait invoquer « le droit international » auquel, disait-il, ces faits étaient « contraires ». Il oubliait d'ajouter que les alliés n'avaient fait que suivre son exemple.

Quant au succès de ces représailles, il n'est pas douteux et personne ne peut le contester. L'attitude de la population allemande, éprouvée par les raids, confirme ce qu'ont toujours dit et si souvent répété Léon Daudet et Charles Maurras, quand ils préconisaient l'attaque des villes du Rhin et de la Haute-Allemagne.

Avec la mentalité féroce et barbare d'un ennemi auquel les questions de pitié et d'humanité sont étrangères, il est indispensable de répondre par des violences égales ou supérieures. C'est ainsi qu'on a vu les bourguemestres des villes rhénanes adresser des suppliques à l'empereur, un député poser une question au Reichstag, le Landtag du Grand-Duché de Bade voter à l'unanimité une motion, appuyée par le Gouvernement badois lui-même, pour demander la cessation immédiate des bombardements aériens sur les villes ouvertes.

Bien mieux, les représentants de onze villes rhénanes, souvent visitées par les aviateurs alliés, se réunirent à la fin du mois d'août, pour discuter les moyens de protection des cités et des populations de la vallée du Rhin contre les raids aériens; la décision fut prise de s'adresser au Grand Quartier général allemand et de le prier de conclure un accord à ce sujet.

N'est-ce pas la preuve que, pour protéger les femmes et les enfants des villes françaises, il n'était pas de meilleur moyen que de faire sentir aux villes allemandes le poids de notre colère et de nos représailles?

(*Octobre* 1918.)   P. M.

———✻✻✻———

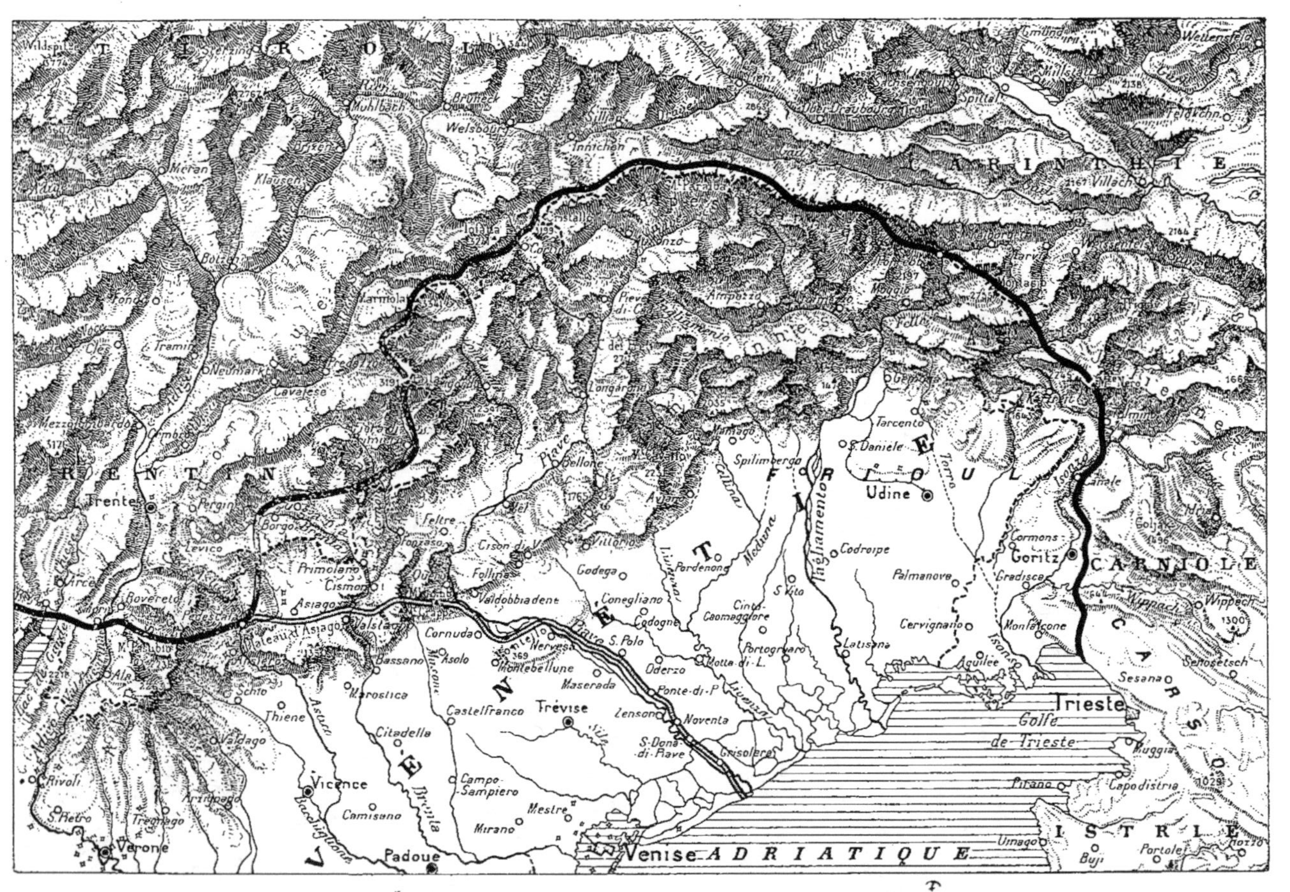

CARTE DU FRONT D'ITALIE

L'HOMME COUPÉ
EN MORCEAUX

Version d'un Crime célèbre
à l'usage
des électeurs obéissants

par Maxime BRIENNE
(*Dessins de Sennep*)

Lorsque je pénétrai ce jour-là dans le petit salon de Baker-Street, je trouvai mon ami, M. Sherlock Holmes en plein travail. Je veux dire qu'étendu sur le sofa, les jambes dressées contre le mur, la tête en contre-bas, le fameux détective méditait profondément. Il affectionnait cette attitude, sous prétexte que la légère congestion qu'elle occasionne stimule l'activité cérébrale. Comme il ne répondait pas à mon bonjour, je compris qu'il était aux prises avec quelque problème criminel particulièrement ardu. Il ne fallait alors jamais le déranger. Je m'assis et parcourus les innombrables journaux qui jonchaient le tapis.

Au bout de deux ou trois heures qui me parurent autant de siècles, Holmes se leva brus-

quement, poussa un large éclat de rire, et disparut dans son cabinet de toilette, d'où quelques secondes plus tard, il ressortait complètement transformé, barbouillé, hirsute, vêtu et chargé de la défroque et de l'attirail d'un ramoneur. Me tendant le semblable (car l'appartement de Baker-Street contenait un véritable magasin de costumier), il me pressait de m'en affubler en criant : « Vite, vite, Watson, ne perdons pas une minute », avec un impayable accent gallois.

Un cab nous attendait. A peine étions-nous installés, que le cocher fouetta sans demander l'adresse. Un peu au courant des méthodes d'Holmes, je compris qu'il la lui avait donnée d'avance.

« Eh bien ! me dit mon ami d'un ton enjoué qui contrastait singulièrement avec ses sombres préoccupations, vous êtes-vous fait une opinion sur l'étrange mort de l'aventurier Wigow, le détenu de la prison-modèle de Rungis Tower ? »

Holmes aimait à pénétrer ainsi les pensées pour les révéler ensuite à brûle-pourpoint. Rarement il m'étonna plus que ce jour-là. En le voyant deviner qu'en effet cette tapageuse histoire, que l'on n'a pas oubliée, m'avait hanté tout l'après-midi, je demeurai comme deux pence de plum-cake (1).

« C'est pourtant bien simple, sourit-il. Durant le long silence qu'avec une discourtoisie dont je m'excuse enfin, j'ai imposé à votre indulgente amitié, vous avez lu et relu les gazettes. Or, je le sais, vous êtes indifférent en politique, vous vous moquez bien des débats du Parlement, vous ne connaissez pas le grand monde, le théâtre vous laisse froid, vous n'avez nulle compétence en matière financière et vous n'entendez goutte en littérature.

— Parfait, m'écriai-je.

— Dès lors, qu'y avait-il en ces feuilles de plus vulgairement dramatique, de plus propre, par conséquent, à charmer l'ennui d'une longue attente, que la mort de ce Wigow? Sorti on ne sait d'où (de fort bas en tout cas), ce dangereux individu était devenu le familier du jeune duc de Malwyck, personnage corrompu, lui aussi, peu difficile sur le choix de ses relations comme sur celui de ses plaisirs, sorte de Falstaff moderne et maigre; puis, au comble de sa faveur, voilà notre Wigow arrêté, convaincu d'avoir trahi la Reine au profit du Danemark, qui arme contre nous une puissante flotte. Trois jours après, on le trouve dans sa cellule de la prison-modèle, en quel affreux état !

— Réellement affreux ; découpé en trois cent cinquante et un morceaux, sans compter la tête.

— Ah ! s'écria joyeusement Holmes, j'ai rencontré parfois de beaux crimes, mais cette fois, je puis me vanter de tenir un beau suicide. »

A ces mots, je me récriai.

Sherlock Holmes haussa les épaules.

« Je vois, fit-il, que vous êtes passé aux partisans de l'assassinat. Ils sont nombreux. Les ennemis du duc de Malwyck et de son fameux protecteur, lord Caillawston, ministre disgracié qu'on assure vendu au Danemark, affirment que Malwyck, très compromis dans cette affaire de trahison, aurait voulu supprimer Wigow, capable de le faire chanter en révélant qu'il tenait de lui les documents livrés aux redoutables ennemis de la Reine. Mais moi, chargé officiellement d'élucider ce mystère, qui trouble le pays, je dois éliminer tout parti pris politique.

— Je n'ai moi-même aucun parti pris, mais, médicalement parlant, le suicide d'un homme coupé en morceaux offre de telles difficultés.

— L'assassinat n'en offre pas moins ici. Wigow, pour qui l'administration de la prison modèle de Rungis-Tower avait de remarquables complaisances, demande un soir du fromage de Chester. Le geôlier respectueux se précipite pour le lui chercher, laissant la porte ouverte. A son retour, que trouvait-il? Son prisonnier toujours présent, mais réparti en trois cent cinquante et un morceaux.

— Sans compter la tête.

— Effaré de ce désastre, et posant le fromage sur la table de nuit, il court chercher le médecin de la prison modèle.

— Que diable le médecin pouvait-il bien y faire ?

— Son intervention était en effet tardive. Mais c'est le règlement de la prison modèle, en cas de blessure d'un détenu. Ils trouvèrent les morceaux, dont pas un ne manquait, dans le même ordre, un ordre dispersé, et c'est alors qu'ils purent en compter trois cent cinquante et un. Rien n'avait donc changé, sauf le fromage de Chester, apporté intact et maintenant à moitié dévoré, soigneusement pelé au préalable avec le couteau à dessert sanglant qui avait servi au dépecage de Wigow.

— Détail important, les croûtes de Chester recouvrent les filets de sang. Le fromage, conformément au récit du gardien, fut donc découpé le second, après Wigow. Or, comme médecin, je ne puis admettre qu'un homme coupé en tant de morceaux puisse peler et manger aucun fromage, même mou. C'est donc l'assassin qui a mangé le Chester.

— Votre témoignage à valeur d'expert, docteur Watson. Mais, par où l'assassin aurait-il fui, puisque, en allant chercher le médecin, le geôlier avait bouclé extérieurement la porte?

— C'est incompréhensible.

— Rien n'est incompréhensible à l'homme, dit gravement Holmes. Ce qu'il ne peut pas comprendre, il le laisse. Mais nous sommes arrivés.

---

(1) Expression de l'argot londonien qui signifie une profonde stupéfaction.

Les murailles interminables de la prison-modèle se profilaient lugubrement dans la brume verdâtre.

Grâce à notre déguisement, le concierge modèle de Rungis Tower nous laissa pénétrer. L'impression de sécurité, d'ordre, était, en quelque sorte, écrasante. Partout, tous à leur poste, des gardiens armés qui ronflaient d'un air imposant. L'un des convicts émancipés qui servent de gardes auxiliaires, essaya de réveiller l'un d'eux à notre approche, mais sans y parvenir. Holmes, qui savait par cœur le plan de la mystérieuse prison publié par tous les journaux illustrés, parvint immédiatement à la cellule de Wigow.

Horrible spectacle !

Les morceaux sanglants jonchaient le sol, et les meubles de bois laqué, disposés avec une fantaisie lugubre, n° 3. La tête, frisée, ricanait dans la cuvette. Les pieds, disposés devant la cheminée, singeaient deux souliers d'enfant le soir de Christmas. Le couteau gisait sous le lit. Sur la table, la main crispait encore le stylo qui avait tracé ce court billet : « Je me donne la mort de peur d'être pendu », dont les amis politiques de Malwyck faisaient état pour défendre la version du suicide. Il était impossible, en tout cas, qu'un homme en pareil état goûtât la moindre nourriture. A ma stupéfaction, Sherlock Holmes ne prit point garde à ces détails.

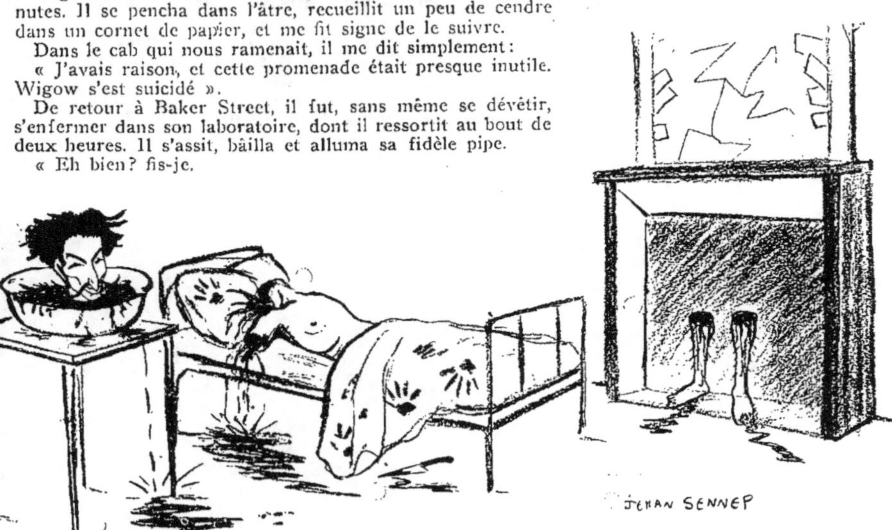

« Ce n'est qu'une mise en scène faite par Wigow pour donner à croire qu'on l'a tué et compromettre le duc de Malwyck », dit-il dédaigneusement. Traversant la pièce, il se fourra dans la cheminée, où il demeura dix minutes. Il se pencha dans l'âtre, recueillit un peu de cendre dans un cornet de papier, et me fit signe de le suivre.

Dans le cab qui nous ramenait, il me dit simplement :

« J'avais raison, et cette promenade était presque inutile. Wigow s'est suicidé ».

De retour à Baker Street, il fut, sans même se dévêtir, s'enfermer dans son laboratoire, dont il ressortit au bout de deux heures. Il s'assit, bâilla et alluma sa fidèle pipe.

« Eh bien ? fis-je.

— Eh bien, les magistrats, ces bêtas, auront beau compter et recompter les morceaux que nous venons de contempler. Ils n'arriveront pas plus à trouver le meurtrier qu'à recoller lesdits morceaux, pour la bonne raison que c'est Wigow lui-même, lequel s'est suicidé.

— Ainsi l'homme coupé en morceaux.

— C'est son sosie.

— Son sosie.

— Évidemment. Cet homme si actif, qu'on filait en des voyages fréquents et suspects, et qui, toujours fournissait de si lointains alibis, cet homme avait un sosie, n'en doutez pas, Watson. C'est cet imbécile que les policiers arrêtèrent, et non Wigow, bien trop malin. Mais celui-ci comprit que son complice pouvait parler et le perdre. Il comptait s'en débarrasser, crime que la malignité publique mettrait sur le compte du duc de Malwyck, et, tandis que malwyckistes et antimalwyckistes se disputeraient autour de son pseudo-cadavre, d'accord sur ce point du moins qu'ils le croiraient mort, Wigow comptait gagner une retraite où personne ne l'inquiéterait. Il pénétra dans la célèbre prison-modèle, chose plutôt facile comme vous avez pu voir, tua et dépeça son sosie pendant que le geôlier, laissant la porte ouverte, était allé chercher du fromage. Ce serviteur, par sa hâte zélée, gâta tout, car il revint avant que Wigow eût pu fuir. Le geôlier courut au médecin, bouclant cette fois Wigow, qui dut se résigner à la mort. C'est alors qu'après avoir goûté le délicieux chester en suprême adieu aux biens de ce monde, Wigow, comme je vous l'ai tant redit, se suicida.

— Mais, Holmes, son cadavre?

— Là était le seul point obscur. Le reste, je le devinais déjà en sortant d'ici. Notre promenade, un peu lugubre, j'en conviens, devait me fixer définitivement. J'ai exploré la cheminée, non pour trouver une issue. Elle est bien fermé d'une grille. Mais je pensais y trouver Wigow pendu et calciné. J'avais affaire à un criminel beaucoup plus moderne. Il a dû se tuer et se laisser choir dans le foyer sur un lit préparé d'avance de quelque composé hypercaustique de la baryte, de la potasse, de la chaux vive, qui l'a instantanément dévoré. Je viens de m'en convaincre en analysant les cendres recueillies par moi dans le petit cornet de papier.

— Très ingénieux, fis-je. Mais sera-ce bien facile à persuader aux électeurs du Noisy-Essex où le duc est candidat?

— Ceci est hors de ma compétence ordinaire. Considérez toutefois que si la foule est soupçonneuse à plaisir, elle aime les explications étonnantes. Tenez, Watson, nos bons voisins d'au delà du Channel qui se disent le peuple le plus frondeur et le plus spirituel de la terre, ont bien cru qu'un homme pendu à son lacet pouvait sucer des raisins ou qu'un député de l'opposition était susceptible de s'asphyxier en humant son poêle à gaz tout un dimanche après-midi.

Sherlock Holmes eut un sourire énigmatique. Etait-il sincère? ou, maintenant qu'il était presque un personnage officiel, avait-il cru devoir employer sa sagacité, qui perçait, jadis, tous les trucs, à couvrir, cette fois, un scandale par raison dEtat?

Comme pour symboliser cette hypothèse, il se plut, sans réponse à mes questions, à tirer sur sa petite pipe, qui l'enveloppa d'un nuage de plus en plus épais de Navy-Cut.

※ ✠ ※

LE RÉTABLISSEMENT DE LA MARINE SOUS LOUIS XV
Page d'histoire

L'intervention de l'Amérique dans la guerre que nous menons contre l'Allemagne a reporté tous les esprits vers la guerre de l'Indépendance, menée victorieusement par Louis XVI en faveur des Etats-Unis. L'ancien régime, follement décrié par des intérêts de parti y est apparu avec une force et dans une splendeur qu'on oubliait. Ces souvenirs touchent un point particulier, la prospérité de notre marine, que la Révolution détruisit et qui depuis ne s'est jamais relevée.

La guerre de Sept Ans l'avait abattue. Comment quinze ans plus tard se trouvait-elle si forte ? Ce fut l'œuvre des dernières années de Louis XV. Nos lecteurs trouveront dans ce qui suit l'histoire de ce rétablissement.

Commençons par un résumé de la prospérité précédente. Au xvii° siècle, sous Louis XIII, le cardinal de Richelieu avait favorisé l'essor de la marine. Colbert, qui vint ensuite, donna à cet instrument de la grandeur française une impulsion prodigieuse. Il créa notamment l'inscription maritime. L'œuvre de ce grand ministre fut si solide, qu'elle constitue encore en partie le fond de notre législation actuelle. Les résultats furent à proportion. Le règne de Louis XIV est l'époque des Jean Bart, des Duquesne et des Tourville.

Une période moins heureuse suivit. Durant la guerre de la Succession d'Espagne, la marine espagnole, notre alliée, nous entraina dans ses revers. Nos marins se rattrapèrent dans la guerre de course. Forbin, Duguay-Trouin, Ducassé, parvinrent par ce moyen à soutenir la gloire de notre pavillon. Mais la construction languissait. En 1715, Villars, gouverneur de Provence, se plaignait de trouver « les ateliers déserts et les vaisseaux délabrés ». On voyait le mal, mais le loisir et l'argent, sollicités ailleurs, manquaient encore pour y pourvoir. Il empira. En 1730, nous possédions 51 bâtiments de haut bord et 15 galiotes à bombes ; en 1741, nous n'avions plus que 31 bâtiments de haut bord. En 1747, les combats du cap Finisterre, qui nous coûtèrent 11 bâtiments, eurent encore pour effet de réduire notre flotte.

La paix de 1748 permit enfin de s'appliquer à la réparation de cet organe essentiel. Les leçons des dernières guerres ne devaient pas être perdues. L'esprit de système ne régnait alors dans aucune des sphères du pouvoir. On n'allait pas contre les réalités ; on s'attachait à tirer des faits les enseignements utiles pour l'avenir. La tâche était vaste ; pour la mener à bien, il fallait beaucoup de persévérance. On s'y mit. Les crédits de la marine, qui étaient tombés à 6 millions de livres en 1726, se relevèrent graduellement jusqu'à 20 millions. Une grande activité répondait à ces dépenses. En 1756, nous possédions 60 vaisseaux de haut bord et 31 frégates. C'était être encore loin de compte, car une bonne partie des frégates ne pouvait rendre qu'un service limité. L'Angleterre disposait de 89 vaisseaux, de 91 frégates et de 67 corvettes, parfaitement armés et équipés.

La guerre de Sept Ans nous trouva en cet état. On s'étonne, dans ces conditions, que les premiers engagements aient pu nous être favorables. C'est que la qualité supérieure des équipages rachetait en partie ce déchet. Port-Mahon fut emportée ainsi par un coup d'audace admirable du maréchal de Richelieu. La flotte de l'amiral Bing fut défaite par la flotte française commandée par La Galissonière. Dans ces brillants débuts d'une guerre qui devait être malheureuse, on trouve la preuve que l'effort commencé n'avait pas été inutile. Mais la supériorité du nombre appartenait à l'adversaire ; l'Angleterre se ressaisit et remporta bientôt les avantages de Lagos et de Quiberon.

Ces revers furent suivis de la perte de nos colonies. Une escadre anglaise commandée par l'amiral Keppel s'enhardit jusqu'à débarquer quelques milliers de soldats à Belle-Ille. L'ennemi était maître de la mer. En 1763, quand la guerre prit fin, nos pertes, comptées depuis le début, étaient de 18 vaisseaux et de 37 frégates par le fait de l'ennemi ; de 10 vaisseaux et de 17 frégates par le fait des naufrages. On sait que les engagements sur terre n'avaient pas été plus favorables. Il fallut traiter. Louis XV commanda à Choiseul de négocier la paix nécessaire, sans la regarder comme définitive. Aux yeux du roi et de ses ministres, le traité de Paris n'était qu'une trêve, que les réparations devaient suivre. Il en fut ainsi. Cette paix onéreuse qui, sous un régime moins bien assis, eût risqué de fatales conséquences, eut au contraire pour résultat un redoublement d'activité. Choiseul prit en mains la direction de la marine, regardée comme un département de première nécessité. La possibilité d'entreprendre une revanche contre l'Angleterre en Amérique était déjà envisagée, mais pour que ce projet fût réalisable, il fallait être fort sur mer.

L'œuvre de Colbert fut prudemment remaniée et mise dans une perfection nouvelle. Les attributions des différents corps furent mieux définies qu'auparavant. On se préoccupa d'assurer la coordination des efforts, de prévenir le désordre, en même temps que le gaspillage ; des constructions furent activement poussées ; le nombre des bâtiments en voie d'achèvement tripla. Cette première impulsion donnée, le ministère de la Marine fut remis au duc de Praslin, qui succéda à Choiseul en 1766. Le plan de ce dernier continuait d'être suivi. C'est à Praslin que nous devons entre autres l'agrandissement du port de Brest. C'est sur ses ordres que Bougainville porta notre pavillon dans les mers du Sud. Quand il abandonna ses fonctions en 1771, il laissait la France pourvue de 64 vaisseaux et de 54 grosses frégates. Tel fut le résultat d'efforts repris huit ans auparavant.

En 1774, Louis XVI monta sur le trône. Dès son avènement, on le vit s'intéresser particulièrement à cette restauration de la marine, du succès de laquelle dépendaient nos espoirs. L'activité ne se ralentit pas. Sartine, nouveau ministre, et Maurepas, s'appliquèrent sans relâche sous la haute direction du Roi, à augmenter encore le nombre de nos bâtiments. L'occasion, longtemps attendue, devait se présenter en 1778. Nous possédions alors 84 vaisseaux de haut bord, et nos moyens de construction étaient accrus à proportion. Les soins prodigués par le ministre nous sont sensibles dans des rapports où il note, par exemple, que le *Sceptre*, de 74 canons, fut construit et mis en état de tenir la mer en 105 jours. En 1772, 1775 et 1776, des escadres d'évolution commandées par d'Orvillers, Guichen, du Chasseau, prirent la mer et s'exercèrent aux manœuvres d'escadre. La moitié de nos navires furent doublés de cuivre, pour augmenter la rapidité de leur marche. C'est ainsi que notre flotte fut prête pour affronter la marine anglaise.

Dès le premier combat, le succès s'annonça avec un retentissement considérable. La *Belle-Poule*, attaquée par l'*Arethuse* des Anglais, força celle-ci à s'éloigner au bout d'un combat de trois heures « après l'avoir démâtée de son grand mât et l'avoir considérablement endommagée dans son bord, ses voiles, ses agrès et ses autres mâts » (rapport Keppel, amiral, à l'amirauté britannique, 20 juin 1778). Les flottes principales prirent la mer et se rencontrèrent à Ouessant le 24 juillet 1778.

La flotte française était commandée par d'Orvillers, la flotte anglaise par Keppel. Notre flotte y apparut bien en main, manœuvrière, et garda constamment la supériorité de la manœuvre. Huit vaisseaux anglais, dont le vaisseau amiral, furent gravement endommagés. Les pertes des Anglais en hommes étaient plus lourdes que les nôtres. Pendant la nuit, les Anglais rompirent le contact, et les deux adversaires firent voile vers leurs ports pour réparer leurs avaries. Les circonstances donnaient à ce résultat le caractère d'un grand succès. La flotte anglaise avait montré qu'elle n'était plus maîtresse de la mer, ses amiraux se faisaient voir moins habiles que nos chefs d'escadre.

L'année suivante, l'Espagne entra dans la guerre, au mois de juillet 1779. La flotte française, partie de Brest sous le commandement d'Orvillers, opéra sa jonction le 25 juillet avec la flotte espagnole commandée par don Luis de Cordova. La flotte alliée, vraiment formidable, comprenait 66 vaisseaux de ligne et un grand nombre de cutters, frégates et corvettes. L'Angleterre y opposait une flotte forte de 37 vaisseaux de ligne sous les ordres de Hardy. Devant le nombre, l'amiral anglais se résolut à la retraite sans combat. Cette fois, c'était à nous que la maîtrise de la mer revenait. L'alarme fut vive en Angleterre ; on redoutait un débarquement ; mais la tempête l'en préserva. L'escadre dut regagner

Brest, non sans avoir forcé, en vue des côtes anglaises, le vaisseau de ligne anglais *Ardent* de 64 canons, à se rendre, le 17 août 1779. Nos équipages faisaient preuve d'un courage et d'une bravoure exceptionnelle.

Cette même année 1772, la *Surveillante*, de 26 canons, commandée par du Couëdic, et le cutter *Expédition* combattirent la frégate *Québec* et le cutter *Rambler*. Pendant deux heures et demie, on se battit bord à bord avec furie. Les deux frégates furent démâtées. L'avantage cependant demeurait à la France. Du Couëdic restait à son poste, malgré trois blessures reçues. Le gaillard d'avant du *Québec* est en feu. Alors, le commandant français cesse le combat et ne s'occupe que de sauver les marins anglais, qui s'étaient jetés à la mer. Quarante-trois furent retirés de l'eau. Le roi commanda que ces hommes fussent reconduits en Angleterre, « ne croyant pas devoir, dit-il, retenir prisonniers de guerre des hommes qui avaient échappé dans un même jour au feu du canon, à l'explosion de leur vaisseau et aux abîmes de la mer ». Elevé au grade de capitaine de vaisseau, le chevalier du Couëdic mourut des suites de ses blessures, le 9 janvier 1780.

Soutenues par une pareille bravoure des équipages, les opérations suivaient leur cours. A la tête de nos escadres d'Amérique, le comte d'Estaing forçait la passe de New-Port, obligeant les Anglais à brûler 7 vaisseaux. Puis il s'empara de Saint-Vincent, en Grenade, et battit la flotte de l'amiral Byron. En 1780, autre succès : trois jours durant, Guichen tenait tête à des forces supérieures commandées par Rodney, et les forçait enfin d'abandonner le combat. En 1781, le comte de Grasse part pour les Antilles avec une flotte de 21 vaisseaux. Il rencontre l'amiral Hood près de la Martinique, et le bat. Aux Indes, Suffren remportait coup sur coup cinq victoires. Un peu plus tard, c'est l'île de Tabago qui tombait entre nos mains. Notre marine avait fait ses preuves.

Elle avait, par de multiples victoires, montré qu'il ne s'agissait pas de hasards heureux. Luttant avec de formidables adversaires, nos amiraux s'étaient affirmés comme des manœuvriers remarquables. Ces succès venaient couronner l'œuvre entreprise depuis longtemps. Mais à la guerre, il faut toujours compter avec l'imprévu. L'escadre du comte de Grasse fut battue par Rodney le 12 août 1782. Quinze vaisseaux, dont le vaisseau amiral, restèrent aux mains des Anglais. Le résultat à l'intérieur fut un mouvement de patriotisme admirable. La nation avait suivi avec fierté les exploits de sa flotte reconstituée ; elle ne se laissa pas abattre. Le roi donnait à tous l'exemple du courage et de l'énergie. Il ordonna de construire 12 vaisseaux de ligne. Ses frères payèrent chacun un vaisseau de 80 canons. Tous les corps de la nation suivirent cet exemple. Les Etats de Bourgogne, le prévôt des marchands et les échevins de Paris, les six corps de marchands de la capitale, les négociants de Marseille, ceux de Bordeaux, le prévôt des marchands et les échevins de Lyon firent à l'envi les frais de la revanche d'une seule bataille. Chacun payait un vaisseau de 110 canons. Les receveurs généraux des finances, les fermiers généraux, les régisseurs généraux des aides, les administrateurs généraux des domaines, les fermiers de la caisse de Poissy et les autres compagnies des finances contribuèrent. Des particuliers de tous ordres firent don au roi de sommes considérables.

Louis XVI fut touché de cet élan unanime. Il accepta les dons des corps constitués, mais il remit aux particuliers leurs dons, « ne voulant, dit-il, consentir à l'augmentation des impositions par des contributions volontaires ».

Cette détermination de mener la lutte jusqu'à la victoire impressionnait le gouvernement anglais. Désespérant du succès définitif, voyant d'autre part l'Amérique lui échapper, le Cabinet britannique se résigna à la paix ; le 20 janvier 1783, les préliminaires furent signés. Le traité porte la date du 21 mai 1783. Avec des avantages territoriaux sensibles, la France remportait de l'événement un prestige immense. L'Angleterre devait compter avec nous ; la reconnaissance d'un nouveau peuple nous était acquise. Grâce à notre marine refaite et triomphante, nous pouvions désormais travailler à refaire nos colonies. Le traité de Versailles était un point de départ, une ouverture sur l'avenir, que ferma brusquement la Révolution.

Castries avait succédé en 1780 à Sartines comme ministre de la Marine. En 1786, il rendit un recueil d'ordonnances qui préparait des nouveaux progrès et prit le nom de Code de Castries.

Voici quelle était à la veille de la Révolution la situation générale de notre marine. Les types de vaisseaux avait été unifiés et réduits à trois seulement, armés soit de 120, soit de 80, soit de 36 canons. On construisait des frégates de 26 et de 20 canons. La flotte était répartie en 9 escadres ; les ports étaient bien approvisionnés, spacieux, et les magasins étaient remplis. Il y avait trois arsenaux : Brest, Rochefort et Toulon. Mais le roi s'était bien garde d'établir le monopole de la construction. Brest et Rochefort avaient quatre bassins de radoub. A Toulon, le premier venait d'être construit, en dépit des difficultés que causait l'absence du reflux en Méditerranée. En outre, des travaux énormes furent commencés en mer profonde de 13 à 16 mètres, pour donner une rade sûre à Cherbourg. D'énormes cônes en maçonnerie furent immergés pour servir de points d'appui à la digue. Louis XVI visita plusieurs fois les travaux. En 1789, vingt cônes étaient déjà posés.

Tel était l'état matériel des choses ; quant à la valeur des chefs et des équipages, le renom en était universel. Le corps des officiers se distinguait par la science et par le labeur. L'un d'eux, Borda, fut l'inventeur du cercle à répétition. L'Académie de la marine, fondée à Brest, enregistrait leurs travaux. Les voyages d'explorations furent une de leurs gloires. La Pérouse et de Fleuriot de Langle en sont l'exemple. Profondément instruits dans l'art de la guerre, ils joignaient à la technique de leur arme la connaissance qui devait continuer de la rendre efficace pour le bien du pays. Leur réputation était universelle. Le roi de Suède, le roi de Danemark, le roi de Naples, envoyaient leurs officiers de marine s'instruire chez nous. Un Anglais, Joseph Clarke, peu suspect de partialité, les a jugés ainsi dans son *Essai de critique navale :* « Les Français ont acquis une connaissance plus parfaite de faire évoluer les grandes escadres, à laquelle nous ne faisons pas assez attention, tandis que de notre côté nous avons continué de suivre une ancienne routine, que l'expérience plus raffinée des modernes aurait dû nous faire rejeter. »

Ces officiers se recrutaient surtout dans les anciennes familles des provinces maritimes. Habitués dès l'enfance à considérer ce service comme un devoir et un honneur, ils aimaient avec passion leur métier, et mettaient leur orgueil à rivaliser entre eux d'intrépidité, d'audace, et même de fantaisie. Ainsi Groult de Saint-Georges, au combat d'Ortigal, voyant qu'il manquait de poudre, n'en voulut pas avoir le démenti et fit charger les canons de l'*Inflexible* avec son argenterie.

Le jour du combat, c'est en perruque poudrée et jabot de dentelle, en bas de soie, en souliers à boucles d'argent, qu'ils aimaient à braver la mort, comme si de l'affronter au milieu des eaux, pour le service du pays, était une fête. Sous de tels chefs, les équipages montraient une valeur indomptable. A bord du *Languedoc*, vaisseau amiral de d'Estaing en 1779, un quart de l'équipage disparut lors de la bataille contre Byron. Sur la *Ville de Paris*, vaisseau amiral du comte de Grasse à la bataille des Saintes en 1782, trois hommes sans blessures seulement se trouvaient sur le pont à la fin du combat.

La prise de la Bastille sonna la fin de tout cela. Dans la marine plus qu'ailleurs, la chute de la royauté devait être suivie d'une régression profonde. Nous en ressentons encore les conséquences. Les constructions furent arrêtées. Le corps d'officiers périt par la guillotine ou à Quiberon. La décadence finale fut achevée par le désastre de Trafalgar en 1805.

La guerre actuelle est venue nous faire toucher du doigt à quel point, dans une guerre de terre même, il est important de conserver la libre disposition de la mer. De tout temps, cet avantage a été sensible, il est aujourd'hui décisif, puisque seul il assure un ravitaillement, qui ne peut avoir lieu sans le concours de l'univers entier. La France a tous les éléments d'un avenir maritime splendide assuré. Sa position sur deux mers, l'étendue de ses côtes, leur forme, la race de marins qui les habite, tout la favorise à cet égard. Elle n'est desservie que par un mauvais régime. On vient de voir ce qu'un bon en avait su faire. Nulle part, l'influence de l'Etat ne se fait plus sentir qu'en ce qui concerne la marine, non seulement la marine de guerre, mais même la marine de commerce, qui suit nécessairement les progrès de celle-là. Les progrès en matière maritime sont à plus longue échéance qu'ailleurs ; ils supposent donc la constance des vues, la stabilité de l'institution, qui nous manque. On a accusé le caractère français, qui certainement n'est pour rien dans notre décadence à cet égard. Ce qu'on vient de lire en est la preuve.

G. D'ORMESCHEVILLE.

DIPTYQUE

C'est une église jeune de toute la gloire des peintures fraîches et des vitraux brillants comme des pierreries. Des ouvriers anonymes ont sculpté une à une chaque pierre, chaque nervure, chaque clef de voûte, de l'ogive mystique là-haut, très haut, là où seulement Dieu et les anges voient. Elle est riante, on dirait que la nef est déserte. Il faut un moment pour apercevoir une forme debout devant l'autel, et sur cet autel une épée.

L'homme est très jeune, à peine vingt ans. Il sera armé chevalier demain. Après le bain, après le jeûne, il passe seul dans cette église la veillée des armes. Ainsi que fit son père et que feront ses fils. Tout lui est familier dans ce sanctuaire qu'il fréquente depuis l'enfance : il y est chez lui, avec révérence et avec joie. Il sait qu'il va prendre devant Dieu des engagements sacrés : il défendra partout le faible et l'opprimé, ceux qui ont droit contre ceux qui ont tort. Il sera le champion de la justice. Il jettera dans la mêlée l'éclair de son épée comme un rayon de lumière. On lui a dit : « Tu ne reculeras pas. Tu ne tueras pas l'adversaire désarmé. Tu ne trahiras pas. Tu mourras plutôt que de te parjurer » : tout ce qui fait la France chevaleresque, joyeuse, douce et forte et aimable. Il sait tout cela. Il sera tout cela, parce que d'abord et avant tout il est chrétien. Le robuste credo passe de son cœur à ses lèvres. Il s'est confessé au chapelain, tout à l'heure. Il a dit... mais il n'a pas parlé de doute, non. Il croit en Celui qui est là, invisible et silencieux comme il croit en sa bonne épée. Il croit et il sait que le Christ aime les Francs, et l'aime. Il l'appellera à l'aide à chaque traverse. Il remettra son âme naïve et forte dans les mains divines dans bien longtemps. Alors, il appellera à l'aide Madame Marie. Il s'incline devant Notre-Dame, comme il s'inclinera demain devant celle qu'il nomme sa dame, et dont il portera les couleurs au beau tournoi qui terminera la fête. Tout est si pur, à cette heure où il trempe sa jeune bravoure aux sources spirituelles, qu'il n'a pas d'effroi à prononcer tout haut dans les ténèbres sacrées le nom cher entre les noms : Aude, Béatrix ou Aélis. Il le pose comme une fleur aux pieds de celle qui fut la plus belle et la plus forte d'entre les filles des hommes. Il se sent heureux et brave, ayant devant lui une route claire, toute d'honneur, de noblesse, de beaux coups loyaux à donner et à recevoir derrière son baron et derrière le roi : devant eux, quand les traits pleuvront dru, et que, d'instinct, il leur fera un rempart de sa jeune poitrine. Ainsi pense la France heureuse, une nuit, en l'an 1200.

C'est une vieille église. Au moins on la croirait telle à voir son porche de brique rose, déteint par huit siècles de soleil ardent, de vent et de pluie. Mais au dedans, c'est une nef sans grâce, posée là on ne sait comment, telle une pièce disparate à un beau vêtement, à la suite du porche rose aux tours frêles. Il y a pourtant derrière l'autel, un endroit exquis, où un très vieux saint dort sous l'autel, où une très vieille Vierge sourit et se penche d'un air cloué. Mais là, personne ne vient ; et il me faut quelques instants, en échappant à l'éclatante lumière d'août, pour discerner un poilu tout au milieu de la nef. Il est chez lui, comme notre chevalier, il y est à sa façon à lui. Il a pris deux chaises pour y déposer ses lourdes musettes et appuyer ses pieds poussiéreux. Son mouchoir à carreaux et sa cantine sont par terre. Il a près de trente ans ; c'est un routier, robuste ; ces quatre ans de guerre l'ont vieilli. Il est assis de côté, regardant avec persistance saint Saturnin, patron de l'église, attaché à la queue d'un taureau furieux ; la tête et le corps du saint butent aux pierres. Le poilu est heureux vaguement, que l'homme qui a souffert ait ces autels, ces chandeliers dorés, ces peintures, qu'on redise son nom et qu'il soit comme vivant après mille ans et plus. Il ne comptait pas le trouver là.

Mais il n'était pas venu pour cela. Il était venu pour dire à sa vieille mère : « J'ai prié dans une église pour toi » ; et retenu par un charme secret, il reste. Il se sent bien... Il attendra son train, assis à ce foyer sacré où déjà il somnole doucement. Et pourtant le dehors l'appelle... Le soleil d'août éclabousse la ville rose, fait de la grande place tout auprès un long carré de lumière bordé de cafés aux boissons fraîches, et ici et là, de magasins groupant en des retraits ombreux, comme dans l'Espagne toute proche, les légumes et les fleurs dans une symphonie violente de couleurs : citrons d'un jaune ardent, piments rouges, raisins dorés et roux, écroulement de pastèques au cœur de chair et aux graines noires, qui enchantent le Méridional et le tentent et l'invitent à mordre aux beaux fruits.

Non. Il a dédaigné tout cela. Il veut entrer dans cette église, et sans le savoir, se rattacher obscurément par les fibres intimes de son âme à ceux qui ont fait la France. Il l'a faite aussi. Il l'a défendue, il l'a couverte de son corps. Il l'a arrosée de son sang. Et ces gestes nobles l'ont ramené à ses racines, à ses sources spirituelles. Et il est là, comme son frère d'il y a huit cents ans, attentif, pensif et charmé. Il n'a pas eu de veillée des armes; il n'a pas fait de serment, ni reçu d'accolade. Mais ces siècles de christianisme et ces siècles de chevalerie ont laissé dans l'air de France tant d'honneur et de générosité et de bravoure, que lui, l'enfant du peuple, comme le fils du vieux féodal, il a bu et respiré tout cela, il a été héroïque à son heure, sans le savoir, et sans le dire, à sa manière. Son bras était brisé, mais le regard avec lequel il a vu fuir le Boche était le même que celui de son frère aîné, Roland ou Amaury, jetant dehors le Sarrasin.

Et son sourire est pareil aussi, quand au sortir de l'Église, le camelot jette en passant son cri: « Nouveau recul des Allemands... »

——————— ❀ ✠ ❀ ———————

COQUILLES D'IMPRIMERIE

Un de mes amis réunit les bévues des imprimeurs, autrement dites coquilles. Sur un petit carnet relié en maroquin du Levant avec coins de vieil argent et tranches dorées, il a inscrit tous les jours depuis trois ans, les coquilles qu'il a relevées dans les journaux. Ce qu'il a lu est formidable, mais ce qu'il a trouvé est encore plus formidable. Je ne dirai pas que ce collectionneur doit regretter de belles heures perdues, car j'ai feuilleté ce petit cahier, qui fera à un moment donné un recueil très amusant de véritables calembredaines, et voici ce que j'ai trouvé aux dernières pages :

Le ministre sera risible (visible) *de deux à cinq heures.*

On annonce la mort de maître X..., qui pendant vingt ans a braillé (brillé) *dans le barreau.*

Dans un article sur l'histoire naturelle, où il est question d'ornithologie :

L'auteur (pour l'autour) *est de la famille des buses.*

Un courriériste parisien bien connu, voulant morigéner les réactionnaires:

Ah çà, voyons ! Et on imprime dans son journal : *Ah çà, voyous !*

Dans le rapport de M. Antonin Proust sur le budget des Beaux-Arts de l'exercice 84, p. 45, ligne 6, le correcteur de l'éditeur Quantin a laissé passer ce qui suit :

Il reste donc, pour terminer l'entreprise, à voler (pour voter) *une somme de* 311.000 *francs.*

Comme le collectionneur se complaît à cette besogne, nul doute qu'avant peu il aura enrichi son recueil de cocasseries encore plus fortes. En attendant, voici toute une série de coquilles recueillies par M. Boutmy, le grand correcteur de l'imprimerie Larousse. Mieux que personne, il pouvait faire une collection semblable, et ce qui ne gâte rien, il s'en est acquitté avec esprit.

Le *Moniteur universel* fait dire à M. Guizot : *Je suis à bout de mes farces* (forces).

Voici même une coquille du xviiie siècle. Une gazette de l'époque imprimait : *Le roi Louis XV est depuis huit jours au château de Fontainebleau; hier il s'est pendu* (perdu) *dans la forêt.*

Et celle-ci, dans le rapport d'une société financière : *La prospérité de la société est assurée par la découverte de nouveaux filous* (filons).

Cette autre est plus malicieuse : *Les mots sont les singes* (signes) *de nos idées.*

Un matin, Cambacérès ouvre le *Moniteur* et voit son nom accolé au titre de *grand chandelier de l'empire* (chancelier).

A propos d'une maladie du prince Jérôme Bonaparte, la *Patrie* publiait des bulletins quotidiens. Le premier contenait :

Une légère amélioration s'est manifestée dans l'état du prince.

Le second : *Le vieux* (mieux) *persiste.*

Dans une annonce de M. Lorilleux, le fabricant d'encre :

Ces excellents produits sortent des urines (usines) *de M. Lorilleux.*

Un entrefilet des petites affiches: *Belle femme à vendre ou à louer, très productive si on la cultive bien.* Femme pour ferme, c'est assez joli.

Dans un traité d'histoire des temps préhistoriques :

L'homme des casernes (cavernes) *avait pour armes des branches arrachées aux arbres et des haches de silex.*

Dans un journal, à l'article *Tribunaux* :

M. et Mme X... plaident en séparation de coups. Lisez : corps.

(PAUL EUDEL, *L'hôtel Drouot et la Curiosité*, Charpentier, éd., IVe année, ch. 1).

LES LIVRES DE LA GUERRE

Dans les premiers mois de la guerre, il y eut un chômage presque général des maisons d'édition. Il semble que, d'une part, le public n'avait pas le temps de lire autre chose que les communiqués officiels et les informations des journaux, et que, d'autre part, les écrivains (dont les plus jeunes et les plus actifs étaient sous les drapeaux) n'avaient plus le loisir d'écrire. La crise aiguë suspendait la vie intellectuelle du pays; mais cette crise, en se prolongeant indéfiniment, ne tarda pas à provoquer une reprise progressive des publications de tous genres, parmi lesquelles les livres inspirés par la guerre tinrent une place prépondérante.

La classification de ces Livres de Guerre est malaisée. Il en est qui touchent à la fois à l'histoire et à la diplomatie; d'autres à l'art militaire et à la philosophie; quelques-uns ont surtout une valeur documentaire; d'autres ont laissé une place plus ou moins large à l'imagination, à la littérature. Les citer dans l'ordre chronologique de leur publication ou des événements qu'ils relatent entraînerait des confusions et des chevauchements. Je m'abstiendrai donc d'adopter une méthode rigoureuse de présentation, me contentant de parler sommairement des ouvrages que j'eus le temps et l'occasion de lire et qui m'ont paru dignes d'être lus ou consultés.

Loin de moi la prétention de faire ici une étude complète que les limites assignées à cet article n'eussent d'ailleurs pas permise.

La Nouvelle Librairie Nationale ouvrit la voie en 1915 à cette Renaissance des éditions à laquelle les collaborateurs de l'*Action Française* contribuèrent si brillamment.

Citerai-je Léon Daudet qui, après avoir été un admirable précurseur dans l'*Avant-Guerre* poursuivit avec autant de courage et de ténacité sa patriotique campagne contre les espions, les traîtres, les défaitistes et leurs complices; Charles Maurras, dont les recueils d'articles successivement publiés en volumes, sont des chefs-d'œuvre de logique, de philosophie politique et portent en eux les plus salutaires enseignements; L. Dimier qui, dans les *Tronçons du Serpent*, indiqua nettement la voie à suivre à l'égard de l'Allemagne quand sonnera l'heure de la paix victorieuse; J. Bainville, dont les ouvrages sur le peuple allemand 'dans l'histoire, sur l'Italie et la Russie en guerre, obtinrent le plus légitime succès: G. Valois qui sut, du fond des tranchées, dégager d'intéressantes données de la philosophie militaire et prédit le rôle qu'étaient appelés à jouer dans la période finale de la lutte les tanks et la guerre de mouvements.

Cet ensemble forme une Somme dont nos adversaires les plus acharnés ne sauraient contester la valeur, mais les œuvres magistrales qui la composent sont trop connues des lecteurs habituels de l'Almanach pour qu'il soit utile de les résumer et de les commenter.

I

Le seul auteur de la Guerre mondiale est incontestablement l'empereur Guillaume II. Dans l'*Allemagne avant la guerre* (G. von Oest), le baron Beyens en a tracé le portrait suivant:

« Qui n'a pas eu, dans ces dernières années, l'occasion d'approcher l'empereur Guillaume, d'avoir quelque entretien avec lui, ne peut se rendre compte de la première impression sympathique qu'éprouve son auditeur. Causer avec lui, c'est l'écouter, c'est le laisser développer avec chaleur ses idées, en risquant de temps en temps une observation dont la vivacité de son esprit s'empare immédiatement pour passer d'un sujet à un autre. En parlant, il vous regarde bien en face, la main gauche toujours appuyée sur la poignée de son sabre dans une attitude qui lui est familière. La voix très gutturale, presque enrouée, n'est pas agréable, mais la figure, mobile et expressive, est tout animée, tout éclairée par des yeux magni-

fiques. Ce sont ces yeux qui frappent au premier moment, mieux que les paroles, des yeux bleu clair, tantôt gais et rieurs, tantôt durs et sévères avec des lueurs pareilles à des reflets d'acier. Cependant, au sortir d'un entretien de ce genre, on se prend à douter de la sincérité de ce dangereux causeur. On se demande avec une certaine anxiété si l'on n'a pas eu devant soi, au lieu d'un homme convaincu, l'acteur le plus impressionnant qui ait paru sur la scène politique contemporaine. »

Au lendemain d'Agadir la guerre à la France était chose décidée dans l'esprit de Guillaume II et il en fit l'aveu au roi des Belges à Postdam en novembre 1913.

Le conflit austro-serbe ne fut qu'un prétexte, et, pour mieux abuser l'Angleterre, l'impérial comédien avait laissé dans l'ignorance de ses projets son ambassadeur auprès du roi George. Cet ambassadeur, le prince Lichnowski, dans un *Mémoire* (Payot) récemment divulgué et dont la publication fit scandale de l'autre côté du Rhin, établit sans conteste que la Chancellerie allemande encouragea le comte Berchtold à attaquer la Serbie et refusa même d'envisager la médiation britannique offerte par lord Grey.

Au reste, ce n'est que tardivement que le Gouvernement allemand jugea utile d'essayer de décliner les responsabilités de l'initiative du conflit mondial; et les documents figurant dans les Livres blancs n'apportent aucune base sérieuse aux argumentations développées à cet effet.

La plus insigne mauvaise foi se manifeste dans l'ultimatum adressé au Gouvernement belge. M. Léon van der Essen dans l'*Invasion allemande de la Belgique* (Payot) a remarquablement exposé les négociations diplomatiques qui précédèrent le conflit et montré avec quelle dignité le roi Albert et ses ministres refusèrent de vendre contre espèces sonnantes l'honneur de leur pays. Il a conté toutes les opérations militaires de la petite armée belge, de Liége aux rives de l'Yser. La résistance héroïque des forts de la Meuse, le combat victorieux d'Haelen, l'énergie déployée dans la défense des positions successives occupées contre un ennemi disposant d'effectifs écrasants et d'une puissante artillerie lourde, la « grande sortie » des troupes du camp retranché d'Anvers (9-13 septembre), immobilisèrent plusieurs corps d'armée, permirent au commandement français de prendre des dispositions stratégiques qui s'imposaient et contribuèrent à assurer notre victoire de la Marne.

Les Allemands, pour avoir plus vite raison de la résistance belge, voulurent terroriser les populations civiles. Le récit des atrocités commises par les autorités militaires pendant l'invasion des provinces remplirait une bibliothèque. Avec une documentation irréfutable, en un style d'une forte sobriété, M. Tschoffen, procureur du roi à Dinant, a décrit les horribles massacres exécutés dans cette pittoresque petite ville (*Le sac de Dinant*, Leyde, S. A. Futura) et montré combien étaient volontairement mensongères les allégations du Livre blanc allemand du 10 mai 1915.

Comme éloquent écho des misères, des persécutions odieuses infligées aux populations belges et en témoignage de leur dignité et de leur force morale, la voix du cardinal Mercier archevêque de Malines, s'est élevée à maintes reprises. Ses lettres pastorales et ses discours ont été publiés sous le titre : *Per Crucem ad Lucem* (Bloud et Gay). Le grand cardinal, pour la Noël de 1914, eut le courage de prescrire des prières « pour le succès des armes belges » et de déclarer que « le pouvoir de l'envahisseur n'est pas une autorité légitime et qu'on ne lui doit, dans l'intime de son âme, ni estime, ni attachement, ni obéissance. » On ne peut que s'associer aux sentiments exprimés par Mgr Baudrillart dans la belle préface de ce recueil :

« L'acte de Noël 1914, osons le dire, c'est quelque chose d'aussi beau que Jean-Baptiste en face d'Hérode, que le pape Grégoire VII en face d'Henri IV d'Allemagne, que Thomas Becket en face d'Henri II d'Angleterre. Par son non licet, il a, comme ceux-là, rappelé aux hommes qu'au-dessus de la force il y a le droit, qu'au-dessus de la félonie il y a la justice, qu'au-dessus du mensonge il y a la vérité, et que la force triomphante ne crée ni le juste ni le vrai. »

Et, dans sa lettre du 21 juillet 1916, anniversaire de l'Indépendance, le cardinal, bravant les foudres du gouverneur allemand, évoquait l'avenir et la célébration du Centenaire du petit royaume: « Nos cathédrales restaurées et nos églises rebâties seront larges ouvertes;

la foule s'y précipitera ; notre roi Albert, debout sur son trône, inclinera, mais d'un geste libre, devant la majesté du roi des rois, son front indompté ; la reine, les princes l'entoureront ; nous réentendrons les envolées joyeuses de nos cloches, et, dans le pays entier, sous les voûtes des temples, les Belges, la main dans la main, renouvelleront leurs serments à leur Dieu, à leur souverain, à leurs libertés... »

II

Dès le mois de novembre 1914, M. Gabriel Hanotaux entreprit une *Histoire illustrée de la Guerre*. L'ancien ministre n'est pas sans talent, ses livres antérieurs et ses articles de revue l'établissent, mais ces récits au jour le jour, s'ils ont offert de l'intérêt au point de vue actualité ne sauraient prétendre à constituer une œuvre vraiment historique. Les *Commentaires de Polybe* (Fasquelle) recueil des articles dans lesquels M. Joseph Reinach commente au *Figaro* les communiqués quotidiens, rentrent dans une catégorie semblable.

En fait de vulgarisation d'opérations militaires, je leur préfère les *Etudes et Impressions de Guerre* (Tallandier) ; les *Campagnes de* 1915 (Berger-Levrault). Leur auteur, le général Malleterre, un grand blessé des débuts de la campagne, ancien professeur à l'Ecole de Guerre, a une compétence professionnelle indéniable, et ses études périodiques du *Temps* comme ses articles de la *Revue des Deux Mondes* ont donné des aperçus suffisamment précis sur les principales opérations des divers fronts.

Un historien de grand talent, M. Louis Madelin, après avoir attendu patiemment que l'heure semblât venue de recueillir des renseignements suffisamment sérieux, et que la Censure permit de citer des noms de généraux, de divulguer certains plans d'attaque et de défense, a publié trois magistrales études, dont la *Revue des Deux Mondes* eut la primeur : la bataille de la Marne, la bataille des Flandres, la bataille de l'Aisne. A propos de cette dernière, M. Madelin fut assurément bien inspiré en faisant précéder ses récits d'un travail géographique approfondi, en évoquant les phases de la victoire de César sur la puissante armée de la Confédération des Belges en l'an 58 de notre ère et de la bataille livrée par Napoléon aux corps de Blucher, Schwarzenberg et Winzigerode en 1814.

Les rapprochements et comparaisons découlant de ces études établissent d'une façon lumineuse combien la géographie conditionne les grandes luttes militaires, en dépit des progrès du matériel et de la tactique. Le bastion de Laon, les vallées de l'Ailette et de l'Aisne, la position du Chemin-des-Dames ont aujourd'hui une valeur égale à celle qu'elles pouvaient avoir au temps de César et de Napoléon, et la seconde bataille de l'Aisne en offre encore une confirmation complémentaire. N'est-il pas curieux de constater que les points qui servirent de poste d'observation au général de Maud'huy en 1914 étaient les mêmes que ceux où s'était placé l'empereur un siècle auparavant ?

La *Bataille de la Marne* (L. Fournier) par le général Canonge, présente un caractère plus sévère, plus technique que celle de M. Madelin ; ses différentes phases sont notées avec un soin minutieux. L'auteur relève, avec la discrétion qui convient, les erreurs tactiques constatées de part et d'autre sur divers points de l'immense champ de bataille. Les jugements portés sur le général Joffre, dont de mesquines jalousies voulurent diminuer la gloire, sur le général von Kluck, disgracié par son souverain, sur les généraux Galliéni, Foch, Franchet-d'Esperey, seront vraisemblablement ratifiés par l'histoire quand seront suffisamment connus tous les éléments de la cause. Dès maintenant, l'ouvrage du général Canonge — qui parut dans le *Correspondant* avant d'être édité — se recommande par les consciencieuses recherches et la compétence de son auteur.

Les documents officiels sur la guerre sont rares. Je ne parle pas des « Communiqués » des belligérants ; ils sont par essence tendancieux, incomplets, sans liaison entre eux, et ne sauraient donner que l'impression d'une journée ou d'une demi-journée de combats, de bombardements ou d'attente. Toutefois, chaque Etat a publié un ou plusieurs Livres diplomatiques à couverture diversement colorée où l'on peut puiser d'utiles renseignements, mais là encore on ne dit pas tout, et les « Souvenirs » des hommes politiques et des diplomates qui participèrent aux événements sont indispensables à l'éclosion définitive de la vérité.

Au point de vue militaire, il a été publié en 1915 sous le titre *l'Action de l'armée belge* (Chapelot), le rapport du commandement de cette armée sur les opérations du 31 juillet au 31 décembre 1914. Ce rapport, très clair, méthodiquement rédigé, est accompagné de nombreux croquis qui en rendent la lecture facile. Je regrette toutefois qu'aucun nom de chef n'y figure, pas même celui du général Léman, le brave défenseur de Liége.

Le gouvernement britannique fit ou laissa publier le rapport du général sir Ian Hamilton et une partie des conclusions de l'enquête sur l'expédition des Dardanelles. Il y a là matière à de graves et douloureuses réflexions.

III

Les biographies, lettres, souvenirs, impressions des combattants foisonnent; leur mérite est sans doute inégal, mais les historiens futurs y trouveront de riches mines à exploiter.

Dans *Vingt mois de guerre à bord du croiseur « Jeanne-d'Arc »* (Perrin), le lieutenant de vaisseau F. Darde initie le lecteur aux débuts de la guerre maritime: service de garde dans la Manche, canonnade des forts de l'entrée des Dardanelles, croisières le long des côtes de Syrie; dans 80.000 *milles en torpilleur* (Perrin), Jacques Fierre relate ses chasses aux sous-marins de 1914 à 1916.

Le capitaine d'artillerie belge R. de Wilde, dans son *Journal de Campagne* (Plon), montre l'activité, la bravoure et le dévouement d'une batterie légère qui contribua à couvrir la retraite de l'armée du roi Albert de Liége à Anvers, et se distingua dans les rudes combats livrés sur l'Yser.

Dans l'*Histoire d'une Compagnie* (Berger-Levrault), le capitaine Delvert — un normalien — a relaté la vie de l'unité qu'il eut l'honeur de commander et qui fut dissoute quand elle ne compta plus qu'une poignée de soldats. Cette compagnie (la 8e du 101e d'infanterie) combattit dans les parages de Charleroi, sur la Marne, à Verdun, en Champagne, sur l'Aisne et dans les Flandres. Elle parcourut donc les trois quarts du front; des quatre officiers qui la commandèrent, deux furent tués, le troisième reçut une très grave blessure et l'auteur de sa monographie fut quatre fois blessé.

Un autre normalien, Maurice Genevoix, servit aussi dans un corps qui participa à de nombreux et meurtriers combats. Il en parle avec bonne humeur et communique à ses hommes l'énergie qui vibre en lui. *Sous Verdun* (Hachette) est d'une lecture attachante. On vit avec les camarades, les sous-officiers, les soldats de l'auteur. On sent qu'il les a présentés tels qu'ils sont, avec leurs qualités qui priment leurs défauts, et les poilus dont il parle, comme ceux de la compagnie du 101e régiment sont autrement vivants et réels que ceux de l'escouade du *Feu*, de M. Barbusse.

Très vrais aussi le croquis et les types brossés et campés par le capitaine Z... dans l'*Armée de 1917* (Payot). S'il y a des socialistes dans les tranchées qui se demandent pourquoi l'on se bat, il y a aussi des royalistes et des croyants qui, sans rien demander, se battent pour Dieu et la patrie. Et, cet officier d'infanterie, qui changea vingt fois de poste et de commandements depuis le début de la guerre, entendit chanter dans les cantonnements au lieu de l'*Internationale*, chère aux défaitistes, des refrains patriotiques et un « *Psaume de ceux qui pleurent* », aussi simple que touchant et dont l'auteur est, paraît-il, un prêtre brancardier:

> *Ayez pitié de ceux que nous avons laissés*
> *Seuls avec le fardeau de leurs cœurs angoissés.*
> *Ayez pitié de ceux qui sont restés là-bas*
> *Attendant ces absents qui ne reviendront pas.*
> *. . . . .*
> *Ayez pitié de ceux qui n'iront plus s'asseoir*
> *Parmi leurs bien-aimés pour les veillées du soir !*
> *Ayez pitié, Seigneur, des épouses en deuil*
> *Qui n'ont pour y pleurer ni tombe ni cercueil.*

J'apprécie également les *Spectacles de Guerre: Choses Vues* (Armand Colin), de Alexis Léaud. L'auteur a fait un pieux pèlerinage aux ruines de Sermaize, a visité les champs de bataille de la Marne, a contemplé la cathédrale de Reims meurtrie et mutilée. Aux outrages des obus, les Allemands ne craignirent pas d'ajouter dans un mauvais poème des injures aux croyants :

> *Les cloches ne chantent plus*
> *Dans le dôme aux deux tours*
> *Finie la bénédiction...*
> *Nous avons fermé avec du plomb*
> *Reims, ta maison d'idolatrie.*

M. Gaston Riou, jeune écrivain de talent, ne fut pas longtemps au front. Fait prisonnier les premiers jours de la campagne avec son ambulance, il connut l'internement dans une forteresse bavaroise. Son *Journal d'un simple soldat* contient de curieux détails sur la mentalité allemande. G. Riou évoque le souvenir d'un voyage d'études qu'il avait fait en 1913, en Bavière, Wurtemberg et à Berlin. Il avait admiré les villes universitaires et les musées, avait conversé avec des représentants de la jeune Allemagne, lettrés, artistes, social-démocrates, théoriquement épris de pacifisme et de liberté. Et ces « regards » vers un passé tout récent durent dessiller ses yeux et entraîner la dégringolade d'une montagne d'illusions.

Au reste, combien rares sont les hommes politiques, les sociologues qui peuvent se vanter d'avoir connu à fond l'Allemagne de Guillaume II. L'ambassadeur Gérard, dont on vient de publier les *Mémoires* (Payot) représenta le Gouvernement des Etats-Unis à Berlin pendant trois ans, et ce n'est guère que peu de temps avant l'entrée en guerre de son pays qu'il comprit l'impérieuse nécessité de cette décision. La fourberie germanique avait étendu partout ses ravages, et il fallut la lucidité, l'énergie grandissante du président Wilson pour couper court aux manœuvres des espions et des agents de la Germanie en Amérique.

Aux héros de la Guerre mondiale, quelques biographies ont été déjà consacrées. Henry Bordeaux a célébré le plus brillant de nos aviateurs : *Le Chevalier de l'Air. Vie héroïque de Guynemer* (Plon-Nourrit). C'est une vraie chanson de gestes, que méritait bien ce jeune Français, vainqueur de plus de cinquante ennemis abattus en combats singuliers ou en luttant seul contre plusieurs : Sa dernière citation le qualifie en termes superbes : « Héros légendaire. Tombé en plein ciel de gloire après trois ans de lutte ardente. Restera le plus pur symbole des qualités de la race. Energie farouche, ténacité indomptable, courage sublime! »

Profondément chrétien, comme Guynemer, était le capitaine aviateur Didier Le Cour Grandmaison, porteur d'un nom cher aux royalistes, dont M. Ch.-F. Saint-Maur a retracé la vie dans les *Etudes*. C'est par devoir de conscience, en pensant être plus utile à son pays, qu'il avait quitté la cavalerie pour l'aviation. Il fut tué en combat aérien le 10 mai 1917.

M. René Puaux consacre une brochure au généralissime des forces alliées: *Foch, sa vie, sa doctrine, son œuvre, sa foi en la victoire* (Payot). Il devra, sans doute, la compléter bientôt, et enregistrer les batailles décisives livrées par le glorieux maréchal qui aura été l'âme de la victoire.

IV

Quelles seront les conséquences et les réactions de la guerre au point de vue national? Le problème est angoissant et il appartient à chacun de nous de travailler dans sa sphère d'action à promouvoir les solutions nécessaires au salut du pays.

En prenant une courageuse initiative, en préconisant la *Part du Combattant* (Nouvelle Librairie Nationale), Charles Maurras a ouvert une voie vers des réalisations fécondes. Son appel a été entendu; les créations des pécules, des primes de combat, l'augmentation de solde réservée et les mesures complémentaires qu'imposera la logique des choses indemniseront les soldats des sacrifices consentis pour le salut de la France.

Et, parallèlement à ces satisfactions d'ordre matériel, progresseront les nobles pensées, les notions justes, les envolées vers l'idéal.

Dans *Un tel de l'armée française* (Payot), un poilu, Gabriel-Tristan Franconi, mort peu de temps après la publication de ce volume, a livré beaucoup de lui-même en notant ses impressions des tranchées, de l'arrière, de l'hôpital. Venu des extrêmes confins de l'anarchisme littéraire et politique, il a compris les réalités de l'heure, entrevu les enseignements d'En-Haut.

Un mysticisme est né de la guerre, dit-il « qui ne saurait mourir avec elle. Cette foi qui ne se relie, à l'heure actuelle, à aucune confession déterminée, reportera-t-elle vers des buts humains une force, une passion à de meilleures fins réservée? »

Et, dans son esprit, G.-T. Franconi répondait par une affirmation.

Les *Lettres de Guerre de Robert Dubarle* (Perrin) révèlent aussi un état d'âme des plus attachants.

Ce jeune officier de réserve qui devait mourir en brave sur les sommets vosgiens lors de l'offensive sur Metzeral, avait été député. La fréquentation de ses collègues du Palais-Bourbon, dont si peu remplirent intégralement leurs devoirs militaires, et le commandement d'une Compagnie, dans un secteur meurtrier, murirent son jugement, exaltèrent son patriotisme.

Peu de temps avant sa mort, il inscrivait sur son carnet de notes cette sublime invocation à la France : « Mère bien-aimée, déjà peut-être mon heure dernière se hâte vers moi... Accepte le don que je te fais de ma force, de mes espoirs, de mes joies et de mes tristesses, de tout mon être... Pardonne à tes enfants leurs erreurs de jadis. Dresse-les dans ta gloire; endors-les dans ton drapeau. Lève-toi renouvelée et victorieuse sur leurs tombes. Sois sauvée par notre holocauste, Patrie, Patrie! »

Ils avaient bien des erreurs sur la conscience, et leur mérite est grand de les avoir hautement répudiées les jeunes instituteurs dont Albert Bessières nous entretient dans *Ames Nouvelles* (G. Crès). Le plus « représentatif » d'entre eux, Pierre Lamouroux, adjudant d'infanterie coloniale, fut tué à Givenchy, en octobre 1915. Instituteur délégué au collège Rollin, il s'était nourri des idées de Jaurès, de Jean Grave, d'Hervé. Peu à peu la pratique de ses fonctions d'éducateur, les enseignements qu'il retira de son année de service militaire, les discussions politiques et sociales poursuivies à Puteaux dans un petit cénacle d'instituteurs et de collégiens, déterminèrent une évolution complète de son esprit. Lamouroux étudia nos classiques français, lut régulièrement l'*Action française*, répudia les idées socialistes et internationalistes, devint nationaliste intégral et catholique pratiquant. Et cette âme d'élite, laborieusement façonnée, ne tarda pas à devenir une âme d'apôtre.

Un médecin militaire, avec qui j'eus, pendant plusieurs mois, d'amicales relations sur le front d'Alsace, m'écrivit tout dernièrement. Esprit distingué, savant et lettré, ayant publié des études remarquées dans le *Mercure* et dans des Revues d'Anthropologie, il était encore, il y a quelques mois, républicain, nuance intermédiaire entre le *Temps* et les *Débats*.

Je transcris un passage de sa lettre :

« Le noyau de mes lectures est, pour ainsi dire, l'*Action Française*. Je suis de très près le développement des idées de Maurras et leur illustration par les actes de Daudet. Cet ensemble d'enseignements et de faits ne peut être qu'extrêmement profitable à tout esprit soucieux de l'avenir de notre pays. Le parti républicain a manqué à la fois et du génie qui expose la philosophie d'une doctrine politique et des hommes capables par leur exemple et leurs actes de donner la vie à leurs idées... Il y a chez nous assez de forces de conservation. Serons-nous capables de trouver les énergies d'expansion qui seront nécessaires au rétablissement de nos affaires après la guerre! J'espère que oui. »

Bien des idées auront bouillonné dans ce terrible creuset de la guerre. Des scories seront rejetées, du métal pur, des notions justes resteront.

Et déjà, des livres publiés depuis quatre ans, se dégagent de précieux témoignages et de belles espérances.

Roger Lambelin.

——— ❋❋❋ ———

LE PÈRE DE PASCAL

avec portrait, d'après une photographie, par PAUL RIQUET.

L'Action Française a eu cette année écoulée la douleur de perdre le R. P. de Pascal, décédé le 15 novembre 1917, à l'âge de 77 ans, en la maison de retraite du Dorat, dans la Manche.

Originaire du Haut-Quercy, il aimait d'amour cette province qui s'enorgueillit d'avoir donné à la France Montluc, La Boétie et Fénelon. Il en était un des types les plus représentatifs, avec son esprit à l'emporte-pièce, sa verve gauloise, son ardeur combative jamais lassée, son ferme bon sens, son intelligence finement aiguisée, la brusque franchise de son caractère, son dévouement total à ses amis,

son attachement sans réserves aux grandes causes de l'Eglise, de la France, de la Monarchie.

Son activité intellectuelle s'est exercée dans trois branches principales : l'éloquence, l'histoire et l'économie politique.

Sa carrière oratoire fut marquée par une suite de conférences très brillantes dans les principales cathédrales de France. Moine de l'ordre de Saint-Dominique, il se fit entendre, jeune encore, avec le plus complet succès, à Marseille, à Bordeaux, à Avignon, à Toulouse, à Montpellier. Averti des multiples affinités de la religion et de la politique et persuadé que si la *religion d'abord* l'emporte dans l'ordre de l'estime sur la *politique*, il n'en est pas de même dans l'ordre du temps, où l'ordre public précède et conditionne tout, le P. de Pascal ne manquait pas, dans ses discours publics, quand l'occasion s'en présentait, d'attaquer et de mettre en pièces la fausse idole offerte aux adorations de la démocratie sous le nom abstrait de *la liberté*.

La nature ou plutôt la Providence s'était montrée généreuse envers le P. de Pascal, à qui elle avait départi la plupart des qualités qui font les grands orateurs. A une intelligence pénétrante, à une sensibilité prompte à s'émouvoir, il unissait une imagination d'artiste, une mémoire imperturbable, un organe vocal d'un registre très étendu. Ses discours sont de ceux qu'on peut relire. Le style y a grande allure et réfléchit l'homme; sa phrase est pleine, soutenue par une pensée claire et entraînante.

L'œuvre écrite est considérable. Elle comporte quantité d'articles aujourd'hui épars dans les revues, que quelques personnes seulement peuvent se vanter de posséder en tirage à part, comme *la Renaissance du Traditionalisme en politique, Monarchie et Démocratie, le Mouvement syndicaliste, l'Eglise et la Question Ouvrière, la Politique catholique.* Le plus grand nombre des études du P. de Pascal parut dans l'*Association Catholique.* Quant à ses livres, les *Lettres sur l'Histoire de France,* l'*Exposé Apologétique du Christianisme,* la *Philosophie Morale et Sociale* méritent surtout de retenir l'attention.

Les Lettres sur l'Histoire de France sont moins une histoire proprement dite qu'un essai de philosophie de l'histoire de France. L'auteur a écrit son ouvrage à la lumière des idées que versaient dans son esprit l'Eglise et la Monarchie. « Je suis catholique et royaliste, dit-il au commencement de cet ouvrage, j'écris en catholique et en royaliste ; le lecteur s'en apercevra presque à chaque pas de cet ouvrage. La suite et la logique vivante de l'histoire de mon pays n'ont fait que m'affermir dans ma double foi. »

Le P. de Pascal n'était pas de ceux qui craignent de montrer leur drapeau. Au contraire, il mettait son plaisir à le dresser, à en dérouler les plis lourds de gloire, à la barbe de l'erreur démocratique. Les *Lettres sur l'Histoire de France* avaient paru d'abord dans le *Réveil Français* du regretté colonel de Perceval. Réunies en volume elles ont obtenu un grand succès de librairie.

Le plus important ouvrage de l'abbé de Pascal est l'*Exposé apologétique du Christianisme.* Il comprend trois volumes traitant, le premier de la vérité ou de l'excellence et de la divinité de la religion chrétienne, le second des vérités ou du contenu dogmatique de cette même religion, le troisième des lois où sont retracés les principes directeurs et les règles de la morale chrétienne. Véritable somme de la religion, cet ouvrage peut rendre à l'heure qu'il est au point de vue catholique les plus grands services.

Historien et apologiste, le P. de Pascal s'est signalé en outre, comme économiste. C'est à ce dernier titre qu'il a pris une part importante dans le grand mouvement social, mené par les catholiques après 1870, en vue de panser les plaies de la France. Il prêta son concours aux frères de Mun et au marquis de la Tour du Pin, apportant à l'œuvre des Cercles d'Ouvriers l'appui de sa parole savante, mettant au service du second et de l'école sociale catholique une plume d'une fécondité inépuisable.

Depuis de longues années l'Université de Lille s'était attaché le P. de Pascal comme professeur d'économie politique. D'autre part, il donnait à l'*Action française* journal, des chroniques sociales que tout le monde a lues.

Sa compétence en ces matières s'affirma dans plusieurs congrès, notamment à Liége et à Fribourg, et, plus récemment, dans les Semaines sociales. Dans ces diverses assemblées, le P. de Pascal ne manquait guère de faire la critique de l'œuvre politique, religieuse, économique de la Révolution française. Il montrait la seule monarchie capable de refaire une France économiquement réglée, de reconstruire la basilique du travail sur les tables de pierre de la tradition corporative. D'autre part, l'Église seule, grâce aux conditions de l'ordre qu'elle offre au monde, pouvait garantir la paix des nations.

Les vingt dernières années du P. de Pascal se sont écoulées, comme on sait, dans une étroite amitié avec l'Action Française. Pendant trente ans il avait combattu la démocratie triomphante, signalant dans ce triomphe une régression de la civilisation : il devait donc saluer au déclin de ses jours, l'avènement d'une école antidémocratique, traditionaliste, où se reconnaissait le meilleur de sa pensée. Le P. de Pascal n'eut pas à se rallier à l'Action Française : il en professait les idées avant qu'elle se fût constituée. Charles Maurras lui en a rendu l'hommage, écrivant au lendemain de sa mort ces paroles : « Il avait été notre maître. Il était notre ami... Nos émotions étaient les siennes... Il a rendu aux heures difficiles des services de premier plan. »

Invité à enseigner à l'Institut d'Action Française, l'abbé de Pascal y occupa, plusieurs année durant, la chaire de Politique religieuse ou du Syllabus, puis celle d'Histoire de France. Ses cours y furent beaucoup goûtés. On aimait la clarté de ses exposés, la force de sa dialectique, la bonne humeur de son débit, la franchise de ses affirmations.

Evoquant des souvenirs déjà lointains, rappelons l'intéressante séance de ces cours qui fut marquée par la présence du cardinal de Cabrières. Le cours était déjà commencé quand le vénérable évêque de Montpellier, survenant à l'improviste, fit son entrée et prit place à la droite du conférencier. Dans une brillante improvisation le P. de Pascal salua le prélat qui est une des gloires de l'Eglise de France.

Mgr de Cabrières répondit. Rappelant les succès oratoires du P. de Pascal à Montpellier, vingt ans plus tôt, il affirma sa communauté de sentiments avec le conférencier et se déclara, lui aussi, « très Action Française ».

Si les vigoureux coups assénés par Daudet sur la tourbe des faméliques de la politique et des serviteurs de l'étranger faisaient tressaillir d'aise l'âme batailleuse de Georges de Pascal, la logique implacable de Maurras le ravissait. Que de fois ne nous a-t-il pas dit sa chaude sympathie pour ce fils de l'Esprit, qui, à certains égards, lui paraissait le fils de son esprit, et son contentement de le voir « besogner » si bien contre tous les mécréants *de la pensée !*

C'est qu'à côté de l'orthodoxie religieuse, il y a une orthodoxie de la pensée profane, non moins importante, puisque dans l'ordre logique elle en est la condition même.

Philosophe, théologien, orateur, économiste, historien, apologiste, le P. de Pascal a été, à tout prendre, un des prêtres les plus distingués du clergé de France. Traditionaliste décidé, il s'est montré dans ces applications diverses de la pensée, homme de vrai progrès. Admirateur critique et judicieux des organisations politiques et sociales du passé, il mérite d'être compté parmi les meilleurs constructeurs de l'avenir, maîtres de la jeune génération à qui incombe la tâche de refaire le pays.

A. DE LA VALETTE-MONBRUN.

De plus amples détails sur le P. de Pascal sont contenus dans la brochure de M. de La Valette-Monbrun. Le P. de Pascal, avec portrait, in-8°, 48 pages, 2 fr. 50 ; en dépôt aux Bureaux de la Ligue d'Action Française et chez Jouve, éditeur, 15, rue Racine, Paris.

✠ ✠ ✠

HENRI LAGRANGE

Aucun des jeunes gens qui auront servi la cause nationale sous les enseignes de l'*Action Française*, n'auront rendu plus de services à cette cause qu'Henri Lagrange. Cependant il est mort n'ayant pas encore atteint ses vingt et un ans.

Il y était venu tout jeune. C'était de sa part l'aboutissement d'une réflexion personnelle des plus fortes, guidée par la lecture des deux ouvrages de Maurras qui auront été le bréviaire de toute une génération : l'*Avenir de l'Intelligence* et *Trois idées politiques*. Sa grande précocité lui mit la plume aux mains avant l'âge de dix-sept ans. Il écrivit son premier article dans la *Revue Critique des Idées et des Livres.*

L'action allait chez lui de pair avec la pensée. Le 23 juin 1911, M. Fallières se rendit à Rouen, pour présider les fêtes du Millénaire de Normandie, les Camelots du Roi s'y trouvèrent et le saluèrent des cris de *Vive le Roi !* C'est le roi, c'est Philippe-Auguste, qui a réuni la Normandie à la France. Sans le roi, M. Fallières n'eût rien pu présider dans les solennités en cours ; il n'y eût été qu'un étranger. Henri Lagrange comptait parmi les manifestants. Il fut arrêté et fit un mois de prison.

Quoique le délit fût d'ordre politique, on lui fit subir le régime du droit commun. C'était alors la pratique constante du gouvernement démocratique à l'égard des étudiants d'Action Française et des Camelots du Roi. *La Revue critique des Idées et des Livres* protesta. Par une lettre adressée à tous les principaux écrivains, elle sollicita d'autres protestations. Maurice Barrès envoya la sienne, rappelant dans une lettre éloquente qu'il adressait à la revue, le récent article de Lagrange. Une intelligence pénétrante, un jugement sûr et rapide, sachant discerner avec une exacte promptitude le sens de l'action, un esprit curieux de tout connaître, de tout savoir, de tout approfondir, un don d'éloquence naturelle et une science innée d'orateur, les qualités naissantes du chef, telles étaient ses rares qualités.

L'affaire de Rouen n'était pour Lagrange qu'un commencement. Il fut de toutes les batailles que l'Action Française soutenait dans la rue. Il avait part à l'organisation comme au combat. Cette histoire sera écrite un jour. La colère des partis politiques que cette action contrebattait, la timidité et l'envie d'une partie du monde conservateur, ont eu pour effet de l'obscurcir. Le crédit gagné par l'Action Française permettra de la rétablir. La conduite tenue sur les champs de bataille par les mêmes jeunes gens dont on connaissait la générosité et la vaillance dans les échauffourées des rues y servira. Sur la place publique comme à la guerre, on reconnaîtra qu'ils servaient la même cause, dont de moins hardis ou de moins clairvoyants ne saisissaient pas l'application.

Alors on saura en détail ce qu'a fait pendant cinq ans l'Action Française sous la conduite de Maurice Pujo, avec les Plateau, les Lacour, les Maxime Réal del Sarte. C'est dans cette action nécessaire que Lagrange tenait sa place. Il la tint d'abord comme étudiant, puis comme secrétaire général de

l'association. Les cortèges de Jeanne d'Arc, organisés, maintenus malgré l'opposition de la police, acceptés à la fin par elle, l'eurent pour actif participant. Toutes les autres campagnes l'enrôlèrent pareillement.

Surtout il s'adonnait aux réunions publiques que l'Action Française organisa dans les faubourgs de Paris de 1910 à 1913 et dans lesquelles toujours après avoir parlé, il fallait être prêt à se battre. Au Quartier Latin, d'autres conférences eurent lieu dans les hivers 1913 et 1914. Elles consacrèrent d'une façon définitive l'ascendant et le succès de l'Action Française parmi la jeunesse des écoles. A Lagrange revint le succès d'une action plus particulière et plus délicate : il parvint à faire enlever aux métèques à l'Association générale des Etudiants de Paris le droit de vote concédé jusque-là à ces éléments étrangers.

Lagrange partit comme volontaire en septembre 1914, il avait gagné sur le champ de bataille le grade d'adjudant et trois citations à l'ordre de l'armée. Frappé mortellement le 6 octobre 1915, il succomba le 30, après de longues souffrances. Devant l'ennemi de la France à découvert, il avait montré le même courage que pour la défense à l'intérieur des vrais intérêts du pays.

Lagrange avait collaboré à la *Revue critique des Idées et des Livres*. Il fut avec Georges Valois l'un des fondateurs du Cercle Proudhon ; il avait pris une part des plus importantes dans la publication de *Leurs Figures*, gazette hebdomadaire qui mena en 1912-1913 le combat nationaliste contre les ennemis de l'intérieur. On lui doit la réédition d'un ouvrage curieux et utile de Proud'hon : *les Femmelins*, qu'il a fait précéder d'une remarquable introduction.

A. O.

RENÉ PAILLARD

René-Aimé Paillard a été l'un des plus dévoués entre tous les amis de l'Action Française. Il en a suivi l'existence pendant six ans avec toute son intelligence et tout son cœur. Il avait trouvé dans sa famille les doctrines de la tradition, avec la notion claire du salut national. C'était en 1910. René Paillard n'avait encore que dix-sept ans ; déjà, avec quelques amis, il avait fondé le groupe de propagande dit Jeunesse royaliste du Quartier latin.

L'étude attentive et ardente de la doctrine de Charles Maurras lui fit comprendre bientôt que la renaissance monarchique n'était possible en notre pays que sous la direction de l'Action Française. Le désir de servir utilement le pays l'appliqua à ces enseignements. Il voulut que tout le monde les connût, et voua dès lors toutes ses forces à la conquête des intelligences. La Jeunesse royaliste du Quartier latin lui parut désigner une entreprise trop vague ; se rapprochant davantage de l'étude proprement dite, et pour mieux rassembler ceux qui par profession la pratiquent, il forma le groupe des Lycéens et Collégiens d'Action Française. Le succès répondit à ses efforts. Une propagande menée avec une infa-

Photo E. VALLOIS

tigable ardeur, un dévouement absolu à la cause royaliste, permirent à René Paillard de créer de toutes pièces une organisation s'étendant à tout le monde scolaire de la région de Paris, et dont la force et la vitalité s'affirmèrent chaque année davantage. Un des effets de cette organisation fut la célébration annuelle de la fête de Jeanne d'Arc par des couronnes et des cortèges.

On ne saura jamais ce qu'un tel résultat a représenté de patience, de volonté, d'intelligence, d'adresse dans les négociations, de fermeté dans la conduite. René Paillard n'était pas seulement un conquérant intellectuel ; quand il l'estimait nécessaire, il savait aussi, selon le mot de l'Action Française, « mettre la force au service de la raison ». Ce jeune homme aux traits calmes, à l'apparence frêle, fut au nombre des combattants de la rue que l'Action Française mit en ligne dans ses manifestations d'avant la guerre.

Le 11 mai 1911, la police se mit à frapper des étudiants et des camelots du roi qui vendaient l'*Action Française* à la porte de l'église Saint-Médard. Ces jeunes gens répondirent par des coups. René Paillard, blessé dans la bataille, est condamné à un mois de prison. Au mois d'avril 1913, un professeur du lycée Louis-le-Grand, M. Millot-Madeyran, antimilitariste et pacifiste, se fit racoleur de signatures contre le service militaire de trois ans. Les élèves du lycée et d'ailleurs manifestèrent contre lui. Des coups furent donnés et reçus. René Paillard fut encore atteint.

L'action des Boches de l'intérieur s'étendait. Une réunion fut tenue par eux au manège du Panthéon. Les forces armées de la trahison se tenaient prêtes : des équipes de matraques fonctionnaient au commandement d'Almereyda. Les Camelots du roi et les Étudiants d'Action Française y furent et huèrent les orateurs.

L'étonnement et la fureur de se voir braver chez eux furent à leur comble chez ces agents de l'Allemagne. Ils se jetèrent sur les nôtres, frappant, renversant, piétinant. Le sang coula. René Paillard fut de ceux qui versèrent ce jour-là le leur pour le pays.

En juin 1914, Paillard devint secrétaire général des Étudiants d'Action Française. Les qualités déployées par lui dans l'organisation des Lycéens font deviner ce qu'il aurait pu faire dans ces fonctions nouvelles. La guerre survint. Avec ses camarades il alla continuer sur les champs de bataille la défense nationale commencée dans Paris.

René Paillard se destinait au barreau. Il s'était fait inscrire avocat depuis quelques mois et ses débuts avaient été remarqués. Il rejoignit au 70e régiment d'infanterie. Il abrégea de tout son pouvoir son temps de dépôt, ne voulant pas, comme il l'écrivait à Maurice Pujo, « moisir dans les pelotons ». Puis il obtint de passer dans les chasseurs à pied en faisant partie du 60e bataillon. Il en devint caporal, et quelque temps après, fut mis dans le service de liaison du commandant.

Hélas ! nous ne devions plus le revoir. La France allait perdre bientôt ce fils noble et héroïque. Dans la nuit du 16 au 17 janvier 1916, des éclats d'obus le blessèrent aux cuisses et au ventre. René Paillard fut transporté à l'ambulance. L'opération de la laparotomie fut inutilement essayée. Il avait cinq blessures, toutes mortelles. Il mourut le 17 janvier, après avoir reçu la croix de guerre et la médaille militaire, dans de grands sentiments de religion, qu'il avait toujours pratiqués. Après trois ans écoulés, nous ressentons toujours aussi vivement sa perte. Son image énergique et douce vit autant que jamais dans nos souvenirs. Pour tout ce groupe d'étudiants de 1914, maintenant décimé par la mort, sa conduite fut le plus noble des exemples : ceux qui survivront à la guerre ne pourront jamais l'oublier.

A. O.

PIERRE DE PIMODAN

L'*Action Française* connut Pierre de Pimodan au printemps de 1908. Il était âgé de vingt-deux ans.

Notre journal venait de paraître ; notre action n'avait pas encore dix ans d'existence. C'était le temps où M. Charles Andler, professeur en Sorbonne, conduisait à travers l'Allemagne un groupe d'étudiants français dans des conditions officielles d'amitié à l'égard des Boches, que le sentiment français ne pouvait admettre. La jeunesse protesta. Ce que l'Action Française avait de forces se joignit à ces protestations. Elle tint des réunions, et les jeunes gens qui suivaient ses doctrines se jetèrent dans la rue pour la défense de la cause nationale, contre les répressions de police. Les engagements furent des plus violents.

Au cours d'une de ces bagarres, Pimodan fut atteint à la tête d'un coup de casse-tête. Le sang coula en si grande abondance qu'un mouchoir entier fut trempé de son sang. Le blessé dut garder la chambre et subir une longue convalescence. Les membres de l'Action Française allèrent le voir, prendre de ses nouvelles et le féliciter. C'est ainsi qu'il devint des nôtres.

Il était d'une vieille famille française, les Rarécourt de la Vallée, qui tire son origine de l'Argonne, récemment illustrée par le général de Pimodan, tombé en 1860 à la tête des zouaves pontificaux à la bataille de Castelfidardo. Pie IX a composé lui-même son épitaphe « en son nom (comme porte l'inscription) et au nom de l'Église romaine ».

Issu d'un sang si généreux, Pierre de Pimodan était la bravoure même. Il avait fait avec fruit ses études, et témoigné dans son adolescence d'un goût du grec qui lui faisait lire dans le texte ces paroles, des *Sept chefs contre Thèbes* : « Courage, voici la ville sauvée de la servitude. La menace orgueilleuse de ces hommes farouches est tombée, et le navire a résisté aux coups multipliés des flots. » Il savait parfaitement l'anglais, ayant suivi les cours d'Oxford, et en ayant rapporté les diplômes.

Les doctrines de l'Action Française devaient naturellement devenir un aliment pour son esprit. Il n'y entra pas moins par le cœur. Il pénétra le mouvement à fond, et se montra bientôt comme un des plus capables de l'exprimer. De 1912 à 1913, Pierre de Pimodan fut secrétaire général des Etudiants d'Action Française. Son caractère aisé, sincère et généreux ne lui fit dans le groupe que des amis.

Lors des deux guerres des Balkans, le goût de la guerre et des aventures porta Pimodan en Albanie. Il se battit dans les troupes qui soutenaient l'indépendance. Partout il faisait preuve d'un courage intrépide. Assailli par une tempête au milieu de l'Adriatique sur un faible vaisseau qui portait deux canons, il étonnait les matelots par son calme, et leur rendait le sang-froid qui les remit au port.

Il partit en 1914 comme cavalier aux tirailleurs algériens. Il passa ensuite dans

l'artillerie d'assaut. Son père, son frère, son oncle, ses cousins se battaient, tous au premier rang comme lui. Henri de Pimodan son frère, capitaine au 327e fut le premier marqué pour la mort. Le 25 octobre 1914, il tomba héroïquement devant Arras.

La pratique qu'il avait de l'anglais fit attacher Pierre pendant quelque temps à l'armée anglaise. Puis il fit partie d'une mission à Corfou. Il y prodigua les bons offices aux malheureux soldats de l'armée serbe déguenillés, mourants de faim, tremblants de fièvre. Lui-même y tomba malade et fut soigné dans la fameuse villa de l'Achilléion, bâtie pour l'impératrice d'Autriche et plus tard achetée par l'empereur d'Allemagne.

Pimodan guéri revint en France et se maria. L'arrivée des troupes américaines fit rechercher de nouveau sa connaissance de l'anglais. Une mort commune attendait ce vaillant soldat au cours de ce service nouveau. Il en exerçait les fonctions, quand le soir du 31 mai 1918, on le trouva mourant dans la gare de Noisy-le-Sec. Les chaleurs précoces de ce printemps jointes à ses dernières fatigues, en étaient cause. Une insolation l'avait tué.

Ce fut un deuil profond pour nous. Jamais plus vaillant cœur ne cessa de battre dans une poitrine française. Sa jeune veuve, née Brossin de Méréet, a mis au monde un fils qui n'aura jamais connu son père, mais qui s'instruira de son courage et de tant de qualités dépensées au cours d'une carrière si courte, mais si bien remplie pour la France.

———✿———

LA PART DU COMBATTANT

Première remise de fonds recueillis par l'Action Française

C'est en octobre 1916 que Charles Maurras a lancé l'idée d'associer les combattants aux produits de la victoire, selon une tradition qui était en honneur autrefois dans notre armée. Cette idée, il n'a cessé de la préconiser, de la défendre, avec cette logique et cette opiniâtreté qui ont finalement assuré le succès de ses campagnes.

Car, si étrange que la chose puisse paraître, Maurras fut dans l'obligation de défendre son projet. Les caillautistes et les socialistes l'attaquaient. Malgré cette opposition l'idée fit son chemin. L'*Action Française* ne se contentait pas de prêcher, elle donnait l'exemple. Une souscription fut ouverte dans ses colonnes pour amorcer l'action réclamée des pouvoirs publics. Pour assurer le succès de cette souscription, pour répandre l'idée à laquelle elle répond, elle mit en mouvement toutes les ressources de sa publicité.

Les frais de cette publicité n'ont été payés, ni tout, ni partie sur la souscription; l'administration du journal les a déboursés comme sa part dans la souscription même. Ils se sont élevés à 22.000 francs.

Pas un centime de l'argent versé par les souscripteurs n'aura donc passé en frais d'administration, de lancement, etc. Tout aura été intégralement remis aux soldats auxquels la souscription s'adresse.

Aussitôt versés, en attendant les formalités nécessaires pour assurer la distribution, les fonds furent convertis en bons de la Défense Nationale : les intérêts obtenus ainsi ont monté à plus de cinq mille francs et sont venus grossir la somme au bénéfice de nos soldats.

Le tout fit 160.000 francs. Il ne s'agissait pas de répartir cette somme entre tous les soldats du front, comme feignaient de le croire les agents conscients ou inconscients de l'ennemi, empressés à railler la modicité de la prime que chaque homme eût reçu ainsi. Charles Maurras, après avoir recueilli les avis et les adhésions qui lui semblaient utiles, proposa la répartition de la somme entre les régiments d'élite, dont la valeur et l'héroïsme avaient été consacrés par un nombre élevé de citations à l'ordre de l'armée et que le chef de l'Etat venait d'honorer de la fourragère rouge.

Le 25 mai 1918, il écrivit au ministre de la Guerre, une lettre, où il s'exprimait ainsi :

Il va sans dire que tout ce détail d'un programme de répartition n'est aucunement imposé à l'autorité militaire. Nous nous bornons à synthétiser les intentions manifestées par nos donateurs, dans des lettres personnelles qui répondaient à nos articles publiés.

Malgré tant de calomnies prodiguées que nous dédaignons, il est à peine utile d'ajouter qu'en remettant cette souscription au gouvernement de la France, l'*Action Française* ne veut être que le mandataire de ses amis et de ses lecteurs, tous Français de tous les partis comme ceux qui se battent sur la Somme ou sur l'Oise, et qui ont tenu à témoigner à nos vaillantes troupes leur reconnaissance et leur admiration passionnées. Le vœu commun serait que ce don, compris dans son exacte vérité, ne revêtît aucune signification politique. Venu de la France patriote, qu'il aille simplement, avec toute notre âme, à la France guerrière et qu'il exprime l'unité de la nation !

La réponse officielle parvint le 17 juin. — signée du général Mordacq, chef de cabinet du Président du Conseil, ministre de la Guerre — annonçant que le don était accepté, ainsi que le mode de répartition suggéré :

J'ai l'honneur de vous adresser mes sincères remerciements pour cette offrande, comme pour l'hommage qu'elle apporte à l'héroïsme de notre armée.

Des instructions vont être données au général commandant en chef les armées du Nord et du Nord-Est pour que la répartition ait lieu, dans toute la mesure possible, selon le procédé que suggère votre lettre du 25 mai, au profit, par tiers, du régiment de marche de la légion étrangère, du 4e régiment de marche de zouaves et du régiment d'infanterie coloniale du Maroc.

Je vous prie de vouloir bien adresser directement au général Pétain, cette somme dont il vous accusera réception et qui sera comprise dans un prochain décret d'acceptation.

Conformément aux ordres du Président du Conseil, le chèque de 160.000 francs fut aussitôt adressé au commandant en chef des armées, du Nord et de l'Est ; par lettre recommandée, en date du 18 juin, Maurras priait le glorieux sauveur de Verdun de vouloir bien accepter cette somme et lui indiquait le projet de répartition qui restait subordonné à l'assentiment de l'illustre chef, « à sa haute expérience des besoins, des désirs et des volontés du soldat. »

La réponse, que nous sommes heureux de reproduire ci-dessous, précise comment les dons des lecteurs de l'*Action Française* ont été remis entre les mains de l'autorité militaire :

GRAND QUARTIER GÉNÉRAL DES ARMÉES
DU NORD ET DU NORD-EST

—

Le Général commandant en chef

—

Au G. Q. G., le 24 juin 1918.

> *Monsieur le Directeur,*
>
> *Je vous adresse mes très sincères remerciements pour le chèque de 160.000 francs que vous avez bien voulu me faire parvenir par votre lettre du 18 juin, après accord avec Monsieur le président du Conseil, ministre de la Guerre.*
>
> *Conformément à vos indications, cette somme sera répartie par tiers entre le régiment de marche de la Légion étrangère, le 4e régiment de marche de zouaves et le régiment d'infanterie coloniale du Maroc.*
>
> *Chaque régiment prélèvera tout d'abord la somme nécessaire pour attribuer dix francs à chaque caporal ou soldat, quinze francs à chaque sous-officier ; l'excédent sera partagé en lots de diverses valeurs, qui seront tirés au sort entre tous les sous-officiers, caporaux et soldats de ces régiments.*
>
> *Un compte rendu détaillé sera du reste adressé à M. le Président du Conseil, ministre de la Guerre, dès que la répartition aura été effectuée.*
>
> *Permettez-moi de joindre à mes remerciements les sentiments de gratitude des soldats pour ce généreux hommage à la vaillance des régiments qui ont si particulièrement mérité la reconnaissance de la Nation.*
>
> *Veuillez agréer, Monsieur le Directeur, l'assurance de ma considération très distinguée.*

Pour le général commandant en chef
les armées du Nord et du Nord-Est,
P. O., le lieutenant-colonel
DUCHÊNE.

Si la répartition ne put être faite immédiatement, du moins y fut-il procédé dès que les régiments, qui étaient alors en ligne, furent au repos. Le colonel d'un de ces régiments s'excusa en ces termes d'une éloquente simplicité d'avoir tardé à répondre : « J'ai pensé que le premier moyen de vous remercier était de faire de la bonne besogne. C'est ce que nous avons fait ! » On en a la certitude !

Un autre colonel s'exprimait ainsi, parlant de ses soldats : « A Vaux-Chapitre, à Douaumont, à La Malmaison, à Orvillers-Sorel, en se battant en braves pour le pays et pour la liberté, ils ont conquis la plus belle de toutes les récompenses : le droit d'être fiers d'eux-mêmes et de leur drapeau. Mais, pour porter allègrement leur lourd fardeau de gloire, l'encouragement que vous leur apportez leur sera un précieux stimulant. A tous ces amis inconnus que vous représentez, très simplement ils disent : merci, et continuent d'un cœur réconforté leur tâche, face à l'ennemi... »

La répartition fut l'occasion d'une fête, « la fête de la *Fourragère rouge* », comme l'ont appelée les soldats.

« Jamais argent ne fut mieux placé », atteste un colonel, qui a bien voulu joindre à sa lettre de remerciements les procès-verbaux détaillés de la cérémonie et de la distribution. Une commission de répartition avait été constituée ; son président relate son fonctionnement de la façon suivante :

> Conformément aux instructions ministérielles, une partie de la somme de 53.000 francs a été répartie entre les hommes du régiment, à raison de 15 francs par sous-officier et 10 francs par caporal ou soldat, en prenant comme effectif de base celui des hommes comptant au corps le 1er avril 1918.

La somme distribuée ainsi aux commandants de compagnie par l'officier payeur, sur état émargé, s'élève à .... francs. La répartition aux ayants droit a été faite par les commandants d'unité.

Une deuxième partie du don a servi à l'achat d'un certain nombre de Bons de la Défense Nationale payables à un an, bons dont le détail suit.

<pre>
      5 Bons de 1.000 francs constituant   un seul lot.
      5 Bons de 1 000 francs   —   cinq lots ..
     10 Bons de   500 francs   —   dix lots ...
    108 Bons de   500 francs   —   108 lots ...
              Soit au total............   124 lots ...
</pre>

Ces lots ont été tirés au sort en séance publique le 27 juillet 1918.

Le lot de 5.000 francs entre tous les hommes comptant au corps et ayant obtenu quatre citations dont une à l'armée ou au corps d'armée.

Les cinq lots de 1.000 francs entre tous les hommes ayant obtenu trois citations dont une au moins à la division.

Les dix lots de 500 francs entre tous les hommes ayant obtenu au moins une citation au régiment.

Nous pouvons ajouter que le lot de 5.000 francs a été gagné par un adjudant blessé, qui était à l'hôpital.

Nombreux sont les soldats bénéficiaires qui ont eu la délicate pensée d'écrire à l'*Action Française* : leurs lettres sont autant de témoignages précieux que l'on ne peut lire sans une profonde émotion :

« Je n'ai rien gagné au concours organisé entre nous, écrit un sergent, non, je n'ai rien gagné mais je suis plus heureux de voir mes hommes satisfaits que « d'avoir tout gagné et de les sentir malheureux. » Les hommes dont il parlait « avaient fait Mametz, Douaumont, La Malmaison, Lassigny », précisait le sergent ; et il ajoutait : « La France peut compter *sûrement* sur eux » ; ils l'ont prouvé en ajoutant de nouvelles pages glorieuses à celles qu'ils avaient déjà écrites avec leur sang.

Un soldat d'un régiment colonial tenait à fournir ce trait qui montre l'étroite solidarité qui existe entre ces frères d'armes, pour qui la fraternité n'est pas un vain mot :

« ... Certains, plus favorisés par le tirage au sort des nombreux lots de 100, 500 et 1.000 francs, n'ont pas voulu garder tout pour eux-mêmes : ils ont donné une partie de la somme qu'ils avaient gagnée à des pauvres malheureux qui ne reçoivent jamais rien, à des pauvres malheureux privés de toute affection, et à qui ils ont remis dix ou vingt francs ; et ces hommes ont eu le sourire... »

Bien d'autres lettres, non moins belles, non moins émouvantes, seraient à citer ; mais la place nous est mesurée : toutes peuvent se résumer dans ces mots : « Merci à tous les généreux donateurs ! » C'est à ceux-ci que revient le mérite d'avoir fait entrer la part du combattant dans la voie des réalisations pratiques.

P. M.

———✣————

LE MILLION DE L'ACTION FRANÇAISE

Les plus anciens lecteurs de l'*Action Française*, ceux qui l'ont connue sous la forme d'une revue, qui paraissait deux fois par mois, se rappellent le sentiment qui les saisit en lisant dans le numéro du 15 janvier 1908 ce qui suit : « Nous demandons à nos amis de seconder l'entreprise la plus hardie, la plus utile et certainement la plus difficile que l'*Action Française* se soit assignée depuis sa fondation. Comme nous aurons des campagnes autrement dures à mener, il y a lieu de passer outre à la difficulté. Quant à l'utilité, nous ne disons qu'un mot, elle s'appelle nécessité. Tous nos amis, lecteurs et ligueurs sont conviés à s'occuper avec toute l'activité dont ils sont capables, du nouveau développement donné à l'*Action Française*, la création d'un journal quotidien à un sou. »

Ces paroles donnaient à la fois de la hardiesse et de l'inquiétude. On avait confiance, on comptait inébranlablement sur l'avenir. Mais cette confiance ne pouvait avoir raison, qu'à condition de ne pas se dissimuler les difficultés de la tâche. Il fallait craindre l'épreuve du quotidien, si l'on voulait en sortir victorieux. Les raisons de craindre ne manquaient pas. Une seule était pressante : celle des dépenses auxquelles il faudrait pourvoir.

Grâce au concours du petit nombre d'amis d'alors, grâce à la générosité d'une Française au grand cœur, 280.000 francs furent recueillis et le 21 mars 1908 parut le premier numéro de l'*Action Française* quotidienne. Les conseils ne manquèrent pas pour dire que le journal n'aurait

pas plus de six mois d'existence. Il a duré dix ans et n'a cessé de s'étendre, de porter aux quatre coins du pays la doctrine du relèvement national. Dans le péril que la France traverse, il est devenu son plus cher espoir.

Mais ce péril a créé pour la presse des difficultés d'existence que l'on n'avait jamais connues. Le prix du papier rend à peu près impossible l'exploitation matérielle d'un journal. Après dix ans de progrès, élevée à un point de réputation et de crédit qu'aucun journal français ne peut lui disputer, l'*Action Française* a dû tendre la main. Ce n'était pas la première fois. A plusieurs reprises, au cours de sa carrière, elle avait recouru pour vivre à la générosité de ses lecteurs. Elle le faisait dans le moment où elle était le plus attaquée, et toujours le sentiment du péril couru, de la lutte soutenue en commun avait fait réussir ses appels.

Cette fois, elle était en butte à l'attaque du parti allemand. La lettre de Daudet lue par M. Painlevé à la tribune de la Chambre avait ouvert contre elle la persécution. On l'avait accusée de complot. Le tirage du journal avait triplé. C'était, au prix que coûtent les journaux aujourd'hui, de nouvelles charges, qu'il fallait soutenir. De plus, il fallait des avances pour le combat que l'ennemi de l'intérieur paraissait vouloir pousser à bout. En un mot, il fallait des provisions de papier prêtes à porter partout notre attaque.

Maurras lança son appel le 16 décembre 1917. On demandait un million. On indiquait trois mois comme limite à la souscription.

A qui ne voyait les choses que de loin, à qui n'en jugeait que d'après des possibilités générales, les raisons ne manquaient pas de douter du résultat. On était en guerre, en temps d'épargne forcée pour la plupart des Français. De plus, jamais les souscriptions ouvertes par l'*Action Française* n'avaient marché à l'aide de ces gros versements qui touchent au terme en quelques bonds. Il fallait compter avec des sommes nécessitant un grand nombre de souscripteurs. Les aurait-on ?

L'*Action Française* n'en douta pas. Mais cette assurance fit l'étonnement du public. Cet étonnement redoubla quand on la vit vérifiée, quand au 21 mars, le total accusa non pas un million qu'on demandait, mais 1.150.000 francs. Cette souscription atteignait quelques semaines plus tard le chiffre de 1 million 284.095 fr. 25. Tel était le crédit de l'*Action Française* dans le public; tel était l'attachement de ses adhérents, telle était l'aide sur laquelle ses campagnes pouvaient compter.

Les versements se classaient ainsi :

880 personnes avaient souscrit des sommes allant de 100 à 10.000 francs.

784 des sommes allant de 50 à 100 francs.

12.430 des sommes ne dépassant pas 50 francs.

Le total des souscripteurs s'élevait à 14.094 personnes.

A nouveau, par la voie de cet almanach, l'*Action Française* leur adresse ses remerciements.

A. O.

--- ✠ ---

LA FÊTE NATIONALE DE JEANNE D'ARC
1908-1918

> Nous pouvons nous féliciter de ce résultat :
> il est dû à un effort renouvelé à chaque fête
> de Jeanne d'Arc et qui, chaque fois, a valu à
> nos jeunes amis des coups et de la prison.
> Leur énergie persévérante a eu raison de
> l'obstacle. Grâce à eux, les bons Français
> pourront aujourd'hui célébrer Jeanne d'Arc
> publiquement...
>
> MAURICE PUJO, *A. F. du 19 mai 1912.*

Il n'est personne à Paris pour avoir oublié le cortège qui traversa la ville en mai 1914, commémorant le plus grand souvenir que pût célébrer la religion de la patrie.

Quarante-cinq mille hommes, dont trente mille jeunes gens, suivirent l'itinéraire établi

**La statue de Jeanne d'Arc de la place Saint-Augustin, le jour de la fête de l'héroïne
le 12 mai 1918
(au premier rang les membres de l'Action Française)**

du centre de Paris à l'extrême cercle du boulevard Saint-Marcel. Ils marchaient en colonnes militaires, au pas, dans le cadre de leur école ou de leur profession, chaque groupe précédé de fleurs en couronnes et en gerbes, tous suivant l'unique drapeau porté en tête par un

Alsacien, Gaston Baetz, trésorier des Camelots du Roi. Chacun se donnait silencieusement à la patrie : les trente mille jeunes gens, les cinquante mille manifestants, les cent mille spectateurs, le peuple de Paris au nom du peuple français.

Cette foule innombrable répondait à l'appel de l'Action Française. Si la fête de Jeanne d'Arc en 1914, 1913, 1912 a été fête nationale, si elle est restée dans la patrie blessée la fête de l'invincible espérance, l'histoire en attribuera le mérite à l'Action Française. Le triomphe de Jeanne d'Arc est son œuvre. Elle en a eu l'idée, connaissant que rien ne sert mieux l'avenir que l'intelligence et le respect du passé. Elle l'a préparé, et, finalement, assuré par un effort de six années. d'abord ingrat et chaque fois plus heureux, mêlant à son ordinaire l'étude et la méditation à l'action directe. Inspirés et dirigés par Maurice Pujo, les ouvriers de cette entreprise la plus noble n'ont compté pour rien leur liberté, leur bien-être, le loisir si précieux, ni, déjà, leur sang. Pour entraîner le cœur distrait de leurs contemporains, ils ont dévoué leurs intelligences et leurs personnes. Ils ont ainsi gagné dix mille jours de prison. DIX MILLE. Ils ont reçu des blessures qui en annonçaient d'autres. L'historien sera contraint d'expliquer comment tant de sacrifices furent nécessaires.

LE SOUVENIR SOUFFRANT ET MILITANT

En 1906, M. Thalamas faisant le professeur au lycée Condorcet, souleva l'indignation de sa classe en attaquant Jeanne d'Arc : sa mission, sa pureté, ses talents militaires, sa personne et son œuvre. Emeute d'écoliers. Honni et conspué dans les murs et hors les murs du lycée par un petit peuple où commence de vivre l'esprit civique des nouvelles générations, M. Thalamas est soumis à une enquête, désavoué par le ministre de l'Instruction publique et envoyé dans un autre établissement.

> *La pénitence est douce,*
> *Nous recommencerons.*

Imaginez un professeur étranger diffamant, pour prendre à dessein des exemples disparates, en Italie Garibaldi, en Allemagne Barberousse ou Moltke, en Angleterre Richard Cœur de Lion. Jeanne d'Arc est pour nous plus que tout cela.

L'État français au XIX* siècle aurait dû exalter sa mémoire. Les fils des soldats de la Révolution et de l'Empire ont pourtant une tradition militaire qui s'apparente à la chevalerie et à l'honneur de l'ancienne France. L'État républicain pouvait suivre les théoriciens qui essayaient d'y incorporer le souvenir de Jeanne. Il en a été empêché jusqu'au dernier jour parce qu'il était lié, quant à lui par la tradition d'une idéologie subversive. Se souvenant qu'il est sorti d'une révolte des individus contre les sentiments, les principes et les institutions qui fondent et règlent la société, il n'a pas cessé de craindre comme le feu tout ce que l'histoire de France pouvait leur rendre de force et d'attrait. En 1790, les sans-culottes d'Orléans brûlaient le chapeau de Jeanne, seule relique incontestable de l'héroïne. La même hostilité à l'égard du passé, de ce qui en survit et de ce qui en peut naître, anime l'État français de 1906 lorsqu'il attend l'occasion de faire à M. Thalamas amende honorable et réparation.

Il attendit deux ans. Mais, en novembre 1908, le Conseil des professeurs de la Faculté des Lettres de Paris, présidé par M. Alfred Croiset, autorise M. Thalamas à ouvrir un cours libre en Sorbonne sur la *pédagogie de l'histoire*. Le grade de docteur ès lettres est généralement exigé en pareil cas ; à tout le moins des services exceptionnels rendus aux lettres, à la critique, à l'érudition. M. Thalamas n'était pas docteur, et, dans son passé universitaire, rien ne brille que le scandale de Condorcet. — L'on compte que les honnêtes gens subiront le nouveau pédagogue comme d'autres calamités éloquemment souffertes. L'on a compté sans l'Action Française.

Le cours de M. Thalamas devait avoir lieu douze fois, le mercredi. — Le premier mercredi, 2 décembre 1908, il est giflé (1). Le second, la Sorbonne est emportée d'assaut, l'amphithéâtre Michelet occupé. — Le troisième, le quartier Latin étant en état de siège, 5.000 ma-

---

(1) Maurice Pujo a donné le détail des mercredis de Thalamas dans l'Almanach de l'*Action française* pour 1910.

nifestants viennent sous les fenêtres de l'*Action Française*. — Le quatrième, les étudiants s'emparent d'une chaire de Sorbonne. Une leçon sur Jeanne d'Arc y est faite. Professeur: Maurice Pujo. Cinquième et sixième mercredis, 6 et 13 janvier 1909, la défense de M. Thalamas s'organise; une « *Fédération républicaine des Étudiants* », créée, à cet effet, échange des coups avec nos amis qu'on arrête et commencent dès lors à recevoir et à faire leurs dix mille jours de prison. Le lundi 11 janvier. Manifestation supplémentaire: Maurice Pujo fait une seconde leçon sur Jeanne d'Arc dans la chaire emportée du doyen Croiset. — Mercredi 13 janvier, mercredi 20, mercredi 27, nouvelles rencontres à la Sorbonne. Le 3, le 10 février, le quartier Latin est aux patriotes.

Et le mercredi 17, dernier de Thalamas... dans son amphithéâtre, sur sa cathèdre, par les étudiants maîtres de la salle, M. Thalamas est fessé. — Toutes les nymphes de la Seine en ont ri.

Moralité: l'ère est passée des injures gratuites à la mémoire de Jeanne d'Arc, gratuites, c'est-à-dire qui ne coûtent rien.

LES PREMIERS CORTÈGES   1909.

Le Pape Pie X vient de proclamer Jeanne d'Arc bienheureuse. A Orléans qu'elle délivra, à Compiègne où elle aima « revoir ses bons amys » et où elle fut prise, dans Lille (animée de quel pressentiment?), dans Paris pavoisé, les cérémonies traditionnelles de l'Eglise, le Triduum, la procession, attirent une foule inaccoutumée, recueillie dans l'exemplaire souvenir. Les trois couleurs du pays, les deux de la guerrière, signalent quantité de fenêtres et de balcons. Quinze mille personnes vont se presser à Notre-Dame pour entendre les panégyriques du Père Janvier et de Mgr Le Cœur.

Les organisateurs royalistes de la défense de Jeanne contre Thalamas sont en nombre dans les prisons de la démocratie, entre Bubu de Montparnasse et Totor de Ménilmontant. En prison, Maurice Pujo et Maxime Réal del Sarte.

De la porte Maillot, où la fête de Mgr le duc d'Orléans avait réuni les royalistes dans un banquet, ils sont deux ou trois cents jeunes gens qui vont traverser Paris jusqu'à Notre-Dame, en files de quatre, dans une magnifique discipline, dont la ville finira un jour par gagner la contagion. Sur le parvis, ils ont à disputer leurs drapeaux à la police. Vingt-trois arrestations. Les autres, reformant leur cortège qui a grossi se rendront à l'issue de la cérémonie, place Saint-Augustin et place des Pyramides pour y ajouter des fleurs aux fleurs. Bagarres nouvelles. La garde municipale charge.

A travers la foule sympathique, intéressée ou distraite, vous avez suivi du regard les quatre ou cinq cents jeunes gens qui ont esquissé à travers Paris l'itinéraire des commémorations à venir. C'est le grain de phosphore. En 1909, contre Thalamas. En 1914, à la tête d'un cortège de cinquante mille manifestants. De 1914 à 1918, sous les armes!

« Les fêtes de Jeanne d'Arc, écrit d'Orléans, le correspondant de l'*Action Française*, ont dépassé en magnificence tout ce qu'on pouvait imaginer... Mgr Touchet, dans la petite maison qui lui sert de palais épiscopal, est radieux. Il a réalisé le rêve de toute sa vie... »

Mais tous les rêves des amis de Jeanne d'Arc seront dépassés.

1910.

En 1910, Maurice Pujo est libre. Les directions que l'Etat démocratique n'a garde de donner pour rallier tous les Français dans un commun souvenir tutélaire, l'Action Française les fournira. Par ses soins, un cortège civique doublera chaque année la procession que l'Eglise est obligée de contenir dans l'enceinte de ses temples.

Non seulement les patriotes pavoiseront, mais les Camelots du Roi et les Etudiants d'Action Française se rendront en corps le dimanche matin 8 mai aux trois statues de la Libératrice.

Répondant à sa voix, les Lycées de Paris, Condorcet le premier, qui se souvient de Thalamas, font connaître qu'ils porteront aussi des couronnes aux mêmes saintes images. Chacun des cortèges particuliers aura son rendez-vous et son point de départ, Condorcet au square Louis XVI ; ils déboucheront tous à 10 heures place Saint-Augustin, pour n'en former qu'un seul.

L'église a son fronton orné de trophées où les deux bleus, France et Jeanne, se marient au blanc des deux drapeaux, au rouge du tricolore. Jeanne chevauche une colline de roses et de lilas blancs. Elle a ses bras chargés de couronnes. Sur sa poitrine, contre sa joue, les lis présentés par les jeunes filles royalistes.

Il reste des fleurs pour la statue des Pyramides, des fleurs encore pour la statue du boulevard Saint-Marcel. Etudiants, lycéens, Camelots du roi y arrivent à midi, ayant laissé du monde derrière eux, nombreux encore, avec leurs chefs, et Léon de Montesquiou. Levant sa belle tête fière et puissante, aux cheveux rejetés en arrière, ce dernier prononça des paroles qui parurent belles. Qu'en sera-t-il maintenant que sa mort y révèle l'éclair magnétique du pressentiment ? — *Mes chers amis*, disait-il, *le cri de « Vive Jeanne d'Arc » enferme cette pensée: « La France aux Français ». Ce cri symbolise tous nos efforts politiques. Jeanne d'Arc représente d'abord le but, ce but « la France aux Français », sur lequel nous sommes tous d'accord, et pour lequel nous sommes prêts à donner jusqu'à notre vie s'il le faut. Elle représente aussi le moyen... En vous voyant si pleins d'ardeur et de patriotisme, je suis tenté de changer l'antique devise: « Fais ce que dois, advienne que pourra ». Je dis: « Fais* ce que dois, et il adviendra la victoire ».

1911.

« Depuis trois ans, écrivait Maurice Pujo, un mouvement a été créé, une tradition a commencé à s'établir: à l'heure même où l'Eglise plaçait Jeanne sur les autels, la figure de celle qui sauva la Patrie semblait prendre une vie nouvelle dans la mémoire pieuse des patriotes... »

En élevant et redoublant cet appel, sans jamais se lasser, l'Action Française mettait le gouvernement de la démocratie à la gêne. Il hésitait, en effet, à ajouter au « scandale de son abstention » un empêchement plus scandaleux. La leçon de Jeanne d'Arc, les sentiments que répand sa mémoire revivifiée le blessaient pourtant de toutes parts, en l'alarmant. Il se décide enfin, ou croit se décider. La manifestation annoncée est interdite le matin du dimanche 28 mai, c'est-à-dire le jour même, c'est-à-dire trop tard. L'Action Française ne fera pas défaut.

Inondée de soleil, la place Saint-Augustin est envahie à dix heures par un second printemps. Dix cortèges : les Lycées, les Collèges, la jeunesse des écoles. Aux centaines de l'année d'avant ont succédé des milliers. — Que faire? Seigneur Dieu, Monsieur Lépine, que ferez-vous?

Ils sont bien cinq mille. Et si calmes. Vous aviez fait défense de parler, et Maurice Pujo vient de prononcer aux pieds de Jeanne d'Arc le bref discours attendu. Les chargera-t-on, sous les yeux de tant de témoins: la foule parisienne des plus beaux dimanches. Sans compter la police dans la rue, les agents d'arrondissement, les brigades de réserve, sans compter la garde, il y a douze cents hommes à pied et à cheval massés dans le Palais-Royal. Mais le temps est passé des bonnes petites manifestations conservatrices où l'agent de police n'avait qu'à dire : « Circulez! » Honoré dans sa fonction et dans sa personne de brave homme et de Français, il lui est pourtant résisté désormais à poings fermés. Le sang peut couler. — Ah! que faire?

Un barrage. Deux barrages. Dix barrages. Car le premier manqua son affaire, et le second, et le dernier. Ses commissaires, en tête et en flanc-garde, la colonne va droit sur eux et passe. Elle utilise tout: les brèches faites par le passage des voitures, les points faibles de la ligne adverse, l'indécision de la police dans l'accomplissement d'une consigne imbécile. Elle filtre « comme l'eau à travers les rochers ». Dix fois coupée et reformée dix fois, on cherche à la rejeter hors de son chemin et elle le suit sans fléchir.

Léon de Montesquiou parle place des Pyramides, boulevard Saint-Marcel Paul Robain. A cette extrémité de Paris, si l'on essayait de fermer la bouche au dernier au moins des exaspérants orateurs? Un officier de paix ne craint pas de lever sa manche à galon d'argent pour saisir Paul Robain à la gorge. Bagarres, vous pensez bien. Et quinze arrestations.

D'autres encore prendront plus tard le chemin de la prison lorsqu'ils voudront relever les couronnes et les porter à l'église voisine pour qu'elles ne soient pas souillées et jetées à la voirie. Le soir d'un beau jour tombe sur la ville pavoisée: les églises, l'archevêché, les presbytères, et les maisons par milliers. Les prisonniers chantent, tandis que les illuminations fleurissent et que les palais officiels, dans leur ombre, boudent l'histoire de France.

LE SOUVENIR TRIOMPHANT

Les puissants du jour jugent-ils qu'il ne servira plus de vouloir arrêter le vent du souvenir ou si les avis que l'État français recevait de ses ambassadeurs l'inclinaient dès lors à plus de clémence à l'égard des sentiments nécessaires à la patrie? Molle résignation ou prévoyance tardive, le gouvernement fera connaître l'an prochain que, neutre assurément dans la question, il daignera toutefois ne pas mettre en branle la force armée. Les dispositions des cœurs, les paroles des passants dans la rue, jusqu'à ces muettes communications qui ont lieu entre les êtres humains à certains moments, tout annonçait, en 1912, le triomphe de Jeanne d'Arc.

1912.

Les services d'ordre de l'Action Française ayant une réputation bien établie, le gouvernement de la République, par un accord officiel, s'en remet à eux. Les couleurs de Jeanne au brassard, les commissaires et les cyclistes désignés parmi nos amis et marchant sous les ordres de Maxime Real del Sarte et de Lucien Lacour, assureront toute la police du cortège. En tête de l'Action Française, Léon Daudet, Léon de Montesquiou, Maurice Pujo, Robert de Boisfleury, Octave de Barral, François de la Motte, P.-A. Paillard, et le doyen des Camelots du Roi, le baron Tristan Lambert. Comme les années précédentes, les dames d'Action Française et les jeunes filles royalistes attendent place Saint-Augustin, ayant à leur tête Mme de Mac-Mahon.

Couronnes: deux de la Ligue d'Action Française, portées par Helmlinger, Lucien Martin, Dumant et Dupontroué; trois des Camelots du Roi portées par Maître, Charles Lefèvre, Gross, Lancereaux et R. Helmlinger; trois des étudiants d'Action Française portées par Gueneau de Mussy, Sourrieu, Pierre Renaudeau-d'Arc. La gerbe de la *Tradition*. Les vingt sections de la Ligue à Paris, les sections de la banlieue.

Couronnes encore, au beau soleil de mai : Condorcet, Saint-Louis, Louis-le-Grand, Janson-de-Sailly, Duvignaud-de-Lannau, Rollin, l'Institut Agronomique, Massillon, Madrid, Chevalier, Fontanes, Carnot, Buffon, Henri-IV, Charlemagne. Les fleurs offertes à Jeanne d'Arc viennent de toutes les mains. La Jeunesse de Paris, même dans ses éléments non gagnés à la doctrine royaliste, fait confiance à l'Action Française. Chaque délégation représente le collège ou le lycée tout entier, jeune ou vieux, également fier des souvenirs anciens ou de sa brillante nouveauté.

Sous le regard d'une foule immense, dont l'admiration fait une longue rumeur coupée d'applaudissements, dans un ordre parfait, dans un émouvant silence, dans un profond recueillement, derrière un drapeau, unique comme le sentiment qui règne, une colonne de dix mille manifestants célèbre le cinq centième anniversaire de la naissance de Jeanne.

Tout le jour, la foule porta ses fleurs aux trois statues. A l'honneur pour avoir été à la peine, les Camelots du Roi qui y étaient de garde disposaient gerbes et bouquets aux pieds de la Grande Amie. Parfois, l'un d'eux montait sur le socle pour rapprocher du cher regard les fleurs les plus belles. Paris avait pavoisé. Le soir, il illumina, multipliant par dix les dra-

**La statue de Jeanne d'Arc
de la place des Pyramides
le jour de la fête de l'héroïne, le 12 mai 1918.**

peaux et les feux de l'an d'avant. Et si vous avez pu voir le front d'un enfant se pencher sur les lampions de Jeanne d'Arc, vous avez un beau souvenir.

Mais un vent de fronde s'est levé, un souffle. Il agite quelques ombres jalouses qui rêvent de se substituer à l'Action Française heureuse et de paraître en sa place, ralliant la Jeunesse des Écoles. Elles levaient les bannières et parlaient le langage des partis politiques. Formée dans ses cadres scolaires et déjà professionnels, la jeunesse les écouta, ne les comprit guère et répondit, comme jamais, à l'appel de l'Action Française.

Pour dissiper les rassemblements, prévenir l'émeute, fondre des colonnes de manifestants, rien ne vaut une bonne pluie. Il plut à verse, ce jour-là, dimanche 14 mai 1913. Des ondées abondantes et dures venaient obscurcir la lumière et s'abattre sur les épaules. Le ciel rebrillera bien à plusieurs reprises: chaque fois, l'éclaircie s'efface et l'eau retombe. Un instant mêlée de grêle, de plus en plus froide et serrée, énorme à midi.

Et cent mille Parisiens se pressent aux statues de la Libératrice, dont plus d'un quart en cortège réglé.

1914.

A dix heures, place Saint-Augustin. Les trottoirs sont chargés d'une foule qui déborde sur la chaussée, la circulation des voitures arrêtée. Comme devant les autres statues de l'héroïne, les Camelots du roi ont fourni une garde, Maxime del Sarte a la tête bandée des coups qu'il a reçus il y a quelques jours pour avoir bien gardé le renom de Jeanne. — Où donc trouveront-ils place, les collèges, les lycées, les écoles?

Une France est-elle née, faite pour l'ordre, sur qui les prestiges et les tentations de l'esprit de parti, resteront désormais sans prise ni charme? Comment ne pas l'espérer en regardant les longues files prolonger l'interminable cortège et s'ébranler l'une après l'autre, au terme d'une savante manœuvre. Au nombre de quatre cents, trois cents empruntés aux Camelots du Roi et aux Étudiants d'Action Française, cent fournis par les élèves des Écoles, Facultés et Lycées auxquels des brassards ont été distribués, les commissaires vont canaliser l'immense file, et pas un incident ne se produira sur la route longue de cinq kilomètres, qui va de Saint-Augustin à la place Saint-Marcel.

Le brassard est aux couleurs de Jeanne d'Arc, bleu et blanc. Les chefs de groupe y portent un galon d'argent, les commissaires du grand cortège un galon d'or. Ces derniers sont: Maxime Réal del Sarte, Lucien Lacour, Pierre de Pimodan, Marius Plateau, Henri Lagrange, Octave de Barral, sous la direction de Maurice Pujo.

Place de la Concorde. — Passent les bonnets de police bleu ciel des candidats à Saint-Cyr, bleu noir des candidats à Polytechnique et à Centrale, les bérets des candidats à l'École Navale, les bonnets de police verts de l'Institut agronomique. Voici la Faculté des Lettres, la Faculté des Sciences, l'École de Droit, les Médecins, l'Institut de Chimie appliquée, l'École d'Électricité, l'École des Travaux publics, les Lycées... Nul effet d'aucune sorte ni dans la mine ni dans l'habit. Par rangs serrés de cinq, tous au pas, dans le même silence... Quelle merveille! Il y a dix ans, l'idée de se montrer dans les rues, en troupes disciplinées et le calot sur la tête, aurait fait trembler, ou rire. Quant à soi, respect humain, phobie, et pour tout dire individualisme. Il y a dix ans, chacun aurait préféré suivre les couleurs de son parti. L'on aurait vu des jeunes républicains, des bonapartistes, des royalistes, des nationalistes, assez vainement confondus dans une union éphémère. Les Écoles, non.

Quelqu'un a compté trois cents couronnes. Un autre a vu que le défilé durait une heure. Un autre que le cortège évoluait en même temps place de la Concorde et devant Saint-Augustin. Et les premières couronnes décoraient déjà la statue de la place des Pyramides, que l'observateur placé à la place de la Concorde en était à chercher à travers les files une tête de trente ans.

L'Action Française débouche à son tour, les Ligueurs en tête, plus nombreux que jamais, précédés des Comités directeurs, puis les dames (un millier), puis, comme des hôtes qui cèdent le pas, les Camelot du Roi. Trente mille personnes ont défilé place des Pyramides derrière le drapeau à franges d'or que porte Gaston Baetz.

Les dernières couronnes portées à la dernière statue, comme par un heureux présage, l'eau cesse de tomber, la lumière brille sur les fleurs amoncelées.

Conviant les Français à célébrer plus religieusement encore cette année le souvenir de la Libératrice, l'appel de l'Action Française les aura préparés à entendre l'appel de la France.

Toutes les Ecoles étaient là, toutes les Facultés, tous les Lycées, tous les Collèges. En cortège, les Lettres, les Sciences, le Droit, la Médecine. Et l'Ecole Normale supérieure, l'Ecole des Chartes, les Mines, les Ponts et Chaussées, l'Ecole de Pharmacie, les Hautes-Etudes Commerciales, l'Ecole d'Electricité, l'Ecole pratique d'Electricité, l'Ecole des de l'enseignement secondaire à Paris ont envoyé les grands des classes supérieures, — les Classes 14, 15, 16, 17, 18, 19...

En cortège, les jeunes Eclaireurs français qui, pour saluer et en signe d'allégresse mettent leurs drapeaux d'uniformes au bout de leurs bâtons ferrés. En cortège, les Associations professionnelles. En cortège, les Bretons de Paris, le groupe des Lorrains et la délégation de Nancy, les groupes de la Vendée, l'Union Aveyronnaise, les Ardéchois de Paris, le groupe de la Savoie.

En cortège, l'Action Française, les Comités directeurs, les Dames, les Jeunes Filles royalistes, les 46 sections de la Fédération de la Seine, la Ligue, la Fédération nationale des Camelots du Roi, la Fédération des Etudiants et des Lycéens.

L'immense mouvement est réglé par des commissaires généraux : Maxime Réal del Sarte et Marius Plateau, Octave de Barral et François de la Motte, Jean Lacroix, Henri Lagrange et Raymond Tournay. Lucien Lacour commande le peloton de tête, les Vétérans de 1909.

Le même ordre parfait qu'en 1913. La même ferveur. Mais les manifestants sont cinquante mille. Et c'est Paris entier qui les acclame. En cortège et dans la rue, toutes les classes et tous les âges. Les plus grandes foules qu'il soit pratiquement possible de rassembler. La multitude. Un peuple. Une nation.

La France unanime comme elle le sera, une seconde fois, quelques semaines plus tard.

LE SOUVENIR PENDANT LA GUERRE

S'il n'était plus possible de former des cortèges qui allassent saluer les saintes statues, du moins les femmes, les filles, les sœurs des combattants, les hommes qui demeuraient, n'ont pas manqué de les fleurir comme les reposoirs du patriotisme. Chacun porta quatre fois aux pieds de Jeanne un fin, léger bouquet, et une grave pensée, — toujours la même.

Pendant quatre années de guerre, les Français qui ne combattaient point n'ont pas cessé de penser aux hommes je leur sang exposés pour leur défense. Sans cesse, ils se représentaient les longues files de leurs bataillons, et, lorsqu'ils avaient le bonheur d'en apercevoir quelques-uns, le cœur qui leur faisait fête évoquait les ombres des morts, au milieu d'eux.

La statue de Jeanne d'Arc du boulevard Saint-Marcel, le jour de la fête de l'héroïne, le 12 mai 1918

Les cortèges réunis jusqu'en 1914 par le souvenir de Jeanne d'Arc n'oubliaient jamais d'attacher l'une de leurs plus belles couronnes à la statue de Strasbourg, place de la Concorde. La France aux belles villes, comme dit Ronsard, y est figurée par une assemblée de statues symboliques. Elles ont vu passer ces jeunes hommes, dont il y a tant qui sont tombés dans les sillons de la patrie, pour qu'aucune d'elles ne demeurât captive. — E. M.

CHRONIQUE AGRICOLE

LE POTAGER FAMILIAL

Déjà, avant la guerre, la France était loin d'utiliser toutes les ressources alimentaires que devraient lui fournir la richesse de son sol et les conditions favorables de son climat. En ce qui concerne particulièrement la production potagère on peut dire, sans exagération, qu'elle aurait pu être facilement quadruplée. Ce qui n'a pas été fait avant la guerre, par suite d'une regrettable négligence dont il serait trop long d'analyser ici les causes, il sera d'une extrême nécessité de le faire lorsque, après la victoire qui ne peut plus être mise en doute, nos populations seront enfin rendues à leurs occupations, à leurs travaux, à leur vie normale du temps de paix.

La courbe de la cherté de la vie, qui aura atteint son maximum pendant la durée de la guerre, s'abaissera sans doute progressivement après la paix, mais restera certainement encore bien au-dessus de ce qu'elle était aux temps de l'avant-guerre. L'augmentation intensive de la production pourra seule ramener le coût des vivres à un étiage normal. En ce qui concerne le pain et la viande, ces deux bases de la nourriture en France, c'est à la grande culture qu'il appartiendra de développer et d'intensifier la production, avec l'aide et le concours des groupements professionnels, sociétés et syndicats, dont l'Etat, s'il comprend son rôle, devra encourager et faciliter l'action. Mais l'homme ne se nourrit pas que de pain et de viande. La nourriture végétale entre pour une grande part dans son alimentation journalière, elle est indispensable et nécessaire pour l'équilibre normal de sa santé et de ses forces agissantes. La culture potagère, commerciale ou privée, doit donc pouvoir produire annuellement et suivant chaque saison, une quantité de légumes de toutes sortes suffisante pour satisfaire aux besoins alimentaires de la population.

La culture potagère commerciale est affaire de professionnels, qui connaissent leur métier. Il n'en est pas de même de la culture potagère privée, ou familiale, qu'il s'agisse du potager de la ferme, ou de celui de la maison bourgeoise, particulièrement de la petite propriété.

A la ferme, le potager est généralement beaucoup trop négligé, quand il existe, et il est loin de donner tout ce que l'on en pourrait retirer, c'est-à-dire l'alimentation en légumes de toutes sortes de la famille et du personnel, plus un excédent de production pouvant se vendre au marché en même temps que les produits de la basse-cour.

Dans la propriété bourgeoise aisée le potager est, la plupart du temps, le domaine exclusif d'un jardinier ou chef jardinier. Il y règne en maître, sûr de lui, dédaigneux de tout conseil et de toute indication. Il ne regarde à aucune dépense de matériel, d'engrais, de fumier. Son patron est là pour payer. Cette culture potagère bourgeoise riche ne produit certes pas économiquement, mais enfin elle produit, et souvent même abondamment.

Combien plus intéressant le modeste potager du petit rentier, du petit retraité retirés à la campagne, du villageois, ouvrier, artisan, commerçant, qui possède un jardin.

Sans doute, tous ces gens-là ont, par tradition, par imitation, quelques notions de culture. Ils récoltent quelques légumes, quelques fruits. Mais ces récoltes sont, en général, très inférieures aux besoins de la famille, alors que par une organisation plus rationnelle du potager, elles seraient doublées, triplées, quadruplées.

C'est donc au **potager familial**, soit de la ferme, soit de la petite ou moyenne propriété, que cette étude est plus particulièrement consacrée.

Nous y examinerons successivement :

1° La détermination de la superficie nécessaire par rapport au nombre de personnes à nourrir.

2° L'organisation pratique du jardin potager.

3° Son assolement, c'est-à-dire l'alternance annuelle des différentes cultures pour obtenir le maximum de rendement.

4° et 5° La succession saisonnière des cultures et celle des variétés d'une même plante.

I. — Superficie du Potager familial.

Mais, dira-t-on, que l'on soit propriétaire ou locataire, on dispose en général d'un terrain d'une superficie déterminée et que l'on ne peut agrandir à volonté. Si je possède un jardin, mesurant un certain nombre de mètres carrés, je ne peux qu'en tirer le meilleur parti possible, sans avoir à rechercher si sa superficie est ou non en rapport avec le nombre de membres de la famille.

La remarque est juste, mais seulement en ce qui concerne la petite propriété, le jardin ou jardinet du petit rentier, de l'artisan, de l'ouvrier. Et encore, si la famille est nombreuse, aura-t-on souvent avantage à prendre en location, si c'est possible, un supplément de terrain, pour réaliser l'alimentation économique de la famille en produits végétaux. Plus même la famille sera nombreuse, plus elle aura intérêt à produire par ses propres moyens cette partie de son alimentation, et plus elle pourra le faire économiquement, en raison même du nombre de ses membres. La femme, les enfants, peuvent participer aux travaux du potager. La main-d'œuvre enfantine est très apte à certains de ces travaux qui exigent plus d'adresse que de force, tels que sarclages, binages, etc.

Pour la moyenne propriété la situation est autre. Une partie seulement du jardin est généralement affectée au potager, le reste étant aménagé en jardin d'agrément. On peut donc toujours, dans ce cas, déterminer quelle doit être la superficie potagère pour le nombre de bouches à nourrir.

Pour le potager de la ferme, il est presque partout d'une insuffisance notoire, alors qu'il serait très facile de lui donner les dimensions voulues en y affectant quelques mètres de terrain de plus pris sur les terres de grande culture. La valeur des produits que l'on en tirera sera toujours supérieure à celle de leur ancien rendement.

Afin de déterminer quelle est la superficie nécessaire pour l'alimentation potagère d'une famille, nous prendrons pour base du calcul la quantité de légumes que doit consommer annuellement une personne adulte. Cette quantité est d'environ 300 kil. de légumes frais, y compris les légumes de soupe, et elle correspond à peu près à ce que peut et que doit produire un terrain de 100 mètres de superficie cultivé d'une manière rationnelle.

Cette base établie, le calcul est des plus faciles. Si nous prenons comme type une famille composée de 5 personnes, le jardin potager devra avoir 500 mètres de terrain cultivé. On peut évaluer à un cinquième en plus le terrain consacré aux allées et bordures, ce qui porte à 600 mètres l'étendue nécessaire du potager pour une famille de 5 personnes.

Si vous disposiez, pour ce même nombre de personnes d'un jardin de dimensions plus grandes, vous pourriez augmenter l'étendue du potager en vue d'obtenir un excédent de production pour la vente; ou bien, consacrer le surplus du terrain à la culture fruitière. Poiriers formés en fuseaux ou en pyramides, selon la place, pommiers en cordons, groseillers, framboisiers augmenteront les ressources alimentaires de la famille. Mais il faut se garder, dans ce cas, de l'erreur commune de planter trop serré. La circulation de l'air et la lumière sont indispensables aux arbres fruitiers.

II. — L'organisation du Potager.

Notre jardin de 600 mètres pour une famille de 5 personnes, que nous vous proposons de convertir en potager, peut être clos, soit de haies, soit de palissades ou de murs. Dans ce dernier cas, on aura tout avantage à utiliser les palissades ou les murs pour la culture d'arbres fruitiers en espalier. La meilleure exposition, la plus favorable, sera celle qui est intermédiaire entre les quatre points cardinaux, car chaque face reçoit alors alternativement la visite du soleil. Les autres expositions directes, sud, nord, est, ouest, sont moins bonnes, le plein sud est trop chaud, le plein nord trop froid, l'est trop sec et l'ouest humide. Mais en somme, comme on ne peut changer l'exposition de ses murs, on est bien forcé de se contenter de ce que l'on a.

Il s'agit maintenant d'établir le plan du jardin. On tracera d'abord une allée centrale, dans le sens de la longueur. Cette allée divisera le terrain en deux parties égales. A l'extrémité d'une de ces parties, on établira, si possible, un hangar et une resserre, ainsi que la fosse à fumier et les dépôts de terreau et de composts.

En regard, de l'autre côté de l'allée centrale, une portion de terrain pourra être consacrée à la culture de certaines plantes qui ne peuvent entrer dans l'assolement spécial des plantes annuelles dont nous parlerons tout à l'heure. Les plantes en question, en dehors de l'assolement, sont les asperges, qui peuvent occuper le même terrain pendant dix ans, les artichauts et les fraisiers qu'on laisse généralement en place pendant deux ou trois ans.

La portion de terrain destinée à ces trois sortes de cultures, asperges, artichauts, fraisiers, sera divisée en deux parts égales. L'une sera occupée par l'aspergerie, l'autre, par moitié, par les artichauts et les fraisiers, qui alterneront entre eux tous les deux ans. Au bout de dix ans, l'aspergerie les remplacera, et ils remplaceront l'aspergerie. On peut aussi opérer ce remplacement en établissant une sorte de roulement partiel et successif chaque année, à partir de la cinquième année, afin de ne pas interrompre la production.

Tout le reste de notre terrain doit être divisé en quatre grands carrés, de dimensions égales, ce que l'on obtient en traçant une allée transversale qui coupe l'allée centrale à angle droit.

Ces quatre carrés, que nous désignerons, pour plus de clarté, en les numérotant I, II, III et IV, reçoivent des destinations différentes, en raison des exigences particulières des différentes sortes de légumes.

III. — Assolement du Potager.

A l'exception des asperges, des artichauts et des fraisiers, dont nous avons parlé tout à l'heure, toutes les autres plantes potagères sont annuelles, mais chaque espèce a des exigences de nutrition particulières, demande au sol, pour se nourrir, des éléments différents. D'autre part, chaque plante laisse dans le sol où elle a végété des principes toxiques, ou **toxines**, sortes de champignons, qui sont, pour ainsi dire, les déjections de la plante. La même plante ne peut végéter convenablement deux années de suite dans la même terre, pour cette double raison que, la première année, elle a trop appauvri la réserve d'éléments nutritifs qui lui conviennent et qu'elle a infecté le sol de ses toxines. De là, la nécessité d'établir un assolement, c'est-à-dire de régler la succession des différentes espèces de plantes entre elles.

Au point de vue de leurs exigences en nourriture, nos plantes légumes se divisent en trois catégories : 1° Les plantes à récolte foliacée, telles que choux, céleris, cardons, épinards, etc., qui sont particulièrement avides d'engrais. 2° Les plantes racines, moins gourmandes d'engrais que les précédentes, et pour lesquelles une trop forte fumure aurait l'inconvénient de pousser au trop grand développement de la végétation foliacée, au détriment de la partie souterraine qui est le but de la culture. Dans cette seconde catégorie sont compris les pommes de terre, carottes, navets, salsifis, oignons, etc. 3° Les plantes qui se récoltent en grains ou en cosses, haricots, pois, lentilles, fèves et généralement toute la famille des papilionacées, auxquelles conviennent les engrais potassiques.

Notons cependant, comme exception à la règle générale de nutrition établie ci-dessus, que certaines salades, comme la romaine, bien que constituant une récolte foliacée, ne doivent pas être comprises dans la première catégorie, car une forte fumure a pour effet de les faire monter au lieu de pommer. On devra donc, pour la culture, les associer aux plantes de la seconde catégorie.

Partant de ces données, l'assolement de notre potager sera un assolement triennal, c'est-à-dire que, chaque année, les trois catégories de plantes se succéderont les unes aux autres sur chacun des carrés I, II et III.

Pour le carré n° IV, nous lui donnerons la destination suivante : une partie est affectée aux cultures ou semis sous châssis ou sous cloches; l'autre partie sera terreautée et divisée en planches pour les semis de pleine terre, les repiquages, les pépinières d'attente, l'élevage des porte-graine. Ces mêmes planches peuvent être également utilisées soit pour des cultures intercalaires (salades, radis), soit pour des cultures de remplacement, au fur et à mesure que les plants d'élevage seront enlevés, pour être mis ailleurs à leur place définitive.

Afin d'obtenir le maximum de rendement, il est de principe qu'aucun pouce de terre du potager ne doit rester inoccupé. Nous y reviendrons plus loin, en traitant de l'alternance entre elles des cultures de même catégorie.

Revenons, pour le moment, à nos carrés I, II, III, après avoir noté, toutefois, que, chaque année, par un roulement successif, chaque carré est affecté à une catégorie différente de plantes. Ainsi, sur le carré I, nous cultiverons la première année les plantes foliacées, la seconde année les plantes racines et les salades, la troisième année les plantes à cosses et à grains, la quatrième année on y établira les couches, châssis, cloches, semis et pépinières. Chaque carré deviendra donc, alternativement, carré I, II, III ou IV.

Partant de la première année, notre carré I, affecté aux plantes foliacées avides d'engrais, recevra une dose de fumier maxima, une dose massive pour ainsi dire, ce qui sera plus avantageux que d'éparpiller notre fumier sur la surface totale du potager. Cette fumure à haute dose enrichira considérablement la terre en humus, et l'effet s'en fera ressentir les trois années suivantes mieux que si l'on avait fumé chaque carré parcimonieusement.

La seconde année, notre carré I devient le carré II. On y sème et on y plante, sans fumure, mais avec terreautage et paillis provenant de la démolition des couches, les plantes racines, et on y cultive également, comme nous avons dit plus haut, les salades, particulièrement la romaine.

Troisième année: le même carré devient le carré III, affecté aux plantes de la troisième catégorie, à cosses et à grains. Ces plantes ont surtout besoin d'engrais potassiques dans le sol, étant particulièrement aptes à se nourrir, par l'intermédiaire de leurs nodosités, de l'azote gazeux contenu dans l'air. On appliquera donc au carré, cette année-là, un cendrage énergique, qui enrichira le sol en potasse.

Grâce à ce système d'assolement sera réalisée l'alternance rationnelle des différentes cultures dans notre potager. Mais il y a un autre point important à examiner; c'est celui de la succession saisonnière des plantes de même catégorie dans chaque carré du potager.

IV. — Succession saisonnière des cultures.

Chaque plante n'occupe son terrain de culture que pendant un temps déterminé. Aussi, dès qu'elle est récoltée, doit-elle être immédiatement remplacée par une autre plante, de telle sorte que la totalité du terrain soit constamment occupé. On peut augmenter aussi la production totale du potager au moyen de cultures dites intercalaires ou contreplantations, dans la place libre que laissent entre leurs rangs certaines plantes.

C'est dans l'organisation de la succession que se révèle l'initiative et le talent du jardinier. Les combinaisons peuvent varier à l'infini, puisque ces combinaisons se basent sur l'époque de plantation ou de semis sur place de chaque plante, la durée de sa végétation et l'époque de sa disparition dès que son produit est récolté. L'organisation des semis et des pépinières d'élevage doit nécessairement correspondre aux nécessités de la succession saisonnière des cultures.

Voilà, dira-t-on, bien des connaissances exigées pour l'exploitation d'un jardin potager! Et le lecteur qui ne possède pas ces connaissances est peut-être près de se décourager, de renoncer. Qu'il se rassure s'il ignore, pour chaque plante, et l'époque de sa plantation et celle de sa récolte, qu'il se procure le catalogue d'une bonne maison de graines. Il y trouvera un calendrier des semis et plantations donnant toutes les indications **nécessaires. Il** y verra, par exemple, que s'il plante en février, dans le carré I, des choux cœur-de-bœuf ou de Milan hâtifs, ils seront récoltés en fin juillet; à cette époque, ils pourront être remplacés par des choux-fleurs hâtifs, à récolter de septembre à novembre ; pour finir, les choux seront remplacés par des semis de raiponces, de mâches ou d'épinards. Pour compléter l'exemple ci-dessus, disons que les choux de Milan auront pu être contreplantés de laitues d'été, et les choux-fleurs de chicorées. De cette façon, et grâce à la succession saisonnière des cultures, le même terrain aura produit quatre récoltes dans l'année.

Voici, d'ailleurs, pour chacun des carrés de notre potager, quelques autres exemples de succession de cultures.

Carré I. — 1° Au commencement de mars, repiquage de poireaux qui auront été semés à la fin de l'été précédent ; en juin, récolte des poireaux, labourage et plantation de céleris contreplantés de laitues ; les céleris seront remplacés par des choux de Bruxelles contreplantés de chicorées. Pour finir, semis de mâches. (Six récoltes.)

2° En mars, semis de pommes de terre hâtives, contreplantées de laitues et récoltées en juin-juillet. Remplacement par des cardons contreplantés de choux d'Ulm et de laitues. (Cinq récoltes.)

3° Oignons blancs repiqués avant l'hiver, remplacés par des choux d'Ulm contreplantés de salades, puis choux de Bruxelles également contreplantés. Pour finir, mâches ou raiponces. (Six récoltes.)

Carré II. — 1° Semis, en février, de carottes hâtives qui seront récoltées en juin-juillet, et remplacées par une plantation de laitues et de chicorées ; après cette récolte, semis en lignes d'épinards contreplantés de salades. (Cinq récoltes.)

2° En mars, plantation de romaines et de laitues ; après récolte, plantation de tomates contreplantées de laitues d'été. Pour finir, semis de navets. (Cinq récoltes.)

3° En février semis d'oignons; en juillet, plantation de salades et, entre leurs lignes, semis de carottes hâtives et de navets. (Quatre récoltes).

Carré III. — 1° En mars semis de pois nains hâtifs; après les pois, haricots à récolter en grains frais. Semis de navets ou de raiponces pour finir. (Trois récoltes).

2° En avril semis de haricots hâtifs à consommer en vert, suivis de pois tardifs avec repiquage de pissenlits entre les lignes. (Trois récoltes).

3° En février, semis de fèves de marais contreplantées de laitues. Après les fèves, haricots à récolter en vert, et pour finir, semis de mâches, raiponces ou pissenlits. (Quatre récoltes).

Carré IV. — Ce carré est affecté, avons-nous dit, aux cultures ou semis sous châssis ou sous cloches, ainsi qu'aux semis de pleine terre, aux pépinières d'attente et à la culture des porte-graine.

Au fur et à mesure de la mise en place des plantes élevées à la pépinière, le terrain qu'elles occupaient doit être utilisé en cultures de salades, haricots verts, pois, navets, etc., selon l'époque à laquelle le terrain est devenu libre.

Au carré IV, on put cultiver sur couches, melons, concombres et aubergines. Les mêmes couches produiront des primeurs et du plant pour les repiquages.

L'année suivante, ce carré devient le carré I, et c'est lui qui reçoit la forte fumure. Le terreau provenant de la démolition des couches est répandu sur l'ancien carré I qui devient carré II. L'ancien carré III devient carré IV, on y monte de nouvelles couches et on y installe cloches et châssis.

Il est bien entendu que les exemples de succession saisonnière des cultures que nous avons donnés s'appliquent non pas à la superficie totale de chaque carré, mais aux superficies partielles des différentes planches dont chaque carré se compose. Les étendues respectives de ces planches seront proportionnées aux besoins de la consommation selon la nature de chaque plante cultivée.

Certaines plantes, thym, sarriette, ciboulette, oseille peuvent se cultiver en bordure. Pour le cerfeuil et le persil, dont on ne doit jamais manquer pour la cuisine, on procède par petits semis successifs. Le cerfeuil se sème de mars à septembre, dans le carré I, entre les lignes de choux, d'avril à juin dans le carré II, et de juillet à septembre dans les carrés III et IV. Les semis de persil se font de mars en août-septembre, en bordures.

V. — Cultures successives des variétés différentes d'une même plante.

En cultivant, à des époques successives, les variétés hâtives ou tardives d'une même plante, on arrive à assurer une continuité de récolte du même produit pendant tout le cours de la saison. Cette manière de procéder augmente considérablement les ressources alimentaires du potager.

De même que nous l'avons fait pour la succession saisonnière des cultures, nous donnerons quelques exemples qui feront mieux comprendre les résultats obtenus par les cultures successives des variétés de la même plante.

Pommes de terre. — En plantant en mars une variété hâtive, on s'assurera une récolte de pommes de terre nouvelles qui pourra durer depuis juin jusqu'en août, et en plantant en avril une variété tardive on aura, en septembre-octobre, une récolte d'approvisionnement d'hiver.

Choux. — Semés en février, les choux Express et d'Etampes, le Cœur-de-bœuf et le Milan hâtif, se récolteront en juin-juillet. En mars, semis de cabus tardifs à récolter pour l'automne et l'hiver. On plante en août York, Cabus et Milan, qui se récolteront l'année suivante d'avril en juin. Le cycle se trouve ainsi complet et l'on ne manquera jamais de choux.

Pois. — On peut obtenir des récoltes successives d'excellents petits pois frais depuis le mois de juin jusqu'aux gelées, au moyen de semis successifs de variétés différentes.

Dès janvier, on sème les pois express : récolte en juin-juillet. En février et mars semis de pois Michaut et de ridés tardifs qui se récolteront de juillet en août. Semés en avril, les Clamart donneront en août-septembre, et les Clamart tardifs, semés successivement en mai, juin et juillet, assureront une continuité de récoltes depuis septembre jusqu'aux gelées.

Haricots. — Semés en mai, récolte en vert en juillet. Semés en juin, récolte en août. En juillet, semis de nains hâtifs pour récolter en septembre-octobre.

Carottes. — Semer en mars les variétés hâtives pour récolter, en juillet-août, la carotte nouvelle, et les variétés tardives à récolter à partir de septembre. Des semis au mois de mai de variétés hâtives donneront leur produit en août, septembre et octobre.

Navets. — En mars, avril, mai et juin, des semis de variétés hâtives produiront depuis mai jusqu'en octobre. En juillet et en août, les semis de variétés diverses donneront leur récolte à partir de septembre jusqu'en hiver. En septembre, on peut encore semer une variété hâtive à récolter en novembre.

Epinards. — Dès le mois de mai on sème, à l'ombre, des épinards d'été, qui se récoltent en juin-juillet. En juin, toujours à l'ombre, variétés diverses à cueillir en juillet-août. Semis en juillet, récolte août-septembre. Semis deuxième quinzaine d'août, récolte d'automne jusqu'au printemps suivant. Semis en septembre, récolte hiver à printemps. En octobre, on peut même semer encore, à bonne exposition, pour récolter au printemps de mars à mai. On peut ainsi manger des épinards toute l'année.

On sème en février de la laitue pommée de printemps et de la laitue pommée d'été. La première se consommera en mai et juin, la seconde en juin et août. La pommée d'été, semée successivement en mars, avril et mai, assurera la consommation de juin à septembre. En juin et en juillet, on sèmera de la laitue pommée d'automne à récolter en septembre et en octobre.

Nous ne multiplierons pas davantage ces quelques exemples. A chacun, d'après ces indications, d'établir, en s'aidant d'un calendrier des semis, le schéma de la succession des différentes variétés pour assurer la continuité des produits.

Faisons toutefois remarquer que le système de culture potagère que nous préconisons, et qui consiste dans la succession saisonnière des cultures d'après les exigences des espèces, et dans la culture successive des variétés, n'est réalisable qu'à la condition de produire une grande quantité de plantes d'élevage. Les semis, soit sous châssis, sous cloches ou en pleine terre, doivent s'échelonner continuellement pour produire successivement les quantités nécessaires de plants d'élevage. Aussi le carré IV exige-t-il des soins continuels, car il est, en réalité, le laboratoire du potager. En dehors des semis qui s'exécutent directement sur place, pois, haricots, carottes, navets, épinards, etc., quantité d'autres plantes sont d'abord semées à part, puis repiquées en pépinière d'élevage, avant d'être repiquées de nouveau à leur place définitive.

Mais ces soins d'élevage, pour si minutieux qu'ils soient, ne vont pas sans un certain charme, quand on a su s'intéresser à la vie des plantes, aux progrès journaliers du jeune plant, notre élève. Et le jardinier, plus tard, est récompensé de ses peines, par la beauté et la bonté des produits obtenus.

L. de JAHAN.

LES ÉCHECS, JEU FRANÇAIS

Fidèle à son programme de guider le goût de ses lecteurs plutôt que de le suivre, l'*Action Française* ouvre largement ses colonnes, depuis près de deux ans, à ce docte jeu des échecs qui devrait être aussi populaire en France qu'il l'est à l'étranger. Cette initiative a éveillé l'attention de toute une jeunesse studieuse dont l'esprit est ouvert aux sciences exactes. Elle se groupe peu à peu pour apprendre les règles, admirer les exploits des maîtres, découvrir les ingénieuses énigmes du problème ou se mesurer avec ses aînés.

*

Montrons par un bref résumé, que le jeu des échecs est intimement lié à notre histoire.

Originaire des Indes et de la Perse, il semble avoir été introduit chez nous par les Arabes au IXe siècle. Nous le voyons tenu en haute estime à la cour de Charlemagne et chez les grands seigneurs du moyen âge. Divers épisodes, relatés par nos vieux historiens, montrent qu'ils sont le délassement intellectuel de nos ancêtres, par exemple l'apostrophe de Louis le Gros sur le point d'être fait prisonnier à Brémule en 1117 par les Anglais et celle de Jean sans Terre congédiant les Rouennais en 1203 pour ne pas interrompre une partie. D'autre part, la science héraldique nous enseigne que de nombreuses familles nobles portent des tours d'échiquiers (*rocs*) ou des échiquiers dans leurs armoiries.

*

C'est au XIVe siècle que semble avoir paru le premier ouvrage français sur les échecs. Il est d'un moine picard, Jacques de Cessoles. Sa traduction anglaise en 1474 est le premier livre imprimé avec des caractères en métal.

Aux XVe et XVIe siècles, les échecs subissent d'importantes réformes. Grâce à des règles plus rigoureuses, plus précises, qui sont celles du jeu moderne, grâce aux ouvrages didactiques de Lucena, de Damiano, de Ruy Lopez, de Polerio, de Greco le Calabrais, nous voyons s'ouvrir une longue période de prospérité, période suivie cependant, sous Louis XIV, d'une stagnation marquée. Si les publications échiquéennes sont rares au cours du XVIIe siècle, le jeu est en grande faveur dans les salons. Les *Lettres* de Mme de Sévigné le prouvent, celle-ci, par exemple, adressée à Mme de Grignan sa fille :

7 février 1680.

« Il est donc vrai, ma fille, que vous jouez quelquefois aux échecs : pour moi, je suis folle de ce jeu, et je voudrais le savoir seulement comme mon fils ou comme vous. C'est le plus beau et le plus raisonnable de tous les jeux, le hasard n'y a point de part; on se blâme et l'on se remercie, on a son bonheur dans la tête. Corbinelli me veut persuader que j'y jouerai, il trouve que j'ai de petites pensées; mais je ne vois point de trois ou quatre coups ce qui arrivera; je lui disais tantôt :

> *Seigneur, tant de prudence entraîne trop de soin,*
> *Je ne sais point prévoir un échec de si loin.*

Je vous assure que je serai bien honteuse et bien humiliée si je n'arrive au moins à un certain point de médiocrité. Tout le monde y jouait à Pomponne, lorsque j'y fus en dernier lieu, les hommes, les femmes, les petits garçons ; et pendant que le maître du logis gagnait M. de Chaulnes, on lui donnait un étrange mat à Saint-Germain. »

Cette dernière phrase est une délicieuse allusion à la disgrâce de M. de Pomponne.

*

Vers le milieu du XVIIIe siècle, s'ouvre une ère glorieuse pour l'échiquier français. Dans l'*Analyse des Échecs* (1749) qui eut de si nombreuses éditions et traductions, le célèbre Philidor, maître incontesté de l'époque, établit la théorie scientifique du jeu. Le café parisien de la Régence est fréquenté par tous les hommes illustres de la fin du XVIIIe siècle et devient un lieu de rendez-vous pour les fervents du monde entier. Nos écrivains font alors de fréquentes allusions à un jeu qui passionne les esprits cultivés.

Ouvrons les *Confessions* de J.-J. Rousseau. Voici comment un des singuliers amis de Mme de Warens, le Genevois Bagueret, communiqua au philosophe une passion qui devait durer toute sa vie :

« Il s'avisa de me proposer d'apprendre les échecs qu'il jouait un peu. J'essayai presque malgré moi; et, après avoir tant bien que mal appris la marche, mon progrès fut si rapide, qu'avant la fin de la première séance, je lui donnai la tour qu'il m'avait donnée en commençant. Il ne m'en fallut pas davantage : me voilà forcené des échecs. J'achète un échiquier, j'achète le Calabrais; je m'enferme dans ma chambre, j'y passe les jours et les nuits à vouloir apprendre par cœur toutes les parties, à les fourrer dans ma tête bon gré, mal gré, à jouer seul sans relâche et sans fin. Après deux ou trois mois de ce beau travail et d'efforts inimaginables, je vais au café, maigre, jaune et presque hébété. Je m'essaye, je rejoue avec M. Bagueret : il me bat une fois, deux fois, vingt fois : tant de combinaisons s'étaient brouillées dans ma tête, et mon imagination s'était si bien amortie, que je ne voyais plus qu'un nuage devant moi. » *Confessions* V).

Plus loin est conservé le souvenir des mémorables parties jouées avec le prince de Conti dans le donjon de Mont-Louis :

« ...Comme mon appartement de Mont-Louis était très petit, et que la situation du donjon était charmante, j'y conduisis le prince, qui, pour comble de grâces, voulut que j'eusse l'honneur de faire sa partie aux échecs. Je savais qu'il gagnait le chevalier de Lorenzy, qui était plus fort que moi. Cependant, malgré les signes et les grimaces du chevalier et des assistants, que je ne fis pas semblant de voir, je gagnai les deux parties que nous jouâmes. En finissant, je lui dis d'un ton respectueux, mais grave : « Monseigneur, j'honore trop Votre Altesse sérénissime, pour ne la pas gagner toujours aux échecs. » Ce grand prince, plein d'esprit et de lumière, et si digne de n'être pas adulé, sentit en effet, du moins je le pense, qu'il n'y avait là que moi qui le traitasse en homme, et j'ai tout lieu de croire qu'il m'en a vraiment su bon gré. » (*Confessions* X)

*
* *

Au début du XIXe siècle, Deschapelle succède à Philidor comme champion français, mais il trouve son maître dans de La Bourdonnais, chef de l'école moderne, dont la réputation fut consacrée dans une lutte mémorable, soutenue à Londres en 1834, contre l'Irlandais Mac Donnell. C'est Ch. Mahé de La Bourdonnais, qui fonda en 1836, avec l'écrivain Méry, la première revue d'échecs, le *Palamède*. Saint-Amant est ensuite le représentant de l'échiquier français. Mais sa défaite en 1843, dans une rencontre avec le champion anglais Staunton à la Régence, marque le début de notre décadence.

*
* *

A partir de cette époque, nous ne comptons plus. Dans le domaine des échecs comme en bien d'autres, nous sommes éclipsés par les Anglais, les Américains, les Russes, les Allemands. O le sourire méprisant du Boche auquel nous voulions parler d'échecs ! Comme il souligne notre déchéance ! « Monsieur est Français ? Oh ! alors... »

Depuis 1851, date de la première grande lutte mondiale, il existe une véritable internationale des Echecs. Par de grands tournois, où la France n'a jamais pu figurer, une sélection s'opère constamment parmi les maîtres des diverses nations. Le titre de champion du monde est attribué au plus glorieux, à l'Autrichien Steinitz jusqu'en 1894, puis au Prussien Emmanuel Lasker. Cette internationale survivra-t-elle à la guerre ? Quoi qu'il advienne, affirmons, pour conclure, que malgré les apparences contraires, les Echecs ne seront pas toujours régis par la lourde érudition allemande. Le mouvement qui se dessine en leur faveur, parmi nous, ne peut que s'accentuer. Il aura ses conséquences. Nous reverrons des Philidor et des La Bourdonnais. Revivifié par le génie de notre race, le noble jeu de nos ancêtres brillera un jour d'un nouvel éclat, l'éclat de l'esprit français.

Gaston LEGRAIN.

— ☼ —

ORGANISATIONS D'ACTION FRANÇAISE

L'Action Française est une école politique et un mouvement d'organisation.

1° **Au point de vue intellectuel**, l'organe principal de l'Action Française est le *journal*, mais le but de l'Action Française, ce n'est pas de faire un journal.

Elle se sert du papier imprimé comme moyen le plus efficace de toucher les intelligences. En outre, le journal constitue le lien nécessaire entre les amis de ses doctrines, de ses méthodes et de son action.

L'Action Française n'est donc pas simplement un journal et rien que cela. Ce journal est un puissant organe du mouvement de l'Action Française, actuellement le plus important, ce n'en est pas le but ni la fin.

La presque totalité des collaborateurs du mouvement de l'*Action Française*

Siège de l'Action Française

n'est pas composée de journalistes professionnels, encore moins de politiciens. Devenus écrivains politiques par nécessité, ils ont dû en négliger ou en abandonner leur carrière respective.

Les doctrines et les projets de l'*Action Française* une fois réalisés, chacun désire rentrer au plus vite dans le cadre de sa profession.

Il existe un *Institut d'Action Française* où sont étudiés dans leurs détails les grands problèmes politiques, sociaux ou religieux. Des cours sont donnés chaque année à Paris, 33, rue Saint-André-des-Arts, à l'Hôtel des Sociétés Savantes et de la Société de Géographie.

La Revue d'Action Française dont l'édition est suspendue depuis la guerre, permet aux études doctrinales des développements qui ne pourraient pas trouver place dans le cadre forcément limité du journal.

Absolument autonome, mais tout à fait amie, une active maison d'édition : *La Nouvelle Librairie Nationale*, dirigée par Georges Valois, publie les écrits des écrivains de l'*Action Française* sous la forme définitive et plus complète du livre.

2° L'œuvre intellectuelle de l'*Action Française* se double d'une *action* qui se concrétise dans des organisations telles que la *Ligue d'Action Française*, les *Camelots du Roi*, les *Etudiants d'Action Française* et les nombreux services qui en dépendent.

Ces différentes organisations relatives à la théorie ou à la pratique se développent sous le contrôle des Comités directeurs de l'*Action Française*, qui, depuis la mobilisation, sont gérés principalement par Léon Daudet, Charles Maurras, Louis Dimier et Jacques Bainville en l'absence de leurs collègues mobilisés.

Le but de l'*Action Française* est la destruction des nuées démocratiques et l'établissement d'un régime d'ordre, d'autorité et de libertés, la royauté française.

Depuis la guerre, toute entreprise d'*action* politique a été suspendue, les membres de l'*Action Française* s'interdisant d'entraver dans leur œuvre de défense nationale ceux qui tiennent le drapeau et l'épée de la France. Mais le loyalisme politique ne peut leur interdire ni l'étude, ni la propagande des idées de salut public.

LIGUE D'ACTION FRANÇAISE

Pour être *Ligueur d'Action Française* il faut :

1° Avoir signé la déclaration ;

2° Avoir acquitté le montant de la cotisation annuelle (3 fr. au minimum) membre adhérent ; 50 fr. au minimum membre donateur ;

3° Avoir été agréé par la section locale ou par le Secrétariat de Paris.

Il existe également une *Alliance d'Action Française*. Les conditions sont les mêmes que celles de l'adhésion à la Ligue, sauf pour la signature de la déclaration.

Partout où des sections d'*Action Française* sont organisées, les intéressés sont mis en relation avec nos amis de l'endroit ; dans le cas contraire, ils sont rattachés directement et à titre provisoire au Siège central.

Il suffit d'écrire au Secrétariat de la *Ligue d'Action Française* (12, rue de Rome, Paris 8ᵉ) pour recevoir immédiatemnt tous les renseignements complémentaires.

CAMELOTS DU ROI

Depuis la mobilisation et jusqu'à nouvel ordre, les inscriptions à la *Fédération nationale des Camelots du Roi* ne sont plus reçues. Néanmoins, une permanence est ouverte dans les bureaux de l'*Action Française* (12, rue de Rome) tous les jours de 5 h. à 7 h. où tous les Camelots du Roi de l'avant-guerre sont cordialement reçus. Les correspondances doivent être adressées à M. Marius Plateau, Secrétaire de la Fédération des Camelots du Roi, 12, rue de Rome.

ÉTUDIANTS, COLLÉGIENS ET LYCÉENS D'ACTION FRANÇAISE

La permanence et le local des *Etudiants d'Action Française* sont situés à Paris, 33, rue Saint-André-des-Arts (6ᵉ).

Des salles de lecture, de travail, de réunion, une bibliothèque sont à la disposition des membres adhérents.

Pour tous renseignements écrire au Secrétaire Général des Etudiants d'*Action Française* à l'adresse ci-dessus.

DAMES ROYALISTES D'ACTION FRANÇAISE

L'Association des Dames royalistes d'Action Française est présidée par Mme la marquise de Mac-Mahon, à laquelle on est prié de s'adresser pour tous renseignements.

ASSOCIATION DES JEUNES FILLES ROYALISTES

L'Association des Jeunes Filles Royalistes est présidée par Mlle Yvonne de Kerret, château de la Forest, par Languidic (Morbihan).

Indépendamment des organisations d'étude, de propagande et d'action, l'*Action Française* possède :

SERVICES DIVERS

1° Une *Permanence Centrale*, salle de lecture et de correspondance créée comme centre de réunion pour nos amis de Paris et nos ligueurs de province de passage dans la capitale. Cette permanence est ouverte chaque matin (sauf le dimanche), 14, rue de Rome, au troisième étage, de neuf heures et demie à midi, et tous les après-midi, de deux heures à sept heures : on y trouve journaux, magazines, revues, nouveaux ouvrages, etc. Pour les conditions d'admission, s'adresser au comte de Rouvroy.

2° Un service de *Renseignements militaires* qui fonctionne sous le contrôle de plusieurs officiers hors cadre ou démobilisés.

Il est répondu aux questions écrites soit par la voie du journal, à des initiales indiquées, soit par lettres particulières. (Les correspondants non mobilisés sont priés de joindre un timbre pour la réponse). Les demandes de renseignements doivent toujours être envoyées à l'adresse : M. le correspondant militaire de l'*Action Française*.

Un membre de comité reçoit tous les après-midi au journal, 14, rue de Rome : les mardi, jeudi et samedi, de 4 à 7 heures ; les lundi, mercredi et vendredi, de 3 h. 30 à 5 h. 30.

3° Un *Office de placement* gratuit, organisé dans le but de servir d'intermédiaire entre employeurs et employés et dans l'espoir de leur rendre de mutuels services.

Pour les uns comme pour les autres, les demandes d'emplois sont reçues et examinées à titre absolument gracieux, à la seule condition que les intéressés soient inscrits à l'une de nos organisations ou recommandés par un de nos amis connus.

Seuls les réformés de la guerre et les réfugiés des pays envahis peuvent se présenter sans autre recommandation. Ils sont simplement priés de présenter des pièces justifiant cette situation.

De plus, les bureaux de l'office (14, rue de Rome, 5e étage) sont ouverts tous les matins (dimanches et jours de fêtes exceptés), de 9 heures à 11 heures. Seuls les frais de correspondance (0,60 centimes), sont réclamés par nos bureaux.

Toutes les communications doivent être adressées à M. le Secrétaire de l'Office d'*Action Française* de placement au journal, 14, rue de Rome, Paris (8e).

— ☼ —

SERVICE DES LIVRES

Voulez-vous venir avec moi ? Prenez garde, nous descendons sous terre. Nous voici arrivés. Une espèce de salle, trois planches posées sur des tréteaux forment une table, l'électricité fournit deux lampes; devant cette table, un poilu coupe les ficelles et défait un paquet. Ses camarades le regardent. Des livres sortent du paquet. Il vient de la rue de Rome, on en éparpille le contenu. Les mains se tendent, chacun choisit ce qu'il aime, chacun se sert avec entrain : des illustrés, de petits classiques, des voyages, du télégraphe sans fil, etc., etc. Tous les goûts trouvent à se satisfaire. Voilà de quoi charmer l'ennui, faire diversion aux peines que le soldat endure, répondre au mouvement de la pensée que le cataclysme universel a tirée de son repos et qui cherche où se prendre.

Nos livres vont partout, soit au front, soit dans les hôpitaux et les Foyers du soldat établis dans les lignes. Leur bienfait se fait sentir partout. Il n'est pas jusqu'aux livres de classe qu'on ne nous demande et qui ne fassent leur office.

Regardez dans cet abri, un jeune homme qui n'a pas vingt ans. Un brisquard à sept brisques prend de lui une leçon, soit de grammaire, soit d'arithmétique. Un autre montre sur une ardoise qu'on a ramassée dans les ruines, le commencement de la géométrie à un camarade moins instruit.

Rien ne nous a paru plus digne d'être remarqué que les demandes de livres de classe, par des jeunes gens qui nous écrivent : « Nous voudrions, pour mettre à profit les longues soirées « d'hiver, former un petit centre d'instruction pour nos camarades. Beaucoup d'entre eux, « dont l'éducation a été négligée, désirent vivement acquérir des notions de grammaire, « d'arithmétique, d'histoire, de sciences pratiques, etc. »

C'est avec plaisir et grand soin que nous répondons à ces demandes, que nous formons ces petites bibliothèques. Outre ce qu'elles apportent, nous songeons à ce qu'elles écartent, à la quantité de livres vils ou stupides dont on a empoisonné le front : romans à soixante-cinq centimes, sordides de style, ineptes de pensée, malfaisants de tendance, dont quelques-uns, glissés par l'ennemi déguisé, enseignent l'indifférence patriotique et la défaite.

Il s'agit de chasser le cafard ; il s'agit aussi de faire penser. La bibliothèque d'Action Française, œuvres de Maurras, de Daudet, de Bainville, de Lasserre, de Valois, de Dimier y tient une place importante. Ces ouvrages sont bien accueillis, lus avec un profit dont la correspondance qui nous arrive incessamment témoigne. L'Avant-Guerre, l'Histoire de Deux Peuples, Kiel et Tanger, la Monarchie et la Classe ouvrière, le Romantisme Français, les Préjugés ennemis de l'Histoire de France, sont du nombre des plus demandés pour l'application et l'étude, la Vermine du Monde, de Daudet, son Salon et Journaux, Fantômes et vivants et le Petit Musée Germanique, de Bainville, sont une source de divertissement.

Nous ne demandons pas à ceux qui nous écrivent à quel parti ils appartiennent. Ils tiennent l'épée de la France, ils défendent le pays. C'est assez. Ils sont chez eux à l'Action Française. Maintes fois, nous avons reçu des lettres de combattants qui ne se cachaient pas de n'être pas de nos amis politiques. Cela n'empêchait pas de les servir. A ceux-là, pas plus qu'à personne, le service des livres de l'Action Française n'impose ses livres de doctrine. Quand on nous en réclame, et dans ce cas-là seulement, nous en envoyons.

Nous faisons tous nos efforts pour satisfaire nos correspondants. Si nous y parvenons, ce ne saurait être sans l'aide des donateurs nombreux, si constants, qui prennent à tâche de regarnir sans cesse nos rayons, des éditeurs qui, en grand nombre, répondent sans lassitude à notre appel. Parmi ces derniers, nommons MM. Emile-Paul, Fayard, Firmin-Didot, Garnier frères, Hachette, la Librairie Agricole, Nelson, Plon-Nourrit, Laurens, Bélin, Henri-Gautier. Que tous en soient chaleureusement remerciés. En moins de deux ans, grâce à eux, nous avons envoyé 8.000 volumes aux soldats, sans compter les journaux illustrés et les brochures. L'agrandissement de nos services nous permettra, en avançant, d'en envoyer toujours davantage.

LE BIBLIOTHÉCAIRE.

L'ACTION FRANÇAISE

Organe du Nationalisme Intégral

"Tout ce qui est national est nôtre".

10 centimes

14, Rue de Rome, PARIS
Tél.: LOUVRE 26-49, 26-50

Fondateur : Le Duc d'Orléans
Henri VAUGEOIS *Héritier des quarante rois qui en mille ans firent la France.*

Directeurs Politiques
Léon DAUDET
Charles MAURRAS

L'Action Française est le plus lu des journaux politiques quotidiens du matin

		1 an	6 mois	3 mois
Tarif des Abonnements :	Paris, Seine et Seine-et-Oise...	25 fr.	13 fr.	7 fr.
	Provinces et Alsace-Lorraine..	28 fr.	15 fr.	8 fr.
	Etranger............................	40 fr.	20 fr.	11 fr.

Les abonnements partent du 1er et du 15 de chaque mois et sont payables d'avance.
On s'abonne dans tous les bureaux de poste : France et colonies.
Adresse télégraphique du journal : « **Actiofran Paris** ».

AVIS. — L'*Action Française* est vendue au prix de *dix centimes* le numéro.
Les exemplaires des années écoulées subissent une majoration de *dix centimes* par année. Ainsi un exemplaire de 1918 est vendu en 1919 au prix de vingt centimes; un exemplaire de 1917 vaut trente centimes; un exemplaire de 1916, quarante centimes, etc..,
En raison des recherches qu'elles nécessitent, les commandes de numéros antérieurs à l'année courante, doivent être faites au moins quarante-huit heures d'avance. Le paiement partiel ou total doit être effectué en même temps que la commande.

CARTES POSTALES de l'ACTION FRANÇAISE

LES BUREAUX DU JOURNAL
L'IMPRIMERIE
LA LIGUE ET LES ORGANISATIONS ANNEXES

Série de *24* cartes en bistre (*avec deux portraits de Léon Daudet*) en vente par *pochette* au secrétariat de l'Administration du journal, 14, rue de Rome (8e).

La pochette : 2 fr. **25** (à nos bureaux) — 2 fr. **50** (franco à domicile) — payable par mandat ou bon de poste.

Publications diverses en dépôt au journal

Études et opinions sur Charles Maurras et son œuvre
(Edition de la revue régionaliste *Le Feu*) avec un portrait de Ch. MAURRAS
Prix : **1** franc (1 fr. 10 franco).

Histoire populaire illustrée du maréchal Joffre
(Edition de la Société Littéraire de France) vendue en partie au profit de la
Caisse des primes militaires de l'Action Française
Prix : **2** francs (2 fr. 20 franco).

Gustave Téry et son « Œuvre », documents édifiants recueillis par MAXIME BRIENNE.
Prix : **0 fr. 40** (0 fr. 50 franco).

PUBLICATIONS DE LA LIGUE D'ACTION FRANÇAISE

BROCHURES

La légende des quarante millions : 0 fr. 30 ; par la poste, 0 fr. 40.

Fustel de Coulanges : 0 fr. 50 ; par la poste, 0 fr. 60.

JULES DELAHAYE. — *Devant l'ennemi : un gouvernement stable.* (Discours prononcé à la Chambre le 13 octobre 1915). Prix : 0 fr. 10 ; par la poste, 0 fr. 20.

G. DE FONCLARE. — *Réfutations de quelques préjugés contre la Monarchie* : 0 fr. 60 ; par la poste, 0 fr. 70.

LOUIS GONNET. — *L'affichage et le colportage devant la loi* : 0 fr. 25 ; par la poste, 0 fr. 35.

R. DU LAC. — *Sommaire des Idées de l'Action Française* : 0 fr. 50; par la poste, 0 fr. 60.

JULES LEMAITRE. — *Lettres à mon ami* (édition de propagande) : 0 fr. 10 ; par la poste, 0 fr. 15.

CHARLES MAURRAS. — *Idées royalistes* : 0 fr. 40; par la poste, 0 fr. 50.
L'Idée de la décentralisation : 0 fr. 60 ; par la poste, 0 fr. 70.
Réponse aux républicains de Russie : 0 fr. 25 ; par la poste, 0 fr. 35.

LÉON DE MONTESQUIOU. — *Auguste Comte ou Quelques principes de conservation sociale* : 0 fr. 35 ; par la poste, 0 fr. 50.
Les origines et la doctrine de l'Action Française : 0 fr 50; par la poste 0 fr. 60.
Bonald ou une Philosophie contre-révolutionnaire : 0 fr. 10 ; par la poste, 0 fr. 15.
De l'anarchie à la monarchie : 0 fr. 75; par la poste, 0 fr. 90.
Les débats sur l'armée ou la Cause de nos désastres en 1870 : 0 fr. 60 ; par la poste, 0 fr. 75.

FERNAND ROCHER. — *L'Industrie française et le Roi* : 0 fr. 40.

UN CATHOLIQUE. — *Les préjugés contre l'Action Française* : 0 fr. 15 ; par la poste, 0 fr. 25.

XAVIER LEVRIER. — (Publication de la section de Bordeaux). *Les impôts, la dîme, la corvée* : 0 fr. 60 ; par la poste, 0 fr. 70.

PAUL TAILLIEZ. — (Publication de la section de la Mayenne). *L'électorat et le suffrage* : franco 0 fr. 60.

Almanach de 1918. Edition de luxe (1 fr. au lieu de 2 fr. 50).

FEUILLES VOLANTES

Appel aux classes ouvrières françaises. Les 12, 0 fr. 50 ; par la poste, 0 fr. 60 ; les 100, 3 fr. 50, par la poste, 4 francs.

La Paix de sang, l'espérance est militaire (Extrait de l'*Action Française* du 4 mars 1918) : Les 12, 0 fr. 50; par la poste 0 fr. 60. Le 100, 3 fr. 50 ; par la poste, 4 francs.

CHANSONS

Recueil de chants royalistes. — (Vive Henri IV : La Chanson de M. de Charette; La France Bouge; la Vendéenne) : 0 fr. 60 ; par la poste, 0 fr. 75.

Le Bouquet de Mai, poésie de Maurice Pujo, musique de Vincent d'Indy (avec accompagnement) : 0 fr. 50 ; par la poste, 0 fr. 55.

L'« Action Française » avait raison, chanson de Maxime Brienne. L'unité, 0 fr. 10 ; les 12, 0 fr. 75 ; les 50, 2 francs ; les 100, 3 fr. 50 ; franco de port.

CARTES POSTALES

Cartes postales de Léon Daudet, l'auteur de l'*Avant-Guerre.* La carte 0 fr. 15 ; par la poste, 0 fr. 20 ; les 6, 0 fr. 75 ; par la poste, 0 fr. 85 ; les 12, 1 fr. 50 ; par la poste, 1 fr. 70 ; les 100, 12 fr. franco.

MEMENTO D'HENRI VAUGEOIS. — 0 fr. 75; par la poste, 0 fr. 90.

Carte reproduction du buste de la marquise de Mac-Mahon, par Maxime Real del Sarte : 0 fr. 25 et 0 fr. 30 par la poste.

LE PORTRAIT DE VAUGEOIS

Le magnifique portrait de Vaugeois, gravé sur bois, par Victor Dutertre, d'après le crayon de Maurice Joron, est toujours en vente dans nos bureaux.

La planche, de format in-folio, compte au nombre des plus belles pièces de la gravure contemporaine.

Le tirage est ainsi réparti : *Epreuves numérotées,* 10 sur papier du Japon à la forme, avant toute lettre, signées des deux artistes, 30 francs ; 20 sur papier du Japon ordinaire avant le titre, 20 francs ; 150 sur papier de Hollande, 8 francs ; *Epreuves de tirage ordinaire,* 2 francs. Port recommandé en sus : 1 franc.

LA REVUE DES CAUSES CÉLÈBRES
Politiques et Criminelles

Le premier numéro de la *Revue des Causes célèbres, politiques et criminelles* a paru le 2 mars 1918 par les soins de l'*Action Française*.

La nécessité d'une publication de ce genre se faisait particulièrement sentir au moment où s'ouvrait, devant les tribunaux civils et militaires, la série des procès relatifs à la défense nationale. L'*Action Française* a pensé que le souvenir des affaires *Bolo*, du *Bonnet Rouge*, Malvy, Caillaux, Humbert-Lenoir-Desouches, etc., ne devait pas s'éteindre au lendemain des débats et qu'il y avait grand intérêt au point de vue national, à documenter les Français sur les crimes commis contre la patrie. Elle a donc voulu qu'il en reste des relations exactes et détaillées, tant pour l'édification de ceux qui vivront après nous, que pour aider dans leurs recherches les historiens et les philosophes qui raconteront et étudieront les événements de la Grande Guerre.

Ce que publie au jour le jour la presse quotidienne, hâtivement rédigé et forcément incomplet, ne peut suffire à remplir ce but. Pour être véridique et complet, le compte rendu doit être rédigé d'après et avec la STÉNOGRAPHIE. C'est celui que la *Revue des Causes Célèbres, Politiques et Criminelles* a entrepris de publier et dont elle offre dès maintenant plus de vingt spécimens parus en fascicules artistiquement et spirituellement illustrés de croquis pris aux audiences par Noël Dorville.

Déjà, cette Revue a mis au jour trois grandes causes : l'affaire *Bolo*, le procès du *Bonnet Rouge* et l'affaire *Malvy* avec tous les documents officiels et une consciencieuse étude sur leur origine. Elle est en mesure d'éditer pour tous les procès en cours une collection de comptes rendus qui feront foi partout où l'on voudra décrire ou discuter un chapitre si intéressant, capital même, de ce que Léon Daudet a appelé la *guerre totale*.

Quand les grandes affaires nées de la guerre seront liquidées, jugées, l'utilité de la *Revue des Causes Célèbres* se manifestera dans d'autres domaines. Une place est à prendre. En France, nous ne possédons aucune Revue de Droit Criminel, alors qu'en Angleterre, en Allemagne, en Italie, on en trouve de fort remarquables. Un professeur éprouve-t-il le besoin d'analyser devant ses élèves un de ces grands procès qui font époque dans la vie politique et sociale d'un peuple, il est dans l'impossibilité de réunir les documents qui doivent être avant tout, complets et authentiques. Un historien veut-il étudier les causes et les effets de certains grands drames judiciaires, il n'a d'autre ressource que d'aller au greffe compulser des dossiers.

La *Revue des Causes célèbres, politiques et criminelles* parera à cette lacune. La personnalité du rédacteur en chef de la *Revue des Causes Célèbres*, notre excellent confrère de l'*Echo de Paris*, Edgard Troimaux, vice-président de la presse judiciaire française, est une garantie de sincérité et de la perfection avec laquelle ce programme sera rempli.

Dès à présent, l'*Action Française* peut déclarer qu'en aidant à la fondation de cette nouvelle publication, elle a montré une fois de plus que dans toutes les branches où l'intérêt français est en jeu, elle demeure fidèle à sa devise « Au premier rang ».

BOLO

REVUE

DES

Causes Célèbres

Politiques et Criminelles

Rédacteur en chef :
Edgard TROIMAUX
VICE-PRÉSIDENT DE LA PRESSE JUDICIAIRE

RÉDACTION ET ADMINISTRATION

14, rue Laferrière, PARIS (9ᵉ)

MALVY

DUVAL

COMPTE RENDU

des débats judiciaires
d'après la STÉNOGRAPHIE
avec CROQUIS pris à l'audience.

⚜ ⚜ ⚜ ⚜

in-4º 32 et 64 pages
paraissant au moins deux fois par mois

ABONNEMENTS

UN AN (24 nᵒˢ) **26 fr. 50**.
SIX MOIS (12 nᵒˢ) **13 fr. 50**.

Ces prix sont réduits à **24 fr. 50** et à
12 fr. 50 pour les abonnés de l'*Action
Française* et les lecteurs de l'Almanach.

⚜ ⚜ ⚜ ⚜

PRIX DES EXEMPLAIRES

Le numéro de 32 pages..... **1 fr. 25**
Le numéro de 64 pages..... **2 fr. 50**

LIGUE DE GUERRE D'APPUI

et de

DÉFENSE ANTIALLEMANDE

Fondateur : **M. Alexandre CASTILLON DU PERRON,**
Président d'Honneur : **Général MERCIER,** ancien Ministre de la Guerre, Sénateur ;
Vice-Président d'Honneur : **Général DE VILLARET,** ancien Commandant de Corps
d'armée ;
Président : **M. E. DE RESNES.**

NOUS LES AVONS !

Bulletin Hebdomadaire de la *Ligue de Guerre d'Appui* et de *Défense Antiallemande.*

ABONNEMENTS : Six Mois..... **6** francs. — Un An..... **10** francs.

Siège de la LIGUE et Rédaction du BULLETIN : 14, Rue de Rome, PARIS (8°)

La Ligue de GUERRE D'APPUI et de DÉFENSE ANTIALLEMANDE, créée sous la Présidence d'Honneur du GÉNÉRAL MERCIER, a pour but principal de soutenir l'énergique campagne menée par LÉON DAUDET contre l'espionnage et la trahison, contre tous les boches et embochés de l'intérieur, si haut placés soient-ils (*Guerre d'Appui*). Elle a pour but, également, de défendre les intérêts français contre l'envahissement allemand, dans les différents domaines, du commerce, de l'industrie, de l'agriculture et des finances (Défense antiallemande).

C'est, on le voit, à une œuvre éminemment nationale et de salut public que sont conviés tous les membres de la Ligue. Tous les bons citoyens, quelles que soient leurs opinions politiques, tous ceux qui ont à cœur de participer au succès de la *Guerre totale,* voudront apporter à cette œuvre leur concours effectif.

Sous le titre actuel NOUS LES AVONS (antérieurement *Nous les Aurons*), la Ligue de *Guerre d'Appui* et de *Défense Antiallemande* publie un bulletin hebdomadaire dont chaque numéro contient un article *entièrement inédit* de LÉON DAUDET. Ce bulletin est adressé à tous les membres de la Ligue.

Le taux minimum des cotisations annuelles des différentes catégories de membres est fixé comme suit :

Membres Adhérents à partir de	3 fr.	Membres Honoraires à partir de	50 fr.
Membres Titulaires à partir de	6 fr	Membres bienfaiteurs à partir de	200 fr.

Les Membres *Honoraires* et *Bienfaiteurs* ont droit à un abonnement gratuit d'un an au journal *L'Action Française.* Les *Bienfaiteurs* ont droit, en plus, à deux ouvrages de Léon Daudet.

Pour s'inscrire et pour tous renseignements, s'adresser au Secrétariat général de la *Ligue de Guerre d'Appui* et de *Défense Antiallemande,* 14, rue de Rome, Paris, 8° (Téléphone Louvre 26-49). Le Secrétaire-général est visible tous les après-midi, sauf le jeudi et le dimanche.

RENSEIGNEMENTS MILITAIRES

La Condition des Mobilisés et de leur Famille

Les lecteurs trouveront dans ce qui suivra les renseignements les plus généraux concernant la condition des mobilisés et de leur famille. Ce qui regarde les cas particuliers, et ce qu'on ne pouvait y faire entrer pourra être éclairci par correspondance engagée avec le Service des renseignements militaires de l'Action Française. Il suffira aux intéressés d'écrire au chef de ce service, 14, rue de Rome.

Solde

La solde est mensuelle ou journalière.

Les officiers et les sous-officiers ont seuls la solde mensuelle.

Les droits à la solde mensuelle sont les mêmes pour les officiers ou sous-officiers de complément que pour ceux de l'armée active.

Pendant leur captivité, les officiers ont droit à la solde entière, les sous-officiers à la demi-solde.

Toutefois, les sous-officiers évadés des prisons de l'ennemi ou rapatriés comme grands blessés, sont rappelés, à leur rentrée en France, de la totalité de leur solde.

Les militaires internés en pays neutres ont également droit à la solde entière; le rappel leur en est fait à leur rentrée en France.

Ont droit à la solde entière les militaires en congé de convalescence dans la limite de trente jours.

Les allocations aux familles, créées par la loi du 5 août 1914, se cumulent pour les militaires à solde mensuelle autres que les officiers.

Les militaires à solde mensuelle peuvent déléguer leur solde jusqu'à concurrence de la moitié.

Les personnes en faveur desquelles est faite la délégation conservent jusqu'à la fin des hostilités, le droit à la partie de la solde déléguée, en cas de décès ou de disparition du déléguant.

En cas de décès d'un militaire à solde mensuelle, sa femme et ses descendants mineurs acquièrent le droit à la demi-solde à dater du lendemain du décès du militaire.

La solde journalière est uniforme à grade égal, quel que soit d'ailleurs le temps de service accompli.

Mais les militaires à solde journalière qui servent au delà de la durée légale reçoivent, avec la solde, une haute paye également journalière.

Les militaires du front touchent la solde journalière pendant toute la durée de leur absence à propos des permissions de détente, pendant dix jours, lors des permissions agricoles de vingt-trois jours, pendant les permissions de compensations et pendant les permissions de convalescence, si la blessure ou la maladie ont leur origine en service commandé.

Les militaires du territoire n'ont pas droit à la solde journalière pendant leur permission.

Les militaires ouvriers remis à la disposition des usines n'ont pas droit à la solde; ils perçoivent un salaire au même titre que les ouvriers civils. La même règle est applicable aux militaires remis à la disposition des administrations civiles, tels que préfectures, établissements de crédit, etc.

La solde n'est pas due pendant les journées d'absence irrégulière.

La solde des militaires punis de prison est versée à l'ordinaire pour les caporaux et soldats qui y vivent : toutefois, quand la punition est levée, la solde leur est restituée. De même, toute journée de marche, de combat ou de séjour dans la tranchée rétablit le droit à la solde pour les hommes punis de prison.

Les prisonniers cessent d'avoir droit à la solde du jour où ils sont tombés aux mains de l'ennemi, jusqu'au jour où, s'étant présentés à une autorité française, ils sont constitués en détachement.

Toutefois, les prisonniers évadés des prisons de l'ennemi et les grands blessés rapatriés ont droit à la solde de présence pour tout le temps passé en captivité, le rappel des sommes dues étant fait dès leur rentrée en France.

Hautes Payes

La haute paye est un supplément de solde alloué, dans certaines circonstances, aux militaires à solde journalière.

Il existe deux catégorie de haute paye : la haute paye d'ancienneté et la haute paye de guerre.

Ont droit à la haute paye de guerre, les militaires à solde journalière qui ont satisfait aux obligations du service actif imposées par la loi de recrutement régissant leurs classes respectives et qui ont accompli en sus, depuis la mobilisation, deux années de service effectifs sous les drapeaux.

Indemnité de combat

L'indemnité de combat est une allocation spéciale journalière, d'un taux uniforme de 3 francs par jour quel que soit le grade du bénéficiaire allouée aux officiers subalternes, sous-officiers, caporaux et soldats engagés directement dans le combat.

C'est le commandement qui décide quelles sont les formations, unités ou fractions d'unités ayant droit à l'indemnité de combat.

Cette indemnité se cumule avec les soldes mensuelles et les hautes payes.

Les hautes payes de guerre et les indemnités de combat sont perçues et régularisées dans les mêmes formes que la solde.

La moitié des hautes payes de guerre et le tiers des indemnités de combat sont versés aux bénéficiaires en même temps que le prêt, le reste étant réservé en vue de la constitution d'un pécule individuel.

Le pécule est exclusivement constitué par les versements obligatoire, aucune autre somme ne peut y être versée.

Les pécules sont payables aux titulaires lors de leur libération ou à la démobilisation pour les militaires de carrière qui ne sont pas démobilisés et les réformés temporaires.

En cas de décès ou de disparition dûment constatée, les pécules sont attribués : 1° à la veuve; 2° à défaut aux descendants en ligne directe ou, le cas échéant à leurs représentants; 3° à défaut de veuve ou de descendants en ligne directe aux ascendants, dans ces deux derniers cas, l'attribution est faite par parts égales entre les parents du même degré.

Les aumôniers titulaires sont traités, au point de vue de la solde et des prestations, comme les capitaines après 4 ans de grade.

Les aumôniers volontaires ont droit à une indemnité journalière de 10 francs et aux primes d'alimentation attribuées aux aumôniers titulaires. Cette indemnité est due pour toute journée où l'ayant droit remplit sa mission, à l'exclusion des journées d'absence. Elle est maintenue toutefois aux aumôniers volontaires en traitement dans les hôpitaux ou en congé de convalescence à la suite de blessures reçues ou de maladies contractées aux armées.

Une indemnité pour charges de famille est allouée aux officiers jusqu'au grade de commandant inclus et aux sous-officiers, caporaux et soldats rengagés pour chaque enfant, âgé de moins de 16 ans, légalement à sa charge en sus du second ou prisonnier de guerre. Ne sont considérés comme à charge les enfants admis sans avoir à payer pension dans un établissement de l'État, ni les bénéficiaires de bourse ou de tout autre avantage équivalent.

Les enfants au-dessus de 16 ans comptent pour le calcul du nombre des enfants.

L'indemnité est 300 francs par an, payable à raison de 75 francs par trimestre par enfant à partir du troisième ou prisonnier de guerre.

En outre, la loi de finances du 31 décembre 1917 accorde une indemnité annuelle de 150 francs pour chacun des deux premiers enfants âgés de moins de 16 ans.

Les militaires à solde journalière sans famille, c'est-à-dire n'ayant ni ascendants, ni descendants, ni frères, ni sœurs, touchent une allocation de cinq francs par mois.

Pour toutes les questions relatives aux allocations de guerre, on pourra consulter avec fruit la brochure de M. E. Obellianne, officier d'administration. (Librairie Charles Lavauzelle, 124, boulevard Saint-Germain).

Allocations

Dès le commencement de la guerre, le principe d'une allocation journalière en faveur des familles des mobilisés a été établi.

Les modalités d'application ont beaucoup varié ainsi que le montant des allocations.

La première condition exigée, est que celui qui réclame l'allocation soit indigent, c'est-à-dire que l'ensemble de ses ressources soit insuffisant pour le faire vivre.

Ceci posé, ont droit à l'allocation, 1° la femme du mobilisé, avec une allocation supplémentaire par enfant au-dessous de 16 ans.

2° Les parents du mobilisé célibataire, qui peuvent établir que celui-ci contribuait à leur entretien avant la mobilisation.

Les parents admis à l'allocation principale pour un fils mobilisé, ont droit à une allocation supplémentaire pour chacun des autres fils mobilisés.

3° Les parents du mobilisé marié peuvent également obtenir une allocation réduite (dont le montant est fixé par les commissions d'allocation pour chaque cas) dans les mêmes conditions que les parents de mobilisés célibataires, et également une allocation supplémentaire pour chacun de leurs enfants de moins de 16 ans, ne gagnant pas de quoi subvenir à ses besoins.

Les taux sont :

1° Allocation principale pour le chef de famille	1 75
2° Par enfant, pour les deux premiers	1 25
Pour les autres	1 50
3° Allocation supplémentaire	0 75

Permissions

Permissions régulières. — A partir du 1er décembre 1918, en raison de l'armistice, le nombre des jours de permission est de 60 pour les militaires des armées, 30, pour les autres.

Pour les militaires se trouvant en France et allant en permission en France, les chiffres ci-dessus sont partagés en trois périodes égales et l'année est également divisée en trois périodes de quatre mois, chaque période de permission devant correspondre à une période de l'année.

Dans chaque unité, il est établi une liste dite « Tour de permission » chaque homme doit y être inscrit à la date du retour de sa dernière permission.

Lorsqu'un militaire change d'unité, il doit être inscrit non à la date de son arrivée à la nouvelle unité, mais à celle du retour de sa dernière permission.

Exception faite pour les militaires arrivant aux armées et venant de l'intérieur, d'une unité d'instruction ou du dépôt divisionnaire, qui dans ce cas prennent la queue de la liste pour la permission dont ils ont à bénéficier.

Permissions agricoles. — Il peut être accordé dans des conditions soumises à variation, des permissions agricoles, qui sont de 13 jours et s'ajoutent à une permission de détente.

Permissions de convalescence. — Tous les militaires des armées malades ou blessés sortant de formation sanitaire de la zone de armées ont droit à une permission de convalescence de 10 jours pour ceux sortant des formations sanitaires de l'intérieur, la permission est de sept jours, sauf dans le cas où la blessure ou la maladie résulterait d'une cause étrangère au service commandé.

Ces permissions doivent autant que possible être jointes à une permission de détente régulière.

Elles ne sont accordées qu'à défaut de permission ou congé de convalescence de plus longue durée.

En outre des permissions de détente, des permissions de 24 ou 48 heures peuvent être accordées lorsque les besoins du service le permettent.

Permissions exceptionnelles. — Des permissions exceptionnelles (d'une durée maxima de trois jours) ne seront accordées que dans les cas suivants :

1° Aux militaires devant se marier ;

2° A l'occasion du décès ou de la maladie grave (mettant les jours en danger) du père, de la mère, de la femme ou de l'enfant.

3° A l'occasion du décès d'un frère mort pour la France, ou pour aller visiter à l'hôpital un frère en danger de mort par suite de blessures reçues ou de maladie contractée aux armées.

4° A l'occasion de la naissance d'un enfant.

5° Aux militaires dont les parents proches (père, mère, enfant, frère ou sœur) sont rapatriés des pays envahis par les pays neutres, et qui n'ont bénéficié d'aucune permission depuis la date de leurs parents proches ou de leurs femmes.

Permissions de départ. — Les militaires désignés pour le front français, à l'exception de ceux qui ont revu leur famille depuis moins d'un mois, devront bénéficier, avant leur départ, de leur permission réglementaire pour la période en cours.

Les militaires désignés pour l'armée d'Orient, pour le Maroc ou pour une mission militaire en pays alliés, recevront : une permission de dix jours, s'ils n'ont pas revu leur famille depuis trois mois et de six jours dans le cas contraire.

Permissions de retour. — Les militaires évadés, évacués ou rapatriés des pays ennemis ou occupés par l'ennemi, ou revenus en France après une absence de douze mois au moins, recevront une permission de trente jours ; ceux ayant été absents entre six et douze mois, recevront une permission de 25 jours.

Toute citation donnera droit à une permission de deux jours (hors tour) qui s'ajoutera à la première permission de détente.

Les permissions pour les pays hors de France, et concernant les militaires hors de France, font l'objet de dispositions particulières, qui toutes tendent à faire bénéficier chaque militaire de trente ou vingt et un jours de permission par an, dans les conditions qui lui sont le plus favorables.

Les lois civiles

Les intérêts particuliers des mobilisés ont été aussi envisagés.

Ainsi il est impossible de leur intenter ou de poursuivre contre eux aucun procès civil ou commercial.

La loi sur les loyers contient certaines dispositions qui leur sont spécialement applicables.

Les voici, sans commentaires pour le moment, puisque jusqu'à la cessation des hostilités, elles sont purement négatives.

En son article 15, la loi sur les loyers de la guerre dit :

« Sont présumés remplir les conditions fixées par l'article 14, et comme tels totalement exonérés de ce qu'ils restent devoir sur leurs loyers échus ou à échoir, pendant toute la durée des hostilités et les six mois qui suivront le décret fixant leur cessation : les locataires occupant des logements d'habitation entrant dans l'une des catégories ci-après déterminées et qui sont 1° ou bien mobilisés, 2° ou bien réformés à la suite de blessures reçues ou de maladies contractées ou aggravées à la guerre, 3° ou bien attributaire soit de l'allocation militaire, soit de l'allocation des réfugiés, soit des secours de chômage régulièrement organisés par les départements et les communes, soit des secours permanents des bureaux de bienfaisance, ou encore inscrits sur les listes d'assistance dressées en exécution de la loi du 14 juillet 1905.

a. A Paris, dans le département de la Seine et dans les communes de la banlieue placées dans un rayon de 25 kilomètres des fortifications de Paris : logements d'un loyer inférieur à 500 francs si le locataire est célibataire, à 600 francs s'il est marié.

b. Dans les communes de 100.001 habitants et au-dessus et dans les communes dont la distance des fortifications de Paris est supérieure à 25 kilomètres, sans excéder 40 kilomètres, et ayant plus de 2.500 habitants; logements dont le loyer est inférieur ou égal à 350 francs si le locataire est célibataire; à 400 francs s'il est marié;

c. Dans les communes de 20.001 à 100.000 habitants : logements d'un loyer inférieur ou égal à 350 francs si le locataire est célibataire ; à 300 francs s'il est marié;

d Dans les communes de 5.001 à 20.000 habitants : logements d'un loyer inférieur ou égal à 150 francs s'il est célibataire; à 200 francs s'il est marié;

e. Dans les communes de 1.001 à 5.000 habitants : logement d'un loyer inférieur ou égal à 100 francs si le locataire est célibataire, 150 francs s'il est marié.

f. Dans les communes de moins de 1.000 habitants : logement d'un loyer inférieur ou égal à 75 francs si le locataire est célibataire, à 100 francs s'il est marié.

Les chiffres prévus aux alinéas précédents seront majorés de 100 francs par enfant de moins de 16 ans ou autre personne à la charge du locataire et pour chaque fils ou membre de la famille mobilisé qui habitait sous le même toit, dans les villes et communes comprises dans les catégories *a* et *b*.

De 75 francs dans les villes et communes comprises dans la catégorie *c*.

De 50 francs dans les autres communes.

Selon l'article 19 de la même loi, sont interdites pendant toute la durée des hostilités et les six mois qui suivront le décret fixant leur cessation, toutes instances, toutes assignations, toutes procédures d'exécution à l'égard des locataires mobilisés.

En conséquence, ceux-ci ne pourront être appelés devant la commission arbitrale qu'à l'expiration du délai de six mois, à compter du jour où ils auront cessé d'être présents sous les drapeaux.

Toutefois, ils pourront à toute époque, s'ils le préfèrent, demander aux commissions arbitrales de statuer dans les conditions prévues à la présente loi.

Les dispositions de cet article sont applicables jusqu'à l'expiration de l'année (12 mars 1918) qui suivra la promulgation de la présente loi, sans que ce délai puisse dépasser six mois après le décret fixant la cessation des hostilités :

1° Aux veuves des militaires morts sous les drapeaux depuis le 1er août 1914 ou aux membres de leur famille qui habitaient antérieurement avec eux les lieux loués;

2° Aux femmes des militaires disparus, dont la disparition a été officiellement constatée ou aux membres de leur famille qui habitaient antérieurement avec eux les lieux loués;

3° Aux personnes, parentes ou non, qui, antérieurement au 1er août 1914, vivaient habituellement dans les lieux loués avec le locataire mobilisé et qui justifieront qu'elles étaient à sa charge ;

4° Aux militaires réformés à la suite de blessures ou de maladie contractée ou aggravée à la guerre.

Si le décès ou la mise en réforme est postérieur à la promulgation de la présente loi ou survient moins d'un an avant cette promulgation, le délai courra du jour du décès ou de la date officielle de la mise en réforme.

Les dispositions du même article sont également applicables aux femmes de citoyens français retenus en pays envahis, internés en pays ennemis ou en pays neutres ou aux membres de leur famille qui habitaient antérieurement avec eux les lieux loués jusqu'à l'expiration des six mois qui suivront leur libération.

Sont également admises au bénéfice de ces dispositions les sociétés en nom collectif dont tous les associés, et les sociétés en commandite dont tous les gérants sont présents sous les drapeaux.

Selon l'article 56, les baux et locations verbales en cours au 1er août 1914 seront prorogés à la demande du locataire aux conditions fixées au bail et à compter du décret fixant la cessation des hostilités, savoir :

1° Ceux afférents à des locaux à usage commercial, industriel ou professionnel, d'une durée égale au temps écoulé entre le décret de mobilisation et le décret fixant la cessation des hostilités ;

2° Ceux afférents à des locaux à usage d'habitation, d'une durée de deux années.

Toutefois, en ce qui concerne les locaux d'habitation rentrant dans la catégorie des petits logements prévus à l'article 15 et dont le locataire sera resté plus de deux années sous les drapeaux, la durée de la prorogation sera égale au temps pendant lequel ce locataire aura été mobilisé.

Seront également prorogés, dans les mêmes conditions, au profit des locataires maintenus dans la vie civile par le décret de mobilisation, mais postérieurement mobilisés en vertu d'ordres individuels, les baux et locations verbales par eux contractés entre le 1er août 1914 et la date de leur mobilisation.

Selon l'article 58, les locataires mobilisés devront, à peine de forclusion, faire connaître leur volonté au bailleur par acte extra-judiciaire au plus tard dans les trois mois qui suivront le décret fixant la date de la cessation des hostilités.

Pour les Réfugiés

Ont la qualité de réfugié, *à laquelle est attaché un droit à une assistance spéciale*, les personnes de nationalité française, les sujets des nations alliées, les Alsaciens-Lorrains munis de la carte tricolore ou du permis de séjour :

1° Qui étaient domiciliés dans les régions envahies au moment de la mobilisation, qu'ils aient été rapatriés, qu'ils se soient repliés, ou que, absents de leur domicile lors de l'invasion, ils se soient trouvés empêchés de le regagner ;

2° Qui ont été évacués des places fortes et de la zone des armées par décision des autorités militaires ou administratives ;

3° Qui ont quitté des communes soumises au feu de l'ennemi dont les préfets possèdent seuls la liste ;

4° Qui, avant la guerre, avaient leur résidence habituelle dans un pays étranger atteint par les événements de guerre et qui ont été amenés à se fixer en France.

Ont également la qualité de réfugiés les enfants de réfugiés nés au lieu du refuge, ainsi que les enfants de réfugiés nés postérieurement au mariage de leur père avec une femme non réfugiée.

La qualité de réfugié ne peut s'acquérir par le mariage.

Tous les réfugiés *nécessiteux* ont droit à l'assistance. Sont jugés nécessiteux les réfugiés dont les ressources n'atteignent pas les taux fixés par les *barèmes* départementaux.

ALLOCATION MAXIMUM :	Francs
Pour un réfugié isolé ou chef de famille............................	7 "
Pour chaque personne vivant avec le chef de famille..................	1 50

ALLOCATION MINIMUM :	
Pour un réfugié isolé ou chef de famille............................	5 "
Pour chaque personne vivant avec lui................................	1 50

Le taux de l'allocation des réfugiés est de 1 fr. 75 par adulte ; 1 fr. 25 pour les deux premiers, 1 fr. 50 pour les autres, par enfant de moins de seize ans.

Il est attribué, en outre, un secours spécial de foyer de 20 francs par mois pour les deux premières personnes, avec majoration de 10 francs par chaque personne en sus.

L'assistance n'intervient qu'autant que les ressources totalisées n'atteignent pas les prix bases de la vie fixés par les barèmes et sans pouvoir excéder la différence entre ces prix et le montant des ressources, d'où il résulte que les allocations peuvent n'être servies qu'en partie afin de ne pas excéder, jointes aux autres ressources, les taux des barèmes.

L'allocation des réfugiés peut être cumulée avec toutes les autres assistances dont les réfugiés pourraient bénéficier, à la condition que, réunies, elles ne dépassent pas les taux fixés par les barèmes.

L'allocation des réfugiés ne peut pas être cumulée avec l'allocation militaire.

Les allocataires militaires peuvent opter pour l'allocation de réfugiés et les allocataires réfugiés pour l'allocation militaire.

Les réfugiés optant pour l'allocation militaire bénéficient des arrérages et de l'allocation mensuelle spéciale de 10 francs, consentie aux femmes réfugiées dont les maris sont mobilisés, prisonniers de guerre, prisonniers civils ou restés en pays envahis.

Perd ses droits à l'assistance, le réfugié qui se conduit mal, qui refuse de travailler, qui mésuse de l'allocation au détriment de sa famille, etc., etc.

La veuve réfugiée qui se remarie avec un non-réfugié perd également son droit à l'allocation. Il n'en est pas de même pour les enfants s'ils sont nés avant le mariage. Ils conservent, en effet, dans ce cas, tous leurs droits. Naturellement, ici aussi, l'assistance ne peut continuer à intervenir que si les ressources du ménage sont inférieures au taux du barème en vigueur au lieu de refuge.

Beaucoup de femmes de mobilisés rapatriées n'ont pas touché d'allocation en pays envahi. Elles ont eu seulement, pour la plupart, le *ravitaillement américain* à dater de mai 1915.

Le coût de ce ravitaillement est fixé au chiffre moyen de 0 fr. 40 par personne et par jour.

Les intéressés ont donc droit, en rentrant en France, au bénéfice de la loi du 5 août 1914, c'est-à-dire au rappel des allocations qui ne leur ont pas été payées.

Des avances sont consenties aux cultivateurs des régions envahies sur les 100 millions votés au Commissariat de l'agriculture pour la mise en valeur des terres restées incultes depuis la guerre.

Ces avances seront considérées comme des acomptes à venir sur le versement des indemnités pour sinistres de guerre.

Toutes les formalités qui retardaient le payement de ces avances sont supprimées.

L'Office de reconstitution agricole, dépendance du ministère des Régions libérées, 107, boulevard Montparnasse, Paris, se charge de fournir aux intéressés tous les renseignements qui pourraient leur être utiles.

Pour plus de précision, consulter la brochure de MM. Evrard et Barthélemy « Ce que tout réfugié doit savoir» chez les auteurs, 50, rue de la Goutte-d'Or, Paris.

LE BLESSÉ DE GUERRE

du Poste de Secours au Centre de Réforme.

Le soldat blessé sur la ligne de feu reçoit les premiers soins médicaux au poste de secours. Là, on lui remet une *fiche de blessure*, qui constitue la première pièce de son dossier médical. A l'ambulance, ce dossier s'accroît d'un billet d'hôpital, d'une feuille d'opération, d'une feuille de température, et au besoin d'une fiche radiologique. Ces documents sont enfermés dans une pochette-fiche qui doit accompagner le blessé de formation en formation.

D'après les règlements militaires, toute blessure, toute maladie, résultant d'un fait de service, doit être attestée par un *certificat d'origine*. Dans les circonstances actuelles, cette attestation est le plus souvent impossible. En conséquence, une circulaire ministérielle du 23 octobre 1914, a décidé qu'un double (*duplicatum*) du billet d'hôpital établi *moins d'un mois* après la blessure en tiendrait lieu.

Ce *duplicatum* doit porter les renseignements suivants : nom du militaire et prénoms, au moins le plus usité, régiment et compagnie auxquels il appartient, numéro matricule au régiment, classe de mobilisation, lieu et matricule de recrutement (ces trois dernières indications sont gravées sur la plaque d'identité), nature de l'agent vulnérant, organes atteints, lieu et date de la blessure où, à défaut, la mention « blessure de guerre ». Le duplicatum doit être contresigné par le médecin traitant et porter le cachet du médecin chef de la formation.

Les renseignements d'ordre administratif et d'état civil sont pris sur le livret individuel du militaire. Celui-ci a le plus grand intérêt à ne pas se séparer de ce livret. Le plus simple est de le porter toujours dans une des poches de la capote, vêtement de guerre du troupier français.

Ce *duplicatum* une fois établi, est placé dans la pochette-fiche. Il doit être remis à l'intéressé quand il quitte l'hôpital une fois guéri.

Noter que pour les accidents survenus en service commandé, même dans la zone des armées, comme pour les maladies contractées ou aggravées au service, un certificat régulier d'origine, ou bien un rapport circonstancié doit toujours être dressé par le commandement et le service de santé auxquels appartient l'intéressé.

Tout militaire dont la blessure ou la maladie provient d'un fait de service a *droit à sa solde* durant le traitement. Comme les formations sanitaires de la zone des armées n'ont pas les fonds nécessaires, l'officier gestionnaire de ces formations remet aux hommes qu'il évacue, un certificat attestant que la solde n'a pas été payée durant le temps d'hôpital. Moyennant ce certificat envoyé au trésorier du dépôt à l'intérieur, l'homme reçoit l'arriéré de solde.

Dans les formations sanitaires de l'intérieur, la solde est payée par le gestionnaire de la formation. Mais les militaires à solde mensuelle reçoivent directement leur solde du trésorier de leur dépôt, à qui ils doivent faire connaître l'endroit où ils sont en traitement; il en est de même des militaires qui ont droit à la haute paie. La partie du pécule de guerre versée immédiatement en argent, n'est pas payée non plus par les gestionnaires. Elle doit être réclamée au trésorier du régiment.

Le militaire traité dans un hôpital et qui reçoit avis d'une citation conférant la *croix de guerre* ou de l'attribution de la *médaille militaire* ou de la *Légion d'honneur*, remet cette pièce au médecin chef de l'hôpital, qui la lui rend après en avoir dressé copie. Cette copie est transmise au ministre de la Guerre, en vue de l'envoi de l'insigne qui sera remis à l'intéressé.

⁂

Le militaire en traitement dans les hôpitaux peut en sortir de quatre manières :

1° Par *permission à titre de convalescence*. Cette permission est de droit pour tout militaire de la zone des armées qui a été envoyé dans un hôpital de l'intérieur ou qui a franchi la zone délimitée par les Hôpitaux Originaires d'Etapes, ou hôpitaux d'évacuation. Elle est de dix jours, auxquels doit être joint la permission de détente pour la période en cours si le militaire n'en a pas bénéficié. A l'expiration de cette permission de convalescence, cumulée ou non avec la permission de détente, le militaire devrait régulièrement rejoindre le dépôt de son corps à l'intérieur. Mais une circulaire ministérielle du 11 février 1918, a introduit un *régime exceptionnel* et provisoire des blessés de guerre sortant des hôpitaux de l'intérieur par permission de convalescence. De par cette circulaire, appliquée depuis le 6 mars 1918, les militaires en question rejoignent leur unité aux armées.

Dans les hôpitaux de la zone des armées, le retour à l'unité après permission ou après congé de convalescence est de règle.

Au sortir de l'hôpital, le militaire reçoit : 1° la solde qui lui est due ; 2° une indemnité de déplacement réglée sur la durée du voyage en chemin de fer; nulle indemnité au-dessous de six heures de trajet, une indemnité partielle de six à douze heures, une indemnité journalière de 12 à 30 heures, une indemnité journalière plus une partielle de 30 à 36 heures, deux indemnités journalières de 36 à 54 heures. L'indemnité journalière exclut le paiement de la solde ; 3° l'avance de la solde pour la durée de la permission, convalescence et détente s'il y a lieu; 4° une indemnité de vivres pour les dix jours à titre de convalescence; 5° une indemnité de vivres pour les dix jours de détente, s'ils sont ajoutés. Le taux de ces indemnités est déterminé par arrêté ministériel et varie, spécialement l'indemnité de vivres, de trimestre à trimestre.

Quand il y a lieu, les deux jours supplémentaires de permission pour *citation*, les quatre jours supplémentaires pour attribution de la *médaille militaire*, sont ajoutés à la permission de détente et donnent droit aux mêmes allocations.

Dans la zone de l'intérieur, ces indemnités sont remises en argent; dans la zone des armées, elles se liquident par l'apposition de timbres spéciaux sur le titre de permission. Ces timbres sont remboursés au bureau de poste du lieu de destination.

Dans les hôpitaux de l'intérieur, qui n'usent pas des titres spéciaux de la zone des armées, les délais de route doivent être calculés de telle sorte que le permissionnaire passe selon le cas, dix jours ou vingt jours pleins chez lui. On lui remet un ordre de transport pour aller et un autre ordre de transport pour revenir, soit au dépôt de son corps ou, par *régime exceptionnel*, à la gare régulatrice qui l'a dirigé sur l'intérieur.

2° Par *congé de convalescence*. Ce congé est accordé par des commissions spéciales siégeant au chef-lieu des subdivisions de corps d'armée ou brigades. La durée des convalescences est ordinairement de quinze, trente, quarante-cinq, soixante, quatre-vingt-dix jours. A quinze jours et au-dessous, la permission de détente pour la période en cours est ajoutée.

Le convalescent sortant d'un hôpital de l'intérieur, rejoint le dépôt de son corps. Il est muni d'ordres de transport et reçoit l'indemnité de route s'il y a lieu. Sa solde lui est réglée pour la durée de son passage à l'hôpital. Mais il ne perçoit, en solde et indemnités de vivres, que les quinze premiers jours de la convalescence. Le reliquat lui est versé à l'arrivée au dépôt.

Les congés de convalescence délivrés dans la zone des armées font rejoindre l'unité aux armées.

A leur sortie de l'hôpital, les permissionnaires et les convalescents reçoivent le *duplicatum* de leur billet d'hôpital, servant de certificat d'origine de blessure. Leur dossier médical est envoyé au dépôt de leur corps.

3° *Par évacuation sur un autre hôpital.* Cette évacuation n'est déterminée que par des raisons de traitement. Une circulaire du 1er juin 1916 avait permis l'évacuation sur des hôpitaux rapprochés de la résidence des blessés. Cette circulaire a été suspendue.

Le militaire évacué sur un autre hôpital, reçoit un ordre de transport. La solde lui est payée jusqu'au jour de son départ. Il reçoit, s'il y a lieu, une indemnité de route. Un infirmier l'accompagne au besoin. Son dossier est envoyé par le médecin chef de l'hôpital qu'il quitte, au médecin chef de l'hôpital où il se rend.

4° *Par envoi sur un centre spécial de réforme.* C'est le cas du militaire blessé de guerre, blessé à l'intérieur en service commandé, malade au cours des opérations militaires ou dont la maladie a été aggravée par les fatigues du service. Les militaires ne rentrant pas dans ces catégories passent ordinairement devant les Commissions spéciales de réforme siégeant dans les lieux de garnisons.

Par le centre spécial de réforme, le militaire peut être placé dans l'une des positions suivantes :

a) *Maintenu en service armé.* Mais le centre de réforme peut prononcer l'inaptitude à faire campagne, c'est-à-dire à être envoyé en renfort.

b) *Changé d'arme.* Dans ce cas, les territoriaux et les R. A. T. sont versés dans le train des équipages. Les militaires de l'active et de la réserve sont versés dans l'artillerie de campagne, l'artillerie lourde, le génie ou la cavalerie, s'ils ont fait leur service actif dans cette arme.

c) *Classé dans le service auxiliaire.* Alors les territoriaux et les R. A. T. blessés de guerre sont renvoyés dans leurs foyers et ne peuvent être rappelés qu'après convocation de toutes les classes d'auxiliaires. Le classement au service auxiliaire ne devient définitif qu'après visite, trois mois après la première décision prise à leur égard, par une commission de réforme. Les militaires maintenus sous les drapeaux sont alors soumis aux droits que confère aux chefs de corps et de service le paragraphe 9 de l'art. 3 de la loi Dalbiez du 17 août 1915.

Les militaires maintenus en service armé ou classés en service auxiliaire pour blessure de guerre ou maladie résultant du service peuvent être, si la blessure ou l'infirmité les empêche de travailler, l'objet d'une *gratification renouvelable.* Cette gratification ne sera inscrite qu'à la fin des hostilités.

d) *Réformé n° 1 sans gratification* si la blessure ou infirmité qui le rend définitivement impropre au service militaire ne diminue pas la faculté de travail dans la proportion de dix pour cent au moins.

e) *Réformé n° 2* si la blessure ou infirmité qui le rend impropre tant au service armé qu'au service auxiliaire, n'est pas la conséquence directe, ou par aggravation, du service militaire.

f) *Réformé temporaire sans gratification, 1re catégorie,* si les blessures ou infirmités qui, pour le moment, empêchent le service, sans en être la conséquence, soit directe, soit par aggravation, laissent cependant la possibilité de reprendre le service plus tard.

g) *Réformé temporaire sans gratification, 2e catégorie,* si les blessures ou infirmités empêchant actuellement le service, sont la conséquence du service, soit directement, soit par aggravation, mais laissent espérer que le service pourra reprendre et ne diminuent pas la faculté de travail dans une proportion de moins de dix pour cent.

h) *Réformé temporaire avec gratification renouvelable* si l'intéressé étant dans les conditions de la réforme *g* ci-dessus, il y a de plus diminution de sa faculté de travail dans une proportion de dix pour cent ou plus.

i) *Réformé n° 1 avec gratification renouvelable* si l'intéressé étant dans les conditions de la réforme *f* ci-dessus, l'incapacité de travail est présumée devoir durer au moins deux ans.

La réforme n° 1 avec gratification renouvelable se transforme en *gratification permanente* lorsqu'il est bien établi que la diminution de capacité de travail est devenue définitive.

j) *Par pension de retraite* si l'intéressé étant dans le cas d'être réformé n° 1 avec gratification renouvelable, ses infirmités rentrent dans l'une des six premières classes de la classification du 23 juillet 1887. La nomenclature de ces infirmités est trop longue pour être transcrite ici. Disons en gros, qu'il s'agit d'un membre, soit perdu, soit hors d'usage.

*
* *

Dès qu'un blessé ou malade est jugé par le médecin traitant susceptible d'appartenir au ressort du centre spécial de réforme, le médecin chef de l'hôpital dresse son dossier. Au dépôt du corps de l'intéressé, il demande l'état des services et campagnes, le certificat

— 225 —

d'origine de blessure, dont le *duplicatum* du premier billet d'hôpital peut tenir lieu, mais qui est indispensable s'il s'agit d'un accident en service commandé ou d'une maladie. Dans ce dernier cas, il y a lieu à rapport du commandement et du service sanitaire du corps.

Au maire du lieu de la naissance est demandé un extrait de l'acte de naissance.

Le dossier est complété avec les pièces médico-chirurgicales, recueillies dans la pochette fiche, auxquelles s'ajoutent tous les documents d'ordre médico-chirurgical, rapports de spécialistes, épreuves radiographiques, examens bactériologiques, électro-diagnostics, etc...

Le dossier dressé, l'intéressé est envoyé au centre. Deux médecins experts l'y visitent et dressent un projet de *certificat d'examen*. L'intéressé est présenté devant une commission dont ces médecins font partie avec des officiers du conseil d'administration du corps instructeur de la proposition de réforme et du sous-intendant militaire. Les médecins donnent leurs conclusions, les officiers soutiennent les intérêts du blessé ou malade, qui a toute liberté d'exposer son cas ; le sous-intendant représentant de l'Etat, veille à l'observance des règlements administratifs.

Un *certificat de vérification* est dressé par deux autres médecins supérieurs en grade aux premiers ou plus anciens dans les mêmes grades.

Certificat d'examen, certificat de vérification accompagnent l'intéressé devant la *commission de réforme* présidée par un général ou un colonel assisté d'un fonctionnaire de l'intendance, du commandant de recrutement, d'un officier de gendarmerie de l'arrondissement. Deux médecins sont joints à la commission. La proposition de cette commission, si elle engage les finances de l'Etat, est transmise au ministre, qui décide avec l'assistance de la Commission consultative médicale à Paris. En attendant cette décision, le militaire renvoyé dans ses foyers, reçoit une *allocation journalière spéciale*, payée d'avance par le trésorier de son dépôt, et qui cesse momentanément s'il rentre à l'hôpital. Elle cesse définitivement une fois la pension ou gratification accordée par le ministre de la Guerre. Alors le militaire est rayé des contrôles du corps dont il faisait partie, et cesse d'appartenir à l'armée.

Tout réformé a droit à l'hôpital gratuit dans les hôpitaux du service de santé militaire pour toute indisposition résultant de la blessure ou maladie qui l'a fait réformer. Pendant son temps d'hôpital, il ne cesse pas de recevoir les arrérages de sa pension ou gratification.

L. G.

P.-S. — La première partie de cet article était sortie des presses quand, à la date du 18 novembre, a été supprimé le *régime exceptionnel* dont il est question page 223.

RENSEIGNEMENTS UTILES

LA LOI SUR LES LOYERS

La loi sur les loyers a pour objet de trancher les contestations entre propriétaires et locataires nées par suite de la guerre, mais uniquement celles-ci.

Lorsqu'il y a bail la loi décide que le bail sera résilié de plein droit sur la demande des héritiers, lorsque le titulaire aura été tué à l'ennemi, ou sera décédé des suites de blessures reçues ou de maladies contractées sous les drapeaux.

La déclaration des héritiers doit avoir lieu dans les six mois du décès ou de l'avis officiel du décès.

La commission arbitrale pourra prononcer la résiliation des baux avec ou sans indemnité, lorsque la cause de la demande de résiliation se rattachera à l'état de guerre.

La commission arbitrale pourra accorder pour la durée de la guerre et les six mois qui suivront, des réductions de prix pouvant aller à titre exceptionnel jusqu'à l'exonération complète aux locataires même non mobilisés, qui justifieront avoir été privés, par suite de la guerre, des avantages d'utilité ou d'usage de la chose louée, soit d'une notable partie de leurs ressources.

Les locataires mobilisés sont dispensés de cette justification, mais la preuve contraire est réservée aux propriétaires.

La commission devra faire état de l'ensemble des ressources des locataires, pour apprécier s'ils peuvent payer tout ou partie de leur loyer.

Les petits locataires (loyers allant de 500 francs, pour Paris, à 75 francs dans les communes de moins de 1.000 habitants, avec majoration de 100 à 25 francs pour la femme et de 100 à 50 francs par enfant), mobilisés, réformés (pour blessures reçues ou maladies contractées ou aggravées à la guerre), attributaires d'allocations (militaires ou de réfugiés), de secours de chômage, ou de l'assistance publique, sont exonérés du payement de ce qu'ils restent devoir sur leurs loyers échus ou à échoir pendant toute la durée des hostilités et les six mois qui suivront. Exception faite pour les mobilisés qui reçoivent, par suite de la mobilisation, un quart de plus qu'ils ne recevaient avant.

Les locataires ayant bénéficié d'une réduction de loyer pourront rester dans les lieux loués pendant toute la durée de la guerre et les six mois qui suivront.

Les propriétaires dont le revenu ne dépasse pas 10.000 pour Paris, 8 et 5.000 pour les communes de plus et de moins de 100.000 habitants, ont droit à une indemnité de 50 0/0 du montant des réductions de loyers qu'ils auront subies. Lorsque cette indemnité jointe aux loyers perçus sera inférieure aux charges de l'immeuble, elle sera augmentée jusqu'au complément du montant de ces charges (intérêts hypothécaires compris).

La commission arbitrale pourra accorder des délais en matière d'hypothèques, tant pour le capital que pour les intérêts en retard aux propriétaires qui justifieront avoir été privés d'une partie notable de leurs ressources par le fait de la guerre.

Propriétaires et locataires peuvent s'appeler réciproquement devant les commissions arbitrales, une tentative de conciliation devant le président est obligatoire.

Il suffit d'adresser une demande au secrétaire de la commission, en joignant 1 f.. 70 en timbre-poste.

Les parties doivent se présenter en personne devant la commission, à moins d'excuse acceptée par le président; elles pourront être assistées d'un avocat inscrit au tableau ou d'un officier public ou ministériel en conciliation, et d'un membre de leur famille, parent ou allié au degré successible.

Les personnes pouvant assister les parties, pourront les représenter dans le cas d'excuse acceptée par le président, dans ce cas les parents doivent être porteurs d'un pouvoir sur papier libre, non enregistré, mais avec signature légalisée.

Les baux et locations verbales en cours au 1er août 1914 seront prorogés à la demande du locataire aux conditions fixées au bail à compter de la cessation des hostilités, d'un temps égal à la durée de la guerre pour les locaux à usage commercial, industriel, ou professionnel, et de deux ans pour les locaux à usage d'habitation.

Les locataires non mobilisés doivent faire connaître leur volonté au bailleur au plus tard trois mois avant l'expiraiton du bail.

ENREGISTREMENT

La loi du 29 juin 1918 prescrit qu'un exemplaire signé des actes soumis à l'enregistrement (baux à loyers, etc.), doit être déposé au bureau de l'enregistrement pour y être conservé.

Aucune modification en ce qui concerne les engagements de locations verbales.

Tout acte sous seing privé portant convention synalagmatique doit, pour être valable, être enregistré dans les trois mois de sa date.

LES COLIS POSTAUX

NOUVEAU TARIF DES COLIS POSTAUX

Colis de	3 kg.... en gare	0.65 (1)	Remboursements :	
—	3 kg.... à domicile .	0.95 (1)	500 fr. en gare	0.60 (1)
—	5 kg ... en gare	0.90 (1)	500 fr. à domicile	0.90 (1)
—	5 kg.... à domi ile .	1.20 (1)	1.000 fr. en gare	0.90 (1)
—	10 kg.... en gare	1.50 (2)	1.000 fr. à domicile	1.20 (1)
—	10 kg.... à domicile .	1.80 (2)	Droit d'assurance pour les va-	
Taxe supplémentaire pour le transport d'un colis par voie de terre....................		0.30	leurs déclarées..............	0.10
Exprès		0.30	jusqu'à 500 fr. et 0.10 par 500 fr. ou fraction de 500 francs en sus.	

(1) Non compris le droit de timbre de 10 cent.
(2) Non compris le droit de timbre de 20 cent.

LE SERVICE DES POSTES

1° Tarif: France, colonies, Alsace-Lorraine

a) Lettres, Imprimés, Journaux

Lettres		Imprimés	Journaux	
20 gr.	0 15	sous bandes	50 gr.	0 02
50 —	0 25	seulement	75 —	0 03
100 —	0 30	30 gr. 0 03	100 —	0 04
150 —	0 35	Sous bande ou	125 —	0 05
200 —	0 40	envel. ouverte	150 —	0 06
250 —	0 45	50 gr. 0 05	175 —	0 07
300 —	0 50	100 — 0 10	200 —	0 08
350 —	0 55	200 — 0 15	225 —	0 09
400 —	0 60	300 — 0 20	250 —	0 10
450 —	0 65	400 — 0 25	275 —	0 11
500 —	0 70	500 — 0 30	300 —	0 12
550 —	0 75	600 — 0 35	325 —	0 13
600 —	0 80	700 — 0 40	350 —	0 14
650 —	0 85	800 — 0 45	375 —	0 15
700 —	0 90	900 — 0 50	400 —	0 16
750 —	0 95	1 kil. — 0 55	425 —	0 17
800 —	1 »	1 100 — 0 60	450 —	0 18
850 —	1 05	1 200 — 0 65	475 —	0 19
900 —	1 10	1 300 — 0 70	500 —	0 20
950 —	1 15	1 400 — 0 75		
1 kil.	1 20	1 500 — 0 80		
Poids maximum 1 kil.		Par 100 gr. 0 05 de plus jusqu'à 5 kil.		
Dimensions maxima 45×15×15 cm.		Dimens. max. 45×45×45 cm.	Par 25 gr. 0 01 de plus jus-	
en rouleau 75×10 cm.		en rouleau 75×40 cm.	qu'a 5 kilogr. poids maxim.	

Cartes-lettres. — 0,15.

Cartes postales. — Avec 5 mots 0,10 avec — correspondance 0,15.

Cartes postales illustrées. — Sans correspondance 0,05 — avec 5 mots 0,10 — avec correspondance 0,15.

Pneumatiques. — 7 gr. 0,40 — 15 gr. 0,65 — 30 gr. maximum 1,25 Cartes ou enveloppes fermées : 148 × 11. mm. ne doivent pas contenir de corps durs.

Papiers d'affaires. — Sont soumis aux taxes et conditions d'envoi applicables aux lettres. — Pour les factures, relevés de comptes, notes d'honoraires non acquittées, de moins de 20 gr. 0,05.

Avis, convocations. — Emanant de sociétés et associations ne faisant pas acte de commerce (sous bande) jusqu'à 5 gr. 0,01 au-dessus. tarif des imprimés.

Echantillons. — Sont admis comme échantillons, dans le service intérieur, les marchandises et objets de petite dimension. Les échantillons doivent pouvoir être facilement vérifiés. 50 gr. 0,10. — Ensuite 0,05 par 50 gr. — Poids max. 500 gr. Dimensions max. 30 × 30 × 30 ou 45 × 15 × 15.

Recommandés. — Lettres, cartes, papiers d'affaires : 0,25. — Imprimés, factures, échantillons : 0,15.

Valeurs déclarées — Maximum. 10.000 fr. Lettres : Taxe ordinaire plus 0,25. Droit proportionnel d'assurance de 0.20 par 500 frs.. au dessus de 500 frs.. 0.10 par 500 fr. ou fraction excédent Les timbres doivent être espacés. Boîtes : tarif échantillons et droit proportionnel d'assuran e de 0.20 jusqu'à 500 fr. ; au-dessus de 500 fr.. 0,10 par 500 fr. ou fractions de 500 fr. — Dimensions maxima des boîtes 30 × 10 × 10. — Epaisseur minimum des parois 8 m/m. — Ces boîtes doivent être recouvertes dessus et dessous de papier blanc croisé de ficelle sans nœud; cachets maintenant la ficelle et cachant les bouts ; timbres espacés.

b) **Mandats et Bons de poste**

Mandats-poste

0 01 à	5 fr.	0 10
5 01 à	10 —	0 15
10 01 à	15 —	0 20
15 01 à	20 —	0 25
20 01 à	50 —	0 35
50 01 à	100 —	0 60
100 01 à	300 —	0 85
300 01 à	500 —	1 10
500 01 à	1000 —	1 45

Au dessus de 500 fr. 1,20 pour les premiers 500 fr. plus 0,25 par 500 fr. ou fraction de 500 fr. excédant. France, Algérie, Tunisie, montant illimité.

Mandats-cartes et mandats-lettres

(Payables à domicile). Même tarif que les mandats-poste plus factage 0,10, recommandation facultative 0,25.

Bons de poste

(Maximum 20 fr.) jusqu'à 10 fr. : 0,10, de 10 fr. 05 à 20 fr. 0,15. Ces bons sont payés au porteur. Ils ne sont pas admis aux Colonies.

Avis de paiement

des mandats et bons de poste 0,15.

Mandats-contributions

On peut acquitter dans les bureaux de poste, sans se rendre chez le percepteur, les impôts directs au moyen du mandat contributions ; le reçu délivré est libératoire envers le Trésor.

0,15 jusqu'à 100 fr.
0,25 — 300 fr.
0,40 au dessus
sans autre droit.

Envois contre remboursement

On peut envoyer contre remboursement les objets admis à la recommandation ou à la déclaration de valeur. Les envois doivent porter sur la suscription, l'indication de la somme à rembourser : maximum, 2.000 fr. Taxe ordinaire à l'objet plus : lettres 0,25, paquets 0,15.

Le montant seul du remboursement est perçu chez le destinataire. Les frais sont imputables au bénéficiaire et comprennent droit de recouvrement 0,10 par 20 fr. qui ne peut excéder 0,50. Le montant du remboursement est converti en un mandat-poste au profit de l'expéditeur de l'objet. Refusés : taxe 0,20.

Valeurs à recouvrer

La poste se charge du recouvrement des effets de commerce, protestables ou non, dont la valeur ne dépasse pas 5 000 fr. 5 Valeurs par enveloppe ou 15 valeurs, si aucune ne dépasse 6 fr. Taxe des lettres ordinaires, plus un droit de recommandations de 0,15. Droits à prélever sur chaque valeur : 0,10 par 20 fr. sans excéder 0,50 plus droit de transmission égal à celui qui est appliqué aux mandats. Impayés 0,20.

2° Tarif pour l'Étranger

a) **Lettres, Imprimés, Journaux**

L'Union postale universelle comprend la presque totalité des Etats du globe à l'exception de : Afghanistan, Arabie, (Aden, Macate, l'Hedjaz et l'Yémen exceptés), îles Bank et Santa Cruz, Bélouchistan Nigeria du nord et du sud, Nyassaland, Rhodesia (Nord-Est et Nord-Ouest, îles Tonga, l'Etat de Trenganu.

Lettres		Papiers d'affaires		Imprimés journaux	
20 gr.	0 25	jusqu'à		jusqu'à	
40 —	0 40	250 gr.	0 25	50 gr.	0 05
60 —	0 55	300 —	0 30	100 —	0 10
80 —	0 70	350 —	0 35	150 —	0 15
100 —	0 85	400 —	0 40	200 —	0 20
120 —	1 »	450 —	0 45	250 —	0 25
140 —	1 15	500 —	0 50	300 —	0 30
160 —	1 30	550 —	0 55	350 —	0 35
180 —	1 45	600 —	0 60	400 —	0 40
200 —	1 60	650 —	0 65	450 —	0 45
		700 —	0 70		
		750 —	0 75		

Par 20 gr. 0,15 en plus.

Poids et dimensions illimités.

Lettres circulant dans un rayon de 30 km. en deçà de la frontière. Belgique) 0 15 Suisse..) par Espagne) 20 gr.

Par 50 gr. 0 05 de plus jusqu'à 2 kg. poids maxim. Dimensions 45×45×45 cm. ou en rouleau 75×10 cm.

Au-dessus, mêmes conditions de prix, poids et dimensions que pour les papiers d'affaires.

Coupons-réponse. — 0,30 non admis dans certains pays.

Cartes postales. — Simples 0,10. Réponse payée 0,20. Dimensions maxima 9 × 14 Dimensions minima 7 × 10 max.

Cartes postales illustrées. — A découvert sans correspondance 0,05.

Échantillons. — Sans valeur marchande, jusqu'à 100 gr. 0,10. Ensuite 0,05 de plus par 50 gr. Poids maximum 350 gr. Dimensions 30 × 20 × 10 max. En rouleau 30 × 15.

Recommandés. — Taxe ordinaire plus droit fixe 0,25.

Distribution par exprès. — 0,30 ; admis dans la plupart des pays de l'Union. Se renseigner à la poste.

b) Valeurs déclarées

Montant maximum de la déclaration : 10.000 fr, dans la plupart des pays de l'Union, se renseigner à la poste. **Lettres :** Poids et dimensions illimités. Taxes ordinaires aux lettres à destination de l'etranger, plus 0 fr. 25 droit fixe et un droit proportionnel d'assurance de o.10, par 300 fr. comme pour les boîtes. **Boites :** Poids maximum 1 kg. prix fixe de port par envoi, selon la destination (*voir le tableau ci-contre*) sans droit de recommandation et droit proportionnel d'assurance. Déclarations en douane obligatoires en simple, double ou triple exemplaire selon les pays de destination.	Etats principaux *	Port **	Assuranc. par 300 fr.	Nombre de déclarations	Envois contre Remboursement
	Argentine (Rep.)...	2 »	0.20	2	Taxes et conditions ordinaires à l'objet, plus droit fixe 0.25. Déclaration de la valeur facultative, maximum 10.000 fr., ou une somme équivalente en monnaie du pays de destination. Non admis en : Argentine, Brésil, Espagne, Grande-Bretagne. Déclaration en douane pour les boîtes comme indiqué aux valeurs déclarées.
	Belgique..........	1 »	0.10	1	
	Brésil............	2 »	0.20	1	
	Chili.............	2.50	0.25	2	
	Chine.............	—	0.20	—	
	Danemark..........	2.75	0.20	2	
	Egypte............	2 »	0.20	1	
	Espagne...........	—	0.10	1	
	Grande-Bretagne ..	1.25	0.20	1	
	Italie............	1 »	0.10	1	
	Japon.............	2 »	0.20	1	
	Norvège...........	3 »	0.30	2	
	Pays-Bas..........	1.50	0.15	3	
	Portugal..........	2 »	0.20	1	
	Roumanie..........	2 »	0.20	1	
	Serbie	—	0.20	.	
	Suède.............	—	0.25	—	
	Suisse	1 »	0.10	1	
	Colonies françaises	2 »	0.20	2	

* Pendant la guerre, aucune opération n'est admise avec les pays ennemis.

** Les pays en regard desquels ne figure pas un prix de port n'acceptent que les lettres.

c) Mandats Internationaux

Le Mandat-Carte est presque exclusivement employé dans les relations internationales, sauf avec les Etats-Unis, la Grande-Bretagne, le Canada, la Perse, Malte, les Iles Philippines qui utilisent le mandat avec avis d'émission. Il peut être payé à domicile, mais la taxe de factage de 0.10 est acquittée par le bénéficiaire. Avis de paiement 0.10. Droits : *Voir le tableau ci-contre.*	Etats	Droits	Maximum du mandat
	Argentine........	0.25 par 50 fr. ou fraction	200 pesetas (1.010 fr.)
	Belgique..........	do	1.000 francs
	Brésil............	do	1.000 francs
	Chili	do	528 piastres (1.000 fr.)
	Danemark	do	720 couronnes (1.015 fr.)
	Espagne...........	—	—
	Etats-Unis........	0.10 par 10 francs	100 dollars (525 fr.)
	Grande-Bretagne.	do	40 livres (1.008 fr.)
	Italie............	0.25 par 50 fr. ou fraction	1.000 francs
	Pays-Bas.........	do	480 florins (1.008 fr.)
	Portugal.........	do	1.000 francs
	Suède............	do	720 couronnes (1.015 fr.)
	Suisse	do	1.000 francs

N. B. — Le montant des mandats est provisoirement limité à 200 francs pour les envois à destination de la Suisse et des Pays-Bas.

d) Mesures spéciales applicables pendant la durée des hostilités.

Franchise militaire. — Poids maximum, 20 grammes.

Paquets postaux militaires. — Jusqu'à 1 kilog. Tarif : 0 15 jusqu'à 50 grammes et 0 05 par 50 grammes excédant ou fraction de 50 grammes. (Pour les paquets destinés aux civils, le poids maximum est de 500 grammes).

Chargements. — Les lettres et objets recommandés, destinés à des militaires, sont soumis au tarif habituel. Toutefois, le droit de recommandation n'est que de 0 fr. 10 pour les paquets non clos.

Envois de fonds aux mobilisés. — Les mandats n'excédant pas 50 francs, sont exempts de tout droit.

Colis postaux militaires. — Bureaux : 19, rue Radzivill, 17, rue du Bouloi, 7, rue de Palestro.

Poids maximum 10 kilos. L'emballage doit être en toile ou papier fort. L'adresse doit être inscrite directement sur l'enveloppe.

Envois aux prisonniers de guerre. — Les lettres jusqu'à 20 gr., les échantillons sans valeur jusqu'à 1 kg, les imprimés et papiers d'affaires jusqu'à 2 kg, sont transmis par l'intermédiaire de l'Office suisse.

Le public ne doit envoyer que des lettres ouvertes. L'enveloppe doit porter nom et prénom ; le numéro de la compagnie du camp ; le numéro matricule du prisonnier ; le nom du camp. En haut, à gauche, mettre l'indication « Par Pontarlier ».

Envoi avec valeur déclarée. — Les lettres et boîtes avec valeur déclarée ne sont pas admises pour les prisonniers de guerre en pays ennemis. Elles ne sont acceptées que pour les internés en pays neutre, mais ne peuvent contenir aucune monnaie française ou étrangère, y compris les billets de banque.

Mandats. — Des mandats peuvent être adressés aux prisonniers de guerre en exemption de taxe, par l'intermédiaire de l'Office suisse.

Colis postaux pour les prisonniers. — Les prisonniers de guerre peuvent recevoir en franchise et directement des colis postaux n'excédant pas 5 kilos.

Recouvrir les colis de papier extra-fort solidement ficelé. L'adresse doit être écrite sur le colis même. Ceux enveloppés de toile sont refusés, ainsi que ceux contenant des denrées périssables.

Les colis doivent porter la mention : « via Genève-Cornavin ».

Prisonniers de guerre retenus dans les territoires envahis. — Si le destinataire a été précédemment interné dans un camp en Allemagne, les envois doivent porter le nom de ce camp comme lieu de destination.

Si le destinataire est en traitement dans un hôpital des régions envahies, ou a été retenu dans ces régions pour une raison quelconque ; les envois sont acheminés par l'intermédiaire du camp de Lunburg-sur-la-Gahn.

Aucune indication de localité de France ou de Belgique ne doit figurer dans les adresses.

TIMBRES DE QUITTANCE

Nouveaux droits de timbre : Tous les titres constatant des paiements ou des versements de sommes *soit à des non-commerçants pour une cause quelconque, soit à des commerçants pour une cause autre que l'exercice de leur commerce*, sont frappés d'une taxe de 0 fr. 20 par cent francs, ou fraction de cent francs. Cette taxe est représentée par un timbre de quittance à apposer sur les titres en question. (Les timbres de quittance sont en vente dans tous les bureaux de poste.)

Sont exempts de cette taxe :

1° Les titres constatant l'extinction d'une dette par compensation ou confusion.

2° Les acquits des chèques et effets de commerce.

3° Le renouvellement des effets de commerce.

4° Les quittances de 10 francs et au-dessous, sauf pour acompte ou solde.

5° Les reçus relatifs aux opérations de comptes courants.

6° Les reçus ou quittances relatifs aux sommes consignées chez des officiers publics ou ministériels.

La dite taxe est due sur toutes les ventes supérieures à 150 fr., même s'il n'est pas délivré de reçu.

Elle est en tous les cas à la charge de celui qui aura effectué le paiement, mais l'autre partie reste responsable des droits, frais et amende en cas de contravention.

****

Les opérations entre commerçants à l'occasion de leur commerce, restent soumises aux droits de timbres de quittance fixés par la loi du 15 juillet 1914. Ces timbres coûtent : 0 fr. 10 jusqu'à 200 francs ; 0 fr. 20 de 200 fr. 01 à 500 francs ; 0 fr. 30 de 500 fr. 01 à 1.000 francs ; 0 fr. 40 de 1.000 fr. 01 à 3.000 francs ; 0 fr. 50 au dessus de 3.000 francs.

Pour profiter de cette disposition, les commerçants doivent, en certains cas, signer une attestation dont nous donnons ci-dessous un modèle :

« Je soussigné (nom, prénoms et adresse)..
atteste sous ma responsabilité :

1° Que je suis soumis à l'impôt établi par les articles 2 à 12 de la loi du 31 juillet 1917, sur les bénéfices des professions commerciales et industrielles.

2° Que j'achète pour mon propre compte.

3° Que les marchandises achetées sont destinées à être vendues transformées ou non, et doivent à ce moment supporter la taxe. »

TABLE DES MATIÈRES

Pages

GRAVURES

PORTRAITS EN PHOTOGRAPHIE

RÉPERTOIRE DES ADRESSES COMMERCIALES
RECOMMANDÉES DE PARIS ET DE PROVINCE

Appareils pour malades. Dupont, rue Hautefeuille, 10.

Armurier. J. Petavy, 169, boulevard St-Germain, Paris.

Autels portatifs pour le front et missions. Aragon, rue Bonaparte, 20.

Chauffage. Brossel. *bois et charbons*, rue de Vaugirard, 238.

Chaussures. Maxim's, rue du Faubourg-St-Antoine, 19.
— Lorette, rue Notre-Dame-de-Lorette, 3, Paris.

Déménagements. Bailly, place Saint-Sulpice, 10.

Deuil. Au Camélia, rue de Rivoli, 2.
— Au Sablier, rue Drouot, 14

Hôtel *d'Orléans-Saint-Germain.* Paul Roydot, rue Jacob, 50.

Lingerie d'église. Aragon, rue Bonaparte, 20.

Maroquinerie. Chamouin, 76, rue de Richelieu, Paris.

Menuiserie. Ausseur, avenue de Ségur, 51 *bis.*
— Lucien Lacour, rue Vésale, 3

Musique (*cours par correspondance*). Sinat, carrefour de l'Odéon, 6.

Orfèvrerie d'Église. Boulard, rue de Sèvres, 2.

Ornements d'Église. Aragon, rue Bonaparte, 20.

Papiers peints. Félix Poulain, avenue de Clichy, 11.

Peinture (Entreprise de). Charles Henault, 19, rue du Départ, Paris.

Photographe. G. Penabert, passage du Havre, 36.
Photographie d'art. Chéri-Rousseau, 12, rue Boissy-d'Anglas, Paris. Tél.: Élysée 02-03.

Spécialités pharmaceutiques : *Diabète.* Phar. Ferné, b. St-Germain, 142.
— Auguste Fagard, 23, avenue de La Motte-Picquet
— G. Rocher, pharmacien, 32, rue de Grenelle.
— A. Puy, pharmacien, Grenoble.

Publicité *Mutuelle Générale.* Bernard Sornin, rue Cassette, 7.

Rhum-Vierge (*Dépositaire du*). Auguste Blachère, Avignon.

Sport. W. Wallen, rue Étienne-Marcel, 42.

Souvenirs mortuaires. Maison Mignard, 38, rue Saint-Sulpice

Tailleurs. Ledez et Vignal, boulevard Saint-Germain, 189
— Lefèvre et Barthe, 45, avenue de l'Opéra. Téléphone : Louvre 33-01.
— J. Vodable, passage de l'Opéra, 22.

Tailleur-chemisier. Ramlot, 76, rue de Rennes, Paris

Voyages (articles de). Vodable, passage de l'Opéra, 15-17.

L'ACTION FRANÇAISE

Organe du Nationalisme Intégral

" Tout ce qui est national est nôtre ".

10 centimes

14, Rue de Rome, PARIS

Tél. : LOUVRE 26-49, 26-50

Fondateur : **Le Duc d'Orléans**

Henri **VAUGEOIS** . *Héritier des quarante rois qui en mille ans firent la France*

Directeurs Politiques

Léon **DAUDET**

Charles **MAURRAS**

L'Action Française est le plus lu des journaux politiques du matin

Tarif des Abonnements :	1 an	6 mois	3 mois
Paris, Seine et Seine et Oise.........	25 fr.	13 fr.	7 fr
Province et Alsace-Lorraine	28 fr.	15 fr.	8 fr.
Étranger	40 fr.	20 fr.	11 fr.

Les abonnements partent du 1er et du 15 de chaque mois et sont payables d'avance.
On s'abonne dans tous les bureaux de poste, France et colonies.
Adresse télégraphique du journal ; « **Actiofran Paris** ».

SIÈGE DE *L'Action Française*